# BARRON'S

# SAT* SUBJECT TEST

# SPANISH

## 3RD EDITION

**José M. Díaz, M.A.**
Teacher of Spanish
Hunter College High School
New York, New York

**BARRON'S**

*SAT is a registered trademark of the College Board, which was not involved in the production of, and does not endorse, this product.

**Dedication**

For Fatima, Jasmine, Jennifer, and Leslie with love

J. M. D.

**Acknowledgments**

I am indebted to Morgan J. Clark, an outstanding student of Spanish at Hunter College High School, for her insight as a past test taker of the SAT Spanish. Many of her excellent ideas appear in the introduction to this book. Gilda Nissenberg deserves special thanks, first for being a friend, and for her encouragement and ideas about the presentation of the material. Vincent Chen and Nan Gu, both students at Hunter, created the scale for students to judge their performance on the practice tests. I am very grateful for their assistance as well as to David Tomes for introducing me to them.

My deepest appreciation to Linda Turner who, as the editor, was very supportive and offered invaluable guidance. Her patience, excellent comments, and suggestions were instrumental in improving this edition.

J. M. D.

*All inquiries should be addressed to:*
Barron's Educational Series, Inc.
250 Wireless Boulevard
Hauppauge, New York 11788
**www.barronseduc.com**

ISBN: 978-1-4380-7081-0

**International Standard Serial No. 1936–7473**

PRINTED IN THE UNITED STATES OF AMERICA
9 8 7 6

**10% POST-CONSUMER WASTE**
Paper contains a minimum of 10% post-consumer waste (PCW). Paper used in this book was derived from certified, sustainable forestlands.

# Acknowledgments

Every effort has been made to trace the copyright holders, and we apologize in advance for any unintentional omissions. We would be pleased to insert the appropriate acknowledgment in any subsequent edition of this publication.

**DIAGNOSTIC TEST**

"Las delicias festivas de la cocina sefardita" from *Más*, Volume III, Number 6, November–December 1991, p. 25.

"Con etiqueta" from *Más*, Volume IV, Number 1, January–February 1992, p. 24.

Benjamín se despertó . . . from *Las ataduras* by Carmen Martín Gaite.

"Sacos de exotismo y arroz" from *Más*, Volume IV, Number 2, March–April 1992, p. 23.

Hace ya bastantes años . . . from *El trampolín* by Manuel Rojas.

Diana Ramos tuvo que trabajar . . . from "¿Sabes cuál es tu trabajo?," *Latina*, March 2001, Volume 5, Number 9, p. 81.

**TEST 1**

"Está entre nosotros" from *Más*, Volume IV, Number 8, December 1992, p. 9.

Inclinado estaba . . . from *El vaso de leche* by Manuel Rojas.

Miré por la ventana . . . from "Primer viernes", *Latina*, March 2001, Volume 5, Number 9, p. 129.

Debo confesar . . . from "Padre primerizo", *Latina*, January 2001, Volume 5, Number 7, p. 93.

A las doce y media de la noche . . . from *Historia de hospital* by Manuel Rojas.

**TEST 2**

Fue un día de febrero . . . from *La lluvia amarilla* by Julio Llamazares.

Por las tardes . . . from *Mi hermano mayor* by María Luisa Puga.

Yo vivía . . . from *Más allá* by Horacio Quiroga.

Cuando me entró apetito . . . from *Lo que queda enterrado* by Carmen Martín Gaite.

Cuando su marido . . . from *La tablas crujientes* by Marco Tulio Aguilera Garramuño.

El dolor me obligó . . . from *Soprano* by Julio Alberto Paredes Castro.

**TEST 3**

"Delicias navideñas" from *Más*, Volume IV, Number 7, November 1992, p. 31.

Sentado a la cabecera . . . from *La ciudad de los Césares* by Manuel Rojas.

El padre de Nené . . . from *La edad de oro* by José Martí.

"Traductores sin licencia" from *Más*, Volume V, Number 1, January–February 1993, p. 23.

Apenas llegamos a la habitación 92 . . . from *El balneario* by Carmen Martín Gaite.

Quizá lo que más se envidiaba . . . from *El árbol de oro* by Ana María Matute.

Severina movió la cabeza . . . from *La casa junto al río* by Elena Garro.

## TEST 4

Amanecía cuando . . . from *La lluvia amarilla* by Julio Llamazares.
¿Usted busca a alguien? . . . from *Mi padre, humo disperso despidiéndose* by Arturo Alape.
En el comedor . . . from *La casa junto al río* by Elena Garro.

## TEST 5

"Una colección de todos" from *Más*, Volume V, Number 2, March 1993, p. 63.
Durante años . . . from "La diversidad de la madre patria", *Latina*, March 2001, Volume 5, Number 9, p. 125.
La empleada del gobierno . . . from "Liliana Olivares, que descanse en paz", *Latina*, January 2001, Volume 5, Number 7, p. 91.
Llegó hasta las primeras calles . . . from *El vaso de leche* by Manuel Rojas.

## TEST 6

"Tejidos y joyas" from *Más*, Volume 1, Number 1, Autumn 1989, p. 18.
Oí el ruido seco . . . from *La casa de azúcar* by Silvina Ocampo.
"¿Sabía Ud...?" from *Más*, Volume V, Number 4, May 1993, p. 18.
"Una voz que no podré olvidar" from *Más*, Volume IV, Number 4, September 1992.
Carretera . . . from *Lindas vacaciones* by Ethel Krauze.
Aquella noche . . . from *La lluvia amarilla* by Julio Llamazares.

## TEST 7

La señorita Mercedes . . . from *La patria* by Gregorio López y Fuentes.
Esperaba que Sonia . . . from *Soprano* by Julio Alberto Paredes Castro.
Me hubiera gustado . . . from *El balneario* by Carmen Martín Gaite.
En el barco . . . from *La ciudad de los Césares* by Manuel Rojas.

## TEST 8

Durante las vacaciones . . . from *Cómo ayudar a su hijo a aprender las matemáticas* by Patsy F. Kanter with Linda B. Darby.
La noche del 2 de octubre . . . from *Molokai* by Mario Mendoza.
Este mensaje quizá . . . from *A los trece años de viaje* by Alejandro Núñez Alonso.
Viste [Paquito] modestamente . . . from *Mundo adolescente* by Luis Romero.

## TEST 9

"Un maestro de la actuación" from *Más*, Volume IV, Number 2, March–April 1992, p. 8.
Hubo un instante . . . from *Lanchas en la bahía* by Manuel Rojas.
Estaba sofocado por el calor . . . from *La cama vacía* by Nicolás Suescún.
Algunos años mayor que yo . . . from *El humor de la melancolía* by R. H. Moreno Durán.

# Contents

# GETTING TO KNOW
# THE SAT SUBJECT TEST
# IN SPANISH

# Introduction

- Spanish without listening
- Spanish with listening component
- What to expect on each test
- Test-taking tips and strategies

This third edition of *SAT Subject Test: Spanish* has been fully revised after receiving feedback from teachers and students who have used the book. It has been designed to help you maximize the time you spend preparing for the exam and ultimately help you receive a high score on the test. You will now find a diagnostic test that will allow you to identify the areas that you will need to review further. For the most part, the level of difficulty has been kept on par with the actual tests. You will see how your performance improves as you go through the ten tests included in the book. Although some of the tests prepare you for the SAT Spanish with Listening test, you may also use them to get further practice with vocabulary, grammar, paragraph completions, and reading comprehension.

The SAT Subject Test in Spanish has been designed to assess your knowledge of Spanish. Although the Spanish program in each school is different, students usually take the SAT Subject Test in Spanish after at least three years of study. Some colleges require and some recommend several SAT Subject Tests. Even if the college you are planning to attend does not require Subject Tests, you may want to consider taking some of them in order to give the college a better picture of your academic preparation. Some colleges consider the SAT Subject Tests for placement or as another piece of information to advise you as to what courses you should take once you enroll. Remember that although the College Board does not differentiate between the students who have learned Spanish in the classroom and those who are native speakers when distributing the scores, the colleges will take your personal language experience into consideration.

There are two different types of SAT Spanish tests to choose from: Spanish and Spanish with Listening. Each test lasts one hour. Your decision should be based on your experience with the language. If you are accustomed to listening to Spanish on a regular basis in your daily life and if your classroom experience has exposed you to listening to speakers from different parts of the Spanish-speaking world on a regular basis, you may consider taking the test with listening. If you decide to take the test with listening, you should be aware that it is administered only in November; you should check with your school counselor for dates and centers. You may also want to visit the College Board site online *(www.collegeboard.org)*. If you are not sure which test you should take, check with the colleges you plan to attend. You

> **Remember**
>
> You can take either the SAT Spanish or the SAT Spanish with Listening. However, the listening exam is given only in November.

may also want to discuss this with your high school Spanish teacher. Some colleges consider that the Spanish with Listening test gives them information that helps them decide your placement in college level courses or to exempt you from their language requirements.

The date you choose to take the test will depend on your preparation and your needs. You should take the test when you feel you are ready for it and when the information is fresh in your mind. In general, students take the SAT Spanish test just before they finish their junior year or at the beginning of their senior year. If you are enrolled in an Advanced Placement course, it may work to your advantage to take the test in June after you have had the experience of reviewing grammar, acquiring new vocabulary, and learning the necessary skills to comprehend what you read.

## SAT SUBJECT TEST IN SPANISH (WITHOUT LISTENING)

The following is an overview of the SAT Subject Test in Spanish *without* the listening comprehension component.

| | |
|---|---|
| **Part A—Vocabulary and Structure** | Approximately 20 vocabulary and 12 structure questions |
| **Part B—Paragraph Completion** | 2 to 3 passages with approximately 26 questions |
| **Part C—Reading Comprehension** | 4 to 5 passages and/or authentic documents with approximately 27 questions |
| Total number of multiple-choice questions: 85 | |

## PREPARING FOR THE TEST

The best way to prepare for the test is to review what you have learned in your Spanish courses. This book offers you a complete review of Spanish grammar. Some topics are very basic and you may just need to go over them quickly. Other topics may be new to you and you may have to spend more time studying and learning them.

For some of you, this may be the first test of this type you take in a foreign language. Thus, you may find the first test you take in this book more challenging than expected. Do not be discouraged. With practice and review you will build your confidence and do well on the test. The Diagnostic Test has been designed so that you can begin to identify those areas in which you need further work. Following the suggestions for what topics to study will get you on the right track to master the material you will encounter on the actual exam. You should keep in mind the time you have to prepare yourself and come up with a "schedule" as to how you will go about reviewing the material.

Familiarize yourself with the test. Know the number and types of questions you will have to answer. In this book you will be exposed to all the different types of questions that currently appear on the test. Become familiar with the directions. This way, you will not have to spend time reading them again at the test center.

## TAKING THE TEST

It may be a good idea to answer first all the questions you find easier and those you are certain you can answer. It may be to your disadvantage to work on the test in the same order as the questions. If you spend too much time on a difficult question, you are taking away time that can be spent answering a question you know how to answer. If you spend too much time on those questions you find hard, you may become discouraged and give up too soon. Remember that you have to complete the test within the hour, and that you can go back to questions in any section that you did not answer.

When in doubt, eliminate the wrong choices. Once you have narrowed down the number of possible correct choices, it will be easier and safer for you to find the correct answer or take a guess. Taking the context of the sentence or the paragraph into consideration, you will have a good idea of what is needed to answer the question. Then, by eliminating the answers you definitely know are wrong, you should be able to narrow down the choices.

**TIP**

- Answer easy questions first.
- Skip difficult questions or questions for which you do not know the answer rather than spend time on them. Go back to them later if you have time.
- Guess only when you can eliminate at least one of the choices.
- Mark your answer sheet carefully.

If you are sure that one of the choices is absolutely wrong, you should guess. But if you can't do this, you should leave the question blank because you lose one-third of a point for each incorrect answer. Remember, you do not have to finish the entire test. Work with those questions you know how to answer first, and then, if time permits, go back and tackle those for which you have been able to eliminate one or more choices.

Do not forget to compare the number of the question you are answering with the number on the answer sheet, especially if you decide to leave a question or questions blank. It is not uncommon for students to get nervous and lose their place.

It may be a good idea to get the College Board's *Official Study Guide for all SAT Subject Tests.* Although this book contains tests for different subjects, it is limited in that it contains only one test for each subject. Still, it will allow you to become familiar with the instructions so that when you actually take the test, you do not have to spend time reading them again.

## Part A: Vocabulary and Structure

In this part you will answer a series of multiple-choice questions dealing with vocabulary and structure (grammar).

### Vocabulary Questions

You can prepare for the vocabulary section by reading as much as possible in Spanish. Although vocabulary lists help, you will remember more vocabulary when you see it used in context. You may consider preparing some index cards with the Spanish word on the front and its English equivalent on the back. You may also want to add words of the same family, antonyms, synonyms, idiomatic expressions, and even a sentence that helps you remember the word's meaning. For example:

**cuidar**—to take care of, look after
**cuidado**—care
**descuidar**—to neglect, overlook
**descuidarse**—to be careless
**tener cuidado**—to be careful
**Cuando mis padres salen por la noche, yo cuido a mis hermanos.**
—When my parents go out at night, I take care of my brothers.

When answering a vocabulary question, try to get a general sense of the meaning of the sentence, and then begin eliminating those choices that have nothing to do with it. Underline the key words of the sentence. For example:

*El <u>otoño</u> llegó y <u>vimos</u> cómo <u>se caían</u> . . . de los <u>árboles</u>.*

(A) *las piernas*
(B) *las hojas*
(C) *los caminos*
(D) *los troncos*

**TIP**

Cognates can help you determine answers.

*Otoño* (autumn) is a fairly easy word that you learned in Spanish I; *vimos* comes from *ver,* to see; *caerse,* to fall; and *árboles,* tree. So, if you use your knowledge, you will come to the conclusion that the sentence has to do with something falling from the trees in the autumn. This will make it easier for you to narrow down the possible options. Then, you should eliminate those words you definitely know are wrong and do not fit in the context of the sentence (*piernas,* legs; *caminos,* roads.) *Tronco* and *hojas* have something to do with trees. *Tronco* is a cognate. You will finally come to the conclusion that the correct answer is *hojas* (leaves). You should use this technique any time you find yourself not really knowing what the sentence means. You have enough knowledge to be able to come to a fairly accurate conclusion.

Don't forget to use your knowledge of English, as some words may be cognates, but be aware of words that look alike in Spanish and English but that have very different meanings. In "Words and Expressions Worth Noting," in the appendix, you will find a list of "false" cognates; make sure you become familiar with them. Also, try to see if the word resembles another word you know in Spanish. It may be a derivative, which could help you choose the correct answer or understand the meaning of the sentence or passage.

Let's go over another vocabulary question:

**TIP**

Don't forget to think of words that you already know that seem to come from the same family (e.g., *altura, alto, altitud; vestir, vestido, desvestir, vestimenta,* etc.).

*Mónica, te voy a enviar el regalo por . . . pues no podré visitarte hasta el mes próximo.*

(A) *correo*
(B) *edificio*
(C) *sello*
(D) *cuadro*

The key word in this sentence is *enviar* (to send), and the preposition *por* (by, through) can also help you eliminate some of the choices. These two words should give you a good idea of what the correct answer may be. You can easily eliminate *edificio*

**TIP**

Decide first if the sentence is testing grammar or vocabulary. This will help you focus better on the options from which you have to choose, since you will be looking for something different if the question tests vocabulary than if it tests grammar.

(building), and *cuadro* (picture) because they have little to do with "to send by." You should eliminate the words unrelated to the general "theme" of the sentence. Then, the choice is between *sello* (stamp) and *correo* (mail). If you have followed these steps, and you know the meaning of *sello* and *correo,* you will choose the correct answer: *correo.* Even if you don't know the meaning of these two words, you may be able take a chance and guess.

At times, vocabulary questions have choices that belong to the same category (i.e., *correo, sello*), but other times the four choices have nothing to do with one another. Keep this in mind. Be careful! If the four choices are within a particular category, it may be harder to come up with the right answer because the context becomes more crucial. You may also need to understand the subtleties of the meanings of the four choices. Keep in mind that sometimes the four choices are very similar in sound. Again, use the context to help you choose the right answer. As you study new vocabulary words, it may be a good idea to group them in categories. That way, if you recognize a word on the exam, you may be able to put it in a category, which will help you with the overall meaning of the sentence.

## Structure (Grammar) Questions

A question dealing with structure (grammar) is best approached by trying to get a general sense of its meaning. Again, if you have no idea what the sentence is about, mark it and go back if you have time at the end.

Find the subject of the sentence. Then, note the tense of the verb(s) and begin analyzing the options. If you don't recognize the tense, look for adverbs (*ayer,* *mañana, ahora,* etc.) that will help you identify the tense. If you find one or more answers that you are sure are incorrect, eliminate them and concentrate on those about which you have some knowledge.

If the options deal with object pronouns, decide who is receiving the action of the verb. Is the subject of the verb doing something *to* or *for* someone? If the answer is yes, then you can identify that person as the indirect object. If the word before the blank is a preposition, then you will need an infinitive (e.g., *dormir, caminar, salir*) or a prepositional pronoun (*mí, ti,* etc.). Remember to keep in mind those verbs of persuasion, desire, and doubt, among others, and impersonal expressions and conjunctions that require the subjunctive. You should also do a thorough review of those verbs that require a preposition (see the appendix, starting on page 385). Although you may not be able to remember each single verb that takes a preposition and which preposition it needs, try to concentrate on those that are most common. Repeat them out loud. Eventually it will help you to decide if it sounds right or not. These are just a few of the grammar points you may want to check as you try to answer the questions. As you work through the practice test, you may want to write down other points you need to keep in mind as you approach this section.

In this section the options are often different forms of a particular verb. If one of the answers sounds "right," this may help you eliminate some of the other choices.

Again, the same rule applies here: Answer first all the questions that you find easier and that you are certain you can answer. Make sure you mark those questions you find difficult so that if you have time at the end and want to go back, you can easily identify them.

**TIP**

Eliminating words that have nothing to do with the "theme" of the sentence will allow you to think clearer and make a better choice.

## Part B: Paragraph Completion

In this part of the test you will complete a series of paragraphs in which some words have been omitted. Some of these blanks deal with vocabulary, others with grammar. Read the entire passage very quickly. This will give you a general idea of the topic. In this part of the exam the overall context is particularly important. Keep in mind that at times the choice you make at the beginning of the paragraph may be affected by something that happens later on. Therefore, it is to your advantage to have a general idea of what happens in the entire passage. As you practice this part of the exam bear these questions in mind:

- In what tense is the passage written? Present? Past? Future?
- What is the general theme of the passage?
- Who is the narrator? A woman? A man? A young person?
- What register is being used? Formal (*Ud.*, *Uds.*)? Informal (*tú*, *vosotros*)?
- Is the blank testing vocabulary or grammar?

This is not an exhaustive list of questions. You may think of others that in your opinion may help you further.

Many of the suggestions you use to deal with the previous types of questions (vocabulary and structure) apply here, so use them to your advantage. Once you have selected the correct answer, read the sentence to yourself, keeping in mind the meaning of the sentence and the entire passage.

Although it may seem more difficult to skip some questions in this part, you should do it if you have no idea what the sentence means. Once you have finished the passage, you can go back. Having completed those sentences you found easy may give you a better understanding of the passage and therefore a better chance of answering a few more questions. Remember, you do not have to answer every single question in this section. Concentrate on those you know!

Once again, you can still eliminate an entire passage that you find difficult and go back to it later. If you do a quick read of the passage and realize that you don't know what the content means, it is a good idea to skip it and go back to it later if you have time.

## Part C: Reading Comprehension

In this part of the exam you are asked to read several passages from fiction, historical works, advertisements, flyers, and so on, and answer questions about their content. The more you read in Spanish (newspaper articles, magazine articles, flyers, short stories, etc.), the better you will do in this section. When you read an article or story in Spanish, it is a good idea to write a few sentences summarizing what you have read in your own words in Spanish. Also, make a list of the most important (key) words you will need to tell someone what you have read. This will help you increase your vocabulary and reading skills.

During the test, you may want to answer questions about those passages of which you have a good understanding and then do those you find difficult. Do not be concerned if there are words in the passage you do not understand. Concentrate on the words you do know. Many students spend too much time trying to understand every single word in the passage or putting too much emphasis on the words they do not know. You need to develop the skill of using the context and what you know to make sense of the meaning of sentences and the overall content of the passage when you do not know every single word. This way you will be better prepared for the actual test. Try to understand the main ideas of the passage, its audience, tone, and general structure. Don't be afraid to underline or mark words and parts of sentences as you read, because this will help you go back and find the information you need to answer the questions. Also, you may want to keep in mind some of the questions dealing with Paragraph Completion discussed in the above section.

You can save time by reading the questions first. The questions, more often than not, appear in the same order as the information in the selection. This way, you know what to look for. Look for key words; often the correct answer is a rewording of the information you find in the passage. If you can't find the right answer, try to eliminate answers you are sure are incorrect. Finally, remember that you do not have to answer every single question in each passage. It may be better to leave blank those questions that you are not comfortable answering and concentrate on those you know.

**TIP**

Concentrate on the words you know rather than those that you do not know.

## SAT SUBJECT TEST IN SPANISH WITH LISTENING

The following is an overview of the SAT test *with* the listening comprehension component.

**TIP**

Read the questions that follow the selection and underline key words before you start reading the passage or the ad.

| Section I—Listening Comprehension | |
|---|---|
| **Part A—Pictures** | Approximately 10 questions |
| **Part B—Rejoinders** | Approximately 10 questions |
| **Part C—Selections** | Approximately 7 selections with approximately 13 questions |
| **Section II—Reading** | |
| **Part A—Vocabulary and Structure** | Approximately 8 vocabulary/ 9 structure questions |
| **Part B—Paragraph Completion** | 2 passages with approximately 18 vocabulary and structure questions |
| **Part C—Reading Comprehension** | 4 passages with approximately 16 questions |
| Total number of multiple-choice questions: 85 | |

All the suggestions and techniques you learned for the test without listening comprehension apply to this test also.

For the listening comprehension part of the test, keep the following in mind:

- A few days before the test, check the CD player and headphones you will be using. Become familiar with their operation and make sure that you have a set of fresh batteries. A set of extra batteries would not hurt! You may also want to play a CD of someone talking to learn how to adjust the volume.

- The best way to practice for the listening part of the test is to listen to Spanish as much as possible. Most textbook series are accompanied by listening comprehension CDs. If your teacher does not use them in the classroom, you may want to borrow them from him or her. Listen to the radio or watch television. The best programs are the news and soap operas. If it is your first time listening to the radio or watching television, you may want to start gradually, a few minutes at a time, to avoid frustration if you do not understand everything. As time passes, you should increase the amount of time you listen. On page 11 you will also find some suggestions for listening practice on the Internet.

- All the instructions you hear on the CD are also printed in your test booklet.

- You will be instructed not to stop or go back on the CD during the test.

- Read the options before you begin to listen. This will give you a general idea of the selection's theme.

- You may not understand everything you hear. Don't feel that you won't be able to answer any questions. Be patient. You may hear some of the information again.

- Try to get the general gist of the passage if everything else fails.

- Picture in your mind what you are hearing.

- If you do enough practice, you will know what works best for you (e.g., reading the question and options before the selection begins, taking notes, etc.)

## HOW TO USE THIS BOOK

It will be best if you try to imitate the circumstances in which you will be taking the test. Find a quiet place at home and time yourself. Give yourself an hour to complete the test.

The book is divided into five distinct parts:

**Getting to Know the SAT Subject Test in Spanish** is an overview of both the test without listening and the test with listening. Guidelines are provided to help you prepare for the test and to understand the types of questions you will be asked. Following this introduction is a **Diagnostic Test** (without listening) that will help you identify your weak areas and direct you to the parts of the book that will help you strengthen those areas.

**Grammar Review** covers most of the territory you will need for the test. This part of the book is divided into two chapters.

**Chapter 1** is a general review of Spanish grammar. The explanations in this section go from very basic structures to advanced. This section appears for reference purposes and is a way for you to review and to learn new material before you take the practice tests.

**Chapter 2** has been designed to give you practice in those areas that are tested most often on the actual test and those areas in which students usually have difficulties. These include a section on nouns, gender, prepositions including *por* and *para*, the use of the indicative, imperative, and subjunctive, *ser* and *estar*,

---

**¡Ojo!**

In several places after a grammar explanation you will find **¡Ojo!** (Careful! Look out!), which contains further information you should keep in mind.

and *saber* and *conocer*. Note that these questions are for practice purposes and that not all of them reflect the type of questions that appear on the actual test. For example, to review the articles, you have a section in which each question has only two choices. If you find that you are having difficulties with a particular grammar point, you should find this section helpful. The questions have been designed to do as practice before moving on to the actual test.

**Listening Comprehension** is the third part of this book. **Chapter 3** contains practice for the Spanish test with listening. It also has a complete script of all the passages that appear on the compact disc. You should use this script for reference only after you have listened to the CD and need to check or verify an answer. You may want to do this part before you do the actual test or if you need further practice.

**Practice Tests.** This part has nine practice tests, three with a listening section, and explanations for all the answers. You will also have an answer sheet for each test and a section for analyzing your results. You should take Test 1 first. Once you have taken it, analyze the results and pinpoint any weaknesses. Go back to the grammar review section if necessary and then continue with the other tests after you have done a thorough review of those areas you found difficult.

---

### SCORING YOUR PRACTICE TESTS

This book offers you an overall guide to how well you are doing on the practice tests (see page 384). Because the number of students taking the test varies from year to year, there is no fixed set of guidelines for converting your raw score into a scaled score. Remember that the test is scored on a scale of 200–800 points.

---

The **Appendix** provides a number of useful lists:

- **Synonyms**
- **Antonyms**
- **Words and Expressions Worth Noting**. In this part you will find a list of words that you should learn to differentiate. You will also find a list of false cognates—words that are spelled almost the same in English, but whose meanings are quite different in Spanish.
- **Idiomatic Expressions, Conjunctions, and Other Useful Phrases**. This list provides you with the most common idiomatic expressions, conjunctions, and other useful phrases you should know before taking the test.
- **Spanish–English Vocabulary**. This glossary lists the Spanish words you should know and their English equivalents.

## THE ROLE OF THE INTERNET

Regardless of which test you decide to take, there are a number of websites that will give you further practice in vocabulary, grammar, reading comprehension, listening comprehension, and so on. You only have to do a search using, for example, "Spanish listening comprehension practice," "grammar exercises in Spanish," or "podcasts in Spanish," and you will find a large number of sites. Many colleges and universities have their own sites that are free. These are usually the best in terms of accuracy and variety of exercises. Other sites, such as *www.audiria.com,* are also free and offer many types of exercises at different levels. One of the most popular sites among Spanish teachers is *www.bbcmundo.com.* Here you will find plenty of reading material and some interviews and reports you may enjoy. *Radio Naciones Unidas* and *Voz de América* also have short news segments that you can use as practice for the listening part of the exam, even though they are spoken at a fast pace. Check the sites of Spanish-speaking television stations (Univisión, Telemundo, and others), which have plenty of news segments you can listen to. Don't hesitate to download a few podcasts a week and listen to them at your leisure.

# Diagnostic Test

**Note:** On the actual exam, because $\frac{1}{3}$ point will be deducted for each incorrect answer, it is generally recommended that you not answer questions you are unsure about. However, because this Diagnostic Test has been designed to assess your knowledge of Spanish before you begin preparing for the exam, you should answer *all* the questions.

## PART A

**Directions:** Read the following statements and the four suggested completions. Then choose the most appropriate completion and fill in the corresponding oval on the answer sheet.

1. Carlos no es . . . ; siempre dice la verdad.

   (A) mentiroso
   (B) hermoso
   (C) extranjero
   (D) cuidadoso

2. ¿A qué . . . podemos entrar al cine sin problemas? Ya yo tengo diecisiete años.

   (A) años
   (B) época
   (C) edad
   (D) temporada

3. Camina hasta la Calle Soriano y dobla a la derecha en . . .

   (A) la ventana
   (B) el rincón
   (C) el andén
   (D) la esquina

4. Lleva un bocadillo en caso de que no te . . . la comida de la cafetería.

   (A) gusta
   (B) gustará
   (C) guste
   (D) gustara

5. Caridad, si . . . el coche aquí tendremos que caminar demasiado.

   (A) estacionamos
   (B) volamos
   (C) nadamos
   (D) partimos

6. No te olvides de llevar . . . paraguas.

   (A) la
   (B) el
   (C) unas
   (D) uno

7. Después de vivir en una dictadura, apreciamos mucho la . . .

   (A) libertad
   (B) cantidad
   (C) luz
   (D) voz

8. Gregorio, ¿cuántas libras has perdido? Estás muy . . .

   (A) estrecho
   (B) simpático
   (C) divertido
   (D) delgado

9. Pasemos por el banco antes de ir al restaurante, necesito . . . dinero.

   (A) saltar
   (B) sacar
   (C) colocar
   (D) corregir

10. ¿ . . . cuánto tiempo vas a estar en el extranjero?

    (A) Para
    (B) Con
    (C) Por
    (D) De

11. Compra esas . . . que están allí, dicen que secan muy bien.

    (A) medias
    (B) toallas
    (C) faldas
    (D) corbatas

12. Antonio no . . . mucho a la calefacción. Te vas a quemar.

    (A) te desayunes
    (B) te toques
    (C) te vistas
    (D) te acerques

13. ¿Cuánto tiempo hace que no . . . al extranjero?

    (A) viajas
    (B) viajarás
    (C) viajarías
    (D) viajaras

14. No le lleves el regalo a Diego en esa caja. . . . en papel de regalo.

    (A) Envuélvelo
    (B) Devuélvelo
    (C) Ciérralo
    (D) Cúbrelo

15. Si a mí no me dan una . . . , no podré asistir a la universidad. Mis padres no tienen mucho dinero.

    (A) moneda
    (B) propina
    (C) cuenta
    (D) beca

16. No disfrutamos mucho del concierto pues había una señora que no . . . hablar.

    (A) pensaba de
    (B) salía de
    (C) servía de
    (D) dejaba de

17. Isidro me invitó . . . salir anoche.

    (A) a
    (B) por
    (C) en
    (D) de

18. Las . . . de este país no permiten que Guillermo pueda trabajar por más de tres meses.

    (A) razones
    (B) noticias
    (C) leyes
    (D) verdades

19. En las paredes de la galería había... de la familia Suárez.

    (A) pintores
    (B) cuadras
    (C) pedazos
    (D) retratos

20. Alberto y Celia no sabían que la obra de teatro era tan popular por eso tuvieron que . . . para comprar boletos.

    (A) hacer cola
    (B) hacer caso
    (C) hacer juego
    (D) hacer daño

21. Cuando Antonio bajó del tren, Carolina . . . abrazó.

    (A) él
    (B) lo
    (C) se
    (D) la

22. Yo creo que no vamos a encontrar una solución para . . . problema.

    (A) esto
    (B) eso
    (C) ese
    (D) esta

23. Según la policía . . . tres prisioneros de la cárcel esta tarde.

    (A) ha huido
    (B) han huido
    (C) hubieran huido
    (D) hubiera huido

24. Antes de enviar el cheque, no te olvides de . . .

    (A) entrenarlo
    (B) compartirlo
    (C) borrarlo
    (D) firmarlo

25. Cuando el señor llegó al hospital, ya estaba . . . enfermo.

    (A) grave
    (B) gravedad
    (C) gravísimo
    (D) gravemente

26. Mi primo no . . . hasta el año que viene.

    (A) se gradúe
    (B) se graduó
    (C) se gradúa
    (D) se graduaba

27. Hace mucho frío, Tomás. ¿Por qué no te pones la camisa de . . . largas?

    (A) brazos
    (B) mangas
    (C) bolsillos
    (D) piernas

28. Después de mucho tiempo, Juan y Caridad . . . buenos amigos.

    (A) se pusieron
    (B) se hicieron
    (C) se volvieron
    (D) se perdieron

29. Yo no estaba segura de que ellos . . . todo su dinero.

    (A) invirtieran
    (B) inviertan
    (C) invirtieron
    (D) invertirán

30. Cuando . . . cayó su helado, Omar empezó a llorar.

    (A) se le
    (B) se lo
    (C) le
    (D) lo

31. Por mucho tiempo, había sido difícil que ellos . . . las instrucciones.

    (A) seguirían
    (B) siguieron
    (C) seguían
    (D) siguieran

32. Orlando, lee el periódico para que . . . lo que pasa en el mundo.

    (A) supieras
    (B) sabrás
    (C) sepas
    (D) sabes

## PART B

> **Directions:** In the following passages some words or phrases are missing. For each blank, four possible completions are given. Read the entire passage to get an idea of its content, then select the most appropriate completion, taking into consideration the overall meaning of the passage. Fill in the corresponding oval on the answer sheet.

### Las delicias festivas de la cocina sefardita

*Platos típicos de las fiestas de Hanukkah que llegaron a América con los inmigrantes españoles*

Cuando los judíos sefarditas ___(33)___ de España en 1942 llevaron a ___(34)___ americanas un valioso legado gastronómico.

Estas tradiciones gastronómicas ___(35)___ reflejan en las distintas festividades religiosas judías. Es el caso de los "fritos" que tradicionalmente comen los sefarditas en diciembre en la celebración de Hanukkah, conocido ___(36)___ "El Festival de las Luces".

Durante Hanukkah, se preparan comidas simbólicas, como los birmuelos (buñuelos) fritos en ___(37)___ de oliva, para conmemorar el ___(38)___ de la lámpara del Templo de Jerusalén que estuvo ___(39)___ durante ocho días después de la victoria de los Macabeos.

El menú de Hanukkah con ___(40)___ sefarditas incluye comidas típicas españolas conocidas en el Caribe ___(41)___ Hispanoamérica: Pastelicos de Carne, Armico de Pollo (pollo estofado) con Fidellos (vermicelli o fideos fritos), Fasoulias (habichuelas verdes) y birmuelos.

33. (A) salían
    (B) salieran
    (C) salieron
    (D) saldrían

34. (A) tierras
    (B) nubes
    (C) señales
    (D) maletas

35. (A) le
    (B) lo
    (C) las
    (D) se

36. (A) para
    (B) como
    (C) sino
    (D) pero

37. (A) aceite
    (B) azúcar
    (C) galleta
    (D) leche

38. (A) milagro
    (B) camino
    (C) regalo
    (D) saludo

39. (A) arreglada
    (B) puesta
    (C) cocinada
    (D) encendida

40. (A) tenedores
    (B) manteles
    (C) recetas
    (D) cubiertos

41. (A) y
    (B) e
    (C) u
    (D) o

## Con etiqueta

¿Nunca __(42)__ ha ocurrido encontrarse sentada a una mesa, disimulando entretenerse con la servilleta o aparentando no tener apetito __(43)__ porque no sabe con __(44)__ de los cuatro tenedores empezar sin meter la pata? Claro que, más vale esperar y tener paciencia que desesperarse y acabar __(45)__ el panecillo y la mantequilla de su compañero de mesa. En mayor o menor medida a todos nos ha pasado __(46)__ vez, y no por ser divertido o cómico resulta agradable de experimentar. Por eso le proponemos un consejo básico: respecto a __(47)__, estos siempre __(48)__ colocan de fuera hacia dentro según se van a usar. Así que empiece a utilizar siempre el que está colocado en la parte exterior y __(49)__ cambiando a medida que __(50)__ los platos. En cuanto al plato del pan y la mantequilla, __(51)__ está a la izquierda, __(52)__ plato principal y con un cuchillo más pequeño __(53)__ los otros. Así de sencillo. No existen más misterios.

42. (A) le
    (B) lo
    (C) la
    (D) se

43. (A) lentamente
    (B) fácilmente
    (C) ligeramente
    (D) simplemente

44. (A) quién
    (B) qué
    (C) cuál
    (D) cómo

45. (A) comido
    (B) comer
    (C) comiéndose
    (D) comerá

46. (A) algún
    (B) alguna
    (C) ningún
    (D) ninguna

47. (A) los cubiertos
    (B) los camareros
    (C) los postres
    (D) los manteles

48. (A) lo
    (B) las
    (C) le
    (D) se

49. (A) va
    (B) fuera
    (C) iría
    (D) vaya

50. (A) cambiarían
    (B) cambien
    (C) cambiaran
    (D) cambiaban

51. (A) el suyo
    (B) suyo
    (C) el tuyo
    (D) tuyo

52. (A) debajo del
    (B) adentro del
    (C) en lugar del
    (D) al lado del

53. (A) de
    (B) que
    (C) como
    (D) por

Benjamín se despertó con la cara ___(54)___ de lluvia y miró alrededor, aturdido. De pie, a su lado, ___(55)___ Herminia, con un gran paraguas ___(56)___.

—Vamos a casa, anda —le dijo—. ___(57)___ que te iba a encontrar aquí.

Benjamín se frotó los ojos. Se incorporó. ___(58)___ dolía la espalda de dormir ___(59)___ la piedra.

—¿Qué hora es?— ___(60)___.

—Las tres de la tarde. Tienes la comida allí preparada y la cama hecha, por si quieres ___(61)___. He aireado bien el cuarto.

—No, no. Debo ___(62)___ dormido aquí bastante, era por la mañana cuando me dormí. Y ___(63)___ sol.

54. (A) pintada
(B) borrada
(C) mojada
(D) pensada

55. (A) estuviera
(B) esté
(C) haya estado
(D) estaba

56. (A) abiertos
(B) abiertas
(C) abierto
(D) abierta

57. (A) Sabía
(B) Sabré
(C) Sepa
(D) Sabría

58. (A) Lo
(B) La
(C) Le
(D) Se

59. (A) debajo
(B) sobre
(C) detrás
(D) entre

60. (A) pregunte
(B) preguntó
(C) pidió
(D) pedía

61. (A) bailar
(B) vender
(C) nacer
(D) descansar

62. (A) habiendo
(B) haber
(C) habido
(D) hay

63. (A) hacía
(B) haría
(C) hará
(D) hizo

## PART C

> **Directions:** In this part you will read several passages that will test your comprehension. After each passage, a number of questions or incomplete statements appear. Choose the most appropriate answer or completion, taking into consideration the overall meaning of the passage. Fill in the corresponding oval on the answer sheet.

# Sacos de exotismo y arroz

*Además de nutritivo, el arroz está lleno de historia y sorpresas*
*por Copeland H. Marks*

*Line*
(5)
La mayoría de las personas no aprecian suficientemente el arroz. Compran cartones y sacos de arroz en bodegas y supermercados y los llevan a sus hogares sin pensarlo dos veces. Pero este fabuloso y exótico grano con una historia antiquísima y del cual se alimentan miles de millones de personas tanto en Asia como en otros continentes merece mucho más que un uso rutinario.

(10)
El arroz es uno de los más antiguos cultivos alimenticios del hombre. En China ya se consideraba como alimento básico en el año 2800 antes de Cristo. Los griegos lo descubrieron gracias a las expediciones de Alejandro el Grande a Asia alrededor del año 320 antes de Cristo. Los moros lo introdujeron en España en el siglo VIII.

(15)
El viaje de Cristóbal Colón al Nuevo Mundo permitió el intercambio mutuo de alimentos entre ambos continentes, gracias a lo cual el arroz se enriqueció notablemente por las diferentes formas en que era cocinado según las costumbres y los ingredientes que se incorporaban en los diversos países.

A finales del siglo XIX y principios del XX comenzó la industria del arroz en Italia, el oeste de África, Estados Unidos y América Latina.

(20)
Cuando se habla de arroz hay que tener en cuenta las diferentes variedades que se pueden utilizar según se trate de platos dulces o salados.

En Birmania se cultiva un arroz rojo (que en realidad es rosado) y un arroz negro. Y en Indonesia existe un pegajoso y dulce arroz que al cocinarse se vuelve una masa densa y que se come solo o añadido a otros platos dulces.

(25)
En la India, el arroz se clasifica según la estación, su uso y precio. Está el arroz "nuevo", recientemente cosechado, suave y con tendencia a ser pegajoso como el cocido de avena. El arroz "viejo", cuanto más viejo mejor, madurado durante el almacenamiento y considerado superior. Y está el arroz de aldea casi tan pequeño como la cabeza de un alfiler.

(30)
En Pakistán se consume el famoso arroz de grano largo Basmati, calificado posiblemente como el mejor y cocinado con un sabor aromático único. Se presta para ser usado con el curry del subcontinente indú y con los platos de Persia.

América Latina es un continente arrocero. A los latinos les gusta tanto el arroz simple como las combinaciones sabrosas de la paella española. Aunque
(35)
se coma de forma diaria, el arroz tiene una personalidad exótica. Se presta para modificaciones que enriquecen todas las mesas alrededor del mundo.

64. ¿Qué nos dice la selección sobre la mayoría de las personas y el arroz?

(A) Que no le prestan mucha atención
(B) Que no saben escoger el grano apropiado
(C) Que no conocen su valor nutritivo
(D) Que no piensan añadirlo a la alimentación diaria

65. ¿Cómo es la historia del arroz?

(A) Muy controversial
(B) Muy vieja
(C) Muy insignificante
(D) Muy desconocida

66. ¿Qué efecto tuvo el viaje de Colón al Nuevo Mundo con respecto al arroz?

(A) Contribuyó a una gran variedad de preparaciones.
(B) Ayudó a enriquecer a muchos cuando lo importaron.
(C) Ayudó a verificar la verdadera historia del arroz.
(D) Permitió que se conociera en España por primera vez.

67. Según la selección, ¿qué hay que tener en cuenta cuando se habla del arroz?

(A) Que no todos tienen el mismo uso
(B) Que no le da buen sabor a los platos dulces
(C) Que su cultivo es muy diferente en cada país
(D) Que su calidad depende del continente de origen

68. ¿Para qué parece ser usado el arroz que viene de Indonesia?

(A) Para medicinas
(B) Para postres
(C) Para decorar
(D) Para pegar

69. ¿Cuál arroz se considera el mejor de la India?

(A) El que se cocina muy rápido
(B) El que es más pequeño
(C) El que fue cosechado hace mucho tiempo
(D) El que es más pegajoso

70. ¿Qué característica ofrece el arroz de Pakistán?

(A) Necesita ser cocinado en utensilios especiales.
(B) Es mucho más pequeño que los otros.
(C) Huele mejor antes de ser cocinado.
(D) Va bien con ciertas comidas.

71. Al final de la selección, ¿qué ventaja expresa el autor sobre el arroz?

(A) Que su cultivo en la América Latina es único
(B) Que se presta para muchas comidas diferentes
(C) Que contribuye a la economía de muchos países
(D) Que en América Latina sólo se come en platos simples

**Diagnostic Test**

Hace ya bastantes años, siendo estudiante de medicina, venía de Valparaíso a Santiago, de vuelta de vacaciones, acompañado de un compañero que tenía más o menos mi edad.

*Line*

(5) Subimos al tren en la estación del Puerto. Viajábamos en tercera clase. Mi familia era pobre y la de mi amigo también. Al llegar a la estación Bellavista, vimos que subía al tren un hombre esposado, pobremente vestido, acompañado de un gendarme armado con carabina y de un señor con facha de agente de policía. Como los dos únicos asientos desocupados del vagón eran los que estaban frente a nosotros, allí se instalaron el preso y el agente. El gendarme, luego de despedirse, bajó del tren.

(10) Jóvenes, llenos aún de piedad para la desgracia ajena, nos sentimos impresionados ante aquel hombre, joven también, esposado y expuesto a la curiosidad de todos. Una vez sentado se arrimó bien a la ventanilla y miró por ella con insistencia, evitando nuestras miradas, que lo recorrían de arriba abajo.

**Diagnostic Test**

72. ¿Qué hacía el narrador en Santiago?

(A) Paseaba
(B) Trabajaba
(C) Estudiaba
(D) Descansaba

73. Por la descripción del hombre que subía al tren, sabemos que él iba o venía de

(A) una cárcel
(B) un hospital
(C) una boda
(D) una feria

74. El tren donde viajaban los personajes iba

(A) mojado
(B) entero
(C) roto
(D) lleno

75. ¿Qué parecían sentir el narrador y su amigo hacia el pasajero?

(A) Odio
(B) Lástima
(C) Temor
(D) Envidia

76. ¿Qué hacían el narrador y su compañero al final de la selección?

(A) Examinaban al hombre sentado enfrente de ellos
(B) Miraban el paisaje por la ventanilla
(C) Conversaban con el agente de policía
(D) Paseaban por los pasillos del tren

## Tranquilidad para Ud. y su familia

Deje de preocuparse . . . una llamada de pocos minutos puede ayudarla a sentirse más tranquila.

Muchas veces las familias oyen hablar de problemas horribles con los seguros de salud. Nuestra organización es una organización sin fines de lucro. Se dedica a buscarle el seguro médico más adecuado para su familia a un costo que tendrá en cuenta sus ingresos y la cantidad de dinero que necesita mensualmente para pagar sus cuentas. Recuerde, aunque le parezca que lo que gana es demasiado y no le permitiría conseguir un seguro asequible, no siempre es así. Llame a uno de nuestros agentes y reciba la tranquilidad de mantener a su familia saludable.

77. Según el anuncio, ¿qué considera esta organización al buscar seguros médicos?

    (A) El número de personas en su familia
    (B) Las enfermedades existentes antes de comprar un seguro
    (C) El sueldo y los gastos de la familia
    (D) Los problemas que ha tenido con otras compañías de seguros

78. ¿Por qué no compran seguro médico algunas familias?

    (A) Saben que cuesta mucho.
    (B) Tienen dificultad para entender la información.
    (C) Disponen de poco tiempo para informarse.
    (D) Piensan que ganan demasiado.

Diana Ramos tuvo que trabajar hasta 12 horas al día en un asilo de ancianos en Florida que estaba a punto de ser cerrado por sus métodos ilegales. Tenían menos empleados de lo que la ley requiere, explica: "Debe haber una asistente de enfer-
*Line* mería por cada ocho pacientes". Pero Ramos, una madre soltera, atendía dos veces
(5) esa cantidad de pacientes y encima de eso, tenía otras responsabilidades. "Los pacientes sufrían por falta de atención", recuerda Ramos. "Yo no sólo terminaba agotada físicamente sino también emocionalmente. Además cuanto más tiempo pasaba con los pacientes, menos tiempo tenía para mi hija".

Por lo general, antes de aceptar un nuevo empleo pocos sabemos todo lo que
(10) este encierra. Para evitar una situación confusa con tu jefe, es importante saber cómo establecer los parámetros del empleo antes de aceptarlo.

Graciela Kenig, una especialista en carreras, dice que esto se debe hacer durante la entrevista de empleo y no después de haberlo aceptado. Si dedicarle tiempo a tus estudios, tus hijos u otra labor es muy importante para ti, pregunta si esa empresa
(15) requiere de muchas horas extras de trabajo o de trabajar los fines de semana y luego decide si te conviene o no ese empleo, explica Kening. Además, nos recuerda que los empleadores tienen sus propias necesidades. "El empleado tiene que probar que la compañía hizo una buena decisión al ofrecerle el puesto. Y hacer trabajo adicional puede redundar en una promoción o un aumento de salario".

(20) En el caso de Yvette Nazario, ella se dio cuenta de que estaba laborando fuera de sus parámetros cuando, en la compañía de inversiones donde estaba empleada, le asignaban tareas para las cuales no estaba preparada. "Me daban ataques de ansiedad", dice. "Y, si no lo hacía bien o a tiempo, me preguntaban si yo era estúpida o qué".

(25) Melissa Josephs, quien trabaja para una organización que ayuda a las mujeres con sus carreras, dice que: "Si le piden a una empleada que haga algo que esté por encima de sus capacidades, el hecho de que no lo pueda hacer no debe usarse en su contra. Por eso, es una buena idea obtener una descripción del trabajo por escrito antes de comenzar un empleo".

(30) No obstante, es importante que los empleados no siempre rehúsen hacer una labor en particular que les pidan sus supervisores, simplemente porque no cae dentro de la descripción, dice Kening. "A veces lo mejor que se puede hacer para mantener una buena relación con el patrón es hacer el esfuerzo por llegar a un acuerdo".

79. ¿Por qué van a cerrar el lugar que se describe en esta selección?

  (A) Por haber causado muchas enfermedades
  (B) Por haber empleado a personas ilegales
  (C) Por no tener suficientes trabajadores
  (D) Por no tener suficientes pacientes

80. ¿Qué sabemos de Diana Ramos?

  (A) No está casada ahora.
  (B) No puede conseguir trabajo.
  (C) Se sentía enferma siempre.
  (D) Llevaba a su hija al trabajo.

81. ¿Por qué sufrían los pacientes?

 (A) Porque tenían problemas emocionales
 (B) Porque no tenían mucho que hacer
 (C) Porque su familia no estaba con ellos
 (D) Porque no recibían el cuidado que necesitaban

82. Antes de aceptar un nuevo empleo la persona debe

 (A) conocer bien al jefe
 (B) firmar un contrato
 (C) saber las responsabilidades que va a tener
 (D) tener varias entrevistas con el nuevo jefe

83. ¿Qué debe considerar la persona que tiene otras obligaciones?

 (A) Si hay que trabajar más tiempo de lo normal
 (B) Si la compañía le paga los estudios
 (C) Si pagan más dinero los fines de semana
 (D) Si puede traer a los hijos al trabajo

84. Según Kening, ¿qué beneficios puede traer el hacer trabajo adicional?

 (A) Más tiempo libre
 (B) Un puesto mejor
 (C) Aprender más
 (D) Más orgullo

85. Según la selección de vez en cuando es importante que el empleado

 (A) le pida ayuda a su supervisor
 (B) haga otros trabajos además del suyo
 (C) cambie la descripción de su trabajo
 (D) le presente sus quejas al jefe

*If there is still time remaining, you may review your answers.*

# Answer Key
## DIAGNOSTIC TEST

## Part A

| | | | | | |
|---|---|---|---|---|---|
| 1. A | 7. A | 13. A | 18. C | 23. B | 28. B |
| 2. C | 8. D | 14. A | 19. D | 24. D | 29. A |
| 3. D | 9. B | 15. D | 20. A | 25. D | 30. A |
| 4. C | 10. C | 16. D | 21. B | 26. C | 31. D |
| 5. A | 11. B | 17. A | 22. C | 27. B | 32. C |
| 6. B | 12. D | | | | |

## Part B

| | | | | | |
|---|---|---|---|---|---|
| 33. C | 39. D | 44. C | 49. D | 54. C | 59. B |
| 34. A | 40. C | 45. C | 50. B | 55. D | 60. B |
| 35. D | 41. B | 46. B | 51. A | 56. C | 61. D |
| 36. B | 42. A | 47. A | 52. D | 57. A | 62. B |
| 37. A | 43. D | 48. D | 53. B | 58. C | 63. A |
| 38. A | | | | | |

## Part C

| | | | | | |
|---|---|---|---|---|---|
| 64. A | 68. B | 72. C | 76. A | 80. A | 83. A |
| 65. B | 69. C | 73. A | 77. C | 81. D | 84. B |
| 66. A | 70. D | 74. D | 78. D | 82. C | 85. B |
| 67. A | 71. B | 75. B | 79. C | | |

The answer to some questions may depend on more than one statement in the passage. In that case more than one line will be listed in the Answer Explanations. When the answer depends on the overall meaning of the passage, the answer is indicated by "overall meaning."

# DIAGNOSING YOUR NEEDS

This diagnostic test has been designed to help you determine what you need to study further. By calculating your correct and incorrect answers, you will get a good idea of the most important areas you need to work on.

## Calculating Your Score

| | Number Correct | Number Incorrect | Number Unanswered |
|---|---|---|---|
| **Vocabulary** Total Number of Questions: 32 | 17 | 8 | 7 |
| **Grammar** Total Number of Questions: 31 | 18 | 4 | 9 |
| **Reading Comprehension** Total Number of Questions: 22 | 12 | 5 | 5 |

Number of correct answers: _47_

Number of incorrect answers × .333: −_17·0.333=6_

Total: _41_

(round for raw score)

| Raw Score | Scaled Score* |
|---|---|
| 76–85 | 760–800 |
| 61–75 | 640–750 |
| 48–60 | 550–640 |
| 38–47 | 490–540 |
| 23–37 | 420–480 |
| 13–22 | 370–410 |
| 0–12 | 310–370 |
| −15 to −1 | 230–310 |
| −28 to −16 | 200–230 |

*Remember that the College Board's score conversion varies from exam to exam (see the explanation on page 11). Because the practice tests in this book do not have a large number of scores on which to base a scale, a general, approximate score range is given based on scores from past exams.

## Planning Your Study

### GRAMMAR REVIEW

The following chart specifies the grammar point of each individual question followed by the sections in the book where you can find explanations. Once you have taken the Diagnostic Test you should make a list of the questions you got wrong and use the chart below to find the area in which you need further practice and study:

| If you got these questions wrong | Review these sections |
|---|---|
| 4, 29, 31, 32, 50 | Uses of the Subjunctive: 13.7.7, 13.7.3, 13.7.4, 13.7.7, and 13.7.6 |
| 6, 46 | Gender of Nouns: 2.1, 15.1 |
| 10 | *Por* and *Para:* 19.5 |
| 17 | Verbs that Require a Preposition: 19.6 |
| 21 | Direct Object Pronouns: 5.3.1 |
| 22 | Demonstrative Adjectives: 3.8 and Gender of Nouns: 2.1 |
| 23 | Present Perfect: 9 |
| 25 | Adverbs: 4 |
| 26 | Present Indicative: 6.1 Reflexive Verbs: 6.6 |
| 28 | Using the Reflexive to Express the Idea of "to become": 6.6.4 |
| 30 | Accidental or Unintended Situations: 6.6.6 |
| 33, 60, 55, 57, 63 | Preterit and Imperfect Tenses: 8.1, 7.1 |
| 35, 48, 62 | Reflexive Verbs: 6.6 |
| 41 | Conjunctions: 20.1 |
| 42, 58 | Indirect Object Pronouns: 5.3.3 |
| 44 | *Qué* versus *Cuál:* 16.2 |
| 45 | Gerunds and Use of Gerunds: 6.8.1 |
| 46 | Negatives and Indefinites: 15 |
| 49 | Formal Commands: 14.2 |
| 51 | Stressed or Long Forms of the Possessive Adjectives: 3.7.2 |
| 53 | Comparisons: 3.6 |
| 58 | Informal Commands: 14.3 |
| 62 | Idiomatic Expressions, Conjunctions, and Other Useful Phrases: pp. 397–401 |

## VOCABULARY REVIEW

These questions test your vocabulary: 1, 2, 3, 5, 7, 8, 9, 11, 14, 15, 16, 18, 19, 20, 24, 27, 28, 34, 36, 37, 38, 39, 40, 43, 47, 52, 54, 61

On the actual exam, the number of vocabulary questions varies. You may realize that some of the words you didn't know are "basic" vocabulary words that you learned in Spanish I, II, and III. It may not be a bad idea to review the basic vocabulary dealing with school, home, stores, articles of clothing, colors, and so on. You may assume that these words are so basic that you do not need to review, but if you have not used them recently, you may have problems when you get to the actual exam. When you study vocabulary, keep these points in mind:

- You need to read as much as possible. Once you read an article or literary work, no matter how short it may be, write a summary. Also, think of what "key words" you would need in order to tell someone about what you have read. Make a list and review it from time to time.

- Look for cognates. There are many words that are very similar to words in English, and you may overlook their meaning.

- Look for words from the same family: *vivir, viviendo, la vida, el salvavidas, la vivienda,* and so on.

- Use the context to guess the meaning of words and expressions with which you are not familiar. Concentrate on those words you know rather than the ones you do not know. This will allow you to make connections and understand better when you read.

- Look at the list of Idiomatic Expressions, Conjunctions, and Other Useful Phrases on page 395, and study them on a regular basis.

You will find more tips on pages 4–12.

# ANSWER EXPLANATIONS

Note: Some words that are cognates have not been translated.

## Part A

1. **(A) mentiroso**–liar; hermoso–beautiful, extranjero–foreign, cuidadoso–careful

2. **(C) edad**–age; años–years, época–age, epoch, temporada–season

3. **(D) esquina**–corner; ventana–window, rincón–corner (inside), anden–platform (train)

4. **(C) guste**; the subjunctive is needed after *en caso de que*; *see* section 13.7.7

5. **(A) estacionar**–to park; volar–to fly, nadar–to swim, partir–to split up

6. **(B) el**; singular masculine article needed; *see* section 2.1

7. **(A) libertad**–freedom; cantidad–quantity, luz–light, voz–voice

8. **(D) delgado**–slim; estrecho–narrow, simpático–nice, divertido–amusing, entertaining

9. **(B) sacar**–to take out; saltar–to jump, colocar–to place, put, corregir–to correct

10. **(C) por**; *see* section 19.5.2

11. **(B) toallas**–towels; medias–stockings, faldas–skirts, corbatas–ties

12. **(D) acercarse**–to come near; desayunarse–to eat breakfast, tocarse–to touch oneself, vestirse–to get dressed

13. **(A) viajas**; *see* section 6.1

14. **(A) envolver**–to wrap; devolver–to return, cerrar–to close, cubrir–to cover

15. **(D) beca**–scholarship; moneda–coin, propina–tip, cuenta–account, bill

16. **(D) dejar de + infinitive**–to stop doing something; pensar de–to think about, salir de–to leave, servir de–to act as

17. **(A) invitar a**; *see* verbs that take a preposition, section 19.6

18. **(C) leyes**–laws; razones–reasons, noticias–news, verdades–truths

19. **(D) retratos**–portraits; pintores–painters, cuadras–(city) blocks, pedazos–pieces

20. **(A) hacer cola**–to line up; hacer caso–to pay attention, to notice, hacer juego–to match, go well together, hacer daño–to hurt

21. **(B) lo** (direct object pronoun); *see* section 5.3.1

22. **(C) ese**; a masculine singular adjective is needed (problema, masculine)

23. **(B) han**; present of *haber* is needed to form the present perfect; *see* section 9.1

24. **(D) firmar**–to sign; entrenar–to train, compartir–to share, borrar–to erase

25. **(D) gravemente** (adverb)

26. **(C) se gradúa**; the present indicative tense is needed to express future action (el año que viene); *see* section 6.1

27. **(B)** **mangas**–sleeves; brazos–arms, bolsillos–pockets, piernas–legs

28. **(B)** **se hicieron**; *see* section 6.6.4

29. **(A)** **invirtieran**; the subjunctive is needed after *no estar seguro*; *see* section 13.7.3

30. **(A)** **se le**; *see* section 6.6.6

31. **(D)** **siguieran**; the subjunctive is needed after *había sido difícil*; *see* section 13.7.4

32. **(C)** **sepas**; the subjunctive is needed after *para que*; *see* section 13.7.7

# Part B

33. **(C)** **salieron**; the preterit is needed; *see* section 7.1

34. **(A)** **tierras**–lands; nubes–clouds, señales–signals, maletas–suitcases

35. **(D)** **se**; reflejarse–to be reflected

36. **(B)** **como**–as

37. **(A)** **aceite**–oil; azúcar–sugar, galleta–biscuit, cookie, leche–milk

38. **(A)** **milagro**–miracle; camino–road, regalo–gift, saludo–greeting

39. **(D)** **encender**–to light; arreglar–to fix, poner–to put, cocinar–to cook

40. **(C)** **recetas**–recipes; tenedores–forks, manteles–tablecloths, cubiertos–cutlery

41. **(B)** **e**–and; *y* becomes *e* in front of a word beginning with *i* or *hi*

42. **(A)** **le**; indirect object pronoun is needed

43. **(D)** **simplemente**–simply; lentamente–slowly, fácilmente–easily, ligeramente–lightly

44. **(C)** **cuál**; *see* section 16.2

45. **(C)** **comiéndose**; the present participle is needed after *acabar*

46. **(B)** **alguna (vez)**

47. **(A)** **cubiertos**–cutlery; camareros–waiters; postres–desserts, manteles–tablecloths

48. **(D)** **se**; colocarse–to place

49. **(D)** **vaya**; the formal command is needed

50. **(B)** **cambien**; the subjunctive is needed after *a medida que*; *see* section 13.7.6

51. **(A)** **el suyo**; *see* section 3.7.2

52. **(D)** **al lado de**–next to; debajo de–under, adentro de–inside, en lugar de–in place of

53. **(B)** **que**; *see* section 3.6.2

54. **(C)** **mojada**–wet; pintada–painted, borrada–erased, pensada–thought

55. **(D)** **estaba**; the imperfect is needed; *see* section 8.1

56. **(C)** **abierto**, a masculine singular adjective is needed (*paraguas*); *see* section 2.1

57. **(A)** **Sabía**; the imperfect is needed; *see* section 8.1

58. **(C)** **le**; the indirect object pronoun is needed

59. **(B)** **sobre**–on; debajo–underneath, detrás–behind, entre–between

60. **(B)** **preguntó**; the preterit is needed; preguntar–to ask a question; pedir–to request

61. **(D)** **descansar**–to rest; bailar–to dance, vender–to sell, nacer–to be born

62. **(B)** **haber**; the infinitive is needed

63. **(A)** **hacía**; the imperfect indicative is needed

## Part C

The answer to some questions may depend on more than one statement in the passage. In that case more than one line will be listed. When the answer depends on the overall meaning of the passage, the answer is indicated by "overall meaning."

64. **(A)** Lines 4–6

65. **(B)** Lines 9–13

66. **(A)** Lines 14–17

67. **(A)** Lines 20–21

68. **(B)** Lines 23–24

69. **(C)** Lines 27–28

70. **(D)** Lines 31–33

71. **(B)** Lines 36–37

72. **(C)** Line 1

73. **(A)** Lines 6–7, 9

74. **(D)** Lines 7–8

75. **(B)** Lines 10–12

76. **(A)** Lines 12–13

77. **(C)** Lines 7–8

78. **(D)** Lines 8–10

79. **(C)** Lines 2–5

80. **(A)** Line 4

81. **(D)** Lines 5–6

82. **(C)** Lines 10–11

83. **(A)** Lines 14–15

84. **(B)** Lines 18–19

85. **(B)** Lines 30–32

# GRAMMAR REVIEW

# Rules of Grammar

---

## CHAPTER 1

- Parts of speech
- All tenses
- Commands
- Negatives and indefinites

- Questions
- Exclamations
- Numbers, dates, time
- Word relationships

# 1. ARTICLES

## 1.1 THE DEFINITE ARTICLE

The definite article in English has only one form. In Spanish it has four forms.

|  | Singular | Plural |  |
|---|---|---|---|
| masculine | **el** | **los** | the |
| feminine | **la** | **las** | the |

Definite articles must agree with the nouns in gender (masculine or feminine) and number (singular or plural).

**el camino**  **los caminos**  the road(s)
**la puerta**  **las puertas**  the door(s)

When the preposition **a** or **de** appears in front of the definite article **el**, a contraction is formed as follows:

**a** + **el** = **al** (to the, at the, etc.)

 **Hoy vamos al centro comercial.** / Today we are going to the shopping center.

**de** + **el** = **del** (from the, of the)

 **Ellos llegan del aeropuerto tarde.** / They arrive late from the airport.

But, a contraction is not formed with the personal pronoun **él**.

> **Voy a darle mi cámara a él.** / I am going to give my camera to him.
> **El coche no es de él.** / The car is not his.

The definite article **el** is used when followed by a feminine noun beginning with stressed **a** or **ha**.

> **el águila**  the eagle, but **las águilas**
> **el hacha**  the hatchet, but **las hachas**
> **el aula**  the classroom, but **las aulas**

The definite article is used with abstract nouns and nouns used in the general sense.

> **La amistad es importante.** / Friendship is important.

The definite article is used when talking about a person, before **señor**, **señora**, **señorita**, and all other titles.

> **La señora Márquez es mi tía.** / Mrs. Márquez is my aunt.
> **El doctor Fonseca es famoso.** / Dr. Fonseca is famous.

But, when addressing the person directly, the definite article is not used.

> **Señorita González, ¿está Ud. enferma?** / Miss González, are you sick?

The definite article is optional before the names of languages after **entender**, **escribir**, and **estudiar**.

> **Entiendes (el) portugués.** / You understand Portuguese.
> **Estudiamos (el) español.** / We study Spanish.

But, it is omitted with names of languages, usually immediately after **aprender**, **enseñar**, **hablar**, and **saber**, and after **en**.

> **Gilberto habla español muy bien.** / Gilberto speaks Spanish very well.
> **Esa novela está escrita en alemán.** / That novel is written in German.

The definite article is used before the days of the week (meaning *on*).

> **Salgo para Puerto Rico el lunes.** / I leave for Puerto Rico on Monday.

But, after the verb **ser**, the definite article is omitted.

> **Mañana es lunes.** / Tomorrow is Monday.

The definite article is also used to tell time.

> **Es la una.** / It is one o'clock.

The definite article is used before infinitives used as nouns.

> **El correr es beneficioso para la salud.** / Running is beneficial for your health.

The definite article is generally used when referring to articles of clothing or parts of the body instead of the possessive adjective.

**Me cepillo los dientes.** / I brush my teeth.
**Él se pone la camisa.** / He puts on his shirt.

When more than one noun is listed, the definite article appears in front of each noun.

**Ella trae la pluma y el lápiz.** / She brings the pen and pencil.

## 1.2 THE NEUTER ARTICLE *LO*

The neuter article **lo** is used mainly before a masculine singular adjective or past participle, and sometimes before an adverb to express their use as abstract nouns.

**Lo importante es estudiar.** / The important thing is to study.
**Lo escrito es la verdad.** / What is written is the truth.
**Ella no sabe lo difícil que es viajar sola.**
She does not know how difficult it is to travel alone.

## 1.3 THE INDEFINITE ARTICLE

In English the indefinite article has two forms, *a* and *an*. In Spanish it has four forms.

|  | Singular |  | Plural |  |
|---|---|---|---|---|
| masculine | **un** | a, an | **unos** | some, a few |
| feminine | **una** | a, an | **unas** | some, a few |

Indefinite articles must agree with the nouns in gender (masculine or feminine) and number (singular or plural).

**un edificio**  a building   **unos edificios**  some buildings
**una casa**  a house   **unas casas**   some houses

The indefinite article is used with numbers to express approximation.

**Compré unos diez libros.** / I bought about ten books.

The indefinite article is omitted in Spanish after the verb **ser** before occupations and professions.

**Su padre es veterinario.** / His father is a veterinarian.

But, if the noun is modified, the indefinite article is used.

**Su padre es un veterinario amable.** / His father is a kind veterinarian.

The indefinite article is also omitted after the verb **ser** before nationalities, religions, or political affiliations.

**Santiago no es chileno, es argentino.**
Santiago is not a Chilean, he is an Argentinian.
**Eduardo es judío.** / Eduardo is a Jew.
**Rosa es demócrata.** / Rosa is a Democrat.

But, if the noun is modified, then the indefinite article is needed.

**Eduardo es un judío muy religioso.** / Eduardo is a very religious Jew.

The indefinite article is not used before **cien**/a (one) hundred, **mil**/a (one) thousand, **otro**/another, **medio(a)**/half, **cierto(a)**/certain, or **tal**/such.

**Mil ciento noventa.** / A thousand one hundred and ninety.
**Voy a visitarlo otro día.** / I am going to visit him another day.
**Corremos una milla y media.** / We run a mile and a half.
**Cierta profesora enseña la clase.** / A certain professor teaches the class.
**Ellos no pueden haber hecho tal cosa.** / They could not have done such a thing.

The indefinite article is also omitted after phrases with **¡qué . . . !**

**¡Qué jefe tan exigente!** / What a demanding boss!

# 2. NOUNS

Nouns are words that denote a person, place, or thing. In Spanish, nouns have gender: masculine or feminine.
   One can tell the gender of a Spanish noun by its meaning according to its being.

| Masculine | | Feminine | |
|---|---|---|---|
| **el hombre** | the man | **la mujer** | the woman |
| **el padre** | the father | **la madre** | the mother |
| **el actor** | the actor | **la actriz** | the actress |

One can also tell the gender of a Spanish noun by its ending. If you cannot tell the gender of the noun by either its being or the ending, you must learn it with its article.

## 2.1 MASCULINE NOUNS

Nouns that end in **-o** are generally masculine. Nouns that end in **-a** are generally feminine.

| | | | |
|---|---|---|---|
| **el cuarto** | the room | **la ventana** | the window |
| **el baño** | the bathroom | **la puerta** | the door |

There are some exceptions to this rule, and you must learn them with their article.

| | | | |
|---|---|---|---|
| **la mano** | the hand | **la foto** | the photograph |
| **la radio** | the radio | **la moto** | the motorcycle |

The following are some nouns that end in **-ma**, but are masculine.

| | | | |
|---|---|---|---|
| **el aroma** | the aroma | **el poema** | the poem |
| **el clima** | the climate | **el problema** | the problem |
| **el crucigrama** | the crossword puzzle | **el programa** | the program |
| **el diploma** | the diploma | **el sistema** | the system |
| **el drama** | the drama | **el telegrama** | the telegram |
| **el fantasma** | the ghost | **el tema** | the theme |
| **el idioma** | the language | **el teorema** | the theorem |

The following nouns are also masculine:

days of the week
  **el miércoles** / Wednesday
names of rivers
  **el Nilo** / the Nile
names of seas
  **el Caribe** / the Caribbean
names of oceans
  **el Pacífico** / the Pacific
names of mountains
  **los Andes** / the Andes

names of lakes
  **el Superior** / the Superior
numbers
  **el cuatro** / four
colors
  **el verde** / green
trees
  **el manzano** / the apple tree

Nouns with the following endings are masculine:

**-aje**
**el garaje** / the garage

**-or**
**el dolor** / the pain

**-ambre**
**el alambre** / the wire

Exceptions:

**la labor** / the labor
**la flor** / the flower

Compound nouns are also masculine.

| | | | |
|---|---|---|---|
| **el / los abrelatas** | the can opener(s) | **el / los rascacielos** | the skyscraper(s) |
| **el / los lavamanos** | the washbasin(s) | **el / los sacapuntas** | the pencil |
| **el / los parabrisas** | the windshield(s) | | sharpener(s) |
| **el / los paraguas** | the umbrella(s) | | |

## 2.2 FEMININE NOUNS

Nouns ending in **-a** are usually feminine.

**la ventana** / the window
**la chimenea** / the chimney

Some exceptions are

| | | | |
|---|---|---|---|
| **el poeta** / the poet | | **el planeta** / the planet | |
| **el día** / the day | | **el mediodía** / noon | |
| **el mapa** / the map | | **el tranvía** / the streetcar | |

The following nouns are feminine:

nouns ending in **-ción** and **-sión**
**la canción** / the song
**la pasión** / the passion

nouns ending in **-dad**, **-tad**, and **-tud**
**la ciudad** / the city
**la libertad** / the freedom
**la actitud** / the attitude

nouns ending in **-ie**
**la serie** / the series

nouns ending in **-umbre**
**la costumbre** / the custom

nouns ending in **-sis**
**la diagnosis** / the diagnosis

nouns ending in **-itis**
**la bronquitis** / the bronchitis

names of letters
**la be** / the *b*
**la equis** / the *x*

names of islands
**las Azores** / the Azores

## 2.3 OTHER RULES ABOUT NOUNS

Some nouns ending in **-a**, **-nte**, and **-ista** are invariable. Their endings do not change, but the article is used to identify its gender.

| | |
|---|---|
| **el atleta / la atleta** | the athlete |
| **el cantante / la cantante** | the singer |
| **el dentista / la dentista** | the dentist |

Some nouns have the same form for both genders, but the article does not change.

| | |
|---|---|
| **la víctima** / the victim | **la persona** / the person |
| **el personaje** / the character (in a novel, etc.) | **la estrella** / the star (movie, etc.) |
| | **el ángel** / the angel |

**María Felix fue una estrella del cine mexicano.**
María Felix was a Mexican movie star.

**Mario Moreno fue también una estrella.**
Mario Moreno was also a movie star.

The feminine of nouns ending in **-és**, **-ín**, **-ón**, and **-or** is formed by adding an **-a**. In the feminine the accent is dropped. Note that these nouns usually refer to people and some animals.

| | | | |
|---|---|---|---|
| **el francés** | the Frenchman | **el anfitrión** | the host |
| **la francesa** | the Frenchwoman | **la anfitriona** | the hostess |
| **el bailarín** | the male dancer | **el contador** | the male accountant |
| **la bailarina** | the female dancer | **la contadora** | the female accountant |
| **el león** | the male lion | **el faisán** | the male pheasant |
| **la leona** | the female lion | **la faisana** | the female pheasant |

The following nouns change their meaning depending on the gender.

| | | | |
|---|---|---|---|
| **el capital** | the capital (money) | **el guía** | the guide |
| **la capital** | the capital (city) | **la guía** | the telephone guide |
| **el cometa** | the comet | **el orden** | the order (sequence) |
| **la cometa** | the kite | **la orden** | the order (command or religious order) |
| **el corte** | the cut | | |
| **la corte** | the court | **el papa** | the pope |
| | | **la papa** | the potato |
| **el cura** | the priest | | |
| **la cura** | the cure | **el policía** | the policeman |
| | | **la policía** | the police force |
| **el editorial** | the editorial | | |
| **la editorial** | the publishing house | | |

Some nouns have different forms for each gender. These nouns must be learned separately.

| | | | |
|---|---|---|---|
| **el actor** | the actor | **el poeta** | the poet |
| **la actriz** | the actress | **la poetisa** | the poetess |
| **el caballo** | the horse | **el príncipe** | the prince |
| **la yegua** | the mare | **la princesa** | the princess |
| **el gallo** | the rooster | **el rey** | the king |
| **la gallina** | the hen | **la reina** | the queen |
| **el héroe** | the hero | **el toro** | the bull |
| **la heroína** | the heroine | **la vaca** | the cow |
| **el hombre** | the man | **el yerno** | the son-in-law |
| **la mujer** | the woman | **la nuera** | the daughter-in-law |

## 2.4 PLURAL OF NOUNS

The plural of nouns ending in a vowel is generally formed by adding **-s** to the ending.

| | | | |
|---|---|---|---|
| **camisa** | shirt | **estudiante** | student |
| **camisas** | shirts | **estudiantes** | students |

If the noun ends in a consonant, or in **-y**, the plural is formed by adding **-es**.

| | | | |
|---|---|---|---|
| **árbol** | tree | **rey** | king |
| **árboles** | trees | **reyes** | kings |

If the noun ends in **-z**, the **-z** is changed to **-c** before adding **-es**.

| | |
|---|---|
| **lápiz** | pencil |
| **lápices** | pencils |

When forming the plural of compound nouns, the ending of the noun does not change; what differentiates the singular from the plural is the article.

| | | | |
|---|---|---|---|
| **el lavamanos** | the washbasin | **el portaviones** | the aircraft carrier |
| **los lavamanos** | the washbasins | **los portaviones** | the aircraft carriers |
| **el rompecabezas** | the puzzle | | |
| **los rompecabezas** | the puzzles | | |

# 3. ADJECTIVES

Adjectives are words that modify or describe a noun or a pronoun. Past participles can also be used as adjectives, and they usually follow the verb **estar**.

## 3.1 GENDER OF ADJECTIVES

An adjective agrees in gender (masculine or feminine) and number (singular or plural) with the noun or pronoun it modifies.

Adjectives that end in **-o** in the masculine singular change their endings as follows to agree with the noun they modify.

**el cuaderno pequeño** / the small notebook
**los cuadernos pequeños** / the small notebooks
**la computadora rápida** / the fast computer
**las computadoras rápidas** / the fast computers

Adjectives that do not end in **-o** in the masculine singular are invariable. That is to say, they remain unchanged.

**el trabajo difícil** / the difficult job
**la lección difícil** / the difficult lesson

But, adjectives of nationality that in the masculine singular form end in a consonant and other adjectives that end in **-án**, **-ín**, **-ón**, and **-or** add an **-a** to form the feminine. If the last syllable has a written accent and ends in **-n** or **-s**, the written accent is dropped.

| | | | |
|---|---|---|---|
| **alemán / alemana** | German | **saltarín / saltarina** | restless, full |
| **francés / francesa** | French | | of movement |
| **haragán / haragana** | lazy | **mandón / mandona** | bossy |
| | | **trabajador / trabajadora** | hardworking |

But, adjectives that end in **-or** in the comparative form (**mayor**, **peor**, **mejor**, etc.) do not change in the feminine.

**mi hermana mayor** / my oldest sister

## 3.2 PLURAL OF ADJECTIVES

The plural of adjectives is formed in the same way as the plural of nouns. If the adjective ends in a vowel, add **-s**. If it ends in a consonant, add **-es**.

| | |
|---|---|
| **alto / altos** | tall |
| **inteligente / inteligentes** | intelligent |
| **difícil / difíciles** | difficult |

If the adjective ends in **-z**, the **-z** changes to **-c** before adding **-es**.

| | |
|---|---|
| **feliz / felices** | happy |

If the adjective modifies two or more nouns, even if they are of different genders, the masculine plural is used.

**La camisa y los pantalones son caros.**
The shirt and the pants are expensive.

But, if it modifies two or more feminine nouns, the feminine plural is used.

**La blusa y la falda amarillas son de Elisa.**
The yellow blouse and yellow skirt are Elisa's.

## 3.3 POSITION OF ADJECTIVES

Descriptive adjectives are generally placed after the noun.

**una mesa redonda** / a round table

But, if the adjective denotes an inherent quality, a quality attributed to the noun, it is placed before the noun.

**la oscura noche**   the dark night       **la blanca nieve**     the white snow

The adjectives **otro**, **alguno (algún)**, **ninguno (ningún)**, **mucho**, **ambos**, **bastante**, **poco**, **suficiente**, and **varios** are customarily placed in front of the noun.

**No tenemos suficientes libros.** / We do not have enough books.
**¿Ves algún barco?** / Do you see any ships?

Demonstrative adjectives are always placed in front of the noun.

**aquella montaña** / that mountain

Possessive adjectives are customarily placed in front of the noun, but at times they may follow the noun. In this case, the long form of the adjective is used (see section 3.7.2).

**Nuestros primos están en Inglaterra.** / Our cousins are in England.
**Elena es una prima mía.** / Elena is a cousin of mine.

Numerical adjectives are usually placed in front of the noun.

**diez habitaciones** / ten rooms
**la tercera vez** / the third time

When a cardinal number is used in place of an ordinal number (usually beyond "tenth"), it follows the noun.

> **el siglo veinte** / the twentieth century

Some adjectives change their meaning depending on the position. Some of the most common are:

| | |
|---|---|
| **un cantante pobre** | a poor (not rich) singer |
| **un pobre cantante** | a poor (unfortunate) singer |
| **un barrio grande** | a large/big neighborhood |
| **un gran barrio** | a great neighborhood |
| **un viejo amigo** | an old (longtime) friend |
| **un amigo viejo** | an old (age) friend |
| **la doctora única** | the unique doctor |
| **la única doctora** | the only doctor |
| **las canciones diferentes** | the different songs |
| **las diferentes canciones** | the various songs |
| **la secretaria misma** | the secretary herself |
| **la misma secretaria** | the same secretary |
| **los calcetines nuevos** | the brand new (not old) socks |
| **los nuevos calcetines** | the new (different) socks |
| **el edificio antiguo** | an ancient building |
| **el antiguo edificio** | a former building |

## 3.4  SHORTENING OF ADJECTIVES

Some adjectives in Spanish drop the final **-o** when they precede a masculine noun.

| | |
|---|---|
| alguno | primero |
| bueno | tercero |
| malo | uno |
| ninguno | |

> **el buen hombre** / the good man
> **el primer capítulo** / the first chapter

Note that **alguno** and **ninguno** placed before a masculine singular noun become **algún** and **ningún**.

> **algún día** / some day
> **ningún edificio** / no building

**Grande** becomes **gran** before a masculine or feminine singular noun, but its meaning changes to "great."

> **un barco grande** / a big ship
> **un gran barco** / a great ship

**Santo** becomes **San** before a masculine singular noun.

> **San Antonio**
> **San José**

If the noun begins with **to-** or **do-**, then **santo** is used.

**Santo Tomás**
**Santo Domingo**

**Cualquiera** becomes **cualquier** in front of a masculine or feminine singular noun.

**cualquier cuarto** / any room
**cualquier avenida** / any avenue

After a noun of either gender **cualquiera** is used. When it is used with people it is often pejorative.

The plural form of **cualquiera** is **cualesquiera**, but its use is disappearing.

**Elena no es una mujer cualquiera.**
Elena is not just any woman.

**Ciento** becomes **cien** before a masculine or feminine plural noun, and when a number larger than itself follows.

**cien dólares** / a hundred dollars
**cien mil millas** / a hundred thousand miles
**mil millones de ciudadanos**/ a billion citizens

But, **ciento** is used for numbers between 101 and 199.

**ciento dos hombres**
**ciento noventa dólares**

## 3.5 ADJECTIVES USED AS NOUNS

An adjective preceded by an article or a demonstrative adjective may be used as a noun.

**Los pobres no viven en ese barrio.**
The poor people do not live in that neighborhood.
**Esa joven dice adiós.**
That young woman says good-bye.

In English, nouns can be used as adjectives. In Spanish this idea is expressed with the construction **de** + noun.

**una caja de cartón** / a cardboard box
**la cuenta de cheques** / the checking account

## 3.6 COMPARISONS

### 3.6.1 Comparison of Equality

To compare adjectives and adverbs in Spanish use the following construction:

**tan** + adjective (adverb) + **como** / (as . . . as)

**La película es tan interesante como el libro.**
The film is as interesting as the book.
**Ese hombre cocina tan bien como la cocinera.**
That man cooks as well as the cook.

To compare in terms of a noun, use

> **tanto, tanta, tantos, tantas** + noun + **como** / (as much . . . as) (as many . . . as)

> **Yo tengo tanto trabajo como Eduardo.**
> I have as much work as Eduardo.
> **Elena tiene tantas blusas como su hermana.**
> Elena has as many blouses as her sister.

## 3.6.2 Comparison of Inequality

The comparison of inequality is expressed in Spanish by placing **más** or **menos** before the adjective, adverb, or noun.

> **Nosotros somos más cariñosos que ella.** / We are more affectionate than she is.
> **Ella lee más despacio que él.** / She reads slower than he does.
> **Yo tengo más trabajo que tú.** / I have more work than you do.

In comparisons, *than* is usually translated in Spanish as **que**, but before a cardinal number in affirmative statements it is expressed by **de**.

> **Compramos más de tres libras de queso.**
> We bought more than three pounds of cheese.

In negative sentences **que** is used and is translated as *only*.

> **No tiene más que cuatro hijos.** / He has only four children.

## 3.6.3 Superlative

The superlative is formed by placing the definite article or the possessive pronoun before the comparative construction (**el/la/los/las** + **más/menos** + adjective + **de**).

> **David es el atleta más fuerte de la escuela.**
> David is the strongest athlete in the school.

Note that **de** is ordinarily used after the superlative in Spanish. In English it's followed by *in*.

There are four adjectives that have irregular forms when used in comparisons:

| | |
|---|---|
| **viejo** | old |
| **mayor** | older |
| **el (la) mayor de (age)** | the oldest |
| **joven** | young |
| **menor** | younger |
| **el (la) menor de (age)** | the youngest |
| **bueno** | good |
| **mejor** | better |
| **el (la) mejor de** | the best |
| **malo** | bad |
| **peor que** | worse |
| **el (la) peor de** | the worst |

If the comparison refers to size, **más grande** (bigger, larger, etc.), **más pequeño** (smaller, etc.) is used.

When the adverbs **bien** and **mal** are used in comparisons of inequality, they have irregular forms.

| | | |
|---|---|---|
| **bien** | **mejor que** | (better than) |
| **mal** | **peor que** | (worse than) |

# 3.6.4 Absolute Superlative

The absolute superlative is expressed by dropping the final vowel of the adjective and adding **-ísimo** (**-a, -os, -as**).

**Ricardo es inteligente.** / Ricardo is intelligent.
**Ricardo es inteligentísimo.** / Ricardo is very (highly, extremely) intelligent.

If after dropping the final vowel the following letters remain, the following changes are necessary:

| | | | |
|---|---|---|---|
| c→qu | rico | → | riquísimo |
| g→gu | largo | → | larguísimo |
| z→c | feliz | → | felicísimo |

**Muy** + adjective can also be used to express the absolute superlative.

**Ricardo es muy inteligente.** / Ricardo is very intelligent.

# 3.7 POSSESSIVE ADJECTIVES

## 3.7.1 Short Forms of the Possessive Adjectives

Possessive adjectives are used to express possession or ownership.

| Singular | | Plural | | |
|---|---|---|---|---|
| Masculine | Feminine | Masculine | Feminine | |
| **mi** | **mi** | **mis** | **mis** | my |
| **tu** | **tu** | **tus** | **tus** | your |
| **su** | **su** | **sus** | **sus** | his, her, your, its |
| **nuestro** | **nuestra** | **nuestros** | **nuestras** | our |
| **vuestro** | **vuestra** | **vuestros** | **vuestras** | your |
| **su** | **su** | **sus** | **sus** | your, their |

Possessive adjectives agree in gender and number with the object possessed and not with the possessor.

**Elena trae nuestros libros.** / Elena brings our books.

The short forms of the possessive adjectives are placed before the nouns they modify.

**Ellas son mis hermanas.** / They are my sisters.

If a possessive adjective modifies two or more nouns, it is repeated before each noun.

**Yo llevo mis lápices y mis cuadernos.** / I take my pencils and my notebooks.

The definite article is used instead of the possessive adjective when referring to articles of clothing or parts of the body.

> **Quítate el abrigo.** / Take off your coat.
> **Me rompí la pierna.** / I broke my leg.

If the meaning of the possessive adjective **su** and **sus** is not clear, the following construction is used to clarify:

| | | |
|---|---|---|
| article + noun + | **de él** | his |
| | **de ella** | her |
| | **de Ud.** | your |
| | **de ellos** | their |
| | **de ellas** | their |
| | **de Uds.** | your |

> **Vamos en su coche.**   or   **Vamos en el coche de él.** / We are going in his car.

## 3.7.2 Stressed or Long Forms of the Possessive Adjectives

Stressed or long forms of the possessive adjectives are placed after the noun. They are equivalent to the English (*of*) *mine*, (*of*) *yours*, etc.

| Singular | | Plural | | |
|---|---|---|---|---|
| **mío** | **mía** | **míos** | **mías** | (of) mine |
| **tuyo** | **tuya** | **tuyos** | **tuyas** | (of) yours |
| **suyo** | **suya** | **suyos** | **suyas** | (of) his, hers, yours, its |
| **nuestro** | **nuestra** | **nuestros** | **nuestras** | (of) our |
| **vuestro** | **vuestra** | **vuestros** | **vuestras** | (of) yours |
| **suyo** | **suya** | **suyos** | **suyas** | (of) yours, theirs |

If the verb **ser** links the noun with the possessive adjective, only this form can be used.

> **Los programas de computadora son míos.** / The computer programs are mine.

The long forms of the possessive adjectives are placed after the nouns they modify.

> **Jacinto fue de vacaciones con el tío suyo.** / Jacinto went on vacation with his uncle.

If the meaning of the possessive adjective **suyo**, **suya**, **suyos**, and **suyas** is not clear, the following is used to clarify:

| | | |
|---|---|---|
| **el / la / los / las** + noun + **de él** | his |
| **el / la / los / las** + noun + **de ella** | hers |
| **el / la / los / las** + noun + **de Ud.** | yours |
| **el / la / los / las** + noun + **de ellos** | theirs |
| **el / la / los / las** + noun + **de ellas** | theirs |
| **el / la / los / las** + noun + **de Uds.** | yours |

> **Jacinto fue de vacaciones con el tío suyo (el tío de él).**
> Jacinto went on vacation with his uncle.

## 3.7.3 Possession or Ownership

Possession or ownership is expressed in Spanish by using **de** and the noun or pronoun.

**La mochila es de Eduardo.** / The backpack is Eduardo's.

To ask the ownership of an object in Spanish, use the following question:

**¿De quién es el disco compacto?** / Whose compact disc is it?

If the expected answer is plural, use:

**¿De quiénes es el disco compacto?** / Whose compact disc is it?

## 3.8 DEMONSTRATIVE ADJECTIVES

Demonstrative adjectives are used to point out objects and to distinguish people or ideas from each other. They can do this by taking into consideration the proximity to the speaker or the time elapsed more definitely than the definite article.

|  | Singular | |
| --- | --- | --- |
| Masculine | Feminine | |
| **este** | **esta** | this (near the person who is speaking, or present time) |
| **ese** | **esa** | that (near the person spoken to, or a period of time somewhat near) |
| **aquel** | **aquella** | that (away from both, or to a distant period of time) |

|  | Plural | |
| --- | --- | --- |
| Masculine | Feminine | |
| **estos** | **estas** | these |
| **esos** | **esas** | those |
| **aquellos** | **aquellas** | those |

Demonstrative adjectives agree in gender (masculine or feminine) and number (singular or plural) with the nouns they modify.

**este banco** / this bank
**aquellas calles** / those streets

# 4. ADVERBS

Adverbs are words that modify a verb, an adjective, another adverb, a phrase, or a clause. They express the degree, cause, manner, place, time, etc. You can recognize them easily in English because they end in *-ly*.

## 4.1 FORMATION OF ADVERBS

Adverbs are formed by using the feminine singular form of the adjective and adding **-mente**. This ending corresponds to the English *-ly*.

**claro→**      **clara→**      **claramente**
**inteligente→**      **inteligente→**      **inteligentemente**

If the adjective has a written accent, the accent is kept after adding **-mente**.

**rápido→      rápida→      rápidamente**
**espontáneo→ espontánea→ espontáneamente**

If two or more adverbs are used successively, **-mente** is added only to the last adverb. The rest of the adverbs appear in the feminine form.

**Ricardo sale lenta y tranquilamente.** / Ricardo leaves slowly and quietly.

**Demasiado**, **mejor**, **mucho**, **poco**, and **peor** when used as adverbs do not change form, but used as adjectives they must agree with the noun they modify.

**Ella habla demasiado.** / She speaks too much.
**Hay demasiadas personas en el teatro.**
There are too many people in the theater.

## 4.2 ADVERBIAL PHRASES

Adverbial phrases can also be formed by using **con** + a noun.

**Me habló inteligentemente.**
**Me habló con inteligencia.**
He spoke to me intelligently.

or by using **de manera** or **de modo** + an adjective.

**Él terminó el discurso de manera apasidonada.** / He finished the speech passionately.

## 4.3 COMMON ADVERBS

There are many common adverbs you should learn. Here is a partial list.

| | | | |
|---|---|---|---|
| **a menudo** | often | **de pronto** | suddenly |
| **acaso** | perhaps | **de repente** | suddenly |
| **ahí** | there (near the speaker or the person spoken to) | **demasiado** | too much |
| | | **despacio** | slowly |
| | | **en seguida** | right away |
| **ahora** | now | **luego** | then, afterward |
| **ahora mismo** | right now | **mal** | badly |
| **allá** | way over there | **mejor** | better |
| **allí** | there (far from the speaker or the person spoken to) | **peor** | worse |
| | | **por desgracia** | unfortunately |
| | | **quizás** | perhaps |
| **antes** | before | **rara vez** | rarely |
| **apenas** | hardly | **siempre** | always |
| **aquí** | here | **tal vez** | perhaps |
| **bastante** | enough | **tarde** | late |
| **bien** | well | **temprano** | early |
| **con adelanto** | ahead | **todavía** | still |
| **con retraso** | with delay | **todavía no** | not yet |
| **de nuevo** | again | **ya** | already |
| **de prisa** | in a hurry | **ya no** | no longer |

# 5. PRONOUNS

Pronouns are words that take the place of a noun.

## 5.1 SUBJECT PRONOUNS

Subject pronouns replace the person or object referred to in a sentence.

|  | Singular |  | Plural |
|---|---|---|---|
| **yo** | I | **nosotros(as)** | we |
| **tú** | you (familiar) | **vosotros(as)** | you (familiar) |
| **él** | he, it | **ellos** | they |
| **ella** | she, it | **ellas** | they |
| **ustedes** | you (formal) | **ustedes** | you (formal) |

**Patricia no viene hoy pero Héctor sí.** / Patricia is not coming today, but Héctor is.
**Ella no viene hoy pero él sí.** / She is not coming today, but he is.

**Los leones están en la jaula.** / The lions are in the cage.
**Ellos están en la jaula.** / They are in the cage.

Remember that unless you need to clarify or to emphasize, subject pronouns are generally not used in Spanish since the ending of the verb indicates the person.

**Vosotros** is the plural of **tú**. You should become familiar with it and its conjugation, but only for recognition. It may appear in reading passages, but usually it does not appear on other parts of the exam.

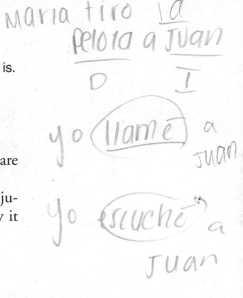

## 5.2 PREPOSITIONAL PRONOUNS

The following pronouns are used after a preposition:

|  | Singular |  | Plural |
|---|---|---|---|
| **mí** | me | **nosotros(as)** | us |
| **ti** | you | **vosotros(as)** | you |
| **él** | him, it | **ellos** | them |
| **ella** | her, it | **ellas** | them |
| **Ud.** | you | **Uds.** | you |

**La camisa, ¿es para mí?** / The shirt—is it for me?
**Sí, es para ti.** / Yes, it is for you.

**¡Ojo!** **Con** followed by **mí** or **ti** becomes **conmigo** and **contigo**.

**¿Vienes conmigo?** / Are you coming with me?
**Sí, voy contigo.** / Yes, I am coming with you.

## 5.3 OBJECT PRONOUNS

### 5.3.1 Direct Object Pronouns

Direct objects receive the direct action of the verb. They answer the question <u>who?</u> or <u>what?</u> They can be replaced by the following pronouns:

| | Singular | | Plural |
|---|---|---|---|
| **me** | me | **nos** | us |
| **te** | you | **os** | you |
| **lo** | him, you, it | **los** | them, you |
| **la** | her, you, it | **las** | them, you |

**Nosotros vimos a María.** / We saw María.
**Nosotros la vimos.** / We saw her.

**Ella rompió el estante.** / She broke the bookcase.
**Ella lo rompió.** / She broke it.

### 5.3.2 The Neuter Pronoun *Lo*

**Lo** is used to refer to or replace an idea or situation already mentioned. It can replace an adjective or a phrase.

—**¿Estás cansado?** / Are you tired?
—**Sí, lo estoy.** / Yes, I am.

—**¿Sabes que Elena viene mañana?** / Do you know Elena is coming tomorrow?
—**Sí, lo sé.** / Yes, I know (it). "It" replaces "Elena is coming tomorrow."

### 5.3.3 Indirect Object Pronouns

The indirect object indicates the person(s) or things(s) that are affected or receive the action of the verb. They answer the following questions: To whom? For whom? To what? For what? They can be replaced by the following pronouns:

| | Singular | | Plural |
|---|---|---|---|
| **me** | to me | **nos** | to us |
| **te** | to you | **os** | to you |
| **le** | to him, to her, to it, to you | **les** | to them, to you |

**Ella demostró sus habilidades al entrenador.** / She showed her skills to the trainer.
**Ella le demostró sus habilidades (a él).** / She showed him her skills.

To clarify the pronoun **le** you may add **a él**, **a ella**, or **a Ud.** To clarify **les**, add **a ellos**, **a ellas**, or **a Uds.**
You may also add **a mí**, **a ti**, etc., to emphasize.

### 5.3.4 Position of Object Pronouns

1. Object pronouns are generally placed in front of the verb.
2. If two pronouns appear in a sentence, the indirect object pronoun is always placed before the direct object pronoun.

**Ignacio me lo dio ayer.** / Ignacio gave it to me yesterday.

**3.** If both pronouns begin with the letter **l**, the indirect becomes **se**.

| | | | |
|---|---|---|---|
| | | **lo** | **se lo** |
| **le** | + | **la** | = **se la** |
| **les** | | **los** | **se los** |
| | | **las** | **se las** |

**Se lo dije a él.** / I told it to him.
**Dígaselo.** / Tell it to him.
**Voy a dárselo. / Se lo voy a dar.** / I am going to give it to him/to her.

To clarify the pronoun **se** you may add **a él**, **a ella**, **a Ud.**, **a ellos**, **a ellas**, or **a Uds**.

**Se lo voy a dar a ella.** / I am going to give it to her.

**4.** Object pronouns are placed in front of a compound tense, immediately in front of the auxiliary verb **haber**.

**Tú los has escrito.** / You have written them.

**5.** Object pronouns are attached to affirmative commands.

**¡Piénsalo con cuidado!** / Think about it carefully!

**6.** Object pronouns are placed in front of negative commands.

**No lo mires ahora.** / Do not look at it now.
**No se lo diga a él.** / Do not tell it to him.

**7.** If the conjugated verb is followed by an infinitive, the object pronoun can be either placed before the conjugated verb or attached to the infinitive.

**Espero venderla.**
**La espero vender.**
I hope to sell it.

**8.** In the progressive, you can place the object pronoun either in front of the conjugated verb or attached to the present participle.

**Lo estamos pensando.**
**Estamos pensándolo.**
We are thinking about it.

**¡Ojo!** Generally speaking, any given clause in Spanish should not contain a direct object and its corresponding replacement pronoun.

**Escribí el ensayo ayer.** / I wrote the essay yesterday.
**Lo escribí ayer.** / I wrote it yesterday.

However, a single clause may contain an indirect object and its corresponding indirect object pronoun, especially when it clarifies the object pronoun.

**Le escribí a mi tía.** / I wrote to my aunt.

## 5.4 POSSESSIVE PRONOUNS

Possessive pronouns are formed by placing the definite article in front of the stressed or long form of the possessive adjective. Note that the possessive pronoun agrees in gender and number with the noun it replaces.

> **el mío, la mía, los míos, las mías** / mine
> **el tuyo, la tuya, los tuyos, las tuyas** / yours
> **el suyo, la suya, los suyos, las suyas** / his, hers, yours, its
> **el nuestro, la nuestra, los nuestros, las nuestras** / ours
> **el vuestro, la vuestra, los vuestros, las vuestras** / yours
> **el suyo, la suya, los suyos, las suyas** / yours, theirs

> **Tu computadora es vieja; la nuestra es nueva.**
> Your computer is old; ours is new.

But, if the sentence is an answer to the question *Whose?* after **ser**, the article may be omitted.

> **Es tuyo.** / It's yours.

The article is used if the sentence is an answer to the question *Which?*

> **¿Cuál es tu mochila?** / Which is your backpack?
> **La roja es la mía.** / The red one is mine.

If the meaning of the possessive pronouns **el suyo**, **la suya**, **los suyos**, and **las suyas** is not clear, the following is used to clarify:

> **el / la / los / las de + él**      his
> **el / la / los / las de + ella**    hers
> **el / la / los / las de + Ud.**     yours
> **el / la / los / las de + ellos**   theirs
> **el / la / los / las de + ellas**   theirs
> **el / la / los / las de + Uds.**    yours

> **Mis padres son comprensivos; los suyos (los de ellos) son muy estrictos.**
> My parents are understanding; theirs are very strict.

## 5.5 DEMONSTRATIVE PRONOUNS

Demonstrative pronouns replace nouns keeping the same gender and number as the nouns they replace. A written accent on demonstrative pronouns is no longer necessary, unless there is ambiguity. In this book we have used accents on all demonstrative pronouns to make it easier for you to distinguish between demonstrative adjectives and pronouns. You will find that in some reading selections there are no accents if the author has decided not to use them. In a testing situation demonstrative pronouns with accents or without accents will be accepted as a correct answer.

| Singular | | | Plural | | |
|---|---|---|---|---|---|
| Masculine | Feminine | | Masculine | Feminine | |
| **éste** | **ésta** | this | **éstos** | **éstas** | these |
| **ése** | **ésa** | that | **ésos** | **ésas** | those |
| **aquél** | **aquélla** | that | **aquéllos** | **aquéllas** | those |

**No me gustan estos zapatos; me gustan aquéllos.**
I do not like these shoes; I like those (over there).

Note the difference between Spanish and English when expressing the former (**aquél**, **aquella**, etc.) and the latter (**éste**, **ésta**, etc.). In Spanish the latter precedes the former.

**García Márquez e Isabel Allende son mis autores favoritos. Ésta es chilena; aquél es colombiano.**

Gabriel García Márquez and Isabel Allende are my favorite writers. The former is Colombian; the latter is Chilean.

A neuter demonstrative pronoun (**esto**, **eso**, and **aquello**) is used in Spanish to refer to an idea, a situation, a previous statement, or an object whose gender is not known.

**Eso es verdad.** / That (idea or statement) is true.
**Aquello se parece un animal.** / That (thing) looks like an animal.

## 5.6 RELATIVE PRONOUNS

Relative pronouns are used to connect a subordinate clause to a main clause.

### 5.6.1 *Que*

The relative pronoun **que** (that, which, who, whom) is used to refer to people or things. Although "that" may be omitted in English, it is never omitted in Spanish.

**Leí el artículo que apareció en el periódico.**
I read the article that appeared in the newspaper.
**El chico que vino ayer es mi primo.**
The boy who came yesterday is my cousin.

After a preposition (**a**, **de**, **en**, **con**, etc.), it refers only to things.

**Ése es el teatro en que vimos la obra.**
That is the theater in which we saw the play.

### 5.6.2 *Quien, Quienes*

**Quien** and **quienes** refer only to people. They are used mainly after the prepositions **a**, **de**, **en**, and **con**.

**Ésa es la chica en quien confié.**
That is the girl whom I trusted.

They can be used at the beginning of a sentence to express whoever, he who, one who, etc.

**Quien estudia mucho recibe buenas notas.**
Whoever (He who, etc.) studies a lot receives good grades.

After a preposition, **quien** and **quienes** are used to refer to people.

**Allí vienen los policías de quienes te hablé.**
There come the policemen about whom I talked to you.

**Quien** and **quienes** can be used in clauses that are set off by commas.

> **Los actores, quienes ganaron el premio, asistieron a la celebración.**
> The actors, who won the prize, attended the celebration.

### 5.6.3 *El cual, El que, La cual, La que, Los cuales, Los que, Las cuales, Las que*

These pronouns are used to express *the one(s) who, the one(s) which, who, that, whom, which* when there is a need for more clarity than **que**.

> **La profesora de inglés, la cual (la que) entró en la oficina, es la más popular.**
> The English teacher, (the one) who entered the office, is the most popular.

After a preposition, **el cual**, **el que**, **la cual**, etc. are used to refer to things.

> **Limpiamos los estantes encima de los cuales vamos a poner los libros.**
> We cleaned the bookshelves on top of which we are going to put the books.

Note that **lo cual** (which) and **lo que** (what, that which) are neuter phrases. They are used in sentences where the antecedent refers to a concept, an indefinite or general idea, rather than to a noun. The antecedent may be stated directly or implied by the context. **Lo cual** is never used to begin a sentence.

> **Ignacio está enfermo, lo cual (lo que) me preocupa.**
> Iganacio is sick, which worries me.
> **Lo que sucedió fue horroroso.**
> What (That which) happened was horrifying.

At the beginning of a sentence, **el que**, **los que**, etc. may be used instead of **quien** or **quienes**.

> **El que estudia mucho recibe buenas notas.**
> **Quien estudia mucho recibe buenas notas.**
> He who studies a lot receives good grades.

### 5.6.4 *Cuyo, Cuya, Cuyos, Cuyas*

**Cuyo, cuya, cuyos, cuyas** indicate possession and agree with the noun to which they refer (the person or thing being possessed) in gender and number.

> **Allí está la chica cuyos padres ganaron la lotería.**
> There is the girl whose parents won the lottery.

**¡Ojo!** When expressing *Whose?* in Spanish to ask who possesses something, you must use **¿De quién(es) . . . ?**

# 6. VERBS

## 6.1 PRESENT INDICATIVE

The present tense is used to express

- an action occurring in the present or that occurs regularly or habitually

  **Lavo el coche.** / I wash the car.   or   I am washing the car.
  **Ella ve la televisión todas las noches.** / She watches TV every night.

- an action that is going to take place in the near future. In this case there is a word or expression that indicates that the action is going to take place in the future.

  **Visitamos a Gabriel esta noche.** / We are going to visit Gabriel tonight.

- an action or event that started in the past and is continuing in the present with the following constructions:

  **hace** + expression of time + **que** + present tense
  present tense + **hace** + expression of time

  **Hace dos días que estoy enfermo.**
  **Estoy enfermo hace dos días.**
  I have been sick for two days.

  present tense + **desde hace** + expression of time
  **Escribo desde hace una hora.**
  I have been writing for an hour.

  To ask a question use

  **¿Cuánto tiempo hace que . . .** + present tense?
  **¿Cuánto hace que** . . . + present tense?
  **¿Hace cuánto tiempo que** . . . + present tense?
  How long have you (he, she, etc.) been . . . ?

  **¿Desde cuándo escribes?** / How long have you been writing?

- the progressive tense

  **¿Qué limpias?** / What are you cleaning?
  **Limpio los estantes.** / I am cleaning the bookshelves.

## 6.2 REGULAR VERBS

**-ar**
**escuchar**   to listen

| Singular | Plural |
| --- | --- |
| yo   escucho | nosotros(as) escuchamos |
| tú   escuchas | vosotros(as) escucháis |
| él, ella, Ud. escucha | ellos, ellas, Uds. escuchan |

**-er**
**correr** to run

| Singular | Plural |
|---|---|
| yo **corro** | **nosotros(as) corremos** |
| tú **corres** | **vosotros(as) corréis** |
| **él, ella, Ud. corre** | **ellos, ellas, Uds. corren** |

**-ir**
**subir** to go up

| Singular | Plural |
|---|---|
| yo **subo** | **nosotros(as) subimos** |
| tú **subes** | **vosotros(as) subís** |
| **él, ella, Ud. sube** | **ellos, ellas, Uds. suben** |

## 6.3 IRREGULAR VERBS

### 6.3.1 Irregular Verbs in the First Person Singular (*Yo*) Only

The asterisk denotes those verbs that do not carry a written accent in the second person plural (**vosotros**).

**caber** to fit
**quepo, cabes, cabe, cabemos, cabéis, caben**

**caer** to fall
**caigo, caes, cae, caemos, caéis, caen**

**conocer** to know
**conozco, conoces, conoce, conocemos, conocéis, conocen**

**dar** to give
**doy, das, da, damos, dais,\* dan**

**hacer** to do, to make
**hago, haces, hace, hacemos, hacéis, hacen**

**poner** to put, to place
**pongo, pones, pone, ponemos, ponéis, ponen**

**saber** to know
**sé, sabes, sabe, sabemos, sabéis, saben**

**salir** to go out, to leave
**salgo, sales, sale, salimos, salís, salen**

**traer** to bring
**traigo, traes, trae, traemos, traéis, traen**

**valer** to be worth
**valgo, vales, vale, valemos, valéis, valen**

**ver** to see
**veo, ves, ve, vemos, veis,\* ven**

**¡Ojo!** You may want to review the following verbs that follow the same pattern as **poner:**

| | |
|---|---|
| **componer** | to fix, to repair |
| **disponer de** | to have |
| **exponer** | to expose, to explain |
| **imponer** | to impose |
| **oponerse a** | to be against, to be opposed to |
| **ponerse** | to put on (+ adjective); to become |
| **proponer** | to propose |
| **suponer** | to suppose |

**¡Ojo!** You may want to review the following verbs that follow the same pattern as **traer:**

| | |
|---|---|
| **atraer** | to attract |
| **contraer** | to contract |
| **distraer** | to distract |

**¡Ojo! Saber** and **conocer** have different meanings.

**saber**    to know a fact

**Yo sé quien es el alcalde.**
I know who the mayor is.

**Nosotros sabemos la verdad.**
We know the truth.

Followed by an infinitive, **saber** means to know how to do something.

**Ellos saben nadar muy bien.**
They know how to swim very well.

In the preterit, **saber** means to find out.

**Ella supo la noticia anoche.**
She found out the news last night.

**conocer**
to know a person, a place, or a thing (being familiar or acquainted with)

**Tú no conoces a mi suegra.**
You don't know my mother-in-law.

**Ud. conoce la historia de Perú.**
You know the history of Peru.

**Él conoce Bogotá.**
He knows Bogota.

In the preterit, **conocer** means to meet for the first time.

**Ellas conocieron a Humberto la semana pasada.**
They met Humberto last week.

## 6.3.2 Irregular Verbs in More Than One Person

**decir**   to say, to tell
**digo, dices, dice, decimos, decís, dicen**

**estar**   to be
**estoy, estás, está, estamos, estáis, están**

**haber**   to have (as an auxiliary verb)
**he, has, ha, hemos, habéis, han**

**ir**       to go
**voy, vas, va, vamos, vais, van**

**oír**     to hear
**oigo, oyes, oye, oímos, oís, oyen**

**ser**     to be
**soy, eres, es, somos, sois, son**

**tener**   to have
**tengo, tienes, tiene, tenemos, tenéis, tienen**

**venir**   to come
**vengo, vienes, viene, venimos, venís, vienen**

**¡Ojo!** To express *there is/there are*, use **hay** (the impersonal form of **haber**).

**¡Ojo!** You may want to review the following verbs that follow the same pattern as **tener**:

| | | | |
|---|---|---|---|
| **contener** | to contain | **mantener** | to maintain, to support |
| **detener** | to detain | **obtener** | to obtain, to get |
| **detenerse** | to stop | **retener** | to retain |
| **entretener** | to entertain | **sostener** | to sustain |

**¡Ojo!** You may want to review the following verbs that follow the same pattern as **venir**:

| | |
|---|---|
| **convenir** | to agree, to be suitable (good for) |
| **intervenir** | to intervene |

# 6.4 VERBS WITH SPELLING CHANGES

## 6.4.1 Verbs Ending in *-ger* or *-gir*

The following verbs change the *g* to a *j* before *a* and *o*:

**coger**    to grab, to seize
**cojo, coges, coge, cogemos, cogéis, cogen**

**exigir**      to require, to demand
**exijo, exiges, exige, exigimos, exigís, exigen**

¡**Ojo!** You may want to review the following verbs that follow the same pattern as **coger**:

**encoger**  to shrink                    **proteger**  to protect
**escoger**  to choose                    **recoger**  to pick up

¡**Ojo!** You may want to review the following verbs that follow the same pattern as **exigir**:

**afligir**  to afflict
**dirigir**  to direct
**fingir**   to pretend

¡**Ojo!** Besides having spelling changes, the following verbs ending in **-gir** also have changes in their stem.

**elegir** (e→i)        to elect
                        **elijo**, **eliges**, etc.
**corregir** (e→i)     to correct
                        **corrijo**, **corriges**, etc.

## 6.4.2 Verbs Ending in *-guir*

The following verbs change the *gu* to *g* before *a* and *o*:

**distinguir**    to distinguish
**distingo, distingues, distingue, distinguimos, distinguís, distinguen**

¡**Ojo!** You may want to review the following verb that follows the same pattern as **distinguir**:

**extinguir**    to extinguish

¡**Ojo!** Besides having spelling changes, the following verbs ending in **-guir** also have changes in their stem.

**seguir** (e→i)        to continue, to follow
**sigo, sigues, sigue, seguimos, seguís, siguen**

**conseguir** (e→i)    to obtain, to get
**perseguir** (e→i)    to pursue, to persecute
**proseguir** (e→i)    to continue, to proceed

### 6.4.3 Verbs That End in a Consonant + *-cer*

The following verbs change the *c* to *z* before *a* and *o*:

> **convencer**   to convince
> **convenzo, convences, convence, convencemos, convencéis, convencen**

**¡Ojo!** You may want to review the following verbs that follow the same pattern as **convencer**:

> **vencer**   to overcome, to conquer
> **ejercer**   to practice a profession; to exercise; to exert

**¡Ojo!** Besides having spelling changes, the following verbs ending in a consonant + -**cer** also have changes in their stem:

> **torcer** (o→ue)       to twist
> **tuerzo, tuerces, tuerce, torcemos, torcéis, tuercen**

> **cocer** (o→ue)       to cook
> **torcerse** (o→ue)   to sprain

### 6.4.4 Verbs That End in a Vowel + *-cer* or *-cir*

In the first person singular (**yo**), the *c* changes to *zc*.

> **conocer**   to know
> **conozco, conoces, conoce, conocemos, conocéis, conocen**

**¡Ojo!** You may want to review the following verbs that follow the same pattern as **conocer**:

| | | | |
|---|---|---|---|
| **aborrecer** | to hate, loathe | **establecer** | to establish |
| **agradecer** | to thank, to be grateful for | **merecer** | to deserve, to merit |
| | | **nacer** | to be born |
| **aparecer** | to appear | **obedecer** | to obey |
| **complacer** | to please | **ofrecer** | to offer |
| **crecer** | to grow | **parecer** | to seem, to appear |
| **desaparecer** | to disappear | **parecerse a** | to resemble, to look like |
| **desconocer** | to be ignorant of | **permanecer** | to stay |
| **enorgullecerse de** | to take pride in | **pertenecer** | to belong |
| **entristecerse** | to become sad | **reconocer** | to recognize |

### 6.4.5 Verbs That End in a Vowel + *-cir*

In the first person singular (**yo**), the *c* changes to *zc*.

> **conducir**   to drive; to lead; to conduct
> **conduzco, conduces, conduce, conducimos, conducís, conducen**

**¡Ojo!** You may want to review the following verbs that follow the same pattern as **conducir**:

> **producir**   to produce
> **traducir**   to translate
> **reducir**    to reduce

# 6.5 STEM-CHANGING VERBS

## 6.5.1 Stem-changing Verbs Ending in -*ar* and -*er*

In the following verbs ending in -*ar* and -*er* the vowel of the stem changes as follows:

> *e*→*ie*
> *o*→*ue*

in all forms except the first person plural (**nosotros**, **nosotras**) and the second person plural (**vosotros**, **vosotras**).

*e* to *ie*

> **comenzar**     to begin
> **comienzo, comienzas, comienza, comenzamos, comenzáis, comienzan**

**¡Ojo!** You may want to review the following verbs that follow the same pattern as **comenzar**:

| | | | |
|---|---|---|---|
| **acertar** | to guess correctly | **encerrar** | to enclose, to lock in |
| **apretar** | to squeeze | **gobernar** | to govern |
| **atravesar** | to cross | **negar** | to deny |
| **cerrar** | to close | **nevar\*** | to snow |
| **confesar** | to confess | **pensar** | to think, to plan |
| **despertar** | to awaken | **recomendar** | to recommend |
| **despertarse** | to wake up | **sentar(se)** | to sit (to sit down) |
| **empezar** | to begin | **temblar** | to tremble |

\***Nevar** is used only in the third person singular **nieva**.

> **querer**   to want, to wish, to love a person
> **quiero, quieres, quiere, queremos, queréis, quieren**

**¡Ojo!** You may want to review the following verbs that follow the same pattern as **querer**:

| | | | |
|---|---|---|---|
| **defender** | to defend | **encender** | to light, to ignite |
| **descender** | to go down | **perder** | to lose |
| **entender** | to understand | | |

*o* to *ue*

> **almorzar**   to have lunch
> **almuerzo, almuerzas, almuerza, almorzamos, almorzáis, almuerzan**

**¡Ojo!** You may want to review the following verbs that follow the same pattern as **almorzar**:

| | |
|---|---|
| **acordarse (de)** | to remember |
| **acostar(se)** | to put to bed, (to go to bed) |
| **contar** | to count, to tell |
| **costar** | to cost |
| **demostrar** | to demonstrate, to show |

| | |
|---|---|
| **encontrar** | to find |
| **encontrarse** | to find oneself, to be (situated/located) |
| **encontrarse con** | to meet, to run across/into |
| **jugar** (u→ue) | to play (a sport) |
| **mostrar** | to show |
| **oler*** | to smell |
| **probar(se)** | to try, to taste, (to try on) |
| **recordar** | to remember |
| **resolver** | to solve |
| **rogar** | to beg, to plead |
| **sonar** | to ring, to sound |
| **soñar con** | to dream about |
| **tronar**** | to thunder |
| **volar** | to fly |

*\*Oler* is conjugated as follows: **huelo, hueles, huele, olemos, oléis, huelen.**
\*\***Tronar** is used only in the third person singular **truena.**

**poder**    to be able
**puedo, puedes, puede, podemos, podéis, pueden**

**¡Ojo!** You may want to review the following verbs that follow the same pattern as **poder**:

| | |
|---|---|
| **conmover** | to move, to affect deeply |
| **devolver** | to return, to give back |
| **doler** | to pain, to ache |
| **envolver** | to wrap |
| **llover*** | to rain |
| **mover** | to move |
| **resolver** | to solve, to resolve |
| **soler**** | to be in the habit of, to be accustomed to |
| **volver** | to return, to go back |

*\*Llover* is used only in the third person singular **llueve.**
\*\***Soler** (o→ue) is used as an auxiliary verb to express that the action of the main verb happens frequently, usually, or habitually.

**María Luisa suele llegar a eso de las tres.**
María Luisa tends to arrive/usually arrives around three o'clock.

## 6.5.2 Stem-changing Verbs Ending in *-ir*

In the following verbs ending in **-ir** the vowel of the stem changes as follows:

*e→ie*
*o→ue*
*e→i*

in all forms except the first person plural (**nosotros, nosotras**) and the second person plural (**vosotros, vosotras**).

*e* to *ie*

**mentir**    to lie
**miento, mientes, miente, mentimos, mentís, mienten**

**¡Ojo!** You may want to review the following verbs that follow the same pattern as **mentir**:

| | | | |
|---|---|---|---|
| **advertir** | to notify, to warn | **hervir** | to boil |
| **convertir** | to convert | **preferir** | to prefer |
| **convertirse en** | to turn into, to become | **referirse (a)** | to refer (to) |
| **divertir** | to amuse | **sentir** | to regret, to feel sorry |
| **divertirse** | to have a good time | **sentirse** | to feel well, sick, etc. |

*o to ue*

**dormir** to sleep
**duermo, duermes, duerme, dormimos, dormís, duermen**

**¡Ojo!** You may want to review the following verbs that follow the same pattern as **dormir**:

**dormirse** to fall asleep
**morir** to die

*e to i*

**servir** to serve
**sirvo, sirves, sirve, servimos, servís, sirven**

**¡Ojo!** You may want to review the following verbs that follow the same pattern as **servir**:

| | | | |
|---|---|---|---|
| **conseguir*** | to get, to obtain | **reírse**** | to laugh |
| **despedir** | to fire, to let go | **repetir** | to repeat |
| **despedirse de** | to say good-bye to | **seguir*** | to follow, to continue |
| **impedir** | to prevent | **sonreírse**** | to smile |
| **medir** | to measure | **vestir** | to dress |
| **pedir** | to request, to ask for | **vestirse** | to get dressed |

*Note that the first person singular (**yo**) of **seguir** is **sigo**, and of **conseguir** is **consigo**.
**Reírse** and **sonreírse** follow the same pattern as **servir**, but note the accent over the *i* (**sonrío, sonríes, sonríe, sonreímos, sonreís, sonríen**).

## 6.5.3 Verbs Ending in -*iar* and -*uar*

In the following verbs ending in -**iar** and -**uar** a written accent is needed in the *i* or the *u* of all forms, except the first person plural (**nosotros**, **nosotras**) and second person plural (**vosotros**, **vosotras**).

**enviar** to send
**envío, envías, envía, enviamos, enviáis, envían**

**actuar** to act
**actúo, actúas, actúa, actuamos, actuáis, actúan**

**¡Ojo!** You may want to review the following verbs that follow the same pattern as **enviar**:

| | | | |
|---|---|---|---|
| **confiar en** | to trust, to confide in, to rely on | **fiarse (de)** | to trust |
| **espiar** | to spy | **guiar** | to guide |
| **esquiar** | to ski | **resfriarse** | to catch a cold |
| | | **variar** | to vary |

**¡Ojo!** You may want to review the following verbs that follow the same pattern as **actuar**:

| | |
|---|---|
| **continuar** | to continue |
| **graduarse** | to graduate |

## 6.5.4  Verbs Ending in *-uir*

In the following verbs ending in **-uir**, except those verbs ending in **-guir**, a *y* is added after the *u* in all forms except the first person plural (**nosotros, nosotras**) and the second person plural (**vosotros, vosotras**).

**destruir**   to destroy
**destruyo, destruyes, destruye, destruimos, destruís, destruyen**

**¡Ojo!** You may want to review the following verbs that follow the same pattern as **destruir**:

| | | | |
|---|---|---|---|
| **atribuir** | to attribute | **huir** | to flee |
| **concluir** | to conclude, to end | **incluir** | to include |
| **construir** | to construct, to build | **influir** | to influence |
| **contribuir** | to contribute | **sustituir** | to substitute |
| **distribuir** | to distribute | | |

## 6.6  REFLEXIVE VERBS

When the subject and the object of a verb are the same, we use a reflexive construction. In Spanish reflexive verbs can be easily recognized because the ending **-se** is attached to the infinitive.

## 6.6.1  Reflexive Pronouns

| | | | |
|---|---|---|---|
| **me** | myself | **nos** | ourselves |
| **te** | yourself | **os** | yourselves |
| **se** | himself, herself, yourself, itself | **se** | themselves, yourselves |

**Me afeito todas las mañanas.** / I shave (myself) every morning.

**Ellos se bañan antes de vestirse.**
They bathe (themselves) before getting dressed.

# 6.6.2 Common Reflexive Verbs

The following are some of the most common reflexive verbs:

| | |
|---|---|
| **acostarse** (o→ue) | to go to bed |
| **afeitarse** | to shave |
| **bañarse** | to bathe, to take a bath |
| **cansarse** | to become tired |
| **cepillarse** | to brush oneself |
| **desabrocharse** | to undo one's buttons or fastenings |
| **desayunarse** | to have breakfast |
| **despedirse de** (e→i) | to say good-bye to |
| **despertarse** (e→ie) | to wake up |
| **dormirse** (o→ue) | to fall asleep |
| **ducharse** | to take a shower |
| **lavarse** | to wash oneself |
| **levantarse** | to get up |
| **limpiarse** | to clean oneself |
| **maquillarse** | to put makeup on |
| **peinarse** | to comb one's hair |
| **pintarse** | to put lipstick on |
| **ponerse** | to put (something) on |
| **prepararse** | to get ready |
| **quitarse** | to take off |
| **vestirse** (e→i) | to get dressed |

**¡Ojo!** When using a reflexive verb with parts of the body or articles of clothing, do not use the possessive adjective. In Spanish you must use the definite article.

**Cuando hace frío, me pongo los guantes.** / When it's cold I put on my gloves.

Some reflexive verbs are used to express feelings, emotions, or physical change. This idea is usually expressed in English by "to get" or "to become."

| | |
|---|---|
| **aburrirse** | to get bored |
| **alegrarse** | to become happy |
| **asustarse** | to become afraid, to get scared |
| **calmarse** | to calm down |
| **cansarse** | to get tired |
| **casarse** | to get married |
| **desmayarse** | to faint (become faint) |
| **divertirse** (e→ie) | to have a good time |
| **enfadarse** | to get angry |
| **enojarse** | to get angry |
| **entristecerse** | to become sad |
| **entusiasmarse** | to get excited |
| **mojarse** | to get wet |
| **ofenderse** | to get offended |
| **preocuparse** | to worry |
| **resfriarse** | to become cold, to get a cold |
| **sorprenderse** | to be surprised |

The following verbs are used reflexively in Spanish but not in English:

| | |
|---|---|
| **acordarse** (o→ue) **de** | to remember |
| **apresurarse** | to hurry |
| **aprovecharse (de)** | to take advantage (of) |
| **arrepentirse** (e→ie) **de** | to repent, to be sorry |
| **atreverse a** | to dare |
| **burlarse de** | to make fun of |
| **casarse** | to get married |
| **desmayarse** | to faint |
| **enamorarse (de)** | to fall in love (with) |
| **enterarse (de)** | to find out (about) |
| **escaparse** | to escape |
| **irse** | to leave, to go away |
| **mudarse** | to move |
| **negarse** (e→ie) **a** | to refuse to |
| **olvidarse (de)** | to forget |
| **parecerse a** | to resemble, to look like |
| **quejarse de** | to complain about |
| **reírse** (e→i) | to laugh at |
| **tratarse de** | to be concerned with, to be about (a question of) |

## 6.6.3  Reciprocal Actions

In the plural, reflexive verbs are used to express a reciprocal action. In English this construction corresponds to "each other."

**Elena y Roberto se saludan.** / Elena and Roberto greet each other.
**Nos conocimos en el teatro.** / We met each other in the theater.

The phrase **el uno al otro** can be used to clarify or emphasize the idea of "each other." Note that this phrase must agree with the person or thing referred to.

**Tus padres se quieren el uno al otro.** / Your parents love each other.
**Nuestras tías se miran la una a la otra.** / Our aunts look at each other.

## 6.6.4  Using the Reflexive to Express the Idea of "To Become"

To express physical or emotional changes, where no effort is implied, use

**ponerse** + adjective

**Ella se puso triste.** / She became sad.

To express a sudden or involuntary change, use

**volverse** + adjective
**Elena se volvió loca.** / Elena became crazy.

To express social status or profession where effort is implied, use

**hacerse** + noun or adjective, or
**llegar a ser** + adjective

**Eduardo se hizo psicólogo.** / Eduardo became a psychologist.
**José y Gerardo llegaron a ser amigos.** / José and Gerardo became friends.

## 6.6.5 Some Idiomatic Uses of Reflexive Verbs

| | |
|---|---|
| **darse cuenta (de)** | to realize |
| **darse prisa** | to hurry |
| **echarse a** + infinitive | to begin to |
| **equivocarse** | to be mistaken, to be wrong |
| **hacerse** + definite article + adjective | to pretend, to act like |
| **hacerse daño** | to hurt oneself |
| **ponerse a** + infinitive | to begin to |
| **ponerse de acuerdo** | to come to an agreement |
| **quedarse** | to remain, to stay |
| **quedarse con** | to keep, to hold onto |
| **tratarse de** | to be about |

## 6.6.6 Accidental or Unintended Situations

In Spanish the following construction is used to express an accidental or unintended situation. Some of these situations involve verbs such as to forget, to lose, to break, to drop, etc.

$$\textbf{se} + \begin{matrix} \textbf{me} \\ \textbf{te} \\ \textbf{le} \\ \textbf{nos} \\ \textbf{os} \\ \textbf{les} \end{matrix} + \begin{matrix} \text{verb in the third person} \\ \text{singular or plural} \end{matrix} + \text{object}$$

**Se me olvidó el libro.** / I forgot the book.
**A ella se le cayeron los vasos.** / She dropped the glasses.

Keep in mind that the form of the verb will depend on the object or objects. To clarify or emphasize use **a mí**, **a ti**, **a él**, **a ella**, etc.

## 6.7 *SER* AND *ESTAR*

Both verbs **ser** and **estar** mean "to be," but they are not interchangeable.

## 6.7.1 Uses of *Ser*

**Ser** is used . . .

1. to express or identify what something or who someone is

   **¿Qué es eso?** / What is that?
   **Eso es un caballo.** / That is a horse.
   **Juan es mi primo.** / Juan is my cousin.

2. to express an inherent characteristic or quality (not likely to be changed by an outside force). These include personality, physical appearance, relationships, religion, and profession.

   **Ignacio es católico.** / Ignacio is Catholic.
   **Julián es joven.** / Julían is young.
   **Pedro y Raúl son hermanos.** / Pedro and Raúl are brothers.

3.  to express nationality or origin

    **Carlos es de la República Dominicana.**
    Carlos is from the Dominican Republic.

4.  to express ownership or possession

    **El coche es de José.** / The car is José's.

5.  to express the material that something is made of

    **La mesa es de madera.** / The table is (made out of) wood.

6.  to express the time of day

    **¿Qué hora es?** / What time is it?
    **Es la una.** / It's one o'clock.

7.  to express the passive voice in the following construction (**ser** + past participle + **por**):

    **El político es entrevistado por el periodista.**
    The politician is interviewed by the reporter.

8.  to express the idea of "taking place" or "happening"

    **La graduación es el lunes**. / The graduation is on Monday.

9.  in impersonal expressions

    **Es necesario llegar a tiempo.** / It is necessary to arrive on time.

10. to express dates

    **Mañana es el dos de julio.** / Tomorrow is July 2.

## 6.7.2 Use of *Estar*

**Estar** is used . . .

1.  to express location, either permanent or changeable

    **El Museo del Prado está en Madrid.** / The Prado Museum is in Madrid.
    **Mis padres están en casa de Antonio.** / My parents are in Antonio's house.

2.  to express a changeable state or condition

    **Yo estoy enfermo.** / I am sick.
    **La piscina está llena.** / The swimming pool is full.

**3.** to express an action in progress (progressive tense), in the following construction (**estar** + present participle):

**Estamos bailando un tango.** / We are dancing a tango.

**4.** to express a state or condition resulting from a previous action

**Todas las tiendas están cerradas hoy.** / All the stores are closed today.

## 6.7.3 Adjectives That Change Meaning

The following are some adjectives that change their meaning when used with **ser** or **estar**:

| | ser | estar |
|---|---|---|
| **aburrido** | boring | bored |
| **alto** | tall, high | in a high position |
| **atento** | courteous | attentive |
| **bajo** | short, low | in a low position |
| **bueno** | good (character) | tasty (food) |
| **fresco** | fresh, impudent | fresh |
| **interesado** | selfish | interested |
| **listo** | clever | ready |
| **loco** | silly, scatterbrained | insane |
| **malo** | bad (character) | sick, in bad health |
| **nuevo** | newly made | unused |
| **orgulloso** | proud (pejorative) | proud |
| **rico** | rich | delicious |
| **seguro** | safe | certain |
| **verde** | green | green (not ripe) |
| **vivo** | sharp, alert, astute | alive |

## 6.8 PROGRESSIVE TENSE

The progressive tense is used to emphasize that the action is going on at the moment that it is stated.

**Nosotros estamos organizando la fiesta.** / We are organizing the party.

## 6.8.1 The Present Participle

The present participle is formed by dropping the ending of the infinitive and adding:

| | | | |
|---|---|---|---|
| -ar → -ando | escuchar | (to listen) | escuchando |
| -er → -iendo | correr | (to run) | corriendo |
| -ir → -iendo | subir | (to go up) | subiendo |

Some irregular present participles are

**caer** (to fall)—**cayendo**
**conseguir** (to get, to obtain)—**consiguiendo**
**construir** (to construct, to build)—**construyendo**
**corregir** (to correct)—**corrigiendo**
**creer** (to believe)—**creyendo**
**decir** (to tell, say)—**diciendo**
**despedirse** (to say good-bye)—**despidiéndose**
**destruir** (to destroy)—**destruyendo**
**divertirse** (to enjoy oneself )—**divirtiéndose**
**dormir** (to sleep)—**durmiendo**
**huir** (to flee)—**huyendo**
**ir** (to go)—**yendo**
**leer** (to read)—**leyendo**
**mentir** (to lie)—**mintiendo**
**morir** (to die)—**muriendo**
**oír** (to hear)—**oyendo**
**pedir** (to ask for, to request)—**pidiendo**
**poder** (to be able to)—**pudiendo**
**reír** (to laugh)—**riendo**
**repetir** (to repeat)—**repitiendo**
**seguir** (to follow)—**siguiendo**
**sentir** (to feel)—**sintiendo**
**servir** (to serve)—**sirviendo**
**traer** (to bring)—**trayendo**
**venir** (to come)—**viniendo**
**vestir** (to dress)—**vistiendo**

## 6.8.2 Forming the Progressive

The progressive is formed with the verb **estar** and the present participle.

**Estoy leyendo ahora.** / I am reading now.

Other verbs can also be used to form the progressive: **andar**, **continuar**, **ir**, **seguir**, **venir**, etc.

**Juan sigue cantando.** / Juan continues singing.

**¡Ojo!** The progressive can be expressed in other tenses too.

**Tú estabas cantando cuando yo entré.** / You were singing when I entered.
**Yo estaré trabajando hasta las tres.** / I will be working until three o'clock.
**Anoche estuvimos leyendo hasta las once.**
Last night we were reading until eleven o'clock.

## 6.8.3 Other Uses of the Present Participle

The present participle may be used also to express the phrase "by + present participle" in English. In Spanish the preposition is not used.

**Pensando se comenten menos errores.** / By thinking, fewer errors are made.

The phrase "upon + present participle" in English is not expressed with the present participle in Spanish, but rather by the construction **al** + infinitive.

**Al salir de la escuela, nos pusimos a cantar.**
Upon leaving school, we began to sing.

## 6.9 PASSIVE CONSTRUCTIONS

### 6.9.1 The Passive Voice

In comparison with the active voice, in which the subject is acting, the passive voice is a construction in which the subject is acted upon.

The passive voice is formed as follows:

subject + **ser** + past participle + **por** + agent

Note that the past participle is being used as an adjective and must agree in gender and number with the word to which it refers.

| | |
|---|---|
| Active voice: | **Elena escribe las postales.** |
| | Elena writes the postcards. |
| Passive voice: | **Las postales son escritas por Elena.** |
| | The postcards are written by Elena. |

In general, Spanish uses the passive voice most often in the past, but it can be used in any tense.

**El mural fue pintado por Diego Rivera.** / The mural was painted by Diego Rivera.

### 6.9.2 Other Ways to Express the Passive Voice

The passive voice can also be expressed as follows:

1. **Se** constructions, with the reflexive pronoun **se** and the third person singular or plural when the subject is not expressed or understood. In English this construction is equivalent to the passive voice or an impersonal statement translated as "they," "one," "people," or "you."

   **En este restaurante se come bien.** / In this restaurant one eats well.
   **Allí se venden alimentos ecuatorianos.** / Ecuadorian foods are sold there.

2. with the third person plural of the verb

   **En agosto cierran las tiendas.**
   In August the stores are closed. or They close the stores in August.

### 6.9.3 *Estar* with Past Participle

To describe the result of an action the past participle is used with **estar**. This construction describes the condition of something or someone after an action has taken place.

**La puerta está abierta.** / The door is open.
**Las paredes están pintadas.** / The walls are painted.

Note that the past participle agrees in gender and number with the subject.

### 6.10 *GUSTAR*

**Gustar** means "to like." To express that someone likes something in Spanish, the thing or person being liked is the subject of the sentence and the person who likes the thing or person is the indirect object. You may think of its meaning as "to be pleasing to."

The two forms of **gustar** you will most likely be using are the third person singular (**gusta**) and the third person plural (**gustan**).

| Singular | | Plural | |
|---|---|---|---|
| (a mí) | me gusta(n) | (a nosotros, -*as*) | nos gusta(n) |
| (a ti) | te gusta(n) | (a vosotros, -*as*) | os gusta(n) |
| (a él, a ella, a Ud.) | le gusta(n) | (a ellos, a ellas, a Uds.) | les gusta(n) |

**Gusta** is used when someone likes a person or a thing or when someone likes to do something.

**Me gusta Juan mucho.** / I like Juan a lot.
**Me gusta cantar y bailar.** / I like to sing and dance.

**Gustan** is used when someone likes more than one person or thing.

**Nos gustan sus tías.** / We like their aunts.
**Te gustan las canciones alegres.** / You like happy songs.

To emphasize or clarify, use **a mí, a ti, a él**, etc.

**A ellos les gusta la fiesta.** / They like the party.

## 6.11 VERBS LIKE *GUSTAR*

The following verbs are used like **gustar**:

| | | | |
|---|---|---|---|
| **aburrir** | to bore | **importar** | to be important, to matter |
| **agradar** | to please | **interesar** | to interest |
| **apetecer** | to long for | **molestar** | to bother |
| **convenir** | to suit | **parecer** | to seem |
| **doler** (o→ue) | to hurt, to ache | **preocupar** | to worry |
| **encantar** | to love | **quedar** | to have left over |
| **faltar** | to lack | **sobrar** | to have in excess |
| **fascinar** | to fascinate | **sorprender** | to surprise |
| **fastidiar** | to bother, to annoy | **tocar** | to be one's turn |
| **hacer falta** | to need, to be lacking | | |

**Me aburren las películas románticas.** / Romantic movies bore me.
**Me hacen falta tres libros.** / I am lacking three books.

Note that although this explanation uses only examples in the present tense, the verb **gustar** and the other verbs like **gustar** can appear in any tense.

**El año pasado me gustaron mis clases.** / Last year I liked my classes.
**Te encantarán las ruinas.** / You will love the ruins.
**Nos ha interesado la situación política en Latinoamérica.**
We have been interested in the political situation in Latin America.

# 7. PRETERIT

## 7.1 PRETERIT TENSE

The preterit tense is used in Spanish to express

- a completed past action within specific points in time

  **Llovió mucho ayer.** / It rained a lot yesterday.
  **Yo almorcé a la una.** / I had lunch at one o'clock.
  **Fuimos al cine el domingo.** / We went to the movies on Sunday.

- the beginning or end of an action

  **Juan empezó a leer a las dos y terminó a las cuatro.**
  Juan began to read at two o'clock and finished at four.

- a sudden change or a reaction

  **De repente el cielo se nubló.** / Suddenly the sky became cloudy.

- a series of quick, consecutive actions in the past

  **Me levanté, me bañé y me vestí.** / I got up, I bathed, and I got dressed.

- actions that because of their nature are *not* usually repeated, are specific, and are sometimes sudden. Note that these verbs can also be used with a different intention in other tenses of the past.

  | | |
  |---|---|
  | **casarse con** | to get married |
  | **cumplir (años)** | to turn a specific age |
  | **darse cuenta de** | to realize |
  | **decidir** | to decide |
  | **graduarse** | to graduate |
  | **morir** (o→ue) | to die |
  | **nacer** | to be born |
  | **ponerse a** | to begin to |

  **Antonio cumplió tres años ayer.** / Antonio turned three years old yesterday.

  **Me gradué de la escuela secundaria en 2011.**
  I graduated from high school in 2011.

- the concept of "ago" in the following constructions:

  **hace** + expression of time + **que** + verb in the preterit
  verb in the preterit + **hace** + expression of time

  **Hace tres días que Ernesto salió.**
  **Ernesto salió hace tres días.**
  Ernesto left three days ago.

  To ask a question use

  **¿Cuánto (tiempo) hace que** + verb in the preterit?

¡**Ojo!** The following expressions usually indicate the use of the preterit:

| | |
|---|---|
| **anoche** | last night |
| **anteanoche** | night before last |
| **anteayer** | day before yesterday |
| **ayer** | yesterday |
| **de pronto** | suddenly |
| **de repente** | suddenly |
| **en ese (aquel) momento (instante)** | at that moment |
| **entonces** | then |
| **finalmente** | finally |
| **la semana pasada, el mes pasado**, etc. | last week, last month, last year |
| **por fin** | finally |
| **por primera vez** | for the first time |
| **una noche, un día** | one night, one day |
| **una vez** | once |

**En ese momento, ella corrió hacia mí.** / At that moment, she ran toward me.
**Ellos gritaron de repente.** / They yelled suddenly.

## 7.2 REGULAR VERBS

**-ar** verbs
**escuchar**   to listen

| | |
|---|---|
| **yo escuché** | **nosotros(-as) escuchamos** |
| **tú escuchaste** | **vosotros(-as) escuchasteis** |
| **él, ella, Ud. escuchó** | **ellos, ellas, Uds. escucharon** |

**-er** and **-ir** verbs
**correr**   to run

| | |
|---|---|
| **yo corrí** | **nosotros(-as) corrimos** |
| **tú corriste** | **vosotros(-as) corristeis** |
| **él, ella, Ud. corrió** | **ellos, ellas, Uds. corrieron** |

**subir**   to go up

| | |
|---|---|
| **yo subí** | **nosotros(-as) subimos** |
| **tú subiste** | **vosotros(-as) subisteis** |
| **él, ella, Ud. subió** | **ellos, ellas, Uds. subieron** |

## 7.3 IRREGULAR VERBS IN THE PRETERIT

## 7.3.1

- The following verbs have an irregular stem in the preterit.
- They share the same endings.
- They do not carry a written accent in any of their forms.

**andar**   to walk **(anduv-)**
**anduve, anduviste, anduvo, anduvimos, anduvisteis, anduvieron**

**tener**   to have **(tuv-)**
**tuve, tuviste, tuvo, tuvimos, tuvisteis, tuvieron**

**estar**   to be **(estuv-)**
**estuve, estuviste, estuvo, estuvimos, estuvisteis, estuvieron**

**haber**   (to have [as an auxiliary verb]) **(hub)**
**hube, hubiste, hubo, hubimos, hubisteis, hubieron**

**poder**   to be able **(pud-)**
**pude, pudiste, pudo, pudimos, pudisteis, pudieron**

**poner**   to put **(pus-)**
**puse, pusiste, puso, pusimos, pusisteis, pusieron**

**saber**   to know **(sup-)**
**supe, supiste, supo, supimos, supisteis, supieron**

**caber**   to fit **(cup-)**
**cupe, cupiste, cupo, cupimos, cupisteis, cupieron**

**hacer**   to do, make **(hic-)**
**hice, hiciste, hizo, hicimos, hicisteis, hicieron** (Note→ **hizo**)

**querer**   to want **(quis-)**
**quise, quisiste, quiso, quisimos, quisisteis, quisieron**

**venir**   to come **(vin-)**
**vine, viniste, vino, vinimos, vinisteis, vinieron**

## 7.3.2

- The stem of the following verbs ends in *j*.
- They all have the same endings: **-e, -iste, -o, -imos, -isteis, -eron.**
- The third person plural (**ellos, ellas, Uds.**) is **-eron** and *not* **-ieron**, as in the regular verbs.
- These verbs do not carry a written accent in any of their forms.

| | |
|---|---|
| **traer**   to bring   **(traj-)** | |
| **traje** | **trajimos** |
| **trajiste** | **trajisteis** |
| **trajo** | **trajeron** |

**¡Ojo!** You may want to review the following verbs that follow the same pattern as **traer**:

| | | | |
|---|---|---|---|
| **atraer** | to attract | **(atraj-)** | |
| **conducir** | to drive | **(conduj-)** | |
| **decir** | to say, tell | **(dij-)** | |
| **producir** | to produce | **(produj-)** |
| **traducir** | to translate | **(traduj-)** |

## 7.3.3

- The following verbs take the endings of the regular **-er** verbs, but they have no written accents in the first person singular (**yo**) or the third person singular (**él, ella, Ud.**).
- These verbs do not carry a written accent in any of their forms.

**dar**   to give
**di, diste, dio, dimos, disteis, dieron**

**ver**   to see
**vi, viste, vio, vimos, visteis, vieron**

### 7.3.4

- The verbs **ir** and **ser** are irregular in the preterit.
- They are conjugated exactly the same way: **fui, fuiste, fue, fuimos, fuisteis, fueron.**
- These verbs do not carry a written accent in any of their forms.
- The meaning of these verbs is made clear by the context in which they appear.

   **Tomás fue al centro ayer.** / Tomás went downtown yesterday.
   **El año pasado él fue el presidente del club.**
   Last year he was the club's president.

## 7.4 PRETERIT OF VERBS WITH SPELLING CHANGES

*i* to *y* (in the third person singular—**él, ella, Ud.**—and the third person plural—**ellos, ellas, Uds.**—*only*)

   **oír**   to hear
   **oí, oíste, oyó, oímos, oísteis, oyeron**

### 7.4.1  Verbs Ending in *-aer*

   **caer**   to fall
   **caí, caíste, cayó, caímos, caísteis, cayeron**

### 7.4.2  Verbs Ending in *-eer*

   **leer**   to read
   **leí, leíste, leyó, leímos, leísteis, leyeron**

### 7.4.3  Verbs Ending in *-uir*

   **huir**   to flee
   **huí, huiste, huyó, huimos, huisteis, huyeron**

¡**Ojo!** You may want to review the following verbs that follow the same pattern as **huir**:

| | |
|---|---|
| **concluir**   to conclude | **distribuir**   to distribute |
| **construir**   to build | **incluir**       to include |
| **contribuir**  to contribute | |

- Note that **huir** and verbs like **huir** do not carry a written accent in the second person singular (**tú**) or the first and second person plural (**nosotros, nosotras, vosotros, vosotras**).

Exceptions:

**1.** The following verbs ending in **-guir** are regular in the preterit

   **distinguir**   to distinguish
   **extinguir**    to extinguish

**2.** The following verbs are irregular in the third person singular and plural

**seguir**  to follow, continue
**seguí, seguiste, siguió, seguimos, seguisteis, siguieron**

**¡Ojo!** You may want to review the following verbs that follow the same pattern as
**seguir**:

**conseguir**  to obtain, get, succeed in
**perseguir**  to persue, persecute

# 7.5  VERBS ENDING IN *-CAR*, *-GAR*, AND *-ZAR*

In order to keep the sound of the last consonant of the infinitive, verbs ending in
**-car**, **-gar**, and **-zar** change *in the first person singular (**yo**)*.

## 7.5.1  Verbs Ending in *-car* (c to qu)

**buscar**  to look for
**busqué, buscaste, buscó, buscamos, buscasteis, buscaron**

**¡Ojo!** You may want to review the following verbs that follow the same pattern as
**buscar**:

| | |
|---|---|
| **acercarse** | to come near, to approach |
| **aplicar** | to apply |
| **arrancar** | to pull out; to start (a motor) |
| **chocar** | to crash |
| **colocar** | to place, to put |
| **complicar** | to complicate |
| **comunicar** | to communicate |
| **criticar** | to criticize, to critique |
| **dedicar** | to dedicate, to devote |
| **educar** | to educate |
| **embarcarse** | to board, to go on board |
| **equivocarse** | to make a mistake; to be mistaken |
| **explicar** | to explain |
| **fabricar** | to make, to manufacture |
| **indicar** | to indicate |
| **justificar** | to justify, to give a reason for |
| **marcar** | to mark; to score (a point); to dial (telephone) |
| **mascar** | to chew |
| **masticar** | to chew |
| **pescar** | to fish |
| **platicar** | to chat, to converse |
| **practicar** | to practice |
| **publicar** | to publish |
| **sacar** | to take out |
| **secar** | to dry |
| **suplicar** | to beg, to implore |
| **tocar** | to touch; to play (music) |

## 7.5.2 Verbs Ending in -*gar* (*g* to *gu*)

**llegar**   to arrive
**llegué, llegaste, llegó, llegamos, llegasteis, llegaron**

¡Ojo! You may want to review the following verbs that follow the same pattern as **llegar**:

| | |
|---|---|
| **agregar** | to add |
| **ahogarse** | to drown |
| **apagar** | to turn off |
| **cargar** | to carry, to load |
| **castigar** | to punish |
| **colgar** | to hang (up) |
| **despegar** | to take off (airplane) |
| **encargar** | to entrust, to put in charge; to order (goods) |
| **encargarse de** | to take charge of |
| **entregar** | to hand over, to deliver |
| **fregar** | to wash (dishes) |
| **jugar** | to play (a game, sports) |
| **madrugar** | to get up early |
| **negar** | to deny |
| **obligar** | to obligate |
| **pagar** | to pay |
| **pegar** | to hit, to strike; to glue |
| **regar** | to water (plants) |
| **rogar** | to beg |
| **tragar** | to swallow |

## 7.5.3 Verbs Ending in -*zar* (*z* to *c*)

**abrazar**   to hug
**abracé, abrazaste, abrazó, abrazamos, abrazasteis, abrazaron**

¡Ojo! You may want to review the following verbs that follow the same pattern as **abrazar**:

| | |
|---|---|
| **alcanzar** | to reach, to catch up with |
| **almorzar** | to have lunch |
| **amenazar** | to threaten |
| **aterrizar** | to land |
| **avanzar** | to advance |
| **comenzar** | to begin, to start |
| **cruzar** | to cross |
| **empezar** | to begin, to start |
| **especializarse en** | to specialize (in), to major (in) |
| **garantizar** | to guarantee |
| **gozar (de)** | to enjoy |
| **lanzar** | to throw |
| **realizar** | to carry out, to attain, to achieve |
| **rezar** | to pray |
| **tranquilizar** | to calm down |
| **tropezar** | to trip, to stumble |
| **utilizar** | to use, to make use of |

# 7.6 STEM-CHANGING VERBS

## 7.6.1

All stem-changing verbs ending in **-ar** and **-er** (*e* to *ie* or *o* to *ue*) have regular stems in the preterit.

Stem-changing verbs ending in **-ir** have a stem change in the preterit.

## 7.6.2 *e* to *i* (in the Third Person Singular and Plural Only)

**mentir**   to lie
**mentí, mentiste, mintió, mentimos, mentisteis, mintieron**

¡**Ojo!** You may want to review the following verbs that follow the same pattern as **mentir**:

| | |
|---|---|
| **advertir** | to notify |
| **convertir** | to convert |
| **convertirse en** | to become; to turn into |
| **divertirse** | to enjoy oneself, to have a good time |
| **preferir** | to prefer |
| **sentir** | to feel; to regret, to feel sorry |
| **sentirse** | to feel |

**Remember:** In the present tense the stem of these verbs changes the *e* to *ie*. (See pages 66–67.)

## 7.6.3 *o* to *u* (in the Third Person Singular and Plural Only)

**dormir**   to sleep
**dormí, dormiste, durmió, dormimos, dormisteis, durmieron**

¡**Ojo!** Another verb that follows the same pattern as **dormir** is **morir**.

**Remember:** In the present tense the stem of these verbs changes the *o* to *ue*. (See page 67.)

## 7.6.4 *e* to *i* (in the Third Person Singular and Plural Only)

**servir**   to serve
**serví, serviste, sirvió, servimos, servisteis, sirvieron**

¡**Ojo!** You may want to review the following verbs that follow the same pattern as **servir**:

| | |
|---|---|
| **conseguir** | to get, to obtain |
| **despedir** | to dismiss, to fire (someone) |
| **despedirse (de)** | to say good-bye (to); to take leave (of) |
| **medir** | to measure |
| **pedir** | to ask for, to request |
| **repetir** | to repeat |
| **seguir** | to continue; to follow |
| **vestir** | to dress (someone) |
| **vestirse** | to get dressed |

**Remember:** In the present tense the stem of these verbs changes the *e* to *i*. (See page 67.)

**¡Ojo!** The verbs **reír** and **sonreír** have accents on the second person singular, and on the first and second person plural.

**reír** to laugh
**reí, reíste, rió, reímos, reísteis, rieron**

**sonreír** to smile
**sonreí, sonreíste, sonrió, sonreímos, sonreísteis, sonrieron**

## 7.7 VERBS WITH SPECIAL MEANING IN THE PRETERIT

In the preterit, the following verbs have different meanings:

**conocer** to know

> **Ellos conocieron a Raúl en Madrid.**
> They *met* (for the first time) Raúl in Madrid.

**poder** to be able

> **Por fin pude hacer la tarea.**
> I finally *succeeded* in doing (*managed to do*) the homework.

**no poder** to not be able

> **No pude terminar todo el trabajo.**
> I *failed* to finish all the work.

**querer** to want

> **Quise abrir la ventana pero no pude.**
> I *tried* to open the window but did not succeed.

**no querer** to not want

> **No quisimos ir.**
> We *refused* to go.

**saber** to know

> **Yo supe eso anoche.**
> I *found* that *out* last night.

**tener que** to have to

> **Tuve que ayudar a mi compañero de clase.**
> I *was compelled* to help my classmate.

**tener** to have

> **Ayer yo tuve una carta de Ana.**
> Yesteday I *received* a letter from Ana.

# 8. IMPERFECT

## 8.1 IMPERFECT TENSE

The imperfect tense is used in Spanish to express

- a habitual, customary action

  **Durante las vacaciones íbamos al campo.**
  During the vacations we used to/would go to the country.

- an ongoing action in the past with no reference to its beginning or end

  **Nos sentíamos muy triste en Alaska.**
  We were feeling/used to feel very sad in Alaska.

- descriptions in the past, including the background information surrounding a past action

  **Santiago era muy tímido** / Santiago used to be very timid.
  **Había muchos coches en la carretera.** / There were many cars on the highway.
  **Yo caminaba cuando empezó a llover.** / I was walking when it began to rain.

- a state of mind with verbs such as **creer, pensar, querer, saber**, etc.

  **Yo creía que Rosa estaba enferma.** / I thought Rosa was sick.

- age in the past

  **Ella sólo tenía doce años.** / She was only twelve years old.

- time in the past

  **Eran las nueve.** / It was nine o'clock.

¡**Ojo!** The following expressions usually indicate the use of the imperfect:

| | | | |
|---|---|---|---|
| **a menudo** | often, frequently | **generalmente** | generally |
| **a veces** | at times | **mientras** | while |
| **algunas veces** | sometimes | **muchas veces** | many times |
| **cada . . .** | each/every . . . | **normalmente** | normally |
| **con frecuencia** | frequently, often | **por lo general** | generally |
| **constantemente** | constantly | **siempre** | always |
| **de costumbre** | usually | **todos los . . . /** | every . . . |
| **de vez en cuando** | from time to time | **todas las . . .** | |
| **frecuentemente** | frequently | | |

**José la acompañaba con frecuencia.**
José used to/would accompany her frequently.

**Nosotros lo visitábamos cada semana.** / We used to visit him every week.

- the concept of "had been doing (something)" in the following constructions:

  **hacía** + expression of time + **que** + verb in the imperfect
  verb in the imperfect + **desde hacía** + expression of time

  **Hacía tres años que yo estudiaba música.**
  **Estudiaba música desde hacía tres años.**
  I had been studying music for three years.

  To ask a question use:

  **¿Cuánto tiempo hacía que** + verb in the imperfect?
  **¿Desde cuándo** + verb in the imperfect?

## 8.2 REGULAR VERBS

**-ar**
**escuchar**    to listen
**escuchaba, escuchabas, escuchaba, escuchábamos,**
**escuchabais, escuchaban**

**-er**
**correr**        to run
**corría, corrías, corría, corríamos, corríais, corrían**

**-ir**
**subir**        to go up; to climb
**subía, subías, subía, subíamos, subíais, subían**

## 8.3 IRREGULAR VERBS

There are only three irregular verbs in the imperfect tense.

**ir**      to go
**iba, ibas, iba, íbamos, ibais, iban**

**ser**    to be
**era, eras, era, éramos, erais, eran**

**ver**    to see
**veía, veías, veía, veíamos, veíais, veían**

# 9. PRESENT PERFECT

## 9.1 PRESENT PERFECT TENSE

The present perfect is used in Spanish to express an action or event that has been going on up to (and continues into) the present.

**Nosotros hemos estado aquí por dos horas.**
We have been here for two hours.

The present perfect is equivalent to the English *has/have* + past participle. Note that the past participle does not agree with the subject.

It is formed with the present of the verb **haber** and the past participle.

| he  |                     | hemos  |                     |
|-----|---------------------|--------|---------------------|
| has | } + past participle | habéis | } + past participle |
| ha  |                     | han    |                     |

Regular past participles:

| -ar → -ado | escuchar | (to listen to)        | escuchado |
|------------|----------|-----------------------|-----------|
| -er → -ido | correr   | (to run)              | corrido   |
| -ir → -ido | subir    | (to go up, to climb)  | subido    |

# 9.2 IRREGULAR PAST PARTICIPLES

| abrir    | (to open)         | abierto  |
|----------|-------------------|----------|
| cubrir   | (to cover)        | cubierto |
| decir    | (to tell, to say) | dicho    |
| escribir | (to write)        | escrito  |
| freír    | (to fry)          | frito    |
| hacer    | (to do, to make)  | hecho    |
| imprimir | (to print)        | impreso  |
| ir       | (to go)           | ido      |
| morir    | (to die)          | muerto   |
| oír      | (to hear)         | oído     |
| poner    | (to put)          | puesto   |
| reír     | (to laugh)        | reído    |
| resolver | (to solve)        | resuelto |
| romper   | (to break)        | roto     |
| ver      | (to see)          | visto    |
| volver   | (to return)       | vuelto   |

The past participles of compound verbs are also irregular:

| describir | (to describe) | descrito        |
|-----------|---------------|-----------------|
| descubrir | (to discover) | descubierto     |
| deshacer  | (to undo)     | deshecho        |
| devolver  | (to return)   | devuelto, etc.  |

The past participles of some double-vowel verbs carry a written accent.

| leer   | (to read)    | leído   |
|--------|--------------|---------|
| poseer | (to possess) | poseído |
| traer  | (to bring)   | traído  |
| caer   | (to fall)    | caído   |
| creer  | (to believe) | creído  |

**¡Ojo!** Verbs containing **-uir** do not carry a written accent.

| huir      | (to flee)      | huido      |
|-----------|----------------|------------|
| influir   | (to influence) | influido   |
| construir | (to build)     | construido |

# 10. PLUPERFECT

## 10.1 PLUPERFECT TENSE

The pluperfect tense is used in Spanish to express an action or event that happened prior to another event in the past.

> **Carolina ya había entrado cuando empezó a llover.**
> Carolina had already entered when it began to rain.

The pluperfect is equivalent to the English *had* + past participle. Note that the past participle does not agree with the subject. It is formed with the imperfect of the verb **haber** and the past participle.

| había | | habíamos | |
|-------|-----------------|----------|-----------------|
| habías | } + past participle | habíais | } + past participle |
| había | | habían | |

# 11. FUTURE

## 11.1 FUTURE TENSE

The future is used to express a future action in Spanish as in English.

> **Un día nosotros compraremos una casa.** / One day we will buy a house.

Remember, the present tense is often used instead of the future tense to express the immediate future.

> **Mañana compro ese vestido.** / Tomorrow I am going to buy that dress.

The future is also used to express probability, speculation, or supposition in the present.

> **¿Quién será esa chica?** / I wonder who that girl is.
> **Será la prima de José.** / It is probably (It must be) Jose's cousin.

When expressing probability, speculation, or supposition, in the present, the following construction may be used also:

> **deber** (present tense) + **de** + infinitive
> **Ella estará enferma.**   or   **Ella debe de estar enferma.** / She is probably sick.

## 11.2 FORMATION OF THE FUTURE TENSE

The future indicative is formed by adding the following endings to the *entire* infinitive in all conjugations:

| | |
|---|---|
| **-é** | **-emos** |
| **-ás** | **-áis** |
| **-á** | **-án** |

| | | |
|---|---|---|
| **escuchar** | (to listen) | **escucharé, escucharás**, etc. |
| **correr** | (to run) | **correré, correrás**, etc. |
| **subir** | (to go up) | **subiré, subirás**, etc. |

The following verbs are irregular in the future tense:

| | | |
|---|---|---|
| **caber** | (to fit) | **cabré**, etc. |
| **decir** | (to say, to tell) | **diré**, etc. |
| **haber** | (to have [as an auxiliary verb]) | **habré**, etc. |
| **hacer** | (to do, to make) | **haré**, etc. |
| **poder** | (to be able) | **podré**, etc. |
| **poner** | (to put) | **pondré**, etc. |
| **querer** | (to want) | **querré**, etc. |
| **saber** | (to know) | **sabré**, etc. |
| **salir** | (to go out, to leave) | **saldré**, etc. |
| **tener** | (to have) | **tendré**, etc. |
| **valer** | (to be worth) | **valdré**, etc. |
| **venir** | (to come) | **vendré**, etc. |

## 11.3 FUTURE PERFECT TENSE

The future perfect is used to express an action that will have been completed before a given time in the future.

> **Para mañana ya habremos terminado todos los libros.**
> For tomorrow we will have finished all the books.

The future perfect is equivalent to the English *will have* + past participle. It is formed with the future of the verb **haber** and the past participle.

| | | | |
|---|---|---|---|
| **habré** | | **habremos** | |
| **habrás** | + past participle | **habréis** | + past participle |
| **habrá** | | **habrán** | |

# 12.  CONDITIONAL

## 12.1 CONDITIONAL TENSE

The conditional is used

- to express probability, supposition, or wonder in the past

> **¿A qué hora llegarían anoche?** / I wonder at what time they arrived last night.
> **Llegarían a medianoche.** / They probably arrived at midnight.

- in the result clause of a contrary-to-fact sentence

> **Si no estuviera enfermo, iría con Uds.** / If I weren't sick, I would go with you.

**¡Ojo!** Keep in mind that a habitual action in the past, which sometimes is translated in English with "would," is expressed with the imperfect in Spanish.

> **Por la mañana yo iba a las galerías de arte.**
> In the mornings I would go to the art galleries.

## 12.2 FORMATION OF THE CONDITIONAL

The conditional tense is formed by adding the following endings to the *entire* infinitive in all conjugations. Note that these endings are the same endings of the imperfect tense.

| | |
|---|---|
| **-ía** | **-íamos** |
| **-ías** | **-ías** |
| **-ía** | **-ían** |

| | | |
|---|---|---|
| **escuchar** | (to listen) | **escucharía, escucharías,** etc. |
| **correr** | (to run) | **correría, correrías,** etc. |
| **subir** | (to go up) | **subiría, subirías,** etc. |

The following verbs are irregular in the conditional tense:

| | | |
|---|---|---|
| **caber** | (to fit) | **cabría,** etc. |
| **decir** | (to say, to tell) | **diría,** etc. |
| **haber** | (to have [as an auxiliary verb]) | **habría,** etc. |
| **hacer** | (to do, to make) | **haría,** etc. |
| **poder** | (to be able ) | **podría,** etc. |
| **poner** | (to put) | **pondría,** etc. |
| **querer** | (to want) | **querría,** etc. |
| **saber** | (to know) | **sabría,** etc. |
| **salir** | (to go out, to leave) | **saldría,** etc. |
| **tener** | (to have) | **tendría,** etc. |
| **valer** | (to be worth) | **valdría,** etc. |
| **venir** | (to come) | **vendría,** etc. |

## 12.3 CONDITIONAL PERFECT TENSE

The conditional perfect is used to express an action that would have happened.

> **Yo habría comprado el apartamento, si hubiera tenido dinero.**
> I would have bought the apartment if I had had the money.

The conditional perfect is equivalent to the English *would have* + past participle. It is formed with the conditional of the verb **haber** and the past participle.

| | | | |
|---|---|---|---|
| **habría** | | **habríamos** | |
| **habrías** | + past participle | **habríais** | + past participle |
| **habría** | | **habrían** | |

# 13. SUBJUNCTIVE

## 13.1 SUBJUNCTIVE TENSE

In contrast to the indicative, which expresses facts and reality, the subjunctive expresses what one person wants or desires, suggests, or advises someone else to do. It also expresses feelings, emotions, or what is doubtful, unknown, or uncertain.

## 13.2 REGULAR VERBS

The following endings are added to the first person singular of the indicative.

-**ar** verbs:
-e, -es, -e, -emos, -éis, -en
escuche, escuches, escuche, escuchemos, escuchéis, escuchen

-**er** verbs:
-a, -as, -a, -amos, -áis, -an
corra, corras, corra, corramos, corráis, corran

-**ir** verbs:
-a, -as, -a, -amos, -áis, -an
suba, subas, suba, subamos, subáis, suban

## 13.3 IRREGULAR VERBS IN THE FIRST PERSON INDICATIVE

In the present indicative, the following verbs are irregular in the first person (**yo**). The present subjunctive is formed with the first person of these verbs and the endings above.

| | | |
|---|---|---|
| **caber** | (to fit) | **quepa, quepas**, etc. |
| **caer** | (to fall) | **caiga, caigas**, etc. |
| **coger** | (to grab) | **coja, cojas**, etc. |
| **conducir** | (to drive) | **conduzca, conduzcas**, etc. |
| **conocer** | (to know) | **conozca, conozcas**, etc. |
| **decir** | (to say, to tell) | **diga, digas**, etc. |
| **destruir** | (to destroy) | **destruya, destruyas**, etc. |
| **hacer** | (to do, to make) | **haga, hagas**, etc. |
| **oír** | (to hear) | **oiga, oigas**, etc. |
| **poner** | (to put) | **ponga, pongas**, etc. |
| **salir** | (to go out, to leave) | **salga, salgas**, etc. |
| **tener** | (to have) | **tenga, tengas**, etc. |
| **traer** | (to bring) | **traiga, traigas**, etc. |
| **valer** | (to be worth) | **valga, valgas**, etc. |
| **venir** | (to come) | **venga, vengas**, etc. |
| **ver** | (to see) | **vea, veas**, etc. |

## 13.4 IRREGULAR VERBS IN THE SUBJUNCTIVE

The following verbs are irregular in the present subjunctive. Note that they do not follow the above rule.

| | | |
|---|---|---|
| **dar** | (to give) | **dé, des, dé, demos, deis, den** |
| **estar** | (to be) | **esté, estés, esté, estemos, estéis, estén** |
| **haber** | (to have [as an auxiliary verb]) | **haya, hayas, haya, hayamos, hayáis, hayan** |
| **ir** | (to go) | **vaya, vayas, vaya, vayamos, vayáis, vayan** |
| **saber** | (to know) | **sepa, sepas, sepa, sepamos, sepáis, sepan** |
| **ser** | (to be) | **sea, seas, sea, seamos, seáis, sean** |

## 13.5 VERBS ENDING IN -*CAR*, -*GAR*, AND -*ZAR*

| | | |
|---|---|---|
| **-car** | *c* to *qu* | |
| **buscar** | (to look for) | **busque, busques, busque, busquemos, busquéis, busquen** |

| | | |
|---|---|---|
| **-gar** | *g* to *gu* | |
| **llegar** | (to arrive) | **llegue, llegues, llegue, lleguemos, lleguéis, lleguen** |

| | | |
|---|---|---|
| **-zar** | *z* to *c* | |
| **abrazar** | (to hug, to embrace) | **abrace, abraces, abrace, abracemos, abracéis, abracen** |

## 13.6 STEM-CHANGING VERBS

### 13.6.1 Stem-changing Verbs Ending in -*ar* and -*er*

*e→ie*
**pensar** (to think)    **piense pienses, piense, pensemos, penséis, piensen**

*o→ue*
**poder** (to be able)    **pueda, puedas, pueda, podamos, podáis, puedan**

### 13.6.2 Stem-changing Verbs Ending in -*ir*

*e→ie*
**sentir** (to regret, to feel)    **sienta, sientas, sienta, sintamos, sintáis, sientan**

*o→ue*
**dormir** (to sleep)    **duerma, duermas, duerma, durmamos, durmáis, duerman**

*e→i*
**repetir** (to repeat)    **repita, repitas, repita, repitamos, repitáis, repitan**

Note that the **e** changes to **i** in all persons including **nosotros** and **vosotros**.

# 13.7 USES OF THE SUBJUNCTIVE

As stated before, in contrast to the indicative, which expresses facts and reality, the subjunctive expresses feelings or what is unknown.

The subjunctive is used in sentences that have two clauses. A clause contains a subject and a conjugated verb. The main clause can stand by itself, whereas the subordinate clause cannot. The subjunctive is used in the subordinate clause when the main clause indicates or refers to something that is not factual or true, and when it indicates a subjective reaction. If the main clause expresses a fact, the indicative is used in the subordinate clause. If the subject is the same in both clauses, the infinitive is often used.

The subjunctive is used in the subordinate clause when the verb in the main clause denotes the following:

## 13.7.1 Persuasion (Wish, Desire, Volition, or Influence)

| | |
|---|---|
| **aconsejar que** | to advise |
| **decir que** | to say/tell that |
| **dejar que** | to allow that |
| **desear que** | to wish |
| **escribir que** | to write that |
| **esperar que** | to hope that |
| **exigir que** | to demand that |
| **hacer que** | to make someone do something |
| **impedir que** | to prevent that |
| **insistir (en) que** | to insist that |
| **mandar que** | to order that |
| **ojalá que** | I hope that |
| **pedir que** | to request that |
| **permitir que** | to allow that |
| **preferir que** | to prefer that |
| **prohibir que** | to prohibit that |
| **querer que** | to want that |
| **recomendar que** | to recommend that |
| **rogar que** | to beg that |
| **sugerir que** | to suggest that |
| **suplicar que** | to beg, to plead that |

**Mis padres exigen que yo regrese temprano.**
My parents demand that I return early.

**Ojalá que Pedro esté en la cafetería.**
I hope that Pedro is in the cafeteria.

After the verbs **dejar**, **hacer**, **mandar**, **permitir**, and **prohibir** either the subjunctive or the infinitive may be used.

**El profesor manda que nosotros salgamos.**
**El profesor nos manda salir (a nosotros).**
The teacher orders us to leave.

Note that when the infinitive is used, very often an indirect object pronoun is placed before the main verb for emphasis or clarification.

### 13.7.2 Emotion or Feeling

| | |
|---|---|
| **alegrarse (de) que** | to be glad that |
| **estar contento (triste) de que** | to be happy (sad) that |
| **lamentar que** | to regret that |
| **parece mentira que** | it seems impossible that |
| **sentir que** | to regret |
| **sorprenderse (de) que** | to be surprised that |
| **temer que** | to fear that |
| **tener miedo (de) que** | to be afraid that |

**Temo que vaya a llover.** / I fear that it may rain.
**Parece mentira que estés enfadado.** / It seems impossible that you are angry.

### 13.7.3 Doubt, Denial, and Uncertainty

| | |
|---|---|
| **¿creer que . . . ?** | to believe that . . . ? |
| **dudar que** | to doubt that |
| **negar que** | to deny that |
| **no creer que** | not to believe that |
| **no estar seguro(a, os, as) de que** | not to be sure that |
| **no pensar que** | not to think that |

**Dudas que el concierto empiece a tiempo.**
You doubt that the concert may start on time.

**No están seguros de que haya clase hoy.**
They are not sure that there is class today.

But, **creer**, **no dudar**, and **no negar** are usually followed by the indicative.

**No dudo que está enfermo.** / I don't doubt that he is sick.

### 13.7.4 Impersonal Expressions

After the following impersonal expressions that express an emotion, feeling, doubt, uncertainty, etc., the subjunctive is needed.

| | |
|---|---|
| **basta que** | it is sufficient that |
| **es (una) lástima que** | it is a pity that |
| **es absurdo que** | it is absurd that |
| **es aconsejable que** | it is advisable that |
| **es bueno (malo) que** | it is good (bad) that |
| **es curioso que** | it is curious that |
| **es difícil (fácil) que** | it is difficult (easy) that |
| **es dudoso que** | it is doubtful that |
| **es escandaloso que** | it is scandalous that |
| **es extraño que** | it is strange that |
| **es importante que** | it is important that |
| **es imposible que** | it is impossible that |
| **es increíble que** | it is incredible that |
| **es indispensable que** | it is necessary that |
| **es justo que** | it is just that |
| **es mejor que** | it is better that |
| **es natural que** | it is natural that |
| **es necesario que** | it is necessary that |
| **es posible que** | it is possible that |

| | |
|---|---|
| **es preciso que** | it is necessary that |
| **es preferible que** | it is preferable that |
| **es probable que** | it is probable that |
| **es raro que** | it is strange that |
| **es ridículo que** | it is ridiculous that |
| **es sorprendente que** | it is surprising that |
| **es triste que** | it is sad that |
| **es una pena que** | it is a pity that |
| **importa que** | it is important that |
| **más vale que** | it is better that |
| **no es cierto que** | it is not true that |
| **no es seguro que** | it is not sure that |
| **puede ser que** | it may be that |

**Es justo que ayudemos a nuestros vecinos.**
It is just that we help our neighbors.

**Es ridículo que el programa sea tan largo.**
It is ridiculous that the program is so long.

## 13.7.5

If the impersonal expression expresses a fact or certainty, the indicative is used, not the subjunctive.

| | |
|---|---|
| **es cierto que** | it is certain that |
| **es claro que** | it is clear that |
| **es evidente que** | it is evident that |
| **es obvio que** | it is obvious that |
| **es seguro que** | it is certain that |
| **es verdad que** | it is true that |
| **estar seguro(a, os, as) de que** | to be sure that |
| **no hay duda de que** | there is no doubt that |

**Es evidente que la economía ha mejorado.**
It is evident that the economy has improved.

**Estoy seguro de que Gerardo me quiere.**
I am sure that Gerardo loves me.

## 13.7.6

With the following conjunctions either the indicative or the subjunctive can be used. If at the time of the action or event expressed by the main verb, the action or event introduced by the following conjunctions has not yet happened, the subjunctive is used as the speaker is speculating about what may happen sometime in the future or is referring to a hypothetical or unknown event or action.

*future → subj.*
*past → Ind.*

| | |
|---|---|
| **a medida que** | as |
| **a pesar de que** | in spite of the fact that |
| **aunque** | although, even if |
| **cada vez que** | each time that |
| **cuando** | when |
| **de manera que** | so that |
| **de modo que** | so that |
| **después (de) que** | after |
| **en cuanto** | as soon as |

| | |
|---|---|
| **hasta que** | until |
| **luego que** | as soon as |
| **mientras que** | as long as |
| **tan pronto como** | as soon as |
| **una vez que** | once |

**Pablo se acostará en cuanto llegue.**
Pablo will go to bed as soon as he arrives.

**Iré a clase aunque no sepa nada.**
I will go to class although I may not know anything.

If the action is a fact, has taken place, or normally takes place, the indicative is used.

**Pablo se acostó en cuanto llegó.**
Pablo went to bed as soon as he arrived.

**Voy a clase aunque no sé nada.**
I go to class although I don't know anything.

## 13.7.7

The subjunctive is *always* used after the following conjunctions if there is a change of subjects.

| | |
|---|---|
| **a fin de que** | in order that |
| **a menos que** | unless |
| **a no ser que** | unless |
| **antes de que** | before |
| **con tal (de) que** | provided that |
| **en caso de que** | in case that |
| **para que** | in order that, so that |
| **sin que** | without |

**Por favor, quítate los zapatos antes de entrar.**
Please, take off your shoes before entering. (same subject)

**Yo se lo pido antes de que él entre.**
I request it from him before he enters. (different subjects)

## 13.7.8

If the subordinate clause introduces a person, place, or thing that is unknown, that you are not sure exists, or may not be found (nonexistent), the subjunctive is used.

**Necesito una cama que quepa en este cuarto.**
I need a bed that fits in this room.

**¿Hay una película que no sea violenta?**
Is there a movie that is not violent?

**No hay nadie que quiera venir a la reunión.**
There is no one who wants to come to the meeting.

But, if there is certainty, if the person, place, or thing is known, the indicative is used.

**Compré una cama que cabe en este cuarto.**
I bought a bed that fits in this room.

**Sé que hay una película que no es violenta.**
I know there is a movie that is not violent.

## 13.7.9  *-quiera* Compounds

When uncertainty exists, the subjunctive is used after the following **-quiera** compounds:

| | |
|---|---|
| **adondequiera** | to wherever |
| **comoquiera** | however |
| **cualquier, cualquiera, cualesquiera** | whatever, whichever |
| **cuandoquiera** | whenever |
| **dondequiera** | wherever |
| **quienquiera, quienesquiera** | whoever |

## 13.7.10

The subjunctive is used in the following constructions:

**por** + adjective or adverb + **que** + subjunctive

**Por mucho que trabajes, no terminarás hoy.**
No matter how much you work, you will not finish today.

subjunctive + **lo que** + subjunctive

**Pienses lo que pienses, yo soy muy honesto.**
No matter what you think, I am very honest.

## 13.7.11

Depending on the degree of certainty or uncertainty being expressed, **tal vez**, **quizás**, **a lo mejor**, and **posiblemente** may be followed by either the indicative or the subjunctive.

**Tal vez llego a tiempo.** / Perhaps I arrive on time.
**Tal vez llegue a tiempo.** / Perhaps I will arrive on time.

## 13.7.12

The subjunctive is also used in the following construction to express a wish, desire, order, or command in an indirect manner without saying, "I want that . . . ," "I wish that . . . ," "I order that . . . ," etc.

**¡Que** + present subjunctive!

**¡Que encuentres lo que buscas!** / May you find what you are looking for!
**¡Que te diviertas!** / May you enjoy yourself!
**¡Que me des el cuaderno!** / Give me the notebook!

## 13.8 PRESENT PERFECT SUBJUNCTIVE

The present perfect subjunctive is formed with the present subjunctive of the verb **haber** and the past participle.

| | | | |
|---|---|---|---|
| **haya** | | **hayamos** | |
| **hayas** } + past participle | | **hayáis** } + past participle | |
| **haya** | | **hayan** | |

The present perfect subjunctive is used in the second clause of a sentence when the verb in the first clause is found in either the present, future, or present perfect tense, and the second clause refers to a past action.

> **Dudo que Marta haya dicho una mentira.**
> I doubt that Marta has told a lie.

> **Él te aconseja que hayas escrito la carta antes de la entrevista.**
> He advises you to have written the letter before the interview.

## 13.9 PLUPERFECT SUBJUNCTIVE

The pluperfect subjunctive is formed with the imperfect subjunctive of the verb **haber** and the past participle.

| | | | |
|---|---|---|---|
| **hubiera** | | **hubiéramos** | |
| **hubieras** } + past participle | | **hubierais** } + past participle | |
| **hubiera** | | **hubieran** | |

## 13.10 IMPERFECT SUBJUNCTIVE

Although the imperfect subjunctive has two different sets of endings in Spanish (the **-ra** endings and the **-se** endings), you should concentrate on the **-ra** endings since they are more commonly used. For the purpose of the SAT exam, you should only be able to recognize the **-se** ending since it may appear in reading comprehension exercises, but not in the multiple-choice section.

For *all* verbs, both regular and irregular, the imperfect subjunctive is formed as follows:

**1.** use the third person plural (**ellos**, **ellas**, **Uds.**) of the preterit tense
**2.** drop the **-ron** form of the preterit tense
**3.** add   **-ra, -ras, -ra, -′ramos, -rais, -ran**
OR
**-se, -ses, -se, -′semos, -seis, sen**

Please note that the **nosotros** form has a written accent on the vowel that precedes the ending.
For example:

| Infinitive | Preterit | Imperfect Subjunctive |
|---|---|---|
| **escuchar** | **escucharon** | |
| **yo escuchara** | | **nosotros/as escucháramos** |
| **tú escucharas** | | **vosotros/as escucharais** |
| **él, ella, Ud. escuchara** | | **ellos, ellas, Uds. escucharan** |
| **poner** | **pusieron** | |
| **yo pusiera** | | **nosotros/as pusiéramos** |
| **tú pusieras** | | **vosotros/as pusierais** |
| **él, ella, Ud. pusiera** | | **ellos, ellas, Uds. pusieran** |
| **venir** | **vinieron** | |
| **yo viniera** | | **nosotros/as viniéramos** |
| **tú vinieras** | | **vosotros/as vinierais** |
| **él, ella, Ud. viniera** | | **ellos, ellas, Uds. vinieran** |

## 13.10.1 Uses of the Imperfect Subjunctive

The same rules that apply to the present subjunctive apply to the imperfect subjunctive. The major difference is that the imperfect subjunctive follows the imperfect, preterit, conditional, or pluperfect.

## 13.10.2 Sequence of Tenses

| Tense in the main clause (indicative) | Tense/Mood in the dependent clause (subjunctive) |
|---|---|
| present | present subjunctive |
| future | (action has not |
| present perfect | yet happened) |
| command | |

**Juan me pide que ayude a mis amigos.**
Juan asks me to help my friends.

**El profesor querrá que salgamos temprano.**
The professor will want (for) us to leave early.

**Los doctores han recomendado que hagas ejercicio.**
The doctors have recommended that you exercise.

**¡Aconséjale que vaya a la entrevista!**
Advise him to go to the interview!

| Tense in the main clause (indicative) | Tense/Mood in the dependent clause (subjunctive) |
|---|---|
| imperfect | imperfect |
| preterit | subjunctive |
| pluperfect | or |
| conditional | pluperfect |
| | subjunctive |

**Ernesto dudaba que lloviera.**
Ernesto doubted that it would rain.

**Temieron que yo no me portara bien.**
They feared that I would not behave well.

**Habías negado que Juan dijera la verdad.**
You had denied that Juan would tell the truth.

**Esperaría que yo fuera a visitarla.**
She would hope that I go to visit her.

| Tense in the main clause (indicative) | Tense/Mood in the dependent clause (subjunctive) |
|---|---|
| present<br>future<br>present perfect<br>command | present perfect subjunctive (past action) |

**Es / Será / Ha sido importante que ella haya terminado la carta.**
It is / It will be / It has been important that she has finished the letter.

**¡Insista Ud. en que ellos hayan terminado!**
Insist that they have finished!

## 13.10.3

The imperfect or pluperfect subjunctive is always used after the expression **como si** (*as if*).

**Ella corre como si huyera de alguien.**
She runs as if she was fleeing from someone.

**Ella corre como si se hubiera roto la pierna.**
She runs as if she had broken her leg.

## 13.10.4 "If" Sentences

To express a situation that is true, that happens regularly, or that will happen, use the following constructions:

**si** (present tense), (present tense)    OR    (present tense) **si** (present tense)

**Si camino por el parque, veo a Gerardo.**
If I walk through the park, I see Gerardo.

**Veo a Gerardo si camino por el parque.**
I see Gerardo if I walk through the park.

**si** (present tense), (future tense)    OR    (future tense) **si** (present tense)

**Si camino por el parque, veré a Gerardo.**
If I walk through the park, I will see Gerardo.

**Veré a Gerardo si camino por el parque.**
I will see Gerardo if I walk through the park.

To express a contrary-to-fact idea in the present, an idea that is contrary to the truth or hypothetical, use the following constructions:

**si** (imperfect subjunctive), (conditional)   OR   (conditional) **si** (imperfect subjunctive)

**Si caminara por el parque, vería a Gerardo.**
If I walked through the park, I would see Gerardo.

**Vería a Gerardo si caminara por el parque.**
I would see Gerardo if I walked through the park.

To express a contrary-to-fact idea in the past, an idea that is contrary to the truth or hypothetical, use the following constructions:

**si** (pluperfect subjunctive), (perfect conditional)
                   OR
(perfect conditional) **si** (pluperfect subjunctive)

**Si hubiera caminado por el parque, habría visto a Gerardo.**
If I had walked through the park, I would have seen Gerardo.

**Habría visto a Gerardo si hubiera caminado por el parque.**
I would have seen Gerardo if I had walked through the park.

## 13.10.5  Ojalá

**Ojalá** (I wish, I hope) can be followed by the present subjunctive, present perfect subjunctive, imperfect subjunctive, or pluperfect subjunctive.

**Ojalá** + present subjunctive is used to wish or hope for the present or the future. The speaker wishes or hopes that something happens now or in the future.

**Ojalá que ella me quiera.** / I wish/hope that she loves me, or will love me.

**Ojalá** + present perfect subjunctive is used to wish or hope for the past. The speaker wishes or hopes for something to have happened.

**Ojalá que ella me haya llamado.** / I wish/hope she has called me.

**Ojalá** + imperfect subjunctive is used to wish or hope for the present or future. The speaker wishes or hopes that something will happen.

**Ojalá que ella viniera a verme.** / I wish/hope she would come to see me.

**Ojalá** + pluperfect subjunctive is used to wish or hope for the past. The speaker wishes or hopes that something had happened, but it didn't.

**Ojalá que ella me hubiera visitado.** / I wish/hope that she had visited me.

# 14. IMPERATIVE

## 14.1 COMMANDS

## 14.2 FORMAL (*UD.* AND *UDS.*) COMMANDS

Affirmative commands of **Ud.** and **Uds.** are expressed by adding the following endings to the stem of the regular verbs. Note that these endings are the same as the present subjunctive.

| **-ar** verbs | -e | Escuche Ud. |
| | -en | Escuchen Uds. |
| **-er** verbs | -a | Corra Ud. |
| | -an | Corran Uds. |
| **-ir** verbs | -a | Suba Ud. |
| | -an | Suban Uds. |

**¡Firme Ud. aquí!** / Sign here!
**¡Escriban su dirección!** / Write your address!

The negative is formed by placing **no** in front of the affirmative command.

**¡No firme el contrato!** / Do not sign the contract!
**¡No escriban en ese espacio!** / Do not write on that space!

Verbs that involve a consonant change or stem change in the first person singular (**yo**) of the present indicative use the first person to form the command. The endings are the same as those of the regular verbs.

| **salir** | salgo | Salga Ud. |
| | | Salgan Uds. |
| **dormir** | duermo | Duerma Ud. |
| | | Duerman Uds. |
| **traducir** | traduzco | Traduzca Ud. |
| | | Traduzcan Uds. |
| **repetir** | repito | Repita Ud. |
| | | Repitan Uds. |
| **enviar** | envío | Envíe Ud. |
| | | Envíen Uds. |
| **dirigir** | dirijo | Dirija Ud. |
| | | Dirijan Uds. |
| **jugar** | juego | Juegue Ud. |
| | | Jueguen Uds. |
| **corregir** | corrija | Corrija Ud. |
| | | Corrijan Uds. |

The following verbs are highly irregular in the **Ud.** and **Uds.** command form:

| **ser** | Sea Ud. | Sean Uds. |
| **dar** | Dé Ud. | Den Uds. |
| **estar** | Esté Ud. | Estén Uds. |

| saber | Sepa Ud. | Sepan Uds. |
|---|---|---|
| ir | Vaya Ud. | Vayan Uds. |

Verbs that end in **-car**, **-gar**, and **-zar** form the **Ud.** and **Uds.** command as follows:

| -car | *c→qu* | Busque Ud. | Busquen Uds. |
|---|---|---|---|
| -gar | *g→gu* | Pague Ud. | Paguen Uds. |
| -zar | *z→c* | Cruce Ud. | Crucen Uds. |

## 14.3 INFORMAL *TÚ* COMMANDS

The informal affirmative command (**tú**) is the same as the third person singular (**él, ella, Ud.**) of the present indicative.

**¡Dobla a la izquierda!** / Turn left!
**¡Repite esas frases!** / Repeat those phrases!

There are some exceptions. The following verbs have irregular informal (**tú**) commands:

| decir | di | | salir | sal |
|---|---|---|---|---|
| hacer | haz | | ser | sé |
| ir | ve | | tener | ten |
| poner | pon | | venir | ven |

The negative informal command is expressed with the **tú** form of the present subjunctive.

| **-ar** verbs | **-er** verbs | **-ir** verbs |
|---|---|---|
| **tú escuches** | **tú corras** | **tú subas** |

**¡No escuches esa canción!** / Do not listen to that song!
**¡No corras demasiado tarde!** / Do not run too late!

## 14.4 *NOSOTROS* COMMAND

The **nosotros** command is equivalent to the English *Let's . . . !*

**¡Caminemos en la playa!** / Let's walk on the beach!
**¡Escribamos una carta!** / Let's write a letter!

The **nosotros** command can be expressed by:

- the **nosotros** form of the present subjunctive

  **¡Escuchemos la radio ahora!** / Let's listen to the radio now!

                    OR

- by the construction **vamos a** + infinitive.

  **¡Vamos a lavarnos las manos!** / Let's wash our hands!

The negative is formed by placing **no** in front of the affirmative command.

**¡No escuchemos la radio ahora!** / Let's not listen to the radio now!

The **nosotros** command of **ir** and **irse** is usually expressed with **vamos**.

**¡Vamos al centro ahora!** / Let's go downtown now!
**¡Vámonos ahora!** / Let's go away now!

The negative is expressed with the present subjunctive as follows:

**¡No vayamos al centro ahora!** / Let's not go downtown now!
**¡No nos vayamos ahora!** / Let's not go away now!

When forming the **nosotros** command of a reflexive verb, the final *-s* of the verb is dropped before adding the reflexive pronoun.

**¡Lavémonos las manos!** / Let's wash our hands!

## 14.5 *VOSOTROS* COMMAND

The affirmative informal command is formed by changing the *-r* of the infinitive ending to *-d*.

**salir    salid**
**¡Salid inmediatamente de la casa!** / Leave the house immediately!

**comer    comed**
**¡Comed todos los vegetales!** / Eat all the vegetables!

If the verb is reflexive, the final *d* is dropped.

**¡Bañaos temprano!** / Bathe early!

The **vosotros** command of **irse** is **idos**.

**¡Idos ahora!** / Go away now!

The negative plural command (**vosotros**) is expressed with the **vosotros** form of the present subjunctive.

**-ar** verbs       **-er** verbs       **-ir** verbs
**no escuchéis    no comáis       no subáis**

**¡No comáis en la sala!** / Do not eat in the living room!

## 14.6 INDIRECT COMMANDS

Indirect commands are expressed by **que** + the third person in the present subjunctive + subject (if expressed).

**¡Que lo traiga Hugo!** / Let Hugo bring it!
**¡Que te sientas mejor!** / May you feel better!
**¡Que se diviertan!** / May you enjoy yourselves!

Note that in this construction the object pronouns or reflexive pronouns are placed before the verb.

## 14.7 OBJECT PRONOUNS AND REFLEXIVE PRONOUNS WITH THE COMMAND

Object pronouns (direct and indirect) and reflexive pronouns are attached to the end of the affirmative commands.

> **¡Cómprala!** / Buy it!
> **¡Siéntate en esa silla!** / Sit down on that chair!

An accent is needed if before adding the pronoun(s) the stress is on the next to the last syllable.

Object pronouns and reflexive pronouns are placed in front of the verb in negative commands.

> **¡No me la compres!** / Do not buy it for me!
> **¡No te peines ahora!** / Do not comb your hair now!

## 14.8 DIFFERENT WAYS TO EXPRESS OBLIGATION

**tener que** + infinitive   (to have to)

> **Tienen que terminar a tiempo.** / They have to finish on time.

**deber** + infinitive  (should, ought to)

> **Debes empezar ahora.** / You should begin now.

**haber de** + infinitive   (must)

> **Yo he de hablar con ellos.** / I must talk to them.

**hay que** + infinitive   (one must)

> **Hay que limpiar el cuarto.** / One must clean the room.

impersonal expression    (it is . . . to . . . + infinitive)

> **Es necesario tomar agua regularmente**.
> It is necessary to drink water regularly.

Note that no subject is required in the last two expressions because the statement is not intended for a person in particular, but is used as a general statement of obligation.

# 15. NEGATIVES AND INDEFINITES

## 15.1 NEGATIVE AND INDEFINITE WORDS

In Spanish, negation is expressed by placing **no** in front of the verb.

> **Ella no habla italiano.** / She doesn't speak Italian.

In compound tenses, **no** is placed in front of the auxiliary verb.

> **No ha hablado con Jorge.** / She has not spoken to Jorge.

If there are object pronouns in the sentence, **no** precedes the object pronouns.

> **No lo ha visto.** / She has not seen him.

| Negative | | Indefinite | |
|---|---|---|---|
| **nada** | nothing | **algo** | something, anything |
| **nadie** | no one, nobody | **alguien** | someone, somebody |
| **nunca, jamás** | never, not ever | **siempre** | always |
| **ninguno (-a)** | none, [not] any | **alguno (-a, -os, -as)** | some, any |
| **ningún** | none, [not] any | **algún** | some, any |
| **o . . . o** | either . . . or | **ni . . . ni** | neither . . . nor |
| **tampoco** | neither, not . . . either | **también** | also |

If the negative words above follow the verb, the sentence requires **no** before the verb. If they are placed before the verb, then **no** is not necessary.

> **No viene nadie hoy.** / No one is coming today.
> **Nadie viene hoy.** / No one is coming today.

## 15.2 NEGATIVE AND INDEFINITE ADVERBS

| | | | |
|---|---|---|---|
| **ya** | already | **todavía no** | not yet |
| **todavía** | still, not yet | **ya no** | no longer |
| **siempre** | always | **nunca, jamás** | never |
| **también** | also | **tampoco** | neither |

## 15.3 *PERO, SINO, SINO QUE*

**Pero** is translated as "but."

> **Tengo que ir al centro pero no tengo tiempo.**
> I have to go downtown but I don't have time.

> **Carmen es inteligente, pero perezosa.**
> Carmen is intelligent but lazy.

If the beginning of a sentence is negative and the second part contradicts the first part, **sino** ("but rather," "but instead") is used.

> **No quiero ir al centro sino al parque.**
> I don't want to go downtown, but to the park instead.

> **No tenemos hambre, sino sed.**
> We are not hungry, but rather thirsty.

**Sino que** is used when the beginning of a sentence is negative and the second part introduces a clause with a conjugated verb.

> **Yo no leí el libro sino que vi la película.**
> I didn't read the book but rather (instead) I saw the movie.

# 16. DIRECT AND INDIRECT QUESTIONS

## 16.1 INTERROGATIVES

Interrogatives carry a written accent in direct as well as in indirect questions.

**¿De quién son esos guantes?** / Whose gloves are those?

**Quiero saber de quién son esos guantes.**
I want to know whose gloves those are.

| | |
|---|---|
| **¿Qué?** | What? |
| **¿Quién? ¿Quiénes?** | Who? |
| **¿A quién? ¿A quiénes?** | Whom? |
| **¿De quién? ¿De quiénes?** | Whose? |
| **¿Cuál? ¿Cuáles?** | Which? |
| **¿Cuánto? ¿Cuánta?** | How much? |
| **¿Cuántos? ¿Cuántas?** | How many? |
| **¿Dónde?** | Where? |
| **¿A dónde?** | To where? |
| **¿Por qué?** | Why? |
| **¿Cuándo?** | When? |
| **¿Cómo?** | How? |

## 16.2 *QUÉ* VERSUS *CUÁL*

**Qué** is used with the verb **ser** to ask for definitions.

**¿Qué es un pronombre?** / What is a pronoun?

Although **qué** usually means "what," it can also mean "which" when it is followed by a noun.

**¿Qué libro compraste?** / Which book did you buy?

**Cuál**, **cuáles** is used with the verb **ser** when different choices are involved.

**¿Cuál es tu libro favorito?** / Which is your favorite book?

With verbs other than **ser**, the following construction is used:

**¿Cuál de los perros quieres adoptar?** / Which of the dogs do you want to adopt?
**¿Cuáles de las revistas prefieres?** / Which of the magazines do you prefer?

# 17. EXCLAMATIONS

## 17.1 ¡QUÉ . . . !

¡Qué + an adverb or adjective!

> **¡Qué rápido corre Juan!** / How fast Juan runs!
> **¡Qué largo es ese río!** / How long that river is!

¡Qué + noun!

> **¡Qué compasión tienes!** / What compassion you have!

If a noun is modified by an adjective in an exclamation, **tan** or **más** is placed before an adjective.

> **¡Qué milagro tan (más) increíble!** / What an incredible miracle!

## 17.2 ¡CUÁNTO . . . !, ¡CUÁNTA . . . !, ¡CUÁNTOS . . . !, ¡CUÁNTAS . . . !

¡Cuánto + verb!

> **¡Cuánto trabaja José!** / How (much) José works!
> **¡Cuánto juegas!** / How much you play!

¡Cuánto/Cuánta + noun!

> **¡Cuánto jugo bebes!** / How much juice you drink!
> **¡Cuánta libertad tenemos!** / How much freedom we have!

¡Cúantos/Cuántas + noun!

> **¡Cuántas mentiras dices!** / How many lies you tell!
> **¡Cuántos bailes sabes!** / How many dances you know!

## 17.3 ¡CÓMO . . . !

¡Cómo + verb!

> **¡Cómo nieva!** / How it's snowing!

## 17.4 ¡QUIÉN . . . !

¡Quién + imperfect subjunctive!

> **¡Quién fuera rico!** / If only I/one were rich!

# 18. NUMBERS, DATES, TIME

## 18.1 CARDINAL NUMBERS

| | | | |
|---|---|---|---|
| 0 | cero | 28 | veintiocho |
| 1 | uno, -a | 29 | veintinueve |
| 2 | dos | 30 | treinta |
| 3 | tres | 31 | treinta y uno, -a |
| 4 | cuatro | 40 | cuarenta |
| 5 | cinco | 41 | cuarenta y uno, -a |
| 6 | seis | 50 | cincuenta |
| 7 | siete | 60 | sesenta |
| 8 | ocho | 70 | setenta |
| 9 | nueve | 80 | ochenta |
| 10 | diez | 90 | noventa |
| 11 | once | 100 | ciento, cien |
| 12 | doce | 101 | ciento uno, -a |
| 13 | trece | 200 | doscientos, -as |
| 14 | catorce | 300 | trescientos, -as |
| 15 | quince | 400 | cuatrocientos, -as |
| 16 | dieciséis | 500 | quinientos, -as |
| 17 | diecisiete | 600 | seiscientos, -as |
| 18 | dieciocho | 700 | setecientos, -as |
| 19 | diecinueve | 800 | ochocientos, -as |
| 20 | veinte | 900 | novecientos, -as |
| 21 | veintinuno, -a | 1.000 | mil |
| 22 | veintidós | 2.000 | dos mil |
| 23 | velntitrés | 2.001 | dos mil uno |
| 24 | veinticuatro | 100.000 | cien mil |
| 25 | veinticinco | 1.000.000 | un millón |
| 26 | veintiséis | 2.000.000 | dos millones |
| 27 | veintisiete | 1.000.000.000 | mil millones |

The numbers 16–19 and 21–29 can also be expressed as follows:

**diez y seis**
**diez y siete**
**veinte y uno**
**veinte y dos**, etc.

Tens above 29 are connected to units by **y**.

**treinta y ocho**
**sesenta y dos**

No connecting word is used to connect hundreds or thousands to tens or units.

**doscientos veinte**
**mil novecientos**

**Uno** becomes **un** in front of a masculine noun.

> **Ellos siembran un árbol.** / They plant a tree.
> **Escogieron a cincuenta y un soldados.** / They chose fifty-one soldiers.

In front of a feminine noun, **uno** becomes **una**.

> **Elena es una chica muy lista.** / Elena is a very clever girl.

In front of a masculine noun, **veintiuno** becomes **veintiún**.

> **Hay veintiún libros aquí.** / There are twenty-one books here.

**Ciento** becomes **cien** before a noun.

> **cien personas** / a hundred people
> **cien coches** / a hundred cars

but, **ciento** is used before another number.

> **ciento dos libros** / a hundred books

Compounds of **ciento** (200 to 900) change endings according to the gender of the noun following it.

> **Este libro tiene doscientas (trescientas, etc.) páginas.**
> This book has two hundred (three hundred, etc.) pages.

**Cien** and **mil** do not need the indefinite article as they do in English.

> **cien caballos** / a hundred horses
> **mil banderas** / a thousand flags

**Millón** is followed by **de** when followed by a noun.

> **un millón de habitantes** / a million inhabitants

But, if **millón** is followed by another number, **de** is not used.

> **un millón setecientos mil habitantes** / a million seven thousand inhabitants

## 18.2 ORDINAL NUMBERS

| | | | | |
|---|---|---|---|---|
| **primero** | first | | **sexto** | sixth |
| **segundo** | second | | **séptimo** | seventh |
| **tercero** | third | | **octavo** | eighth |
| **cuarto** | fourth | | **noveno** | ninth |
| **quinto** | fifth | | **décimo** | tenth |

Ordinal numbers change their endings according to the noun they modify.

> **Vamos a empezar la octava lección.** / We are going to begin the eighth lesson.

Ordinal numbers above 10 are not usually used. They are expressed by cardinal numbers and are placed after the noun.

> **el siglo veinte** / the twentieth century

**Primero** and **tercero** lose the final **-o** before a masculine singular noun.

> **el primer mes** / the first month
> **el tercer ejercicio** / the third exercise

The ordinal number **primero** is used for the first of the month. All other days of the month are expressed by cardinal numbers.

> **el primero de agosto** / August 1st
> **el dos de agosto** / August 2nd

## 18.3 MONTHS OF THE YEAR

| | | | |
|---|---|---|---|
| **enero** | January | **julio** | July |
| **febrero** | February | **agosto** | August |
| **marzo** | March | **septiembre** | September |
| **abril** | April | **octubre** | October |
| **mayo** | May | **noviembre** | November |
| **junio** | June | **diciembre** | December |

Months are not capitalized in Spanish as they are in English. Months of the year are masculine. The names of the months are accompanied by a definite article only when they are modified.

> **el próximo julio** / next July

To ask for the month, use

> **¿En qué mes estamos?** / What's the month?

## 18.4 DAYS OF THE WEEK

| | | | |
|---|---|---|---|
| **lunes** | Monday | **viernes** | Friday |
| **martes** | Tuesday | **sábado** | Saturday |
| **miércoles** | Wednesday | **domingo** | Sunday |
| **jueves** | Thursday | | |

Days of the week are masculine.

The definite article is used with the days of the week in cases in which English uses *on.*

> **Voy a visitarte el lunes.** / I am going to visit you on Monday.

Days of the week are not capitalized in Spanish as they are in English. All days of the week use the same form for the singular and plural except **sábado** and **domingo**, which form the plural by adding *-s*.

> **el lunes    los lunes**
> **el sábado   los sábados**

Days of the week accompanied by the plural definite article (**los**) is used to express a regular occurrence.

> **Visitamos a los Pérez los sábados.** / We visit the Perezes on Saturdays.

To ask for the day of the week:

> **¿Qué día es hoy?** / What day is today?
> **Hoy es martes.** / Today is Tuesday.

## 18.5  DATES

To ask for the date in Spanish you may use the following:

> **¿A cuánto estamos?** / What's the date?
> **Estamos a catorce de diciembre.** / It is December 14th.
> **¿Cuál es la fecha de hoy?** / What's today's date?
> **Hoy es el veinticinco de julio.** / Today is July 25th.

The first of the month is the only date that is expressed in Spanish with the ordinal number **primero**. All other days of the month are expressed with cardinal numbers.

> **Hoy es el primero de junio.** / Today is the first of June.
> **Mañana es el dos de junio.** / Tomorrow is June 2nd.

Other expressions used to talk about dates:

> **a principios de** / toward the beginning of
> **a mediados de** / toward the middle of
> **a finales de** / toward the end of

## 18.6  SEASONS

| | | | |
|---|---|---|---|
| **la primavera** | spring | **el otoño** | fall |
| **el verano** | summer | **el invierno** | winter |

## 18.7  TIME OF DAY

To ask the time of the day, Spanish uses

> **¿Qué hora es?** / What time is it?

The verb **ser** and the feminine form of the definite article is used to express the hour of the day in Spanish.

> **Es la una.** / It's one o'clock.
> **Son las tres.** / It's three o'clock.

**y** is used to express the minutes past the hour.

> **Es la una y diez.** / It's one ten.

Between half past and the following hour the time is usually expressed by subtracting minutes (**menos**) from the upcoming hour.

> **Es la una menos diez.** / It is ten minutes to one.
> **Son las cinco menos veinte.** / It is twenty minutes to five.
>
> OR by using **falta(n)** + (number of minutes) + **para la/las . . .**
>
> **Faltan veinte minutos para las dos.** / It's twenty minutes to two.

Half and quarter are expressed by **media** and **cuarto**, respectively.

> **Es la una y media.** / It is one thirty.
> **Son las cinco menos cuarto.** / It is quarter to five.

If a definite time is mentioned, **de la mañana** (in the morning), **de la tarde** (in the afternoon), or **de la noche** (in the evening) is used. When a definite time is not expressed, use **por la mañana**, **por la tarde**, and **por la noche**.

> **Vamos a encontrarnos a tres de la tarde.**
> We are going to meet at three o'clock in the afternoon.
>
> **¿Por qué no nos encontramos por la tarde?**
> Why don't we meet in the afternoon?

*Noon* is expressed by **mediodía**, *midnight* by **medianoche**.

> **Vengo al mediodía.** / I come at noon.
> **Es medianoche.** / It's midnight.

*At* is expressed in Spanish by the preposition **a**.

> **¿A qué hora comienza la clase?** / At what time does the class begin?
> **La clase comienza a las tres.** / The class begins at three o'clock.

In the past, time of day is always expressed with the imperfect tense.

> **Eran las cinco.** / It was five o'clock.

**En punto** is used to express "sharp" or "on the dot."

> **Nos encontramos a las diez en punto.**
> We are meeting at ten o'clock sharp (on the dot).

**A eso de** is used to express "around."

> **Vi a Hugo a eso de las seis.** / I saw Hugo around six o'clock.

# 19. WORD RELATIONSHIPS

## 19.1 PREPOSITIONS

Prepositions are words that connect or establish a relation between words.

One of the most important things to remember about a preposition is that the *only* form of the verb that can follow is an infinitive.

## 19.2 COMMON PREPOSITIONS

The following are the most common prepositions in Spanish.

| | | | |
|---|---|---|---|
| **a** | at; to | **hacia** | toward |
| **ante** | before; in the presence of | **hasta** | as far as; until; up to |
| **bajo** | under | **mediante** | by means of |
| **con** | with | **menos** | except |
| **contra** | against | **para** | for; in order to |
| **de** | of; from; about (concerning) | **por** | for; by; through; |
| **desde** | from; since | | on account of |
| **durante** | during | **según** | according to |
| **en** | in; into; on; at | **sin** | without |
| **entre** | between | **sobre** | on; about (concerning) |
| **excepto** | except | **tras** | after; behind |

## 19.3 PERSONAL *a*

When the direct object of the verb is a person, the preposition **a** is placed before it. This is referred to as the "personal **a**." The **a** is not translated in English.

> **Visitamos a Susana.** / We visit Susana.

Often the names of animals are personalized. In this case you must also use the personal **a**.

> **Tú bañas a Rover.** / You bathe Rover.

The personal **a** is also needed when the direct object is **alguno**, **cada uno**, **nadie**, or **ninguno**.

> **No conocí a nadie.** / I didn't meet anyone.

The personal **a** is also used with interrogatives.

> **¿A quién viste?** / Whom did you see?
> **¿A cuál chico le diste la pelota?** / To which boy did you give the ball?

## 19.4 COMMON COMPOUND PREPOSITIONS

The following are the most common compound prepositions:

| | | | |
|---|---|---|---|
| **a causa de** | because of, on account of | **dentro de** | inside of, within |
| **a fin de** | in order to | **después de** | after |
| **a fuerza de** | by force of | **detrás de** | behind |
| **a pesar de** | in spite of | **en cuanto a** | as to, as for |
| **acerca de** | about, concerning | **en lugar de** | instead of |
| **además de** | besides, in addition to | **en vez de** | instead of |
| **al lado de** | alongside of, beside, next to | **encima de** | on; on top of |
| | | **enfrente de** | opposite (to), facing |
| **alrededor de** | around | **frente a** | opposite, facing |
| **antes de** | before | **fuera de** | outside of, beyond |
| **cerca de** | near | **junto a** | next to, close to |
| **debajo de** | underneath | **lejos de** | far from |
| **delante de** | in front of | **respecto a** | in regard to |

## 19.5 *PARA* AND *POR*

### 19.5.1 *Para*

**Para** is used to express

1. purpose, use

   **Ese estante es para los zapatos.** / That shelf is for the shoes.
   **Necesito dinero para pagar el alquiler.** / I need money to pay the rent.

2. destination (location or a recipient)

   **Salimos para el centro en unos minutos.**
   We leave for downtown in a few minutes.
   **Esa camisa es para Jorge.** / That shirt is for Jorge.

3. future time, deadline

   **Tenemos que terminar el libro para el martes.**
   We have to finish the book for Tuesday.

4. considering (that)

   **Para un hombre tan rico, no ayuda mucho a los pobres.**
   For (considering that he is) a rich man, he doesn't help the poor much.

## 19.5.2 *Por*

**Por** is used to express

1. reason or motive

   **Dejé de visitar la capital por el ruido.** / I stopped visiting the capital
   because of the noise.

2. exchange

   **Le di mi bicicleta por su juego electrónico.**
   I gave him my bicycle for his electronic game.

3. duration of time

   **Vamos de vacaciones por dos semanas.**
   We are going on vacation for two weeks.

4. through or along

   **Caminé por el parque.** / I walked through the park.

5. manner or means

   **Hablé con ella por teléfono.** / I spoke to her by phone.
   **Manda el paquete por barco.** / Send the package by ship.

6. the agent of the passive voice

   **El mural fue pintado por Diego Rivera.**
   The mural was painted by Diego Rivera.

7. instead of

   **Escribió la carta por mí.** / He wrote the letter for (instead of) me.

8. per

   **Nos pagan diez dólares por hora.** / They pay us ten dollars per hour.

9. with **estar + infinitive** to express "to be about to do something"

   **Estábamos por subir a la montaña.** / We were about to climb the
   mountain.

10. the object of an errand with verbs such as **ir**, **enviar**, **mandar**, **venir**,
    **volver**, **regresar**, **preguntar**, etc.

    **Ella me envió por helado.** / She sent me for ice cream.

## 19.6 VERBS THAT REQUIRE THE PREPOSITION *a* BEFORE AN INFINITIVE

| | |
|---|---|
| **acercarse a** | to approach |
| **acostumbrarse a** | to get used to |
| **acudir a** | to hasten to |
| **aprender a** | to learn to |
| **apresurarse a** | to hurry to |
| **atreverse a** | to dare to |
| **ayudar a** | to help to |
| **comenzar (ie) a** | to begin to |
| **convidar a** | to invite |
| **correr a** | to run to |
| **decidirse a** | to decide to (make up one's mind) |
| **dedicarse a** | to devote oneself to |
| **detenerse a** | to stop to |
| **echarse a** | to begin to |
| **empezar (ie) a** | to begin to |
| **enseñar a** | to teach to |
| **entrar a** | to enter to |
| **invitar a** | to invite to |
| **ir a** | to go to |
| **llegar a** | to come to, succeed in |
| **negarse (ie) a** | to refuse to |
| **obligar a** | to oblige to |
| **oponerse a** | to be opposed to |
| **ponerse a** | to begin to |
| **prepararse a** | to prepare oneself to |
| **resignarse a** | to resign oneself to |
| **resolverse (ue) a** | to resolve to |
| **salir a** | to go out to |
| **subir a** | to go up |
| **venir a** | to come to |
| **volver (ue) a** | to do (an activity) again |

Note that many of these verbs are verbs of motion, or verbs meaning "to begin."

## 19.7 VERBS THAT REQUIRE THE PREPOSITION *con* BEFORE AN INFINITIVE

| | |
|---|---|
| **amenazar con** | to threaten to |
| **casarse con** | to marry |
| **contar (ue) con** | to count on |
| **cumplir con** | to fulfill (an obligation, duty) |
| **soñar (ue) con** | to dream about |

## 19.8 VERBS THAT REQUIRE THE PREPOSITION *de* BEFORE AN INFINITIVE

| | |
|---|---|
| acabar de | to have just |
| acordarse (ue) de | to remember to |
| alegrarse de | to be glad to |
| arrepentirse de | to repent of |
| cansarse de | to tire of |
| cesar de | to cease (doing something) |
| dejar de | to stop (doing something) |
| encargarse de | to take it upon oneself to |
| gozar de | to enjoy |
| ocuparse de | to be busy with |
| olvidarse de | to forget to |
| quejarse de | to complain |
| terminar de | to finish |
| tratar de | to try to |
| tratarse de | to be a question of |

## 19.9 VERBS THAT REQUIRE THE PREPOSITION *en* BEFORE AN INFINITIVE

| | |
|---|---|
| confíar en | to trust |
| consentir (ie) en | to consent to |
| consistir en | to consist |
| empeñarse en | to insist on, be determined to |
| insistir en | to insist |
| quedar en | to agree on |
| tardar en | to delay in |
| vacilar en | to hesitate to |

## 19.10 VERBS THAT <u>DO NOT</u> REQUIRE A PREPOSITION WHEN FOLLOWED BY AN INFINITIVE

| | |
|---|---|
| decidir | to decide to |
| desear | to want to |
| esperar | to hope, expect to |
| pensar (ie) | to plan to |
| poder (ue) | to be able to, can |
| preferir (ie) | to prefer to |
| querer (ie) | to want to |
| saber | to know how to |
| soler (ue) | to be accustomed to |

# 20. CONNECTING WORDS, PHRASES, CLAUSES, AND SENTENCES

## 20.1 CONJUNCTIONS

A conjunction is a word that connects words, phrases, clauses, or sentences.

You should become familiar with the most common Spanish conjunctions. Remember that some conjunctions introduce clauses in which you must use the subjunctive.

| | |
|---|---|
| **a condición de que*** | provided that |
| **a fin de que*** | so that, in order that |
| **a menos que*** | unless |
| **a no ser que*** | unless |
| **a pesar de que** | in spite of |
| **antes (de) que*** | before |
| **apenas** | hardly |
| **así que** | as soon as |
| **aun** | even, still |
| **aunque** | although |
| **cada vez que** | every time that |
| **como** | as, since, as long as |
| **con tal (de) que*** | provided that |
| **cuando** | when |
| **de manera que** | so that |
| **de modo que** | so that |
| **desde que** | since |
| **después (de) que** | after |
| **en caso (de) que*** | in case that |
| **en cuanto** | as soon as |
| **hasta que** | until |
| **luego que** | as soon as |
| **mas** | but |
| **mientras que*** | while, as long as |
| **ni siquiera** | not even |
| **o** | or (*u* if the following word begins with *o* or *ho*) |
| **para que*** | in order that, so that |
| **por más que** | no matter how, however much |
| **porque** | because |
| **puesto que** | although, since, inasmuch as |
| **que** | that |
| **siempre que** | as long as, whenever |
| **sin embargo** | nevertheless |
| **sin que*** | without |
| **sino** | but, but rather |
| **tan pronto como** | as soon as |
| **una vez que** | once, as soon as |
| **ya que** | since |
| **y** | and (*e* if the following word begins with *i* or *hi*) |

* always followed by the subjunctive

# Grammar Practice
## A N S W E R  S H E E T

## Word Completion

1. Ⓐ Ⓑ   10. Ⓐ Ⓑ   19. Ⓐ Ⓑ   27. Ⓐ Ⓑ   35. Ⓐ Ⓑ   43. Ⓐ Ⓑ
2. Ⓐ Ⓑ   11. Ⓐ Ⓑ   20. Ⓐ Ⓑ   28. Ⓐ Ⓑ   36. Ⓐ Ⓑ   44. Ⓐ Ⓑ
3. Ⓐ Ⓑ   12. Ⓐ Ⓑ   21. Ⓐ Ⓑ   29. Ⓐ Ⓑ   37. Ⓐ Ⓑ   45. Ⓐ Ⓑ
4. Ⓐ Ⓑ   13. Ⓐ Ⓑ   22. Ⓐ Ⓑ   30. Ⓐ Ⓑ   38. Ⓐ Ⓑ   46. Ⓐ Ⓑ
5. Ⓐ Ⓑ   14. Ⓐ Ⓑ   23. Ⓐ Ⓑ   31. Ⓐ Ⓑ   39. Ⓐ Ⓑ   47. Ⓐ Ⓑ
6. Ⓐ Ⓑ   15. Ⓐ Ⓑ   24. Ⓐ Ⓑ   32. Ⓐ Ⓑ   40. Ⓐ Ⓑ   48. Ⓐ Ⓑ
7. Ⓐ Ⓑ   16. Ⓐ Ⓑ   25. Ⓐ Ⓑ   33. Ⓐ Ⓑ   41. Ⓐ Ⓑ   49. Ⓐ Ⓑ
8. Ⓐ Ⓑ   17. Ⓐ Ⓑ   26. Ⓐ Ⓑ   34. Ⓐ Ⓑ   42. Ⓐ Ⓑ   50. Ⓐ Ⓑ
9. Ⓐ Ⓑ   18. Ⓐ Ⓑ

## Ser or Estar

1. Ⓐ Ⓑ   6. Ⓐ Ⓑ    11. Ⓐ Ⓑ   16. Ⓐ Ⓑ   21. Ⓐ Ⓑ   26. Ⓐ Ⓑ
2. Ⓐ Ⓑ   7. Ⓐ Ⓑ    12. Ⓐ Ⓑ   17. Ⓐ Ⓑ   22. Ⓐ Ⓑ   27. Ⓐ Ⓑ
3. Ⓐ Ⓑ   8. Ⓐ Ⓑ    13. Ⓐ Ⓑ   18. Ⓐ Ⓑ   23. Ⓐ Ⓑ   28. Ⓐ Ⓑ
4. Ⓐ Ⓑ   9. Ⓐ Ⓑ    14. Ⓐ Ⓑ   19. Ⓐ Ⓑ   24. Ⓐ Ⓑ   29. Ⓐ Ⓑ
5. Ⓐ Ⓑ   10. Ⓐ Ⓑ   15. Ⓐ Ⓑ   20. Ⓐ Ⓑ   25. Ⓐ Ⓑ   30. Ⓐ Ⓑ

## Saber or Conocer

1. Ⓐ Ⓑ   3. Ⓐ Ⓑ   5. Ⓐ Ⓑ   7. Ⓐ Ⓑ   9. Ⓐ Ⓑ    11. Ⓐ Ⓑ
2. Ⓐ Ⓑ   4. Ⓐ Ⓑ   6. Ⓐ Ⓑ   8. Ⓐ Ⓑ   10. Ⓐ Ⓑ   12. Ⓐ Ⓑ

## Por or Para

1. _____      8. _____     14. _____     20. _____
2. _____      9. _____     15. _____     21. _____
3. _____     10. _____     16. _____     22. _____
4. _____     11. _____     17. _____     23. _____
5. _____     12. _____     18. _____     24. _____
6. _____     13. _____     19. _____     25. _____
7. _____

# Use of Prepositions

## Section 1

1. _____    4. _____    7. _____    10. _____
2. _____    5. _____    8. _____    11. _____
3. _____    6. _____    9. _____    12. _____

## Section 2

1. _____    4. _____    7. _____    10. _____
2. _____    5. _____    8. _____    11. _____
3. _____    6. _____    9. _____    12. _____

## Section 3

1. _____    4. _____    7. _____    10. _____
2. _____    5. _____    8. _____    11. _____
3. _____    6. _____    9. _____    12. _____

# Indicative, Imperative, and Subjunctive Tenses

## Section 1

1. Ⓐ Ⓑ Ⓒ Ⓓ    4. Ⓐ Ⓑ Ⓒ Ⓓ    7. Ⓐ Ⓑ Ⓒ Ⓓ    10. Ⓐ Ⓑ Ⓒ Ⓓ
2. Ⓐ Ⓑ Ⓒ Ⓓ    5. Ⓐ Ⓑ Ⓒ Ⓓ    8. Ⓐ Ⓑ Ⓒ Ⓓ    11. Ⓐ Ⓑ Ⓒ Ⓓ
3. Ⓐ Ⓑ Ⓒ Ⓓ    6. Ⓐ Ⓑ Ⓒ Ⓓ    9. Ⓐ Ⓑ Ⓒ Ⓓ    12. Ⓐ Ⓑ Ⓒ Ⓓ

## Section 2

1. Ⓐ Ⓑ Ⓒ Ⓓ    4. Ⓐ Ⓑ Ⓒ Ⓓ    7. Ⓐ Ⓑ Ⓒ Ⓓ    10. Ⓐ Ⓑ Ⓒ Ⓓ
2. Ⓐ Ⓑ Ⓒ Ⓓ    5. Ⓐ Ⓑ Ⓒ Ⓓ    8. Ⓐ Ⓑ Ⓒ Ⓓ    11. Ⓐ Ⓑ Ⓒ Ⓓ
3. Ⓐ Ⓑ Ⓒ Ⓓ    6. Ⓐ Ⓑ Ⓒ Ⓓ    9. Ⓐ Ⓑ Ⓒ Ⓓ    12. Ⓐ Ⓑ Ⓒ Ⓓ

## Section 3

1. Ⓐ Ⓑ Ⓒ Ⓓ    4. Ⓐ Ⓑ Ⓒ Ⓓ    7. Ⓐ Ⓑ Ⓒ Ⓓ    10. Ⓐ Ⓑ Ⓒ Ⓓ
2. Ⓐ Ⓑ Ⓒ Ⓓ    5. Ⓐ Ⓑ Ⓒ Ⓓ    8. Ⓐ Ⓑ Ⓒ Ⓓ    11. Ⓐ Ⓑ Ⓒ Ⓓ
3. Ⓐ Ⓑ Ⓒ Ⓓ    6. Ⓐ Ⓑ Ⓒ Ⓓ    9. Ⓐ Ⓑ Ⓒ Ⓓ    12. Ⓐ Ⓑ Ⓒ Ⓓ

## Section 4

1. Ⓐ Ⓑ Ⓒ Ⓓ    4. Ⓐ Ⓑ Ⓒ Ⓓ    7. Ⓐ Ⓑ Ⓒ Ⓓ    10. Ⓐ Ⓑ Ⓒ Ⓓ
2. Ⓐ Ⓑ Ⓒ Ⓓ    5. Ⓐ Ⓑ Ⓒ Ⓓ    8. Ⓐ Ⓑ Ⓒ Ⓓ    11. Ⓐ Ⓑ Ⓒ Ⓓ
3. Ⓐ Ⓑ Ⓒ Ⓓ    6. Ⓐ Ⓑ Ⓒ Ⓓ    9. Ⓐ Ⓑ Ⓒ Ⓓ    12. Ⓐ Ⓑ Ⓒ Ⓓ

## Section 5

1. Ⓐ Ⓑ Ⓒ Ⓓ    4. Ⓐ Ⓑ Ⓒ Ⓓ    7. Ⓐ Ⓑ Ⓒ Ⓓ    10. Ⓐ Ⓑ Ⓒ Ⓓ
2. Ⓐ Ⓑ Ⓒ Ⓓ    5. Ⓐ Ⓑ Ⓒ Ⓓ    8. Ⓐ Ⓑ Ⓒ Ⓓ    11. Ⓐ Ⓑ Ⓒ Ⓓ
3. Ⓐ Ⓑ Ⓒ Ⓓ    6. Ⓐ Ⓑ Ⓒ Ⓓ    9. Ⓐ Ⓑ Ⓒ Ⓓ    12. Ⓐ Ⓑ Ⓒ Ⓓ

## Section 6

1. Ⓐ Ⓑ Ⓒ Ⓓ      4. Ⓐ Ⓑ Ⓒ Ⓓ      7. Ⓐ Ⓑ Ⓒ Ⓓ      10. Ⓐ Ⓑ Ⓒ Ⓓ
2. Ⓐ Ⓑ Ⓒ Ⓓ      5. Ⓐ Ⓑ Ⓒ Ⓓ      8. Ⓐ Ⓑ Ⓒ Ⓓ      11. Ⓐ Ⓑ Ⓒ Ⓓ
3. Ⓐ Ⓑ Ⓒ Ⓓ      6. Ⓐ Ⓑ Ⓒ Ⓓ      9. Ⓐ Ⓑ Ⓒ Ⓓ      12. Ⓐ Ⓑ Ⓒ Ⓓ

## Section 7

1. Ⓐ Ⓑ Ⓒ Ⓓ      4. Ⓐ Ⓑ Ⓒ Ⓓ      7. Ⓐ Ⓑ Ⓒ Ⓓ      10. Ⓐ Ⓑ Ⓒ Ⓓ
2. Ⓐ Ⓑ Ⓒ Ⓓ      5. Ⓐ Ⓑ Ⓒ Ⓓ      8. Ⓐ Ⓑ Ⓒ Ⓓ      11. Ⓐ Ⓑ Ⓒ Ⓓ
3. Ⓐ Ⓑ Ⓒ Ⓓ      6. Ⓐ Ⓑ Ⓒ Ⓓ      9. Ⓐ Ⓑ Ⓒ Ⓓ      12. Ⓐ Ⓑ Ⓒ Ⓓ

## Section 8

1. Ⓐ Ⓑ Ⓒ Ⓓ      4. Ⓐ Ⓑ Ⓒ Ⓓ      7. Ⓐ Ⓑ Ⓒ Ⓓ      10. Ⓐ Ⓑ Ⓒ Ⓓ
2. Ⓐ Ⓑ Ⓒ Ⓓ      5. Ⓐ Ⓑ Ⓒ Ⓓ      8. Ⓐ Ⓑ Ⓒ Ⓓ      11. Ⓐ Ⓑ Ⓒ Ⓓ
3. Ⓐ Ⓑ Ⓒ Ⓓ      6. Ⓐ Ⓑ Ⓒ Ⓓ      9. Ⓐ Ⓑ Ⓒ Ⓓ      12. Ⓐ Ⓑ Ⓒ Ⓓ

## Section 9

1. Ⓐ Ⓑ Ⓒ Ⓓ      4. Ⓐ Ⓑ Ⓒ Ⓓ      7. Ⓐ Ⓑ Ⓒ Ⓓ      10. Ⓐ Ⓑ Ⓒ Ⓓ
2. Ⓐ Ⓑ Ⓒ Ⓓ      5. Ⓐ Ⓑ Ⓒ Ⓓ      8. Ⓐ Ⓑ Ⓒ Ⓓ      11. Ⓐ Ⓑ Ⓒ Ⓓ
3. Ⓐ Ⓑ Ⓒ Ⓓ      6. Ⓐ Ⓑ Ⓒ Ⓓ      9. Ⓐ Ⓑ Ⓒ Ⓓ      12. Ⓐ Ⓑ Ⓒ Ⓓ

## Section 10

1. Ⓐ Ⓑ Ⓒ Ⓓ      4. Ⓐ Ⓑ Ⓒ Ⓓ      7. Ⓐ Ⓑ Ⓒ Ⓓ      10. Ⓐ Ⓑ Ⓒ Ⓓ
2. Ⓐ Ⓑ Ⓒ Ⓓ      5. Ⓐ Ⓑ Ⓒ Ⓓ      8. Ⓐ Ⓑ Ⓒ Ⓓ      11. Ⓐ Ⓑ Ⓒ Ⓓ
3. Ⓐ Ⓑ Ⓒ Ⓓ      6. Ⓐ Ⓑ Ⓒ Ⓓ      9. Ⓐ Ⓑ Ⓒ Ⓓ      12. Ⓐ Ⓑ Ⓒ Ⓓ

# Grammar Practice

**N**ote that these exercises have been designed to give you practice on certain areas of Spanish grammar. Some of these exercises have only two choices. Remember that on the actual test, all questions have four choices from which you must choose the correct answer. For all questions without a fill-in rule, circle your answer and refer to the Answer Key on page 144.

## WORD COMPLETION

In this section you will practice

1. nouns and gender
2. uses of the article
3. articles and their uses
4. prepositional pronouns

**Directions:** Choose the word or words that best complete(s) the following sentences.

1. ¿Por qué no vamos . . . parque hoy?

   (A) al
   (B) el

2. Yo no me quito . . . calcetines.

   (A) mis
   (B) los

3. Esas peras son para . . .

   (A) tú
   (B) ti

4. Me imagino . . . nervioso que Uds. estaban.

   (A) lo
   (B) el

5. Dicen que . . . reyes de España llegan mañana.

   (A) las
   (B) los

6. Esas son las llaves . . . coche.

   (A) a él
   (B) del

7. Ella siempre fue . . . alumna ideal.

   (A) la
   (B) el

8. Eduardo pintó . . . águila negra.

   (A) la
   (B) el

9. Vamos a pasear . . . domingos.

   (A) en
   (B) los

10. Aquí están . . . fotos de mi viaje.

    (A) los
    (B) las

11. . . . raro es que Juan no esté aquí.

   (A) El
   (B) Lo

12. Yo no confío en . . .

   (A) ella
   (B) la

13. En el invierno . . . agua está muy fría.

   (A) el
   (B) la

14. ¿Por qué no vienes al centro con . . . ?

   (A) nos
   (B) nosotros

15. Ella tiene dos lápices en . . . mano.

   (A) la
   (B) el

16. ¿Es difícil . . . problema de álgebra?

   (A) la
   (B) el

17. Ya estudiamos . . . lección.

   (A) esa
   (B) ese

18. Antonio no es . . . persona interesante.

   (A) un
   (B) una

19. Los vegetales son buenos para . . . salud.

   (A) la
   (B) el

20. El señor Queredo es . . . periodista muy conservador.

   (A) una
   (B) un

21. Yo no conozco . . . poema de Neruda.

   (A) la
   (B) el

22. No quiero discutir . . . tema.

   (A) esa
   (B) ese

23. Voy a trabajar en . . . garaje.

   (A) el
   (B) la

24. Ella se lava . . . manos.

   (A) sus
   (B) las

25. Celia, ¿compraste . . . aceite para la cena?

   (A) la
   (B) el

26. Bogotá es . . . capital de Colombia.

   (A) la
   (B) el

27. El general nos dio . . . orden.

   (A) el
   (B) la

28. No me gustan . . . programas de misterio.

   (A) las
   (B) los

29. . . . lavamanos está muy sucio.

   (A) El
   (B) Los

30. Anoche conocí . . . poeta.

   (A) al
   (B) a la

31. Me encanta . . . rascacielos que se ve a la distancia.

    (A) el
    (B) los

32. ¿Cuánto pagaste por . . . flores?

    (A) esos
    (B) esas

33. Por favor, cierra . . . paraguas que llevas en la mano.

    (A) ese
    (B) esas

34. Ella me dijo todo a . . .

    (A) mí
    (B) yo

35. No han encontrado . . . cura para el cáncer.

    (A) la
    (B) el

36. No vas a poder abrirla. Necesitas . . . abrelatas.

    (A) un
    (B) unas

37. Para llegar más rápido, debes tomar . . . tranvía.

    (A) la
    (B) el

38. No sé si tengo . . . capital suficiente para comenzar un negocio.

    (A) el
    (B) la

39. Para la sopa necesitamos . . . papas.

    (A) unas
    (B) unos

40. ¿Por qué no vamos . . . jardín para ver las flores?

    (A) a la
    (B) al

41. Le dimos las tarjetas . . .

    (A) a él
    (B) al

42. Si sigues . . . orden de los números, encontrarás la dirección.

    (A) la
    (B) el

43. Siempre me dices . . . mismo.

    (A) el
    (B) lo

44. José tiene . . . compasión increíble.

    (A) una
    (B) un

45. Por favor, no corras en el maratón sin . . .

    (A) lo
    (B) él

46. . . . amistad vale mucho.

    (A) Una
    (B) Un

47. ¿Dónde pusiste . . . mapa?

    (A) el
    (B) la

48. Ese televisor no es de . . . calidad.

    (A) bueno
    (B) buena

49. No tenemos . . . costumbre de comer temprano.

    (A) el
    (B) la

50. Nunca vamos a erradicar . . . hambre en esos países.

    (A) la
    (B) el

## SER OR ESTAR

In this section you will practice the uses of *ser* and *estar*. You may want to review section 6.7 on pages 71 to 73 before doing this exercise.

**Directions:** Choose the correct form of *ser* or *estar* according to the context.

1. Cuando llegamos a las montañas la temperatura ya . . . bastante fresca.

   (A) estaba
   (B) era

2. Esas novelas no me gustan; . . . aburridísimas.

   (A) son
   (B) están

3. ¿Ya sabes de dónde . . . ella?

   (A) está
   (B) es

4. La celebración . . . el veinticinco de julio.

   (A) estará
   (B) será

5. ¿ . . . tú el chico que me ayudó ayer?

   (A) Eres
   (B) Estás

6. Ya . . . la una y Roberto no . . . en la oficina.

   (A) es/está
   (B) está/es

7. Los arboles . . . demasiado lejos de la piscina.

   (A) están
   (B) son

8. El abogado le dice que no . . . necesario pagar la multa.

   (A) es
   (B) está

9. Ya nos vestimos. (Nosotros) . . . listos para salir.

   (A) somos
   (B) estamos

10. . . .necesario que todos . . . allí a la misma hora.

    (A) Fue/estuviéramos
    (B) Estuvo/fuéramos

11. Ella tomará la medicina cuando . . . necesario.

    (A) sea
    (B) esté

12. Yo . . . muy orgulloso de los éxitos de Julián.

    (A) soy
    (B) estoy

13. El edificio . . . pintado por esa compañía el año pasado.

    (A) fue
    (B) estuvo

14. El reloj . . . de oro.

    (A) estaba
    (B) era

15. ¿Qué . . . aquello que vemos en el horizonte?

    (A) es
    (B) está

16. Esas plantas ya . . . muertas.

    (A) son
    (B) están

17. Hoy la farmacia . . . abierta hasta las once.

    (A) es
    (B) está

18. Ese . . . el chico que conocimos ayer.

    (A) es
    (B) está

19. El agua en ese pueblo . . . contaminada.

    (A) es
    (B) está

20. Ignacio siempre . . . un chico muy listo.

    (A) ha sido
    (B) ha estado

21. Juan siempre nos cuenta la misma historia. El . . . muy aburrido.

    (A) está
    (B) es

22. Las conferencias . . . a la una de la tarde.

    (A) están
    (B) son

23. El profesor . . . furioso todo el día.

    (A) había estado
    (B) había sido

24. Los billetes . . . de la familia Borges.

    (A) están
    (B) son

25. Moshe y Adam . . . unos judíos muy religiosos.

    (A) son
    (B) están

26. No compres esos melocotones, todavía . . . verdes.

    (A) están
    (B) son

27. ¿De quién . . . los bolígrafos que . . . en la mesa?

    (A) estarán/son
    (B) serán/están

28. El coche de Alberto . . . rojo.

    (A) estaba
    (B) era

29. No podemos ver la televisión cuando . . . estudiando.

    (A) estamos
    (B) somos

30. Ignacio . . . enfermo por una semana cuando . . . en Europa.

    (A) estuvo/estaba
    (B) fue/era

## *SABER* OR *CONOCER*

In this section you will practice the uses of *saber* and *conocer*. You may want to review section 6.3.1 on pages 61 and 62 before doing this exercise.

**Directions:** Choose the correct form of *saber* or *conocer* according to the context.

1. ¿ . . . (tú) a qué hora es el baile?

   (A) Conoces
   (B) Sabes

2. Ellos no . . . a mis parientes de Chile cuando nos visitaron.

   (A) conocieron
   (B) supieron

3. Ellos . . . dibujar muy bien y por eso ganaron el premio.

   (A) sabían
   (B) conocían

4. La profesora . . . la geografía de esa región muy bien.

   (A) conoce
   (B) sabe

5. Yo . . . que él ha terminado el ensayo.

   (A) conozco
   (B) sé

6. Verónica nunca . . . quién llamó anoche.

   (A) supo
   (B) conoció

7. Si todos . . . a los músicos del grupo, ya nos los habrían presentado.

   (A) hubieran conocido
   (B) hubieran sabido

8. Si no acepto la oferta, nunca . . . a nadie.

   (A) sabré
   (B) conoceré

9. Hay que . . . conducir si el centro comerical está muy lejos.

   (A) conocer
   (B) saber

10. Hasta ayer no . . . de dónde era ella.

    (A) conocía
    (B) sabía

11. Tú . . . lo que pasó desde la semana pasada.

    (A) has sabido
    (B) has conocido

12. El antropólogo . . . la cultura maya desde su niñez.

    (A) conocía
    (B) sabía

# POR OR PARA

In this section you will practice the uses of *por* and *para*. Before completing the sentences, you may want to review section 19.5 on pages 115 to 116.

**Directions:** Write either *por* or *para* to complete the following sentences.

1. ¿ _____ cuánto tiempo vas a México?

2. _____ una mujer tan trabajadora, ella no limpia mucho su casa.

3. Busco una revista _____ leer en el tren.

4. Ella fue _____ dinero al banco.

5. ¿ _____ qué son esos platos?

6. Ella no pudo ver el programa _____ trabajar tarde.

7. Les dieron cien dólares _____ los muebles.

8. Ese planeta fue descubierto _____ unos científicos en California.

9. ¿Cuándo sales _____ el Ecuador?

10. Limpié el cuarto _____ ti, así tú no lo tienes que hacer.

11. Siempre me llama _____ sacar la basura.

12. Anteayer Cecilia vino _____ los juguetes que había dejado aquí.

13. Los pasteles son _____ ti.

14. Hay que leer el libro _____ la semana que viene.

15. Llegué tarde a la fiesta _____ ustedes.

16. Mamá me mandó a la farmacia _____ aspirinas.

17. ¿Cuánto pagaste _____ csos bolígrafos? Dicen que son caros.

18. Me voy a quedar en su casa _____ tres meses.

19. No camines _____ la calle; hay mucho tráfico.

20. ¿ _____ quién es esa cámara?

21. Como no te vieron, ellos regresaron _____ ti.

22. Tengo que terminar el libro _____ mañana.

23. Beatriz juega muy bien _____ una chica con tan poca experiencia.

24. Yo no pude ir, por eso Julián fue _____ mí.

25. Ayer caminó _____ el parque cuando regresaba de la oficina.

# USE OF PREPOSITIONS

In this section you will practice:

1. prepositions
2. verbs that require a preposition
3. verbs that do not require a preposition

You may want to review sections 19.6–19.10 in Chapter 1 before doing these exercises

> **Directions:** Choose among the prepositions *a, con, de,* and *en.* Write an X in the spaces where no preposition is needed.

## Section 1

1. Confiamos _____ poder salir hoy.

2. Elena siempre me ayuda _____ limpiar la casa.

3. Yo me ocupo _____ invitar a los profesores.

4. ¿Cuándo vas a terminar _____ hacer la tarea?

5. Ellos se apresuraron _____ ayudarnos.

6. Ayer decidí _____ encontrarme con Ricardo.

7. ¿Por qué no vuelves _____ tocar mi canción favorita?

8. Ernesto me amenazó _____ ir a la policía.

9. Su esposo siempre insiste _____ dar un paseo por la tarde.

10. Jacinto, trata _____ descansar esta semana.

11. ¿Sabes _____ llegar a mi casa?

12. Espero _____ nadar en la piscina esta tarde.

## Section 2

1. Ella acaba _____ llegar a Barcelona.

2. Ellos vienen _____ cenar con nosotros mañana.

3. Juan se acercó _____ ella para decirle algo importante.

4. Siempre me olvido _____ traer los guantes.

5. Mañana empezamos _____ pintar la casa.

6. Ellos quedaron _____ venir con nosotros.

7. Nosotros pensamos _____ regresar a las tres.

8. Yo estoy locamente enamorada _____ Gerardo.

9. María se echó _____ correr por el pasillo.

10. Mi abuela se empeña _____ escuchar música rock.

11. Lorenzo siempre se queja _____ tener que ir de compras.

12. No nos acordamos _____ cerrar la puerta.

# Section 3

1. ¿Es verdad que tú te vas a casar _____ Diego?

2. Nosotros quedamos _____ vernos mañana.

3. Ellos sueñan _____ comprar un restaurante.

4. Nunca me arrepentiré _____ haber ido a Cuba.

5. Por favor, deja _____ llorar.

6. Ellos suelen _____ llegar muy temprano.

7. Tú no te atreves _____ hablar con el policía.

8. ¿Dónde aprendiste _____ bailar?

9. Tú te cansas _____ estudiar muy pronto.

10. Vamos a salir _____ comprar una grabadora.

11. Cuento _____ llegar a las tres en punto.

12. Yo no me acostumbro _____ levantarme tan temprano.

# INDICATIVE, IMPERATIVE, AND SUBJUNCTIVE TENSES

In this section you will review different tenses of the indicative as well as the subjunctive and the imperative (command).

**Directions:** Choose the correct completion to the following sentences.

## Section 1

1. Jesús, por favor, no te . . . en ese sillón.

   (A) duermes
   (B) duermas
   (C) hayas dormido
   (D) hubiste dormido

2. Es una pena que Ismael no . . . hablar con Juana.

   (A) quiso
   (B) quería
   (C) quiere
   (D) quiera

3. Solamente . . . terminar el informe, si me prestas la computadora.

   (A) podré
   (B) podría
   (C) pudiera
   (D) pude

4. Le prometí ir cuando yo . . .

   (A) pude
   (B) podía
   (C) pudiera
   (D) podría

5. Es evidente que ellos no . . . mucho.

   (A) hayan estudiado
   (B) estudien
   (C) estudiaran
   (D) estudian

6. En la esquina hay una chica que . . . flores artificiales.

   (A) venda
   (B) vender
   (C) vende
   (D) vendiera

7. Cuando tú . . . en Cuba, eras muy feliz.

   (A) estarás
   (B) estarías
   (C) estuvieras
   (D) estabas

8. Jorge me dijo que me dejaría las llaves aquí pero no las encuentro. ¿Dónde las . . . él?

   (A) hubiera puesto
   (B) pusiera
   (C) ponga
   (D) habrá puesto

9. Más vale que tú . . . ese problema con el dentista.

   (A) discutes
   (B) discutirás
   (C) discutas
   (D) discutías

10. ¿Por qué es imposible . . . los boletos esta noche?

    (A) comprar
    (B) comprados
    (C) comprado
    (D) comprando

11. Llovió por varias horas y de
momento . . . el sol.

(A) saldrá
(B) saliera
(C) salió
(D) salga

12. No sé tu edad. ¿En qué año . . . tú?

(A) nacías
(B) naciste
(C) nacerás
(D) nazcas

# Section 2

1. Haz las maletas ahora para que . . .
listo temprano mañana.

(A) estés
(B) estás
(C) estarás
(D) estarías

2. Mamá permitió que Diego y yo . . .
a la playa.

(A) condujéramos
(B) conducimos
(C) conduciríamos
(D) conduzcamos

3. Leonardo, . . . temprano para que
no tengas que esperar mucho.

(A) vengas
(B) vienes
(C) viniste
(D) ven

4. Yo no . . . que Beatriz se había
casado hasta la semana pasada.

(A) supe
(B) sabré
(C) sé
(D) sabría

5. Pedro, ¡ . . . todo lo que puedas
para ayudarlo!

(A) hagas
(B) haz
(C) haga
(D) hayas hecho

6. Te prestaré los otros libros cuando
me . . . los que tienes.

(A) devolviste
(B) devuelvas
(C) devolverías
(D) devolverás

7. Ellos . . . el coche si tuvieran un
garaje.

(A) compraron
(B) compraban
(C) compraran
(D) comprarían

8. Es escandaloso que a esos chicos
no les . . . ir a la excursión.

(A) permitirán
(B) permitirían
(C) permiten
(D) permitan

9. Si puede, Julio se quedará en
cualquier hotel que . . . su tarjeta
de crédito.

(A) acepte
(B) aceptará
(C) aceptara
(D) aceptó

10. Es tonto tener que . . . las calles
cuando el meteorólogo dice que va
a nevar en cualquier momento.

(A) limpiado
(B) limpiando
(C) limpiar
(D) limpiados

11. Ojalá que tú no . . . tan cansado mañana.

    (A) te sientas
    (B) te sentirás
    (C) te sientes
    (D) te sintieras

12. Se quedó con él hasta que . . . el entrenador al estadio.

    (A) llegue
    (B) llegaría
    (C) llegara
    (D) haya llegado

## Section 3

1. Sentí mucho que tú no . . . en la celebración de la semana pasada.

    (A) estarás
    (B) estuvieras
    (C) estuviste
    (D) estarías

*sentir = feelings (subj.)*

2. Hacía más de dos días que el cartero no . . .

    (A) vino
    (B) viniera
    (C) viene
    (D) venía

3. Anteanoche fui a mi restaurante favorito y allí . . . con Luis.

    (A) me encontraba
    (B) me encontrara
    (C) me encontré
    (D) me encuentro

*Command mandatos*

4. ¿Estás aburrido? . . . en el río.

    (A) Báñese
    (B) Bañémonos
    (C) Bañemos
    (D) Bañamos

*Bañarse*

5. Para el año que viene yo ya . . . mis estudios de arquitectura.

    (A) habría terminado
    (B) he terminado
    (C) había terminado
    (D) habré terminado

*"I will have finished"*

6. Es natural que tú . . . nervioso antes del examen.

    (A) estás
    (B) estabas
    (C) estés
    (D) estuviste

7. Juan Carlos no me dejó . . . el cuarto.

    (A) limpio
    (B) limpiando
    (C) limpiar
    (D) limpie

8. Me alegra mucho que Uds. hayan decidido casarse. ¡Que . . . muy felices!

    (A) son
    (B) sean
    (C) serán
    (D) serían

9. No hay duda de que el director . . . a Susana injustamente.

    (A) acusara
    (B) acusó
    (C) acuse
    (D) haya acusado

10. Ayer cuando llegamos al estadio . . . más de dos mil personas.

    (A) habían
    (B) había
    (C) hubieron
    (D) hay

11. Temo que ellos . . . muy tarde.

    (A) terminen
    (B) terminan
    (C) terminarán
    (D) terminaban

12. No perderás peso a menos que . . . las recomendaciones del doctor.

    (A) sigues
    (B) seguirás
    (C) siguieras
    (D) sigas

# Section 4

1. Estoy seguro de que reconocerás a Juan en cuanto lo . . .

   (A) vieras
   (B) verás
   (C) veas
   (D) verías

2. Sé que estás muy enojado pero yo te invité y tú no . . . ir.

   (A) querrías
   (B) querrás
   (C) quisiste
   (D) quisieras

3. No conozco a nadie que . . . ese puente.

   (A) haya cruzado
   (B) ha cruzado
   (C) había cruzado
   (D) habrá cruzado

4. Tan pronto como . . . a Gisela, salí corriendo.

   (A) vea
   (B) viera
   (C) vi
   (D) veré

5. Nosotros . . . a tiempo si no hubiera habido tanta nieve.

   (A) habríamos llegado
   (B) hemos llegado
   (C) habíamos llegado
   (D) habremos llegado

6. El entrenador hizo que nosotros . . . más de diez millas.

   (A) corrimos
   (B) corriéramos
   (C) correríamos
   (D) corríamos

7. ¿Por qué me miras como si yo te . . . hecho algo?

   (A) hubiera
   (B) haya
   (C) había
   (D) he

8. Por favor, Felipe, no . . . en la sala. Vas a ensuciar los muebles.

   (A) juegas
   (B) juegue
   (C) jugaste
   (D) juegues

9. Cuando yo llegué, él ya se . . .

   (A) habrá ido
   (B) había ido
   (C) ha ido
   (D) hubiera ido

10. Estamos seguros de que Diego . . . en el partido de hoy.

    (A) participará
    (B) participaría
    (C) participe
    (D) participara

11. Cuando fui a buscar a Dolores, ella ya se . . . ido.

    (A) ha
    (B) habrá
    (C) hubiera
    (D) había

12. Es justo que la profesora nos . . . salir temprano hoy.

    (A) deja
    (B) dejaría
    (C) dejará
    (D) deje

## Section 5

1. El año pasado, por lo general . . . a la casa antes de las tres.

   (A) llegábamos
   (B) lleguemos
   (C) llegaríamos
   (D) llegáramos

2. Ellos no me prohiben . . . con los hermanos de Julia.

   (A) salido
   (B) salir
   (C) salía
   (D) salga

3. Aunque Diego prometió ir conmigo, a último momento él no . . . ir.

   (A) quiso
   (B) quisiera
   (C) querría
   (D) quiera

4. Eduardo ganará la competencia sin que . . . el piano.

   (A) hubiera practicado
   (B) habría practicado
   (C) haya practicado
   (D) había practicado

5. Profesora, . . . los exámenes antes del fin de semana, por favor.

   (A) corrige
   (B) corrigió
   (C) corrija
   (D) corregía

6. Guillermo prometió llamarme tan pronto como . . .

   (A) llegara
   (B) llagaría
   (C) llegó
   (D) llegaba

7. Nosotros dudábamos que . . . tanto durante el fin de semana.

   (A) llovió
   (B) llovería
   (C) llueva
   (D) lloviera

8. Si tú . . . lo que te sugerí, te habrías podido divertir más ahora.

   (A) habías hecho
   (B) habrás hecho
   (C) hubieras hecho
   (D) has hecho

9. Por mucho que . . . la chaqueta, no podrás ponértela hoy.

   (A) limpiaste
   (B) limpiarás
   (C) limpias
   (D) limpies

10. Si yo . . . su amigo, le diría la verdad.

    (A) soy
    (B) fui
    (C) era
    (D) fuera

11. María está enojada a pesar de que yo le . . . todo el dinero hace mucho tiempo.

    (A) devuelva
    (B) devolviera
    (C) devolví
    (D) devuelvo

12. ¿Cuántos años . . . tú cuando llegaste a este país?

    (A) tendrás
    (B) tenías
    (C) tuviste
    (D) tuvieras

# Section 6

1. No creo que ellos . . . bailar.

   (A) saben
   (B) sabrán
   (C) sepan
   (D) sabían

2. ¿Desde cuándo . . . a la escuela en autobús cuando compraste el coche?

   (A) ibas
   (B) vas
   (C) fuiste
   (D) irías

3. No me . . . nada lo que hagas.

   (A) importan
   (B) importo
   (C) importas
   (D) importa

4. Nosotros necesitábamos varias personas que nos . . . a pintar la casa.

   (A) ayudaran
   (B) ayudarán
   (C) ayudarían
   (D) ayudaron

5. Si voy a Barcelona, . . . la Sagrada Familia.

   (A) visite
   (B) visitaré
   (C) visitara
   (D) visitaba

6. Señor Lozano, . . . un poco de paciencia. El doctor lo verá en unos minutos.

   (A) tenga
   (B) tendrá
   (C) tiene
   (D) tuviera

7. Ojalá que él me . . . lo que sentía antes de irse.

   (A) hubiera dicho
   (B) ha dicho
   (C) habrá dicho
   (D) había dicho

8. ¿Por qué no dejan tus padres que tú . . . el nuevo coche?

   (A) conduces
   (B) condujiste
   (C) conducirás
   (D) conduzcas

9. No hay nadie que . . . visto el accidente.

   (A) haya
   (B) había
   (C) habrá
   (D) habría

10. Cuando estaban en Bolivia ellos sólo . . . al mercado una vez.

    (A) fueran
    (B) fueron
    (C) iban
    (D) vayan

11. Los perros ladraban mientras les . . . de comer.

    (A) diéramos
    (B) damos
    (C) daríamos
    (D) dábamos

12. ¿Desde cuándo . . . tú el coche en ese garaje?

    (A) estacionaste
    (B) estacionas
    (C) estaciones
    (D) estacionaras

## Section 7

1. Compraría esta cámara pero necesito una que . . . fotos digitales.

   (A) saca
   (B) sacaba
   (C) sacará
   (D) saque

2. ¿Cuánto tiempo hace que te . . . a Puerto Rico?

   (A) mudarías
   (B) mudaste
   (C) mudarás
   (D) mudarías

3. Carlos, por favor, no . . . esos documentos ahora.

   (A) traduzcas
   (B) traducías
   (C) traduce
   (D) tradujo

4. El año pasado, por primera vez me . . . un premio por mis notas.

   (A) dieran
   (B) darían
   (C) dieron
   (D) darán

5. Justino decidió quedarse en Lima pero su familia no lo . . . hasta ayer.

   (A) supo
   (B) sabe
   (C) supiera
   (D) sabrá

6. Cuando Rosa llegó a las montañas ya habían . . . tres pulgadas de nieve.

   (A) caerse
   (B) cayendo
   (C) caído
   (D) caídas

7. ¿Por qué insistes en que Leonardo . . . el nombre de todos los presidentes para la semana que viene?

   (A) supo
   (B) sabía
   (C) sabe
   (D) sepa

8. Dile a Rosa que no se . . . de devolver los libros.

   (A) olvide
   (B) olvidara
   (C) haya olvidado
   (D) hubiera olvidado

9. Ya sabes que no me gustan los perros. No . . . a esta casa.

   (A) los traes
   (B) los traigas
   (C) tráelos
   (D) tráigalos

10. Los turistas pidieron que el guía los . . . al templo.

    (A) llevaría
    (B) lleve
    (C) llevará
    (D) llevara

11. Juan actúa como si . . . tonto.

    (A) es
    (B) será
    (C) fue
    (D) fuera

12. Mi tío trajo sus discos favoritos a fin de que nosotros . . .

    (A) nos divirtiéramos
    (B) nos divertimos
    (C) nos divertiríamos
    (D) nos divertíamos

# Section 8

1. Fuimos al supermercado después de que mi mamá nos . . .

   (A) llamará
   (B) llama
   (C) llamaría
   (D) llamó

2. ¿Por qué dejas que Pablo te . . . de esa manera?

   (A) habla
   (B) hable
   (C) hablará
   (D) hablara

3. Niegan que . . . paz en el mundo en los próximos diez años.

   (A) ha
   (B) haya
   (C) habría
   (D) hubiera

4. Es aconsejable que antes de salir Uds. . . . la ropa sucia.

   (A) recogerán
   (B) recojan
   (C) hubieran recogido
   (D) habrían recogido

5. No te preocupes, dondequiera que yo . . . , te llamaré.

   (A) estaba
   (B) estuviera
   (C) esté
   (D) haya estado

6. Cuando me fui, todos gritaron "¡Que te . . . bien!"

   (A) fuera
   (B) iba
   (C) vaya
   (D) va

7. Ha sido imposible que los niños . . . de jugar en la cocina.

   (A) dejen
   (B) dejarán
   (C) dejaran
   (D) dejaron

8. Si me despierto a las ocho, . . . a tiempo.

   (A) salí
   (B) salga
   (C) saliera
   (D) saldré

9. Habíamos decidido ir a esquiar en cuanto . . . en las montañas.

   (A) nevara
   (B) nevó
   (C) nevaría
   (D) nevará

10. Cada vez que veo esos cuadros, me pregunto cuánto . . . pagado ese señor por ellos.

    (A) habrían
    (B) habrá
    (C) habrán
    (D) han

11. ¿Es verdad que esa medicina . . . la artritis?

    (A) haya curado
    (B) cure
    (C) curara
    (D) cura

12. Hacía más de una semana que no lo . . .

    (A) veo
    (B) veía
    (C) vi
    (D) viera

## Section 9

1. Es evidente que el jurado no . . . llegar a un acuerdo.

   (A) haya podido
   (B) pueda
   (C) podrá
   (D) hubiera podido

2. Si tú . . . ejercicios, no aumentarás de peso.

   (A) haces
   (B) hiciste
   (C) hacías
   (D) hagas

3. No estamos seguros de que . . . a nevar este fin de semana.

   (A) va
   (B) fuera
   (C) vaya
   (D) irá

4. Hace dos meses que él . . . de los Andes.

   (A) regreso
   (B) regresó
   (C) regrese
   (D) regresara

5. Es raro que José no . . . todavía.

   (A) haya llegado
   (B) ha llegado
   (C) había llegado
   (D) habrá llegado

6. Anoche ella . . . a la familia de su compañera de cuarto.

   (A) conoce
   (B) conoció
   (C) conocía
   (D) conociera

7. Yo . . . más temprano si los profesores no nos dieran tanta tarea.

   (A) me acostaré
   (B) me acostaría
   (C) me había acostado
   (D) me haya acostado

8. Saldremos a las ocho a no ser que . . . a llover temprano.

   (A) empieza
   (B) empezara
   (C) empiece
   (D) empezará

9. Es cierto que esas pastillas . . . muy peligrosas.

   (A) sean
   (B) hayan sido
   (C) fueran
   (D) son

10. Puede ser que el mecánico no . . . el coche hasta la semana próxima.

    (A) arreglara
    (B) arregló
    (C) arreglará
    (D) arregle

11. Cada vez que Ricardo me . . . , me daba muchos consejos.

    (A) llamaba
    (B) llamara
    (C) llame
    (D) llama

12. ¿Me vendrías a visitar si yo me . . . a la República Dominicana?

    (A) mudaría
    (B) mudé
    (C) mudaba
    (D) mudara

# Section 10

1. Ellos siempre nos recomiendan . . .
   a la misma hora todos los días.

   (A) salgamos
   (B) saliéramos
   (C) salir
   (D) saliendo

2. Ella vendrá a verme después de que
   el juez . . . el veredicto.

   (A) leerá
   (B) leería
   (C) lee
   (D) haya leído

3. ¡Ojalá que nosotros . . . hacer
   escala en Bogotá!

   (A) podíamos
   (B) pudimos
   (C) poderemos
   (D) podamos

4. Él baila como si le . . . la pierna.

   (A) doliera
   (B) duele
   (C) dolía
   (D) dolió

5. Tienes miedo de que . . . de
   la noticia.

   (A) se enterarían
   (B) se enteraran
   (C) se hayan enterado
   (D) se habían enterado

6. ¿A qué hora te dijo que . . . el
   avión?

   (A) haya aterrizado
   (B) hubo aterrizado
   (C) aterrice
   (D) aterrizaría

7. ¿Qué me sugieres que yo . . . ?

   (A) hiciera
   (B) haga
   (C) haré
   (D) hago

8. Una vez que te . . . , se darán
   cuenta de que eres el candidato
   ideal.

   (A) entrevistaron
   (B) entrevistaban
   (C) hayan entrevistado
   (D) habrán entrevistado

9. Ruégales a tus padres que . . . de
   vacaciones el año que viene.

   (A) se irán
   (B) se van
   (C) se iban
   (D) se vayan

10. Nos aconsejaron que . . . el mismo
    camino de siempre.

    (A) sigamos
    (B) siguiéramos
    (C) seguiremos
    (D) seguimos

11. Hace tres días que lo . . . sentado
    en el café cerca de la playa.

    (A) vi
    (B) veré
    (C) vea
    (D) viera

12. Te daré un cheque de modo que
    . . . suficiente dinero para el viaje.

    (A) tuvieras
    (B) tendrás
    (C) tengas
    (D) tienes

# Answer Key
## GRAMMAR PRACTICE

## Word Completion

| | | | | | | | | | |
|---|---|---|---|---|---|---|---|---|---|
| 1. A | 6. B | 11. B | 16. B | 21. B | 26. A | 31. A | 36. A | 41. A | 46. A |
| 2. B | 7. A | 12. A | 17. A | 22. B | 27. B | 32. B | 37. B | 42. B | 47. A |
| 3. B | 8. B | 13. A | 18. B | 23. A | 28. B | 33. A | 38. A | 43. B | 48. B |
| 4. A | 9. B | 14. B | 19. A | 24. B | 29. A | 34. A | 39. A | 44. A | 49. B |
| 5. B | 10. B | 15. A | 20. B | 25. B | 30. A | 35. A | 40. B | 45. B | 50. B |

## Ser or Estar

| | | | | | |
|---|---|---|---|---|---|
| 1. A | 6. A | 11. A | 16. B | 21. B | 26. A |
| 2. A | 7. A | 12. B | 17. B | 22. B | 27. B |
| 3. B | 8. A | 13. A | 18. A | 23. A | 28. B |
| 4. B | 9. B | 14. B | 19. B | 24. B | 29. A |
| 5. A | 10. A | 15. A | 20. A | 25. A | 30. A |

## Saber or Conocer

| | | | | | |
|---|---|---|---|---|---|
| 1. B | 3. A | 5. B | 7. A | 9. B | 11. A |
| 2. A | 4. A | 6. A | 8. B | 10. B | 12. A |

## Por or Para

| | | | | |
|---|---|---|---|---|
| 1. Por | 6. por | 11. para | 16. por | 21. por |
| 2. Para | 7. por | 12. por | 17. por | 22. para |
| 3. para | 8. por | 13. para | 18. por | 23. para |
| 4. por | 9. para | 14. para | 19. por | 24. por |
| 5. Para | 10. por | 15. por | 20. Para | 25. por |

## Use of Prepositions

| Section 1 | | | Section 2 | | | Section 3 | | |
|---|---|---|---|---|---|---|---|---|
| 1. en | 5. a | 9. en | 1. de | 5. a | 9. a | 1. con | 5. de | 9. de |
| 2. a | 6. X | 10. de | 2. a | 6. en | 10. en | 2. en | 6. X | 10. a |
| 3. de | 7. a | 11. X | 3. a | 7. X | 11. de | 3. con | 7. a | 11. con |
| 4. de | 8. con | 12. X | 4. de | 8. de | 12. de | 4. de | 8. a | 12. a |

# Indicative, Imperative, and Subjunctive Tenses

| Section 1 | Section 2 | Section 3 | Section 4 | Section 5 |
|---|---|---|---|---|
| 1. B | 1. A | 1. B | 1. C | 1. A |
| 2. D | 2. A | 2. D | 2. C | 2. B |
| 3. A | 3. D | 3. C | 3. A | 3. A |
| 4. C | 4. A | 4. B | 4. C | 4. C |
| 5. D | 5. B | 5. D | 5. A | 5. C |
| 6. C | 6. B | 6. C | 6. B | 6. A |
| 7. D | 7. D | 7. C | 7. A | 7. D |
| 8. D | 8. D | 8. B | 8. D | 8. C |
| 9. C | 9. A | 9. B | 9. B | 9. D |
| 10. A | 10. C | 10. B | 10. A | 10. D |
| 11. C | 11. A | 11. A | 11. D | 11. C |
| 12. B | 12. C | 12. D | 12. D | 12. B |

| Section 6 | Section 7 | Section 8 | Section 9 | Section 10 |
|---|---|---|---|---|
| 1. C | 1. D | 1. D | 1. C | 1. C |
| 2. A | 2. B | 2. B | 2. A | 2. D |
| 3. D | 3. A | 3. B | 3. C | 3. D |
| 4. A | 4. C | 4. B | 4. B | 4. A |
| 5. B | 5. A | 5. C | 5. A | 5. C |
| 6. A | 6. C | 6. C | 6. B | 6. D |
| 7. A | 7. D | 7. A | 7. B | 7. B |
| 8. D | 8. A | 8. D | 8. C | 8. C |
| 9. A | 9. B | 9. A | 9. D | 9. D |
| 10. B | 10. D | 10. B | 10. D | 10. B |
| 11. D | 11. D | 11. D | 11. A | 11. A |
| 12. B | 12. A | 12. B | 12. D | 12. C |

# LISTENING COMPREHENSION

# Listening Comprehension Practice
ANSWER SHEET

## Dialogues

| | | | |
|---|---|---|---|
| 1. Ⓐ Ⓑ Ⓒ Ⓓ | 8. Ⓐ Ⓑ Ⓒ Ⓓ | 15. Ⓐ Ⓑ Ⓒ Ⓓ | 22. Ⓐ Ⓑ Ⓒ Ⓓ |
| 2. Ⓐ Ⓑ Ⓒ Ⓓ | 9. Ⓐ Ⓑ Ⓒ Ⓓ | 16. Ⓐ Ⓑ Ⓒ Ⓓ | 23. Ⓐ Ⓑ Ⓒ Ⓓ |
| 3. Ⓐ Ⓑ Ⓒ Ⓓ | 10. Ⓐ Ⓑ Ⓒ Ⓓ | 17. Ⓐ Ⓑ Ⓒ Ⓓ | 24. Ⓐ Ⓑ Ⓒ Ⓓ |
| 4. Ⓐ Ⓑ Ⓒ Ⓓ | 11. Ⓐ Ⓑ Ⓒ Ⓓ | 18. Ⓐ Ⓑ Ⓒ Ⓓ | 25. Ⓐ Ⓑ Ⓒ Ⓓ |
| 5. Ⓐ Ⓑ Ⓒ Ⓓ | 12. Ⓐ Ⓑ Ⓒ Ⓓ | 19. Ⓐ Ⓑ Ⓒ Ⓓ | 26. Ⓐ Ⓑ Ⓒ Ⓓ |
| 6. Ⓐ Ⓑ Ⓒ Ⓓ | 13. Ⓐ Ⓑ Ⓒ Ⓓ | 20. Ⓐ Ⓑ Ⓒ Ⓓ | 27. Ⓐ Ⓑ Ⓒ Ⓓ |
| 7. Ⓐ Ⓑ Ⓒ Ⓓ | 14. Ⓐ Ⓑ Ⓒ Ⓓ | 21. Ⓐ Ⓑ Ⓒ Ⓓ | 28. Ⓐ Ⓑ Ⓒ Ⓓ |

## Rejoinders

| | | | |
|---|---|---|---|
| 1. Ⓐ Ⓑ Ⓒ Ⓓ | 6. Ⓐ Ⓑ Ⓒ Ⓓ | 11. Ⓐ Ⓑ Ⓒ Ⓓ | 16. Ⓐ Ⓑ Ⓒ Ⓓ |
| 2. Ⓐ Ⓑ Ⓒ Ⓓ | 7. Ⓐ Ⓑ Ⓒ Ⓓ | 12. Ⓐ Ⓑ Ⓒ Ⓓ | 17. Ⓐ Ⓑ Ⓒ Ⓓ |
| 3. Ⓐ Ⓑ Ⓒ Ⓓ | 8. Ⓐ Ⓑ Ⓒ Ⓓ | 13. Ⓐ Ⓑ Ⓒ Ⓓ | 18. Ⓐ Ⓑ Ⓒ Ⓓ |
| 4. Ⓐ Ⓑ Ⓒ Ⓓ | 9. Ⓐ Ⓑ Ⓒ Ⓓ | 14. Ⓐ Ⓑ Ⓒ Ⓓ | 19. Ⓐ Ⓑ Ⓒ Ⓓ |
| 5. Ⓐ Ⓑ Ⓒ Ⓓ | 10. Ⓐ Ⓑ Ⓒ Ⓓ | 15. Ⓐ Ⓑ Ⓒ Ⓓ | 20. Ⓐ Ⓑ Ⓒ Ⓓ |

# Listening Comprehension Practice*

## DIALOGUES

**Directions:** In this part of the exam you will listen to a number of selections. They can be conversations or short narratives. Printed in your test booklet, you will find one, two, or three questions, each with four possible answers. Press the Pause button on your CD player while you choose the best answer to each question according to the information you have heard. Fill in the corresponding ovals on your answer sheet, allowing 12 seconds for each question. When your answers are complete, press the Play button to continue with the next selection. You will not hear the questions or the possible answers. Now, get ready to listen to the first selection.

Note: The script for the Listening Comprehension selections begins on page 158.

Selección número 1

1. ¿Qué busca la señora?

   (A) Un traje.
   (B) Un chofer.
   (C) Un coche.
   (D) Un mecánico.

2. ¿Qué le dice el hombre a la señora?

   (A) Que alguien se llevó su coche.
   (B) Que el coche no está listo todavía.
   (C) Que tiene que regresar el próximo día.
   (D) Que su esposo no sabe dónde ella está.

3. ¿Dónde está probablemente el esposo ahora?

   (A) En su casa.
   (B) En el garaje.
   (C) En la tienda.
   (D) En su coche.

Selección número 2

4. ¿Qué quiere hacer Celia?

   (A) Ir al cine.
   (B) Comprar unos videos.
   (C) Vender su cámara de película.
   (D) Participar en un concurso.

* You will need a timer that can be set up to count seconds.

5. ¿Qué necesitan hacer Santiago y Celia?

(A) Pensar en el tema de la película.
(B) Comprar una cámara de películas.
(C) Mirar un video sobre un concurso.
(D) Reunirse con un director de cine.

6. ¿Qué va a pasar más tarde?

(A) Ellos van a ir de compras.
(B) Ellos van a encontrarse.
(C) Ellos van a mirar un video.
(D) Ellos van a hablar con los estudiantes.

## Selección número 3

7. ¿Qué hace Vicente?

(A) Pone los libros en orden.
(B) Lee un libro nuevo.
(C) Habla con la bibliotecaria.
(D) Construye un estante.

8. ¿Qué decide hacer Isabel?

(A) Ayudar a Vicente.
(B) Comprarle un libro a Vicente.
(C) Conversar con la bibliotecaria.
(D) Organizar a los estudiantes.

9. ¿Cómo es la bibliotecaria?

(A) Impaciente.
(B) Desorganizada.
(C) Amable.
(D) Cómica.

## Selección número 4

10. ¿Quiénes participan en la excursión?

(A) Los nuevos estudiantes.
(B) Los mejores estudiantes.
(C) Los estudiantes que se gradúan.
(D) Los estudiantes que regresan de la universidad.

11. ¿Cuándo va a ir Orlando a la excursión?

(A) El año siguiente.
(B) Ese mismo día.
(C) En dos años.
(D) En unos días.

## Selección número 5

12. ¿Por qué está preocupada Yolanda?

(A) Porque Juan no visita a sus primos.
(B) Porque Juan no le compró un regalo.
(C) Porque Juan lleva mucho equipaje.
(D) Porque Juan va a mudarse a Cancún.

13. ¿Qué le promete Juan a Yolanda?

(A) Que no va a necesitar su ayuda.
(B) Que no se quedará por más de dos años.
(C) Que le comprará un regalo en Cancún.
(D) Que le va a llevar sus maletas.

## Selección número 6

14. ¿Qué quiere saber la madre?

(A) Lo que el hijo quiere comer.
(B) Los ingredientes que necesita.
(C) El tiempo que lleva cocinar la cena.
(D) Si el chico tiene apetito.

15. ¿Por qué no cocina arroz con pollo la madre?

(A) Porque no tiene suficiente tiempo.
(B) Porque no tiene los ingredientes.
(C) Porque prefiere hacer una tortilla.
(D) Porque va a salir de compras pronto.

Selección número 7

16. ¿De qué se queja la señora?

(A) Del color de las bolsas.
(B) Del precio de las bolsas.
(C) De la cantidad de basura.
(D) De las decoraciones en la casa.

17. ¿Para qué son las bolsas?

(A) Para ir de compras.
(B) Para poner las botellas.
(C) Para decorar la casa.
(D) Para cubrir la basura.

Selección número 8

18. Según el esposo, ¿qué sucede con las aspirinas?

(A) Son muy fuertes.
(B) Son demasiado grandes.
(C) Son bastante caras.
(D) Son demasiado viejas.

19. ¿Qué debe hacer la señora?

(A) Examinar la fecha regular-mente.
(B) Limpiar el baño de vez en cuando.
(C) Comprar aspirinas menos fuertes.
(D) Tomar las medicinas cada día.

20. ¿Qué va a hacer la señora hoy?

(A) Va a tomar unas aspirinas.
(B) Va a bañarse con agua caliente.
(C) Va a poner las aspirinas en otro lugar.
(D) Va a poner la basura en otro lugar.

Selección número 9

21. ¿Qué problema tiene Rosa?

(A) Se le mueren las plantas.
(B) Se le olvida echarles agua a las plantas.
(C) Le regalan muchas plantas.
(D) Le prohíben echarles agua a las plantas.

22. ¿Qué va a hacer Rosa para solucionar el problema?

(A) Va a echarles más agua a las plantas.
(B) Va a cambiar el lugar de algunas plantas.
(C) Va a darle algunas plantas a su amigo.
(D) Va a ocuparse del jardín una vez por semana.

Selección número 10

23. ¿Qué está haciendo Soledad?

(A) Está escuchando las noticias.
(B) Está mirando una novela en la televisión.
(C) Está escribiéndole a un artista.
(D) Está leyendo un periódico.

24. ¿Qué piensa el amigo de Soledad?

(A) Que el periódico no dice la verdad.
(B) Que el divorcio es un escándalo.
(C) Que no vale la pena escuchar las noticias.
(D) Que Juan Miguel dice muchos chismes.

<u>Selección número 11</u>

25. ¿Por qué no puede ir al río la chica?

  (A) Porque no sabe nadar.
  (B) Porque no se divierte allí.
  (C) Porque su madre se lo prohíbe.
  (D) Porque va con su madre al campo.

26. ¿Qué deciden hacer los chicos?

  (A) Invitar a la madre de Graciela.
  (B) Ir al río pero no van a bañarse.
  (C) Visitar al chico que casi murió.
  (D) Nadar en un lugar que no es peligroso.

<u>Selección número 12</u>

27. ¿Qué problema tiene la señora?

  (A) No tiene donde pasar la noche.
  (B) No puede entrar en su habitación.
  (C) Se le perdió la reservación.
  (D) Se le olvidó una dirección.

28. ¿Qué decide hacer la señora al final?

  (A) Regresar a su habitación.
  (B) Volver más tarde.
  (C) Quedarse por más tiempo.
  (D) Hacer una reservación para las seis.

# REJOINDERS

**Directions:** You will now listen to a selection of short exchanges or parts of conversations. Each selection is followed by four statements, designated (A), (B), (C), and (D). Neither these exchanges nor the statements are printed in your test booklet. After listening to the four statements, choose the statement that most logically continues or finishes the conversation and fill in the corresponding oval on your answer sheet.

To become familiar with this part of the test, listen to the following example:

You hear:
(Male) —No recuerdo donde puse los anteojos.

You also hear:
(Female) (A) Allí están, sobre la mesa.
(B) Todos están de acuerdo.
(C) Se cubrió los ojos.
(D) Se le olvidó el disco.

The statement that continues the conversation in the most logical way is statement (A) "Allí están, sobre la mesa." For that reason, you should select answer (A).

Now get ready to listen to the first exchange and the four statements.

1. Now, select your answer on the answer sheet.

2. Now, select your answer on the answer sheet.

3. Now, select your answer on the answer sheet.

4. Now, select your answer on the answer sheet.

5. Now, select your answer on the answer sheet.

6. Now, select your answer on the answer sheet.

7. Now, select your answer on the answer sheet.

8. Now, select your answer on the answer sheet.

9. Now, select your answer on the answer sheet.

10. Now, select your answer on the answer sheet.

11. Now, select your answer on the answer sheet.

12. Now, select your answer on the answer sheet.

13. Now, select your answer on the answer sheet.

14. Now, select your answer on the answer sheet.

15. Now, select your answer on the answer sheet.

16. Now, select your answer on the answer sheet.

17. Now, select your answer on the answer sheet.

18. Now, select your answer on the answer sheet.

19. Now, select your answer on the answer sheet.

20. Now, select your answer on the answer sheet.

# Answer Key
## LISTENING COMPREHENSION PRACTICE

## Dialogues

**Selección número 1**
1. C
2. A
3. A

**Selección número 2**
4. D
5. A
6. B

**Selección número 3**
7. A
8. A
9. C

**Selección número 4**
10. C
11. A

**Selección número 5**
12. C
13. A

**Selección número 6**
14. A
15. A

**Selección número 7**
16. A
17. B

**Selección número 8**
18. D
19. A
20. C

**Selección número 9**
21. A
22. B

**Selección número 10**
23. D
24. A

**Selección número 11**
25. C
26. B

**Selección número 12**
27. A
28. B

## Rejoinders

1. C
2. D
3. C
4. A

5. B
6. C
7. D
8. A

9. B
10. C
11. D

12. A
13. A
14. B

15. D
16. B
17. A

18. A
19. C
20. A

## TAPESCRIPT FOR LISTENING COMPREHENSION PRACTICE
### Dialogues

**Directions:** In this part of the exam you will listen to a number of selections. They can be conversations or short narratives. Printed in your test booklet, you will find either one question or several questions with four possible answers. Choose the best answer to the question according to the information you hear. Then fill in the corresponding oval on the answer sheet.

| | |
|---|---|
| **(Narrator)** | [Selección número 1. Escucha esta conversación en el taller de un mecánico.] |
| **(Female)** | —Señor, hace más de dos horas que estoy esperando. |
| **(Male)** | —¿Qué está esperando, señora? |
| **(Female)** | —Que me devuelvan mi coche . . . Lo traje para que lo arreglaran. Me dijeron que iba a estar listo a las tres y todavía no me han llamado. |
| **(Male)** | —¿Qué tipo de coche tiene? |
| **(Female)** | —Es un convertible azul. Lo traje ayer. |
| **(Male)** | —Un momento. [Pause] |
| **(Female)** | —¿Lo encontró? ¿Qué está pasando? |
| **(Male)** | —Señora su coche ya no está aquí. Un señor con el nombre de Juan Robles vino a buscarlo esta mañana. |
| **(Female)** | —Sí, es mi esposo. ¿Y se lo dieron? |
| **(Male)** | —Sí, nos dijo que Ud. le había dado permiso para recogerlo. |
| **(Female)** | —Ay, se me había olvidado. Le dije a mi esposo que viniera a buscarlo. Probablemente ya está en casa. |
| **(Male)** | —Bueno, me alegro de que todo esté en orden. |
| **(Female)** | —Muchas gracias y perdone que lo haya molestado. |

Contesta las preguntas 1, 2, y 3     [36 seconds]

---

| | |
|---|---|
| **(Narrator)** | [Selección número 2. Escucha esta conversación entre Santiago y Celia sobre un concurso en la escuela.] |
| **(Female)** | —Santiago, ¿quieres participar en el concurso que anunciaron? |
| **(Male)** | —¿Qué concurso? |

**(Female)**    —Es un concurso de video para la película más original de todos los estudiantes.

**(Male)**    —Eso parece mucho trabajo.

**(Female)**    —No, ya yo tengo una cámara y sólo necesitamos una buena idea para la película.

**(Male)**    —Me interesa mucho la idea. Vamos a reunirnos más tarde y discutir lo que vamos a hacer.

**(Female)**    —De acuerdo. Creo que podemos filmar una película muy interesante.

**(Male)**    —Nos vemos a las tres. Yo ya voy a pensar en lo que podemos hacer.

**(Female)**    —Yo también. Hasta más tarde, Santiago.

Contesta las preguntas 4, 5, y 6    [36 seconds]

---

**(Narrator)**    [Selección número 3. Escucha esta conversación en la biblioteca de la escuela.]

**(Female)**    —¿Qué haces aquí, Vicente?

**(Male)**    —Estoy ayudando a la bibliotecaria. Han llegado todos estos libros y tienen que estar organizados en los estantes antes de mañana.

**(Female)**    —¿Quieres que te ayude?

**(Male)**    —Claro . . . si tienes tiempo.

**(Female)**    —No tengo mucho tiempo pero te ayudaré por un rato.

**(Male)**    —Gracias. Estoy seguro de que la bibliotecaria te lo agradecerá.

**(Female)**    —Ella me ayuda mucho cuando necesito algún libro. Es un placer poder ayudarla.

Contesta las preguntas 7, 8, y 9    [36 seconds]

---

**(Narrator)**    [Selección número 4. Escucha esta conversación en un pasillo de la escuela.]

**(Male)**    —Oye, Dolores, ¿has visto lo entusiasmado que están los estudiantes?

**(Female)**    —Sí, es que mañana nos vamos de excursión a la playa.

**(Male)**    —Ay, se me había olvidado. ¿Es la excursión en la que sólo participan los estudiantes del último año?

**(Female)**    —Sí, es la última vez que todos podemos estar juntos antes de la graduación.

**(Male)**    —Qué buena idea. Bueno, a mí me toca el año próximo, pero ya tú estarás en la universidad.

**(Female)** —Sí, y tú me tendrás que contar cómo te fue.

**(Male)** —Por supuesto. Espero que podamos escribirnos regularmente.

**(Female)** —Así lo espero.

Contesta las preguntas 10 y 11    [24 seconds]

---

**(Narrator)** [Selección número 5. Escucha esta conversación entre dos amigos que van de viaje.]

**(Female)** —Juan, estoy muy preocupada . . . ¿Por qué llevas tantas maletas? Sólo vamos a estar en Cancún por una semana.

**(Male)** —No llevo mucha ropa, pero les prometí a mis primos llevarles algunos regalos para sus hijos.

**(Female)** —Claro, se me había olvidado que ellos viven en Cancún.

**(Male)** —Hace ya dos años que viven allí. No te preocupes, Yolanda cuando lleguemos compraré una maleta más pequeña y les dejo ésta allá.

**(Female)** —Buena idea. Principalmente si viajamos a Mérida. Va a ser mucho mejor viajar con poco equipaje.

**(Male)** —Por supuesto, te prometo que no vas a tener que ayudarme a cargar maletas pesadas.

**(Female)** —Así espero.

Contesta las preguntas 12 y 13    [24 seconds]

---

**(Narrator)** [Selección número 6. Escucha esta conversación entre una madre y su hijo.]

**(Male)** —Voy a preparar la cena ahora. ¿Qué te apetece comer?

**(Female)** —Ay mamá . . . ¿por qué no cocinas ese arroz con pollo que nos gusta tanto?

**(Male)** —Lo haría si tuviera tiempo. Tengo todos los ingredientes pero necesitaría por lo menos una hora para prepararlo.

**(Female)** —En ese caso, ¿por qué no cocinas una tortilla y papas fritas?

**(Male)** —Bien . . . ve a lavarte las manos . . . la cena estará lista en unos minutos.

Contesta las preguntas 14 y 15    [24 seconds]

---

**(Narrator)** [Selección número 7. Escucha esta conversación en la casa de una familia.]

**(Female)** —¿Me trajiste las bolsas para la basura que te pedí?

**(Male)** —Sí, aquí están.

**(Female)** —[A bit annoyed] Pero, Manuel . . . no son verdes como te las había pedido.

**(Male)** —Oye, no te quejes . . . son bolsas para la basura, no para decorar la casa.

**(Female)** —Claro, no soy tan vanidosa. Es que con el nuevo programa de reciclaje tengo que separar la basura. Tengo que echar las botellas en bolsas verdes.

**(Male)** —Ahora comprendo. No te preocupes, necesito salir esta tarde y te las compraré.

Contesta las preguntas 16 y 17     [24 seconds]

---

**(Narrator)** [Selección número 8. Escucha esta conversación entre una mujer y su esposo.]

**(Male)** —¿Tienes aspirinas, Natalia? No me siento bien.

**(Female)** —Sí, están en el estante en el baño. [Pause] ¿Las encontraste?

**(Male)** —Sí, pero estas aspirinas están vencidas. Fíjate en la fecha . . . son viejísimas.

**(Female)** —Tienes razón. No me había dado de cuenta.

**(Male)** —Mira, dicen que debes revisar el año de expiración de las medicinas regularmente y echar a la basura las que se vencen. Eso puede ser muy peligroso.

**(Female)** —Lo sé. También hoy las voy a poner en otro cuarto. No es buena idea dejarlas en el baño por el calor y la humedad.

Contesta las preguntas 18, 19, y 20  [36 seconds]

---

**(Narrator)** [Selección número 9. Escucha esta conversación en el jardín de una casa.]

**(Male)** —Rosa, estas plantas están muertas.

**(Female)** —No sé lo que les pasa. Les echo agua constantemente y mira cómo están.

**(Male)** —Ése es el problema. Les estás echando demasiada agua. Debes hacerlo sólo una vez a la semana.

**(Female)** —¿De veras? ¿Y éstas aquí? Están muy saludables.

**(Male)** —Sí, éstas en el jardín necesitan agua constantemente pero ésas no.

**(Female)** —De acuerdo. Es que se parecen mucho. Las pondré en el cuarto para no confundirlas.

Contesta las preguntas 21 y 22     [24 seconds]

---

(Narrator)   [Selección número 10. Escucha esta conversación entre Soledad y un amigo.]

(Male)   —¿Qué buscas Soledad?

(Female)   —Estoy leyendo las noticias. Mira todo lo que dicen sobre los artistas de la televisión.

(Male)   —Déjame ver. Por tu reacción parece que te sorprenden mucho.

(Female)   —Sí, los Beltrán se divorcian y Juan Miguel no va a cantar más.

(Male)   —Soledad, yo pensaba que leías un diario serio. Esta basura está llena de mentiras, chismes y escándalos. Lee algo que valga la pena.

Contesta las preguntas 23 y 24      [24 seconds]

———————————————————————

(Narrator)   [Selección número 11. Escucha esta conversación entre dos amigos.]

(Male)   —¿Vienes al río con nosotros mañana, Graciela?

(Female)   —No Jorge . . . no puedo, mamá no quiere que me bañe más en el río.

(Male)   —¿Por qué? Lo pasamos muy bien.

(Female)   —Alguien le dijo que es muy peligroso y que el año pasado a un chico se lo llevaba la corriente . . . casi murió.

(Male)   —Ay, no lo sabía. Entonces yo no voy a bañarme tampoco. Pero, vamos de todos modos, así podremos disfrutar del campo y del aire libre.

(Female)   —De acuerdo. Nos vemos mañana.

Contesta las preguntas 25 y 26      [24 seconds]

———————————————————————

(Narrator)   [Selección número 12. Escucha esta conversación entre un empleado y una señora.]

(Male)   —Lo siento, señora pero no tenemos ninguna habitación disponible.

(Female)   —No es posible. Acabo de llegar y necesito un lugar donde quedarme esta noche. ¡No hay un cuarto en toda la ciudad!

(Male)   —Es verdad. Lo único que le puedo sugerir es que regrese más tarde. Siempre hay personas que no aparecen aunque tienen reservación.

(Female)   —No tengo otra alternativa. ¿A qué hora debo regresar?

(Male)   —Después de las seis.

Contesta las preguntas 27 y 28      [24 seconds]

———————————————————————

# REJOINDERS

**Directions:** You will now listen to a selection of short exchanges or parts of conversations. Each selection is followed by four statements, designated (A), (B), (C), and (D). Neither these exchanges nor the statements are printed in your test booklet. After listening to the four statements, choose the statement that most logically continues or finishes the conversation and fill in the corresponding oval in your answer sheet.

To become familiar with this part of the test, listen to the following example:

You hear:
**(Male)** —No recuerdo donde puse los anteojos.

You also hear:
**(Female)**  (A)  Allí están, sobre la mesa.
          (B)  Todos están de acuerdo.
          (C)  Se cubrió los ojos.
          (D)  Se le olvidó el disco.

The statement that continues the conversation in the most logical way is statement (A) "Allí están, sobre la mesa." For that reason, you should select answer (A).

Now get ready to listen to the first exchange and the four statements.

Número 1.

**(Female)** —¡Ay qué calor hace! Mira cómo estoy sudando.

**(Male)** —¿Por qué no nos sentamos debajo de aquel árbol?

**(Female)**  (A)  Hay muchas flores en esta casa.
          (B)  Este asiento no es muy cómodo.
          (C)  Buena idea. Allí no hace mucho sol.
          (D)  Sí, esa señora necesita un asiento.

[7 seconds]

Número 2.

**(Male)** —Aquí tiene señora, pescado frito y patatas.

**(Female)** —Oiga, ¡este pescado ya está frío!

**(Male)**  (A)  Sí, todavía está nevando.
          (B)  No, no oigo las noticias nunca.
          (C)  Por supuesto. Aquí todo es muy fresco.
          (D)  Lo siento, es que estamos muy ocupados.

[7 seconds]

Número 3.

**(Male)** —Hace más de un mes que no limpias tu cuarto.

**(Female)** (A) Ya son las dos y media.

(B) Me baño todos los días.

(C) Pero no está muy sucio.

(D) Ese jabón no me gusta.

[7 seconds]

Número 4.

**(Female)** —¿Qué te pasa? Pareces muy cansado.

**(Male)** —No pude dormir bien anoche.

**(Female)** (A) Ve a casa y duerme una siesta.

(B) ¡Despierta Julio! Ya llegamos.

(C) Me parezco mucho a mi hermana.

(D) Estoy cansada de trabajar tanto.

[7 seconds]

Número 5.

**(Male)** —El avión llegó con retraso.

**(Female)** (A) El reloj no funciona.

(B) Hacía mal tiempo.

(C) Llegó muy temprano.

(D) El aeropuerto está cerca.

[7 seconds]

Número 6.

**(Male)** —Bueno Sandra, tengo que irme.

**(Female)** —¿Por qué no te quedas con nosotros un rato más?

**(Male)** (A) Le temo a las ratas.

(B) Se queja demasiado.

(C) Tengo una cita.

(D) No tenemos más.

[7 seconds]

Número 7.

**(Male)**     —No puedo encontrar nada.

**(Female)**   —¿Qué estás buscando en esa caja, Alberto?

**(Male)**     (A)  Los paquetes son muy caros.

               (B)  Las cajas son muy pesadas.

               (C)  Los juegos comienzan a las tres.

               (D)  Los juguetes que compré ayer.

[7 seconds]

Número 8.

**(Male)**     —¡Ay! ¡Se me cayeron todos los huevos!

**(Female)**   (A)  Lo siento.

               (B)  ¡Qué suerte!

               (C)  ¡Feliz año nuevo!

               (D)  Ya se fueron.

[7 seconds]

Número 9.

**(Male)**     —Mira, ya terminé el problema de álgebra.

**(Female)**   —Creo que has cometido un error.

**(Male)**     (A)  Comí demasiado.

               (B)  Nunca me equivoco.

               (C)  Gracias, ya comí.

               (D)  Yo nunca tengo problemas.

[7 seconds]

Número 10.

**(Male)**     —Si vamos en coche, el viaje será más interesante.

**(Female)**   —No vale la pena ir en coche.

**(Male)**     (A)  Vale más que el otro.

               (B)  Claro, él me da pena.

               (C)  Es verdad. Hay mucho tráfico.

               (D)  Es uno de los coches más caros.

[7 seconds]

Número 11.

**(Female)**   ¿Fuiste a la fiesta anoche?

**(Male)**   —Sí, te vi, pero no me saludaste.

**(Female)**   (A) Saludos a tus padres.

(B) Se lo diste ayer.

(C) Va a llover esta noche.

(D) Estaba muy ocupada.

[7 seconds]

Número 12.

**(Female)**   —Esta noche voy a cenar con mi novio.

**(Male)**   —¿Cuánto tiempo hace que no sales con él?

**(Female)**   (A) Hace ya varios días.

(B) Hace mal tiempo.

(C) Vio una obra de teatro.

(D) Corre más de diez millas.

[7 seconds]

Número 13.

**(Male)**   —¿Por qué estás tan contenta Julia?

**(Female)**   —Mañana cumplo dieciocho años.

**(Male)**   (A) No sabía que eras tan joven.

(B) Lo compré hace un año.

(C) Tu respuesta es incorrecta.

(D) Me gusta ese tamaño.

[7 seconds]

Número 14.

**(Female)**   —Ayer fui a hablar con mi tía sobre mis planes para la universidad.

**(Male)**   —¿Le pediste consejos?

**(Female)**   (A) No, no tenía dinero.

(B) Por supuesto, me dio muchos.

(C) Sí, pero los perdí.

(D) Claro, me los devolvió.

[7 seconds]

Número 15.

**(Male)** —Hasta luego, Rosario. Me voy en tu coche.

**(Female)** —Ten cuidado, hay mucho tráfico.

**(Male)**  (A) Siempre cuida a sus hermanos.

(B) El autobús es muy cómodo.

(C) Le hemos dado mucho dinero.

(D) Voy a conducir con cuidado.

[7 seconds]

Número 16.

**(Male)** —¿Dónde queda el centro comercial?

**(Female)** —Siga derecho hasta el final de la calle.

**(Male)**  (A) Tú no tienes ningún derecho.

(B) Espero que no me pierda.

(C) Ellos no se van a callar.

(D) Terminamos todo el trabajo.

[7 seconds]

Número 17.

**(Female)** —¿Por qué no nos encontramos cuando salgas del cine?

**(Male)** —De acuerdo, la película dura unas tres horas.

**(Female)**  (A) Uy, es demasiado larga.

(B) Sí, es muy dura.

(C) Claro, es muy temprano.

(D) Pues, búscala en la tienda.

[7 seconds]

Número 18.

**(Female)** —Este verano voy de vacaciones con todos mis primos.

**(Male)** —Pues, yo prefiero viajar solo.

**(Female)**  (A) ¿No te deprimes?

(B) ¿Cuánto cuesta?

(C) ¿Cancelaron el viaje?

(D) ¿No tienes tiempo libre?

[7 seconds]

Número 19.

**(Male)** —Devuelve esos libros a la biblioteca.

**(Female)** (A) La librería está cerrada.

(B) Vuelvo a buscar los libros.

(C) No puedo, todavía los necesito.

(D) No vuelvo a esa clase.

[7 seconds]

Número 20.

**(Male)** —La catedral queda a cinco cuadras de aquí.

**(Female)** (A) Gracias, no me parece muy lejos.

(B) No, es demasiado cara.

(C) Ignacio es muy religioso.

(D) Me encantan esos cuadros.

[7 seconds]

# PRACTICE TESTS

# Practice Test 1

## PART A

**Directions:** Read the following statements and the four suggested completions. Then choose the most appropriate completion and fill in the corresponding oval on the answer sheet.

1. ¡Qué raro que Humberto no haya llegado . . . ! Él siempre llega a tiempo.

   (A) nada
   (B) bastante
   (C) todavía
   (D) siempre

2. Gerardo no podía creer lo que le dije, por eso seguía repitiendo . . .

   (A) ¿De veras?
   (B) ¿Qué tal?
   (C) ¡Salud!
   (D) ¡Bienvenido!

3. Tengo que llevar el coche al mecánico pues el motor está haciendo mucho . . .

   (A) viento
   (B) sudor
   (C) ruido
   (D) camino

4. Cuando era pequeña, mi abuela siempre me . . . cuentos de hadas.

   (A) repasaba
   (B) contaba
   (C) respondía
   (D) charlaba

5. Finalmente anteayer . . . el paquete que me había enviado Diego.

   (A) llegó
   (B) llegaba
   (C) llegará
   (D) llegara

6. En esa clase es necesario prestar mucha atención y tomar . . .

   (A) apuntes
   (B) notas
   (C) escritos
   (D) letras

7. Me sorprendió . . . viejo que estaba Ignacio.

   (A) el
   (B) uno
   (C) lo
   (D) un

8. Esa camisa parece demasiado grande. ¿Por qué no te la . . . antes de comprarla?

   (A) sacas
   (B) mojas
   (C) pruebas
   (D) tratas

9. Señora Robles, no . . . Ud. los zapatos. El piso está muy sucio.

   (A) se quita
   (B) se quitara
   (C) se quitaba
   (D) se quite

10. El policía les prohibió a los chicos . . . la calle.

    (A) cruzar
    (B) cruzaron
    (C) cruzarían
    (D) cruzaran

11. Hay que terminar el trabajo inmediatamente. Pienso que Caridad debe hacerlo porque ella es muy . . .

    (A) profunda
    (B) lenta
    (C) antigua
    (D) capaz

12. Deja la carne en el horno, parece . . .

    (A) cruda
    (B) hecha
    (C) mojada
    (D) tostada

13. Uy, Alfredo, mamá no quiere que yo hable tanto por teléfono; tengo que . . . ahora.

    (A) colgar
    (B) dejar
    (C) seguir
    (D) buscar

14. ¿Ves . . . en el horizonte? Es un barco.

    (A) aquel
    (B) aquello
    (C) ese
    (D) este

15. Yo no creía que él . . . tanto viajar en tren.

    (A) odiaría
    (B) odió
    (C) odiara
    (D) odiaba

16. No pudimos comprar la casa porque nos . . . falta diez mil dólares.

    (A) hacía
    (B) hacíamos
    (C) hacían
    (D) hicieran

17. En la entrevista yo respondí a las preguntas del director con mucha . . .

    (A) tranquilamente
    (B) tranquilidad
    (C) tranquila
    (D) tranquilo

18. Cuando reconoció al hombre que le había robado el bolso, ella gritó ¡Ése es el . . . !

    (A) enfermero
    (B) deportista
    (C) periodista
    (D) ladrón

19. ¿Cuánto . . . por limpiar la chimenea?

    (A) fijan
    (B) cargan
    (C) cobran
    (D) rompen

20. Si no estás contento con el servicio que recibiste, debes presentar una . . .

    (A) queja
    (B) mentira
    (C) propina
    (D) lástima

21. Hoy tuvimos una gran sorpresa. . . . a quién encontramos en la calle.

    (A) Saluda
    (B) Adivina
    (C) Sigue
    (D) Pide

22. Dolores, sé que vas a tener mucho trabajo la semana próxima. . . . conmigo; yo te ayudaré.

    (A) Piensa
    (B) Cuenta
    (C) Sueña
    (D) Entrega

23. El campesino no permitió que ellos . . . las manzanas.

    (A) recogieron
    (B) recogieran
    (C) recogerían
    (D) recogerán

24. Tendremos que cenar con ellos aunque no . . . ganas.

    (A) tengamos
    (B) tuviéramos
    (C) tuvimos
    (D) teníamos

25. Ésa es la única tienda donde yo . . . vegetales frescos.

    (A) consigo
    (B) consiga
    (C) consiguiera
    (D) haya conseguido

26. Si haces lo que te dije, tú no . . . ningún problema con las autoridades.

    (A) tuvieras
    (B) tendrás
    (C) tenías
    (D) tuviste

27. Orlando ya estaba llegando al final del maratón pero . . . se cayó y no pudo terminarlo.

    (A) desafortunadamente
    (B) igualmente
    (C) cuidadosamente
    (D) naturalmente

28. ¿Por qué estabas tan seguro de que yo . . . la respuesta?

    (A) haya sabido
    (B) sabía
    (C) hubiera sabido
    (D) sepa

## PART B

> **Directions:** In the following passages some words or phrases are missing. For each blank, four possible completions are given. Read the entire passage to get an idea of its content, then select the most appropriate completion, taking into consideration the overall meaning of the passage. Fill in the corresponding oval on the answer sheet.

### Flores para escribir

¿Te gustan las flores? Estas flores no ___(29)___ encuentran en las plantas. Son pequeñas pizarras para que ___(30)___ escribir y dibujar en ellas. Cuestan menos ___(31)___ cinco dólares y las puedes ___(32)___ en cualquier tienda de juguetes. Hay mucha variedad: dalias, margaritas, claveles y muchas otras de colores muy ___(33)___. También vienen con una cajita de ___(34)___ y un borrador.

29. (A) le
    (B) se
    (C) la
    (D) les

30. (A) puedas
    (B) podrás
    (C) puedes
    (D) podrías

31. (A) de
    (B) con
    (C) en
    (D) por

32. (A) cobrar
    (B) enviar
    (C) perder
    (D) conseguir

33. (A) vivos
    (B) altos
    (C) estrechos
    (D) ligeros

34. (A) bolígrafos
    (B) cuadernos
    (C) tizas
    (D) mochilas

## Está entre nosotros

Hace 20 años Puerto Rico y el béisbol sufrieron un ___(35)___ golpe al perecer Roberto Clemente en un accidente aéreo, en un viaje que él ___(36)___ organizó para socorrer a las víctimas del terremoto de Nicaragua. Clemente, más ___(37)___ un pelotero, es el santo patrono del béisbol latino.

Jugó 18 años con los Piratas de Pittsburg y fue el ___(38)___ hispano en sumar 3,000 hits e ingresar en el Salón de la Fama. Todas las ___(39)___ los Piratas dedican una noche en su honor. El béisbol de grandes ligas otorga un ___(40)___ cívico anual que ___(41)___ su nombre, el *Roberto Clemente Humanitarian Award*. Y es que su espíritu no ___(42)___ nunca.

35. (A) duro
    (B) despacio
    (C) pesado
    (D) limpio

36. (A) propio
    (B) mismo
    (C) igual
    (D) alguno

37. (A) que
    (B) de
    (C) cual
    (D) con

38. (A) primitivo
    (B) primario
    (C) primero
    (D) primer

39. (A) salidas
    (B) reuniones
    (C) temporadas
    (D) canciones

40. (A) precio
    (B) pueblo
    (C) pedazo
    (D) premio

41. (A) da
    (B) lleva
    (C) muda
    (D) vale

42. (A) muriera
    (B) muera
    (C) morirá
    (D) haya muerto

Inclinado estaba y llorando, cuando sintió que ___(43)___ mano le acariciaba la cansada cabeza y que una ___(44)___ de mujer, con un dulce acento español, le ___(45)___ :

—Llore, hijo, llore.

Una nueva ola de llanto le arrasó los ojos y lloró con ___(46)___ fuerza como la primera vez, pero ahora no angustiosamente ___(47)___ con alegría, sintiendo que una gran frescura lo penetraba, apagando eso caliente que le había estrangulado la garganta. Mientras lloraba parecióle que su vida y sus sentimientos se limpiaban ___(48)___ un vaso bajo un chorro de agua, recordando la claridad y firmeza de otros días.

Cuando pasó el acceso de llanto ___(49)___ limpió con su pañuelo los ojos y ___(50)___ , ya tranquilo. Levantó la ___(51)___ y miró a la señora, pero ésta no le miraba ya, miraba ___(52)___ la calle a un punto lejano, y su rostro estaba triste.

En la mesita, ante él ___(53)___ un nuevo vaso ___(54)___ de leche y otro platillo colmado de vainillas; comió lentamente, sin ___(55)___ en nada, como si nada le hubiera pasado, como si estuviera en su casa y su madre ___(56)___ esa mujer que estaba ___(57)___ del mostrador.

43. (A) un
    (B) una
    (C) uno
    (D) el

44. (A) voz
    (B) lengua
    (C) palabra
    (D) mirada

45. (A) decía
    (B) diría
    (C) dijera
    (D) dirá

46. (A) menor
    (B) tanta
    (C) muy
    (D) mucha

47. (A) pero
    (B) sino
    (C) sino que
    (D) sin que

48. (A) así
    (B) pues
    (C) como
    (D) luego

49. (A) les
    (B) se
    (C) los
    (D) lo

50. (A) la cara
    (B) la lengua
    (C) el corazón
    (D) el hueso

51. (A) cabeza
    (B) uña
    (C) rodilla
    (D) espalda

52. (A) entre
    (B) en
    (C) sin
    (D) hacia

53. (A) había
    (B) hubo
    (C) habrá
    (D) habría

54. (A) completo
    (B) roto
    (C) pesado
    (D) lleno

55. (A) pensado
    (B) pensando
    (C) pensar
    (D) pensada

56. (A) era
    (B) sería
    (C) fue
    (D) fuera

57. (A) antes
    (B) adentro
    (C) detrás
    (D) desde

## PART C

**Directions:** In this part you will read several passages that will test your comprehension. After each passage, a number of questions or incomplete statements appear. Choose the most appropriate answer or completion, taking into consideration the overall meaning of the passage. Fill in the corresponding oval on the answer sheet.

Miré por la ventana y no pude ver nada. Era una de esas noches de invierno con vientos fuertes y nieve en las que nadie se atreve a salir a la calle, a menos que tenga que hacerlo. Mi madre era una de esas personas. Tenía que ir a su trabajo de limpiar
*Line* oficinas en el centro de Chicago. La vi por la ventana con sus ojos cansados junto a
(5) mi hermano César.

A los empleados les permitían llevar a sus hijos al trabajo el primer viernes de cada mes. En aquél entonces yo tenía unos 12 años y César, 10. Ella trabajaba de lunes a sábado de 11 P.M. a 6 A.M. Y todos los primeros viernes, César iba con ella. Mas yo siempre tenía alguna excusa para no ir. No me veía pasando la noche
(10) despierto limpiando oficinas.

Esos sábados siguientes, César regresaba entusiasmado y me contaba cómo había ayudado a mamá y jugado al escondite con los hijos de los otros empleados. Sin embargo, más que nuestra compañía, mi mamá deseaba que viéramos cómo se ganaba la vida. Pero yo no fui ni una vez a ver qué era lo que hacía. Estando en la
(15) escuela secundaria, le pregunté a mi hermano por qué le gustaba tanto ir a esas oficinas. Su respuesta no fue precisamente la que yo esperaba. Me dijo que no era que le gustase limpiar, sino que disfrutaba estar con mamá. Me sentí avergonzado.

Años más tarde, luego de graduarse de la universidad en contabilidad, César obtuvo un empleo en el mismo edificio donde mamá y él limpiaban oficinas. El
(20) primer día de trabajo, mamá lo despidió con un beso. Él la abrazó y los dos se echaron a llorar.

Al verlos me di cuenta del enorme sacrificio de mi madre, y de la calidez y amor de mi hermano. Él supo desde niño lo que a mí me tomó años aprender: hay oportunidades que se dan sólo una vez en la vida. Mamá murió hace dos años y no
(25) pasa un sólo día en el que no piense en ella. Cómo me gustaría haber limpiado esas oficinas.

58. ¿Por qué no pudo ver nada el narrador al mirar por la ventana?

(A) Porque había mucha gente en la calle
(B) Porque hacía mal tiempo
(C) Porque no había luces en las calles
(D) Porque habían cubierto las ventanas

59. ¿Quién tenía que salir a la calle esa noche?

(A) Su madre
(B) Él mismo
(C) Su jefe
(D) El primo

60. ¿Por qué tenía que salir a la calle esta persona?

    (A) Porque tenía que ir a su empleo
    (B) Porque César no se sentía bien
    (C) Porque quería regresar a su casa
    (D) Porque el narrador se lo pidió

61. ¿Cuándo podían los trabajadores llevar a los hijos al trabajo?

    (A) Cualquier día menos el viernes
    (B) Cualquier día de la semana
    (C) Una vez al mes
    (D) Una vez por semana

62. Según el narrador, parece que él no acompañaba a su madre y a su hermano porque

    (A) no le gustaba trabajar
    (B) no le gustaba su hermano
    (C) lo invitaban a último momento
    (D) tenía que limpiar su oficina

63. ¿Cómo se sentía César al regresar los sábados?

    (A) Muy cansado
    (B) Muy animado
    (C) Muy enojado
    (D) Muy tranquilo

64. A la madre le gustaba que sus hijos fueran con ella para que ellos

    (A) la entretuvieran un poco
    (B) ganaran dinero también
    (C) vieran el trabajo que hacía
    (D) no estuvieran solos en la casa

65. El narrador se sentía avergonzado porque él nunca

    (A) ganó suficiente dinero
    (B) habló con su hermano
    (C) acompañó a su madre
    (D) terminó sus estudios

66. ¿Cómo parece ser la relación entre la madre y César?

    (A) Muy unida
    (B) Muy problemática
    (C) Llena de celos
    (D) Totalmente artificial

67. ¿Cómo parece sentirse el narrador al final de la selección?

    (A) Arrepentido
    (B) Exitoso
    (C) Satisfecho
    (D) Agotado

Questions 68–70 refer to the following advertisement.

# ¡Proteja su casa!
## ¡Proteja a los miembros de su familia!

Nuestro sistema de alarmas le dará la seguridad que Ud. y su familia necesitan. Conexión directa con la policía nos permite responder a una crisis en minutos.

¡No se deje engañar por compañías que le prometen más de lo que pueden hacer!

Llame hoy y le daremos nombres y direcciones de clientes satisfechos y ellos le dirán cómo es nuestro servicio. Teléfono: 89-65-32

¡Seguridad dentro y fuera de su hogar!

68. ¿Quiénes estarían interesados en este anuncio?

(A) Las personas que son dueñas de casa
(B) Las personas que necesitan seguro médico
(C) Las personas que trabajan para la policía
(D) Las personas que se pierden fácilmente

69. ¿Qué dice el anuncio sobre otras compañías?

(A) Que no colaboran con la policía
(B) Que no le dan el servicio que prometen
(C) Que sus clientes están muy satisfechos
(D) Que tardan más en responder a una crisis

70. Si una persona llama a esta compañía, podría

(A) visitar la oficina más cercana
(B) ahorrar mucho dinero
(C) hablar con personas que usan sus servicios
(D) recibir información de la policía

Debo confesar que no soy de los que les gusta hacerles gracias a los bebés y mucho menos cambiar pañales. Pero todo el mundo me estaba felicitando porque muy pronto iba a darme cuenta de las responsabilidades que trae el ser padre.

*Line*
*(5)* Sin embargo, realmente no caí en cuenta de que sería papá de una criatura hasta que Sandra y yo fuimos a que le hicieran su primer sonograma. Mientras el doctor pasaba el aparato por encima del vientre de Sandra, miré en el monitor y vi algo que se asemejaba a un frijolito con un corazón latiendo. Me enamoré ahí mismo. Nos fuimos a casa con las fotos del examen y enseguida comencé a mostrárselas lleno de orgullo a todo el mundo.

*(10)* Pronto me encontré hojeando revistas sobre cómo criar hijos en vez de las de deportes que me atraían antes. Hasta me puse a ver programas sobre embarazos en vez de los de arreglos de la casa. E incluso cambiaron mis conversaciones cuando empecé a hablar sobre chupones y cosas por el estilo.

A los tres meses de embarazo, mis anhelos se hicieron realidad cuando nos ente-
*(15)* ramos del sexo de nuestro bebé. Íbamos a tener una niña. Y ahí si que comencé a darle rienda suelta a mi imaginación. ¿Terminaría con una colección de Barbies o le gustaría hacer cosas de varones? ¿Se pasaría el día entero en la biblioteca leyendo o en el teléfono chismeando con sus amiguitas?

Me puse a pensar también en qué tipo de padre sería yo. ¿Sería estricto como
*(20)* mi papá o más flexible como mi madre?

Cuando al fin llegó el día esperado, me sentí como un niño impaciente por abrir sus regalos de Navidad. Llegué a la sala de partos con una cámara de video, una fotográfica, baterías extras y seis rollos de película (en colores y en blanco y negro) esperando ansiosamente la llegada de ese hermoso regalo.

*(25)* Tras 32 horas de parto, el 3 de agosto de 2000, nació nuestra hijita Isabella. En el momento que oí su primer llanto se me empañaron los lentes y se me derritió el corazón. Era tan radiante como su madre. Nada me podría haber preparado para este momento. Se me desbordaba el orgullo paternal. De más está decir que ya quería oír su primera palabra: papá.

71. Al principio de la selección el narrador dice que todo el mundo

(A) se alegraba por él
(B) se reía de él
(C) lo trataba como un niño
(D) lo saludaba afectuosamente

72. La frase "un frijolito con un corazón latiendo" se refiere

(A) al doctor que examina a Sandra
(B) al bebé que va a tener
(C) a una enfermedad que describe
(D) a la persona que va a tener un hijo

73. Después de recibir la noticia, el narrador se empieza a interesar en

    (A) la construcción de viviendas
    (B) la crianza de niños
    (C) los programas de deportes
    (D) la decoración de su casa

74. ¿Qué empezó a imaginar el narrador de la selección?

    (A) Cómo podría comprar tantos juguetes
    (B) Cómo podría cambiar los deseos de su hija
    (C) Cómo reaccionarían sus padres ante la noticia
    (D) Cómo sería la vida de su hija

75. Podemos decir que para grabar la llegada de su "hermoso regalo", el narrador

    (A) estaba muy bien preparado
    (B) se puso demasiado nervioso
    (C) no sintió ninguna ansiedad
    (D) parecía enloquecido

76. ¿A qué se refiere la frase "hermoso regalo"?

    (A) A Sandra
    (B) A sus padres
    (C) A su nueva hija
    (D) A sus viejos amigos

77. ¿Cómo parece sentirse el narrador al final de la selección?

    (A) Muy cansado
    (B) Muy enojado
    (C) Muy feliz
    (D) Muy aburrido

78. ¿Quién parece ser el narrador de esta selección?

    (A) Un doctor que no quiere tener hijos
    (B) Un chico que espera muchos regalos
    (C) Un hombre enfermo del corazón
    (D) Un hombre que va a ser padre

79. A través de la selección podemos apreciar

    (A) el cambio en la actitud del narrador
    (B) el amor que le tiene el narrador a su padre
    (C) la influencia que tienen los amigos en un padre
    (D) el proceso de crecimiento de un adolescente

A las doce y media de la noche, Raúl González, que dormía en su pieza de interno del Hospital San Rafael, despertó violentamente. Se sentó en la cama y balbuceó, medio dormido:

*Line*

—¡Qué! ¡Qué pasa!

*(5)*   Nadie respondió . . . Esperó un momento, volvió a repetir la pregunta y obtuvo el mismo resultado. ¡Qué raro! En medio de su sueño había sentido claramente que alguien golpeaba la puerta llamándole por su nombre.

"¿Habré soñado?", se preguntó.

Echó una mirada a su alrededor. La habitación estaba débilmente alumbrada *(10)* por el reflejo de la bombilla eléctrica del pasillo; el tragaluz, abierto; la puerta cerrada; las sillas, el velador y la mesa guardaban la misma posición que tenían cuando él se acostó; enfrente, entre la puerta y el rincón, se veía el ropero, juntas las sueltas hojas de su puerta, con su mismo aspecto de viejo asmático.

—¡Bueno!—murmuró Raúl González—. ¿Qué le vamos a hacer? Seguiremos *(15)* durmiendo. Parece que he soñado.

Se acostó de nuevo; se acomodó bien en la cama, buscando su postura favorita para conciliar el sueño, y ya cerraba los ojos cuando oyó distintamente tres golpes que parecían dados con los nudillos de la mano sobre la pared.

—¡Esto sí que no es sueño, pues! —exclamó, sentándose de nuevo—. ¿Quién *(20)* llama?—gritó con una voz fuerte, tan fuerte que él mismo se asustó.

80. Al principio de la selección cuando Raúl González se despertó parece estar

(A) contento
(B) asustado
(C) escondido
(D) resfriado

81. ¿Qué encontró raro Raúl González?

(A) Que nadie le contestara
(B) Que la puerta estuviera abierta
(C) Que se sintiera agotado
(D) Que hubiera tanta luz

82. Al mirar alrededor del cuarto Raúl González vio que

(A) le habían robado la ropa
(B) la mesa ya no estaba allí
(C) nada había cambiado de lugar
(D) un viejo había entrado

83. ¿Qué decide hacer Raúl González?

(A) Acostarse otra vez
(B) Salir del cuarto
(C) Quedarse sentado en la cama
(D) Cambiar la posición de la cama

84. ¿Qué sucedió cuando Raúl González cerraba los ojos?

(A) La pared comenzó a moverse.
(B) Sintió una mano que lo tocaba.
(C) Alguien gritó su nombre.
(D) Oyó otro ruido de nuevo.

85. ¿De qué se dio cuenta Raúl González al final de la selección?

(A) De que alguien lo golpeaba
(B) De que no soñaba
(C) De que alguien gritaba
(D) De que no podía hablar

*If there is still time remaining, you may review your answers.*

# Answer Key
## PRACTICE TEST 1

## Part A

| | | | | | |
|---|---|---|---|---|---|
| 1. C | 6. A | 11. D | 16. C | 21. B | 26. B |
| 2. A | 7. C | 12. A | 17. B | 22. B | 27. A |
| 3. C | 8. C | 13. A | 18. D | 23. B | 28. B |
| 4. B | 9. D | 14. B | 19. C | 24. A | |
| 5. A | 10. A | 15. C | 20. A | 25. A | |

## Part B

| | | | | | |
|---|---|---|---|---|---|
| 29. B | 34. C | 39. C | 44. A | 49. B | 54. D |
| 30. A | 35. A | 40. D | 45. A | 50. A | 55. C |
| 31. A | 36. B | 41. B | 46. B | 51. A | 56. D |
| 32. D | 37. A | 42. C | 47. B | 52. D | 57. C |
| 33. A | 38. D | 43. B | 48. C | 53. A | |

## Part C

| | | | | | |
|---|---|---|---|---|---|
| 58. B | 63. B | 68. A | 73. B | 78. D | 82. C |
| 59. A | 64. C | 69. B | 74. D | 79. A | 83. A |
| 60. A | 65. C | 70. C | 75. A | 80. B | 84. D |
| 61. C | 66. A | 71. A | 76. C | 81. A | 85. B |
| 62. A | 67. A | 72. B | 77. C | | |

The answer to some questions may depend on more than one statement in the passage. In that case more than one line will be listed in the Answer Explanations. When the answer depends on the over-all meaning of the passage, the answer is indicated by "overall meaning."

# ANSWER EXPLANATIONS

Note: Some words that are cognates have not been translated.

## Part A

1. **(C)** **todavía**–yet; nada–nothing, bastante–enough, siempre–always; llegar a tiempo–to arrive on time

2. **(A)** **¿De veras?**–Really?; ¿Qué tal?–How goes it?, ¡Salud!–Good health!, ¡Bienvenido!–Welcome!

3. **(C)** **ruido**–noise; viento–wind, sudor–sweat, camino–road

4. **(B)** **contar**–to tell (a story); repasar–to review, responder–to answer, charlar–to chat; cuentos de hadas–fairy tales

5. **(A)** the preterit is needed; *see* section 7.1

6. **(A)** **tomar apuntes**–to take notes; notas–notes, escritos–writings, letras–letters; prestar atención–to pay attention

7. **(C)** **lo**; lo + adjective–how old . . . ; *see* section 1.2

8. **(C)** **probarse**–to try on; sacar–to take out, mojar–to wet, tratar–to try

9. **(D)** **se quite**–negative formal command; piso–floor, sucio–dirty

10. **(A)** **cruzar**; after *prohibir* the infinitive may be used; *see* section 13.7.1

11. **(D)** **capaz**–capable; profunda–deep, lenta–slow, antigua–old

12. **(A)** **cruda**–raw; hecha–done, mojada–wet, tostada–toasted; carne–meat

13. **(A)** **colgar**–to hang up; dejar–to leave, seguir–to follow, continue, buscar–to look for

14. **(B)** **aquello**; *see* section 5.5

15. **(C)** **odiara**; the subjunctive is needed after *no creer*; *see* section 13.7.3

16. **(C)** **hacían**; the plural is needed; *see* sections 6.10 and 6.11

17. **(B)** **tranquilidad**; a noun is needed

18. **(D)** **ladrón**–thief; enfermero–nurse, deportista–athlete, periodista–newspaperman; although any of these words could be correct, because of the context, thief is the most appropriate response; robo–theft

19. **(C)** **cobrar**–to charge; fijar–to fix, cargar–to load, romper–to break; limpiar–to clean

20. **(A)** **queja**–complaint; mentira–lie, propina–tip, lástima–pity (¡Qué lástima!–What a pity!)

21. **(B)** **adivinar**–to guess; saludar–to greet, seguir–to follow, continue, pedir–to request

22. **(B)** **contar con**–to rely or to count on; pensar–to think, soñar–to dream, entregar–to hand over, to deliver

23. **(B)** **recogieran**; the subjunctive is needed after *permitir*; *see* section 13.7.1; campesino–farmer

24. **(A) tengamos**; the subjunctive is needed after *aunque*; *see* section 13.7.6

25. **(A) consigo**; the present indicative is needed; conseguir–to get

26. **(B) tendrás**; the future is needed

27. **(A) desafortunadamente**–unfortunately; igualmente–equally, cuidadosamente–carefully, naturalmente–naturally

28. **(B) sabía**; the imperfect indicative is needed; *see* section 8.1

## Part B

29. **(B) se**; no se encuentran–are not found

30. **(A) puedas**; the subjunctive is needed after *para que*; see section 13.7.7

31. **(A) de**; *see* section 3.6.2

32. **(D) conseguir**–to get; cobrar–to charge, enviar–to send, perder–to lose

33. **(A) vivos**–bright; altos–tall, estrechos–narrow, ligeros–light

34. **(C) tizas**–chalks; bolígrafos–ballpoint pens, cuadernos–notebooks, mochilas–knapsacks

35. **(A) duro**–hard; despacio–slow, pesado–heavy, limpio–clean

36. **(B) mismo**–himself; propio–own, igual–equal, alguno–some

37. **(A) que**–than; *see* section 3.6.2

38. **(D) primer**–first; *see* section 3.4

39. **(C) temporadas**–seasons; salidas–exits, reuniones–meetings, canciones–songs

40. **(D) premio**–prize; precio–price, pueblo–village, town, pedazo–piece

41. **(B) llevar**–to carry; dar–to give, mudar–to move, valer–to be worth

42. **(C) morirá**; the future is needed

43. **(B) una**; *see* section 2.1; acariciar–to caress

44. **(A) voz**–voice; lengua–tongue, language, palabra–word, mirada–look

45. **(A) decía**; the imperfect indicative is needed

46. **(B) tanta**–as much; menor–younger, muy–very, mucha–much

47. **(B) sino**–but, *see* section 15.3

48. **(C) como**–as, like; así–so, thus, pues–then, luego–then, next

49. **(B) se**–limpiarse–to wipe oneself

50. **(A) cara**–face; lengua–tongue, corazón–heart, hueso–bone

51. **(A) cabeza**–head; uña–nail, rodilla–knee, espalda–back

52. **(D) hacia**–toward; entre–between, sin–without

53. **(A)** **había**–the imperfect indicative is needed; *see* section 8.1

54. **(D)** **lleno**–full; roto–broken, pesado–heavy

55. **(C)** **pensar**; the infinitive is needed after a preposition

56. **(D)** **fuera**; the imperfect subjunctive is needed after *como si*; *see* section 13.10.3

57. **(C)** **detrás**–behind; antes–before, adentro–inside, desde–from

## Part C

The answer to some questions may depend on more than one statement in the passage. In that case more than one line will be listed. When the answer depends on the overall meaning of the passage, the answer is indicated by "overall meaning."

58. **(B)** Lines 1–2

59. **(A)** Line 3

60. **(A)** Lines 3–4

61. **(C)** Lines 6–7

62. **(A)** Lines 9–10

63. **(B)** Lines 11–12

64. **(C)** Lines 13–14

65. **(C)** Lines 16–17

66. **(A)** Overall meaning

67. **(A)** Lines 24–26

68. **(A)** Lines 1–4

69. **(B)** Lines 7–8

70. **(C)** Lines 9–11

71. **(A)** Lines 2–3

72. **(B)** Lines 5–7

73. **(B)** Lines 10–13

74. **(D)** Lines 15–18

75. **(A)** Lines 21–24

76. **(C)** Overall meaning

77. **(C)** Lines 25–29

78. **(D)** Overall meaning

79. **(A)** Overall meaning

80. **(B)** Lines 2–4

81. **(A)** Lines 5–7

82. **(C)** Lines 9–13

83. **(A)** Lines 14–15, 16

84. **(D)** Lines 17–18

85. **(B)** Line 19

# Practice Test 2
## ANSWER SHEET

1. Ⓐ Ⓑ Ⓒ Ⓓ
2. Ⓐ Ⓑ Ⓒ Ⓓ
3. Ⓐ Ⓑ Ⓒ Ⓓ
4. Ⓐ Ⓑ Ⓒ Ⓓ
5. Ⓐ Ⓑ Ⓒ Ⓓ
6. Ⓐ Ⓑ Ⓒ Ⓓ
7. Ⓐ Ⓑ Ⓒ Ⓓ
8. Ⓐ Ⓑ Ⓒ Ⓓ
9. Ⓐ Ⓑ Ⓒ Ⓓ
10. Ⓐ Ⓑ Ⓒ Ⓓ
11. Ⓐ Ⓑ Ⓒ Ⓓ
12. Ⓐ Ⓑ Ⓒ Ⓓ
13. Ⓐ Ⓑ Ⓒ Ⓓ
14. Ⓐ Ⓑ Ⓒ Ⓓ
15. Ⓐ Ⓑ Ⓒ Ⓓ
16. Ⓐ Ⓑ Ⓒ Ⓓ
17. Ⓐ Ⓑ Ⓒ Ⓓ
18. Ⓐ Ⓑ Ⓒ Ⓓ
19. Ⓐ Ⓑ Ⓒ Ⓓ
20. Ⓐ Ⓑ Ⓒ Ⓓ
21. Ⓐ Ⓑ Ⓒ Ⓓ
22. Ⓐ Ⓑ Ⓒ Ⓓ

23. Ⓐ Ⓑ Ⓒ Ⓓ
24. Ⓐ Ⓑ Ⓒ Ⓓ
25. Ⓐ Ⓑ Ⓒ Ⓓ
26. Ⓐ Ⓑ Ⓒ Ⓓ
27. Ⓐ Ⓑ Ⓒ Ⓓ
28. Ⓐ Ⓑ Ⓒ Ⓓ
29. Ⓐ Ⓑ Ⓒ Ⓓ
30. Ⓐ Ⓑ Ⓒ Ⓓ
31. Ⓐ Ⓑ Ⓒ Ⓓ
32. Ⓐ Ⓑ Ⓒ Ⓓ
33. Ⓐ Ⓑ Ⓒ Ⓓ
34. Ⓐ Ⓑ Ⓒ Ⓓ
35. Ⓐ Ⓑ Ⓒ Ⓓ
36. Ⓐ Ⓑ Ⓒ Ⓓ
37. Ⓐ Ⓑ Ⓒ Ⓓ
38. Ⓐ Ⓑ Ⓒ Ⓓ
39. Ⓐ Ⓑ Ⓒ Ⓓ
40. Ⓐ Ⓑ Ⓒ Ⓓ
41. Ⓐ Ⓑ Ⓒ Ⓓ
42. Ⓐ Ⓑ Ⓒ Ⓓ
43. Ⓐ Ⓑ Ⓒ Ⓓ
44. Ⓐ Ⓑ Ⓒ Ⓓ

45. Ⓐ Ⓑ Ⓒ Ⓓ
46. Ⓐ Ⓑ Ⓒ Ⓓ
47. Ⓐ Ⓑ Ⓒ Ⓓ
48. Ⓐ Ⓑ Ⓒ Ⓓ
49. Ⓐ Ⓑ Ⓒ Ⓓ
50. Ⓐ Ⓑ Ⓒ Ⓓ
51. Ⓐ Ⓑ Ⓒ Ⓓ
52. Ⓐ Ⓑ Ⓒ Ⓓ
53. Ⓐ Ⓑ Ⓒ Ⓓ
54. Ⓐ Ⓑ Ⓒ Ⓓ
55. Ⓐ Ⓑ Ⓒ Ⓓ
56. Ⓐ Ⓑ Ⓒ Ⓓ
57. Ⓐ Ⓑ Ⓒ Ⓓ
58. Ⓐ Ⓑ Ⓒ Ⓓ
59. Ⓐ Ⓑ Ⓒ Ⓓ
60. Ⓐ Ⓑ Ⓒ Ⓓ
61. Ⓐ Ⓑ Ⓒ Ⓓ
62. Ⓐ Ⓑ Ⓒ Ⓓ
63. Ⓐ Ⓑ Ⓒ Ⓓ
64. Ⓐ Ⓑ Ⓒ Ⓓ
65. Ⓐ Ⓑ Ⓒ Ⓓ
66. Ⓐ Ⓑ Ⓒ Ⓓ

67. Ⓐ Ⓑ Ⓒ Ⓓ
68. Ⓐ Ⓑ Ⓒ Ⓓ
69. Ⓐ Ⓑ Ⓒ Ⓓ
70. Ⓐ Ⓑ Ⓒ Ⓓ
71. Ⓐ Ⓑ Ⓒ Ⓓ
72. Ⓐ Ⓑ Ⓒ Ⓓ
73. Ⓐ Ⓑ Ⓒ Ⓓ
74. Ⓐ Ⓑ Ⓒ Ⓓ
75. Ⓐ Ⓑ Ⓒ Ⓓ
76. Ⓐ Ⓑ Ⓒ Ⓓ
77. Ⓐ Ⓑ Ⓒ Ⓓ
78. Ⓐ Ⓑ Ⓒ Ⓓ
79. Ⓐ Ⓑ Ⓒ Ⓓ
80. Ⓐ Ⓑ Ⓒ Ⓓ
81. Ⓐ Ⓑ Ⓒ Ⓓ
82. Ⓐ Ⓑ Ⓒ Ⓓ
83. Ⓐ Ⓑ Ⓒ Ⓓ
84. Ⓐ Ⓑ Ⓒ Ⓓ
85. Ⓐ Ⓑ Ⓒ Ⓓ

Answer Sheet–Test 2

To compute your approximate scaled score:

_____ (number of correct answers) – _____ (number of incorrect answers) / 3 = _____ (raw score)

Now, go to page 384 to find out your approximate scaled score.

# Practice Test 2

## PART A

**Directions:** Read the following statements and the four suggested completions. Then choose the most appropriate completion and fill in the corresponding oval on the answer sheet.

1. ¿Has perdido peso? Esa camisa te queda muy . . .

   (A) ancha
   (B) corta
   (C) entera
   (D) sucia

2. ¡Ay qué pena! No puedo pagar la cuenta, se me . . . la cartera.

   (A) peinó
   (B) perdió
   (C) paseó
   (D) paró

3. Ya verás . . . bien que tú saldrás en el examen.

   (A) uno
   (B) un
   (C) el
   (D) lo

4. Ellos no tuvieron ningún problema en Lima. Podían caminar . . . por las calles.

   (A) librado
   (B) libre
   (C) libertad
   (D) libremente

5. No cabe . . . , Joaquín es culpable.

   (A) duda
   (B) mentira
   (C) razón
   (D) lugar

6. Si lavas esos suéteres en agua caliente, . . .

   (A) se escogen
   (B) se encogen
   (C) se extinguen
   (D) se entregan

7. El tren tardó mucho . . . llegar a la estación.

   (A) hacia
   (B) en
   (C) con
   (D) desde

8. Quisiera comprar un coche pero me hace . . . demasiado dinero.

   (A) casi
   (B) falta
   (C) tiempo
   (D) mucho

9. Lorenzo tiene que ir a la corte pues fue . . . de un horroroso accidente.

   (A) testigo
   (B) conductor
   (C) abogado
   (D) mesero

10. No te olvides de . . . bien la comida, así comes menos.

   (A) masticar
   (B) suplicar
   (C) equivocar
   (D) pescar

11. El profesor mandó . . . tres capítulos para mañana.

   (A) leamos
   (B) leyéramos
   (C) leer
   (D) leeríamos

12. Cristina siempre llega a las diez . . .

   (A) en cambio
   (B) en seguida
   (C) en punto
   (D) en cuanto

13. Cuando aprendí a conducir yo sólo . . . catorce años.

   (A) tenía
   (B) tuviera
   (C) tengo
   (D) tuve

14. Corriendo por la playa se me llenaron de . . . los zapatos.

   (A) olas
   (B) arena
   (C) carteras
   (D) calcetines

15. Ese joven es muy guapo. Él . . . a un actor famoso.

   (A) se parece
   (B) se mira
   (C) se prueba
   (D) se despide

16. ¡Qué frías tengo las manos! Se me olvidaron los . . .

   (A) espejuelos
   (B) guantes
   (C) bolsillos
   (D) cinturones

17. El micrófono no funciona, yo no . . . nada.

   (A) oigo
   (B) oiría
   (C) oyera
   (D) oiga

18. Le echamos . . . agua a las plantas para que no se murieran.

   (A) bastante
   (B) antes
   (C) acaso
   (D) temprano

19. Cuando ellos caminaban por la plaza, . . . perdieron los pasaportes.

   (A) se lo
   (B) se los
   (C) se le
   (D) se les

20. ¿Cuántos billetes te . . . ? Necesito dos para mis primos.

   (A) queda
   (B) quedas
   (C) quedo
   (D) quedan

21. Siempre hemos deseado que Roberto . . . con Susana.

   (A) se case
   (B) se casó
   (C) se casa
   (D) se casará

22. Ayer le dijimos a Jorge que . . . de limpiar antes de las dos.

   (A) terminará
   (B) termina
   (C) terminara
   (D) haya terminado

23. Me fui temprano porque había . . . gente.

    (A) demasiado
    (B) demasiada
    (C) demasiados
    (D) demasiadas

24. Por favor, Miguel, te ruego que le . . . la verdad a Consuelo.

    (A) dices
    (B) dirías
    (C) dirás
    (D) digas

25. Era curioso que su familia no lo . . . en el hospital.

    (A) visitara
    (B) visitó
    (C) visitaba
    (D) había visitado

26. Queríamos llevar el coche al mecánico . . . no tuvimos tiempo.

    (A) pero
    (B) sino
    (C) sino que
    (D) pero que

27. Tomás fue a la corte . . . hablar con el juez.

    (A) con
    (B) de
    (C) para
    (D) por

28. Mientras caminaba por la calle, su abuela . . . dos veces.

    (A) se caerá
    (B) se cayera
    (C) se cae
    (D) se cayó

29. Esperábamos que Elisa . . . a visitarnos antes de salir para Madrid.

    (A) vino
    (B) viniera
    (C) venía
    (D) vendría

30. Cuando tú llegaste, ya Hugo . . . a su casa.

    (A) había regresado
    (B) ha regresado
    (C) hubiera regresado
    (D) habrá regresado

31. Dime cuáles son . . . temas que discutieron.

    (A) las
    (B) unas
    (C) los
    (D) algún

32. ¿Qué hora . . . cuando ocurrió el accidente?

    (A) fuera
    (B) era
    (C) fue
    (D) será

33. . . . lavamanos que compraste no cabe en el cuarto de baño.

    (A) Esas
    (B) Ese
    (C) Esos
    (D) Esto

34. Dolores fue a la escuela a pesar de que no . . . bien.

    (A) se sintiera
    (B) se sentía
    (C) se sienta
    (D) se sentirá

35. Si terminas todo lo que tienes que hacer, ¿ . . . tú a cenar con nosotros?

    (A) vayas
    (B) irás
    (C) has ido
    (D) fueras

36. No hay duda de que nosotros . . . la respuesta.

    (A) sepamos
    (B) supiéramos
    (C) sabemos
    (D) hayamos sabido

## PART B

> **Directions:** In the following passages some words or phrases are missing. For each blank, four possible completions are given. Read the entire passage to get an idea of its content, then select the most appropriate completion, taking into consideration the overall meaning of the passage. Fill in the corresponding oval on the answer sheet.

Fue un día de febrero, en el cuarenta y nueve, un día gris y frío que ni Sabina ___(37)___ yo jamás ___(38)___. La mañana anterior, Andrés nos lo había dicho. En realidad, lo había dicho varias ___(39)___ a lo largo de aquel último año. Pero aquella mañana, una extraña ___(40)___ en su mirada y en su voz nos advirtió que al fin había tomado la decisión definitiva. Ni su madre ni yo le respondimos. Sabina ___(41)___ a llorar en algún cuarto y yo seguí ___(42)___ junto al fuego, inmóvil, sin mirarle, como si no le ___(43)___. Él ya sabía ___(44)___ yo pensaba. Se lo había dicho ___(45)___ el primer día. Si ___(46)___ de Ainieile, si nos abandonaba y abandonaba a su destino la casa ___(47)___ su abuelo había levantado con tantos sacrificios, nunca más volvería a entrar en ___(48)___, nunca más volvería a ser mirado ___(49)___ un hijo.

37. (A) ni
    (B) no
    (C) y
    (D) o

38. (A) olvidáramos
    (B) olvidaríamos
    (C) olvidó
    (D) olvida

39. (A) veces
    (B) horas
    (C) décadas
    (D) incidentes

40. (A) ventaja
    (B) tristeza
    (C) brisa
    (D) guerra

41. (A) se despertó
    (B) se cayó
    (C) se arregló
    (D) se escondió

42. (A) sentando
    (B) sentado
    (C) sentar
    (D) sentarse

43. (A) hubiera oído
    (B) haya oído
    (C) había oído
    (D) he oído

44. (A) que
    (B) lo que
    (C) cual
    (D) lo cual

45. (A) clara
    (B) claro
    (C) claridad
    (D) claramente

46. (A) se levantaba
    (B) se tiraba
    (C) se marchaba
    (D) se encontraba

47. (A) quien
    (B) cual
    (C) que
    (D) cuyo

48. (A) ella
    (B) la
    (C) él
    (D) le

49. (A) pues
    (B) aun
    (C) así
    (D) como

Por las tardes el mar nos recibía a todos como si ___(50)___ iguales. No veíamos a ___(51)___ . Éramos nosotros cuatro, solos, y cuando el mayor decía: ___(52)___ hay que regresar, todos sabíamos que había que regresar porque ___(53)___ la noche.

Y la noche, en un ___(54)___ en donde hay mar, es de los pescadores, no de nosotros.

Se trataba ___(55)___ llegar antes de que las luces de la casa ___(56)___ encendidas, porque si no, a mi hermano mayor le iba mal. Corríamos como locos, como si nos ___(57)___ los monstruos de los libros que ___(58)___ . Conocíamos cada vericueto de la vereda que llevaba del mar a nuestra casa, pero a medida que se iba ___(59)___ , nos llenábamos de temor. Pensábamos que una culebra podría estar anillada ahí en donde íbamos a ___(60)___ nuestros pies ___(61)___ . Creo que hasta sentíamos frío.

50. (A) seríamos
    (B) seremos
    (C) fuéramos
    (D) éramos

51. (A) nadie
    (B) nada
    (C) alguno
    (D) alguien

52. (A) más
    (B) ya
    (C) contra
    (D) hasta

53. (A) se acercaba
    (B) se conseguía
    (C) se paseaba
    (D) se ponía

54. (A) océano
    (B) lugar
    (C) pez
    (D) cuarto

55. (A) a
    (B) por
    (C) con
    (D) de

56. (A) estaban
    (B) estuvieran
    (C) estuvieron
    (D) estarían

57. (A) perseguirían
    (B) perseguían
    (C) persiguieron
    (D) persiguieran

58. (A) leíamos
    (B) medíamos
    (C) arreglábamos
    (D) preguntábamos

59. (A) levantando
    (B) oscureciendo
    (C) sorprendiendo
    (D) aclarando

60. (A) poner
    (B) poniendo
    (C) puesto
    (D) puestos

61. (A) peinados
    (B) enojados
    (C) descalzos
    (D) caminados

## PART C

**Directions:** In this part you will read several passages that will test your comprehension. After each passage, a number of questions or incomplete statements appear. Choose the most appropriate answer or completion, taking into consideration the overall meaning of the passage. Fill in the corresponding oval on the answer sheet.

Yo vivía—sobrevivía—, lo he repetido, por el amor y para el amor. Fuera de él, de mi amado, de su presencia, de su recuerdo, todo actuaba para mí en un mundo aparte. Y aun encontrándome inmediata a mi familia, entre ella y yo, se abría un abismo invisible y transparente, que nos separaba mil leguas.

*Line*
*(5)*    Salíamos también de noche, Luis y yo, como novios oficiales que éramos. No existe paseo que no hayamos recorrido juntos, ni crepúsculo en que no hayamos deslizado nuestro idilio. De noche, cuando había luna y la temperatura era dulce, gustábamos de extender nuestros paseos hasta las afueras de la ciudad, donde nos sentíamos más libres, más puros y más amantes.

62. Al principio de la selección es claro que la narradora está

(A) locamente enamorada
(B) verdaderamente agotada
(C) sobreviviendo una enfermedad
(D) viviendo muy lejos de su familia

63. ¿Cómo parece ser la relación que tiene la narradora con su familia?

(A) Muy cariñosa
(B) Muy distanciada
(C) Muy artificial
(D) Muy violenta

64. ¿Qué hacen Luis y la narradora por las noches?

(A) Discuten el futuro de su relación.
(B) Prefieren no salir de paseo.
(C) Caminan alrededor de la ciudad.
(D) Corren alrededor de la ciudad.

65. Al salir a las afueras de la ciudad, Luis y la narradora parecen sentirse

(A) muy felices
(B) encarcelados
(C) casi inmorales
(D) bastante deprimidos

Cuando me entró apetito eran más de las cuatro, y en los cafés del pueblo ya no daban comidas calientes. Pedí un bocadillo y un refresco en la terraza de un hotel de media categoría. En una mesa cercana había dos señoras y una chica como de
*Line* diecisiete años, vestida de negro. Hablaban las señoras de la muerte del padre de la
(5) chica, hermano también de la más sentenciosa de ellas dos, mujer refranera. La otra escuchaba y suspiraba con mucha compasión, mientras que la chica, de la cual hablaban como un objeto, sin el menor cuidado de herirla, miraba a lo lejos con una mirada tristísima, las manos cruzadas sobre la falda negra, sin intervenir. Supe la situación económica tan precaria en que se había quedado y me enteré de vicios
(10) de su padre. Una vez se cruzaron sus ojos con los míos. Yo ya había acabado de comer y pensaba dar un largo paseo. No me hubiera importado llevármela de compañera aquella tarde, y me daba pena levantarme y dejarla con su tía y la otra, condenada a aquella conversación de recuerdos y reflexiones sobre el muerto.

66. La narradora tuvo que pedir un bocadillo porque

    (A) no le gustaban las comidas calientes
    (B) no había cafés abiertos
    (C) era tarde para otro tipo de comida
    (D) parecía que no tenía mucho apetito

67. Por la manera que estaba vestida la chica parece que

    (A) era muy pobre
    (B) llevaba un uniforme
    (C) llevaba la última moda
    (D) estaba de luto

68. ¿Quién era una de las señoras que hablaba?

    (A) La tía de la chica
    (B) La tía de la otra señora
    (C) La esposa del hombre muerto
    (D) La madre de la chica

69. ¿Cómo hablaban de la chica?

    (A) Con mucho cariño
    (B) Con mucha pasión
    (C) Sin prestarle mucha atención
    (D) Sin tratar de conocerla mejor

70. La señora que hablaba sobre el padre de la chica dijo que él

    (A) tenía malas costumbres
    (B) tenía mucho dinero
    (C) era muy generoso
    (D) era muy compasivo

71. ¿Qué planeaba hacer la narradora después de comer?

    (A) Hablar con las señoras
    (B) Caminar por un rato
    (C) Visitar a la chica
    (D) Ir de compras

72. ¿Qué siente la narradora hacia la chica?

    (A) Odio
    (B) Lástima
    (C) Desprecio
    (D) Antipatía

## Escáner en tu mano

Si eres una persona que tiene que escanear documentos para tenerlos accesibles en tu computadora, has encontrado la solución ideal. Este escáner, que puedes sujetar en las manos, te ayudará con cualquier proyecto, pasatiempo o para compartir con amigos y familiares documentos como fotografías, recetas o artículos de la prensa. Sólo tienes que seleccionar si quieres escanear en blanco y negro o en color. Pásalo por encima del documento y en segundos ya lo tienes en la computadora.

- Portátil, rápido, fiable, fácil de utilizar y con resolución hasta 800 × 800 dpi.

- Funciona con dos pilas AA que te pueden durar por unos 150 escaneos.

- Disponible en cualquier lugar que venda artículos de computación.

73. ¿Cuál es una de las ventajas de este aparato?

(A) Lo puedes usar para programar tu computadora.

(B) Lo puedes comprar en diferentes tamaños.

(C) Lo puedes llevar contigo a cualquier lugar.

(D) Lo puedes usar para imprimir documentos.

Cuando su marido regresó ahora sí para quedarse en su casa bajo el puente de Xallitic, doña Clemencia supo que no era el mismo. Estaba preparada para eso, pues los años de ausencia, el sentimiento de que había perdido algo muy importante en

Line su vida, las noches solitarias sin ver las estrellas y los días envueltos en bruma
(5) cuidando las flores y los pájaros que eran multitud en su patio, le habían dado paciencia y una especie de humor escéptico hacia el mundo y sus desventuras. No existía nada que la hiciera derramar una lágrima o lanzar un suspiro. Las cosas eran extrañas, el mundo tenía su misterio. Era necesario aceptarlo. Para qué complicarse la vida.

(10) Su marido llegó sin avisar. Tocó a la puerta. No utilizó su llave, acaso porque la había perdido o porque ya no sentía esa casa como su hogar. No miró con cariño de padre las buganvillas que coronaban el arco de la entrada, ni se detuvo a oler las rosas de quince especies y de colores inconcebibles tan hermosos, que aromaban el corredor, ni les susurró palabras incomprensibles a los pericos[1] australianos que
(15) antes fueron su debilidad. ¿Qué había sucedido allá? Nada dijo ese día, y nada iba a decir. Simplemente tiró el fardo de sus cosas sobre un sillón y se sentó a esperar. ¿Qué? La muerte, el decantamiento[2] de la rutina. ¿Había algo más?

[1]**pericos**—parakeets
[2]**decantamiento**—preference

74. Cuando su marido regresó, Clemencia se dio cuenta de que él

(A) se iría muy pronto
(B) estaba un poco loco
(C) se sentía muy solo
(D) había cambiado

75. Durante la ausencia de su esposo, Clemencia se sentía

(A) sola
(B) avergonzada
(C) impaciente
(D) enloquecida

76. Clemencia parece ser una persona

(A) bastante misteriosa
(B) demasiado impaciente
(C) resignada a su situación
(D) decidida a buscar aventuras

77. ¿Qué sabemos sobre la llegada de su esposo?

(A) Que antes de llegar él se había perdido
(B) Que él se sentía muy alegre ahora
(C) Que ella no sabía que él regresaba
(D) Que él le había echado mucho de menos

78. Al regresar, el esposo de Clemencia parece no apreciar

(A) las cosas que apreciaba antes
(B) los misterios del mundo
(C) el cariño con el que su esposa lo trataba
(D) las emociones que traían las aventuras

79. Se puede inferir que durante la ausencia de su esposo, Clemencia

(A) se había mudado a una nueva casa
(B) había comprado unos pericos australianos
(C) dejó de cultivar flores en el jardín
(D) mantuvo la casa en buenas condiciones

80. Por lo que nos dice el narrador sobre los pericos australianos, sabemos que antes de partir

(A) el esposo no los comprendía
(B) al esposo le parecía que tenían mal olor
(C) el esposo los dejaba volar por el corredor
(D) al esposo le gustaban mucho

El dolor me obligó a doblar el cuerpo sobre la mesa pero cuando Sonia propuso que buscáramos un hospital alegué[1] de inmediato que no era nada grave. Sin embargo, sólo conseguí dar dos chupadas débiles al cigarrillo que acababa de encender, acosado de nuevo, como en el carro, por una tos seca.

*Line*

(5)     Antes de salir preguntamos a la mujer que nos atendió por la Pensión Fortuna, recomendada por el dueño del último hotel donde dormimos. Encontramos poca gente afuera. No era difícil adivinar que todo el mundo se acostaría antes de las ocho. Madrugarían al día siguiente. Dudé que yo pudiera dormir bien esa noche. Tal vez, pensé, tendría que esperar, sentado contra la cabecera de la cama, a que

(10)  amaneciera. Caminamos despacio. Sonia se había echado sobre los hombros un suéter de lana. Yo avanzaba unos pasos más atrás, cargando con dificultad las maletas. El esfuerzo me recordó las noches cuando tenía que espantar gente de las puertas del camerino[2] o cuando después, tarde en la noche, tenía que soportar fatigosas reuniones rodeado de imbéciles con poses eruditas y comentarios siempre intere-

(15)  santes. Tipos que podían llegar a ser aburridos hasta la irritación, pero con ninguno había tenido que entenderme a golpes.

[1]**alegué**—I asserted
[2]**camerino**—dressing room

81. ¿Qué le dijo el narrador a Sonia al principio de la selección?

(A) Que deberían ir al hospital
(B) Que no quería dejar de fumar
(C) Que le dolía mucho el cuerpo
(D) Que no estaba muy enfermo

82. El narrador nos dice que en el lugar donde estaba, todo el mundo

(A) se acostaba temprano
(B) se levantaba muy tarde
(C) pasaba la noche en las calles
(D) temía dormir antes de las ocho

83. ¿Qué sospechaba el narrador que ocurriría esa noche?

(A) Que pasaría la noche despierto
(B) Que no encontraría un hotel
(C) Que pronto se podría acostar
(D) Que no amanecería nunca

84. ¿Qué llevaba el narrador en las manos?

(A) Un suéter de lana
(B) El equipaje
(C) La ropa de cama
(D) Un despertador

85. ¿Qué nos dice el narrador sobre las personas con quienes se reunía en el pasado?

(A) Lo ayudaban a no aburrirse.
(B) Aprendía mucho de ellas.
(C) Les molestaban mucho.
(D) Les echaba mucho de menos.

**STOP**

*If there is still time remaining, you may review your answers.*

# Answer Key
## PRACTICE TEST 2

## Part A

| | | | | | |
|---|---|---|---|---|---|
| 1. A | 7. B | 13. A | 19. D | 25. A | 31. C |
| 2. B | 8. B | 14. B | 20. D | 26. A | 32. B |
| 3. D | 9. A | 15. A | 21. A | 27. C | 33. B |
| 4. D | 10. A | 16. B | 22. C | 28. D | 34. B |
| 5. A | 11. C | 17. A | 23. B | 29. B | 35. B |
| 6. B | 12. C | 18. A | 24. D | 30. A | 36. C |

*[handwritten] 25 − 8(0.333) = 22.34*

## Part B

| | | | | | |
|---|---|---|---|---|---|
| 37. A | 42. B | 46. C | 50. C | 54. B | 58. A |
| 38. B | 43. A | 47. C | 51. A | 55. D | 59. B |
| 39. A | 44. B | 48. A | 52. B | 56. B | 60. A |
| 40. B | 45. D | 49. D | 53. A | 57. D | 61. C |
| 41. D | | | | | |

## Part C

| | | | | | |
|---|---|---|---|---|---|
| 62. A | 66. C | 70. A | 74. D | 78. A | 82. A |
| 63. B | 67. D | 71. B | 75. A | 79. D | 83. A |
| 64. C | 68. A | 72. B | 76. C | 80. D | 84. B |
| 65. A | 69. C | 73. C | 77. C | 81. D | 85. C |

The answer to some questions may depend on more than one statement in the passage. In that case more than one line will be listed in the Answer Explanations. When the answer depends on the overall meaning of the passage, the answer is indicated by "overall meaning."

## ANSWER EXPLANATIONS

Note: Some words that are cognates have not been translated.

## Part A

1. **(A)** **ancha**–wide; corta–short, entera–whole, sucia–dirty; **te queda ancha**–it is too big on you

2. **(B)** **perder**–to lose; peinarse–to comb one's hair, pasear–to take a walk, parar–to stop

3. **(D)** **lo + adverb**–how well; *see* section 1.2; salir bien (mal)–to do well (badly)

4. **(D)** **libremente**–freely; libre–free, libertad–freedom

5. **(A)** **no caber duda**–there is no doubt; mentira–lie, razón–reason, lugar–place

6. **(B)** **encogerse**–to shrink; escoger–to choose, extinguir–to extinguish, entregarse–to surrender

7. **(B)** **tardar en**–to be long in

8. **(B)** **hacer falta**–to be lacking; casi–almost, tiempo–time, mucho–much, a lot

9. **(A)** **testigo**–witness; abogado–lawyer, mesero–waiter

10. **(A)** **masticar**–to chew; suplicar–to beg, equivocar–to mistake, pescar–to fish

11. **(C)** **leer**; *see* section 13.7.1

12. **(C)** **en punto**–on the dot; en cambio–on the other hand, en seguida–at once, right away, en cuanto–as soon as

13. **(A)** **tenía**; the imperfect is needed; *see* section 8.1

14. **(B)** **arena**–sand; ola–wave, cartera–wallet, calcetín–sock

15. **(A)** **parecerse**–to look like; mirarse–to look at oneself, probarse–to try on, despedirse–to say good-bye

16. **(B)** **guantes**–gloves; espejuelos–eyeglasses, bolsillos–pockets, cinturones–belts

17. **(A)** **oigo**; the present is needed

18. **(A)** **bastante**–enough; antes–before, acaso–perhaps, maybe, temprano–early

19. **(D)** **se les**; *see* section 6.6.6

20. **(D)** **quedan**–to have left; *see* sections 6.10 and 6.11

21. **(A)** **se case**; the subjunctive is needed after *desear*; *see* section 13.7.1

22. **(C)** **terminara**; the subjunctive is needed; *see* section 13.7.1

23. **(B)** **demasiada** (adjective), agrees with *gente*

24. **(D)** **digas**; the subjunctive is needed after *rogar*; *see* section 13.7.1

25. **(A)** **visitara**; the subjunctive is needed after *ser curioso que*; *see* section 13.7.4

26. **(A)** **pero**–but; *see* section 15.3

27. **(C)** **para**; *see* section 19.5.1

28. **(D)  se cayó**; the preterit is needed; *see* section 7.1

29. **(B)  viniera**; the subjunctive is needed after *esperar*; *see* section 13.7.1

30. **(A)  había regresado**; the pluperfect is needed; *see* section 10.1

31. **(C)  los**; temas (masculine)

32. **(B)  era**; the imperfect is needed; *see* section 8.1

33. **(B)  ese**; *lavamanos* is singular here (no cabe–it does not fit); *see* section 2.1

34. **(B)  se sentía**; the indicative is needed; *see* section 13.7.6

35. **(B)  irás**; *see* section 13.10.4

36. **(C)  sabemos**; the indicative is needed after *no hay duda*; *see* section 13.7.5

## Part B

37. **(A)  ni**; *see* section 15.1

38. **(B)  jamás olvidaríamos**–would never forget

39. **(A)  varias veces**–several times

40. **(B)  tristeza**–sadness; ventaja–advantage, brisa–breeze, guerra–war

41. **(D)  esconderse**–to hide oneself; despertarse–to wake up, caerse–to fall down, arreglarse–to get dressed up

42. **(B)  sentado**–seated (adjective)

43. **(A)  hubiera oído**; the subjunctive is needed after *como si*; *see* section 13.10.3

44. **(B)  lo que**; *see* section 5.6.3

45. **(D)  claramente**; an adverb is needed

46. **(C)  marcharse**–to go away; levantarse–to get up, tirarse–to throw oneself, encontrarse–to find oneself

47. **(C)  que**–that; *see* section 5.6.1

48. **(A)  ella**; *see* section 5.2

49. **(D)  como**–as; pues–then, aun–even, así–so, thus

50. **(C)  fuéramos**; the subjunctive is needed after *como si*; *see* section 13.10.3

51. **(A)  nadie**–nobody, no one; *see* section 15.1

52. **(B)  ya**–already; más–more, contra– against, hasta–until

53. **(A)  acercarse**–to approach; conseguir–to get, obtain, pasearse–to go for a walk, ponerse–to put on

54. **(B)  lugar**–place; pez–fish, cuarto–room

55. **(D)  tratar de**–to try to

56. **(B)  estuvieran**; the subjunctive is needed after *antes de que*; *see* section 13.7.7

57. **(D)  persiguieran**; the subjunctive is needed after *como si*; *see* section 13.10.3

58. **(A)** **leer**–to read; medir–to measure, arreglar–to fix, preguntar–to ask

59. **(B)** **oscurecer**–to get dark; levantar–to raise, lift, sorprender–to suprise, aclarar–to clear up

60. **(A)** **poner**; ir a + infinitive; *see* section 19.1

61. **(C)** **descalzo**–barefoot; peinado–combed, enojado–angry, caminado–walked

## Part C

The answer to some questions may depend on more than one statement in the passage. In that case more than one line will be listed. When the answer depends on the overall meaning of the passage, the answer is indicated by "overall meaning."

62. **(A)** Lines 1–3

63. **(B)** Lines 3–4

64. **(C)** Lines 5–9

65. **(A)** Lines 8–9

66. **(C)** Lines 1–2

67. **(D)** Lines 4–5

68. **(A)** Lines 4–5

69. **(C)** Lines 6–8

70. **(A)** Lines 8–10

71. **(B)** Line 11

72. **(B)** Lines 11–13

73. **(C)** Lines 1–2, 6, 15

74. **(D)** Line 2

75. **(A)** Lines 3–4

76. **(C)** Lines 8–9

77. **(C)** Line 10

78. **(A)** Lines 11–15

79. **(D)** Lines 5–6, 11–14

80. **(D)** Lines 14–15

81. **(D)** Lines 1–2

82. **(A)** Lines 7–8

83. **(A)** Line 8

84. **(B)** Lines 11–12

85. **(C)** Lines 15–16

# Practice Test 3
## ANSWER SHEET

1. Ⓐ Ⓑ Ⓒ Ⓓ
2. Ⓐ Ⓑ Ⓒ Ⓓ
3. Ⓐ Ⓑ Ⓒ Ⓓ
4. Ⓐ Ⓑ Ⓒ Ⓓ
5. Ⓐ Ⓑ Ⓒ Ⓓ
6. Ⓐ Ⓑ Ⓒ Ⓓ
7. Ⓐ Ⓑ Ⓒ Ⓓ
8. Ⓐ Ⓑ Ⓒ Ⓓ
9. Ⓐ Ⓑ Ⓒ Ⓓ
10. Ⓐ Ⓑ Ⓒ Ⓓ
11. Ⓐ Ⓑ Ⓒ Ⓓ
12. Ⓐ Ⓑ Ⓒ Ⓓ
13. Ⓐ Ⓑ Ⓒ Ⓓ
14. Ⓐ Ⓑ Ⓒ Ⓓ
15. Ⓐ Ⓑ Ⓒ Ⓓ
16. Ⓐ Ⓑ Ⓒ Ⓓ
17. Ⓐ Ⓑ Ⓒ Ⓓ
18. Ⓐ Ⓑ Ⓒ Ⓓ
19. Ⓐ Ⓑ Ⓒ Ⓓ
20. Ⓐ Ⓑ Ⓒ Ⓓ
21. Ⓐ Ⓑ Ⓒ Ⓓ
22. Ⓐ Ⓑ Ⓒ Ⓓ

23. Ⓐ Ⓑ Ⓒ Ⓓ
24. Ⓐ Ⓑ Ⓒ Ⓓ
25. Ⓐ Ⓑ Ⓒ Ⓓ
26. Ⓐ Ⓑ Ⓒ Ⓓ
27. Ⓐ Ⓑ Ⓒ Ⓓ
28. Ⓐ Ⓑ Ⓒ Ⓓ
29. Ⓐ Ⓑ Ⓒ Ⓓ
30. Ⓐ Ⓑ Ⓒ Ⓓ
31. Ⓐ Ⓑ Ⓒ Ⓓ
32. Ⓐ Ⓑ Ⓒ Ⓓ
33. Ⓐ Ⓑ Ⓒ Ⓓ
34. Ⓐ Ⓑ Ⓒ Ⓓ
35. Ⓐ Ⓑ Ⓒ Ⓓ
36. Ⓐ Ⓑ Ⓒ Ⓓ
37. Ⓐ Ⓑ Ⓒ Ⓓ
38. Ⓐ Ⓑ Ⓒ Ⓓ
39. Ⓐ Ⓑ Ⓒ Ⓓ
40. Ⓐ Ⓑ Ⓒ Ⓓ
41. Ⓐ Ⓑ Ⓒ Ⓓ
42. Ⓐ Ⓑ Ⓒ Ⓓ
43. Ⓐ Ⓑ Ⓒ Ⓓ
44. Ⓐ Ⓑ Ⓒ Ⓓ

45. Ⓐ Ⓑ Ⓒ Ⓓ
46. Ⓐ Ⓑ Ⓒ Ⓓ
47. Ⓐ Ⓑ Ⓒ Ⓓ
48. Ⓐ Ⓑ Ⓒ Ⓓ
49. Ⓐ Ⓑ Ⓒ Ⓓ
50. Ⓐ Ⓑ Ⓒ Ⓓ
51. Ⓐ Ⓑ Ⓒ Ⓓ
52. Ⓐ Ⓑ Ⓒ Ⓓ
53. Ⓐ Ⓑ Ⓒ Ⓓ
54. Ⓐ Ⓑ Ⓒ Ⓓ
55. Ⓐ Ⓑ Ⓒ Ⓓ
56. Ⓐ Ⓑ Ⓒ Ⓓ
57. Ⓐ Ⓑ Ⓒ Ⓓ
58. Ⓐ Ⓑ Ⓒ Ⓓ
59. Ⓐ Ⓑ Ⓒ Ⓓ
60. Ⓐ Ⓑ Ⓒ Ⓓ
61. Ⓐ Ⓑ Ⓒ Ⓓ
62. Ⓐ Ⓑ Ⓒ Ⓓ
63. Ⓐ Ⓑ Ⓒ Ⓓ
64. Ⓐ Ⓑ Ⓒ Ⓓ
65. Ⓐ Ⓑ Ⓒ Ⓓ
66. Ⓐ Ⓑ Ⓒ Ⓓ

67. Ⓐ Ⓑ Ⓒ Ⓓ
68. Ⓐ Ⓑ Ⓒ Ⓓ
69. Ⓐ Ⓑ Ⓒ Ⓓ
70. Ⓐ Ⓑ Ⓒ Ⓓ
71. Ⓐ Ⓑ Ⓒ Ⓓ
72. Ⓐ Ⓑ Ⓒ Ⓓ
73. Ⓐ Ⓑ Ⓒ Ⓓ
74. Ⓐ Ⓑ Ⓒ Ⓓ
75. Ⓐ Ⓑ Ⓒ Ⓓ
76. Ⓐ Ⓑ Ⓒ Ⓓ
77. Ⓐ Ⓑ Ⓒ Ⓓ
78. Ⓐ Ⓑ Ⓒ Ⓓ
79. Ⓐ Ⓑ Ⓒ Ⓓ
80. Ⓐ Ⓑ Ⓒ Ⓓ
81. Ⓐ Ⓑ Ⓒ Ⓓ
82. Ⓐ Ⓑ Ⓒ Ⓓ
83. Ⓐ Ⓑ Ⓒ Ⓓ
84. Ⓐ Ⓑ Ⓒ Ⓓ
85. Ⓐ Ⓑ Ⓒ Ⓓ

To compute your approximate scaled score:

__46__ (number of correct answers) – __27__ (number of incorrect answers) / 3 = __37__ (raw score)

Now, go to page 384 to find out your approximate scaled score.

# Practice Test 3

## PART A

**Directions:** Read the following statements and the four suggested completions. Then choose the most appropriate completion and fill in the corresponding oval on the answer sheet.

1. No uses ese . . . Esa carta debe ir por correo aéreo.

   (A) sello
   (B) viaje
   (C) estante
   (D) avión

2. ¡Qué manos tan sucias! Lávatelas con . . .

   (A) jabón
   (B) reloj
   (C) piedra
   (D) tierra

3. En la clase de arte nosotros . . . todos los días.

   (A) apagamos
   (B) dibujamos
   (C) gastamos
   (D) estacionamos

4. . . . una lista de todo lo que necesitas antes de ir de compras.

   (A) Hagas
   (B) Harías
   (C) Haz
   (D) Haga

5. Si quieres llegar al otro lado del río necesitas cruzar . . .

   (A) la alfombra
   (B) la chaqueta
   (C) el premio
   (D) el puente

6. A nosotros no nos . . . llevar sandalias; preferimos llevar zapatos.

   (A) gusta
   (B) gustan
   (C) gustamos
   (D) gustas

7. Ayer corrí demasiado; . . . las piernas.

   (A) me duelen
   (B) me quitan
   (C) me faltan
   (D) me tocan

8. Cuando me encontré con Juan, no pudimos hablar mucho porque él tenía . . .

   (A) éxito
   (B) razón
   (C) prisa
   (D) suerte

9. Como no conocíamos . . . nadie, no nos quedamos mucho tiempo en la fiesta.

   (A) a
   (B) con
   (C) por
   (D) de

10. El autobús estaba lleno y tuve que ir . . . durante el viaje.

    (A) de prisa
    (B) de pronto
    (C) de memoria
    (D) de pie

11. Todos los veranos nosotros . . . en ese río cuando no había mucha gente nadando.

    (A) pescábamos
    (B) recordábamos
    (C) enviábamos
    (D) encontrábamos

12. Es absurdo que el carpintero no . . . nuestra casa.

    (A) ha terminado
    (B) haya terminado
    (C) había terminado
    (D) habrá terminado

13. Si no comprendiste el cuento, léelo . . .

    (A) con adelanto
    (B) tal vez
    (C) de nuevo
    (D) rara vez

14. No salgas ahora; dicen que viene una . . .

    (A) torre
    (B) carretera
    (C) tormenta
    (D) cosecha

15. ¿Por qué no damos un paseo en barco en el . . . ?

    (A) lago
    (B) camino
    (C) traje
    (D) billete

16. Rebeca no cree que . . . boletos para el concierto.

    (A) había
    (B) habrá
    (C) habría
    (D) haya

17. Hugo, . . . tu abrigo detrás de la puerta.

    (A) aprende
    (B) cuelga
    (C) envía
    (D) presenta

18. Mañana tengo que . . . a mis primos mientras sus padres van de compras.

    (A) crecer
    (B) cumplir
    (C) cuidar
    (D) cazar

19. No te olvides de escribir la . . . de tu nacimiento en el formulario.

    (A) mesa
    (B) luna
    (C) tela
    (D) fecha

20. Mi padre siempre pone todos los recibos en un . . .

    (A) sello
    (B) piso
    (C) pastel
    (D) sobre

21. ¡Mira cómo brillan las estrellas en el . . . !

    (A) cielo
    (B) equipo
    (C) escritorio
    (D) cajón

22. En la clase de física, yo siempre me siento en la primera . . .

    (A) frente
    (B) fila
    (C) fábrica
    (D) falda

23. ¿Estás . . . ? Te estás durmiendo; parece que no te interesa el partido.

    (A) aburrido
    (B) sucio
    (C) lleno
    (D) celoso

24. Fernando se fue antes de que yo lo . . .

    (A) veía
    (B) vería
    (C) vi
    (D) viera

25. ¿Hay alguien que . . . dónde están los ingredientes para la sopa?

    (A) sabe
    (B) supo
    (C) sabía
    (D) sepa

26. . . . un candidato tan popular, no recibió muchos votos en las elecciones.

    (A) Por
    (B) De
    (C) Entre
    (D) Para

27. Luis llegó el sábado pero yo no lo . . . hasta ayer.

    (A) sé
    (B) supe
    (C) sabré
    (D) sabría

28. ¿Cuánto tiempo . . . que asistías a la clase de baile?

    (A) hace
    (B) hizo
    (C) hacía
    (D) hará

29. Esperamos que Ignacio . . . ir con nosotros.

    (A) pueda
    (B) pudo
    (C) podía
    (D) puede

30. Cuando me despedía de él, le di . . . mano.

    (A) la
    (B) el
    (C) un
    (D) su

31. Cuando vengo a visitarlos siempre les . . . flores.

    (A) traía
    (B) traje
    (C) traeré
    (D) traigo

32. Si estoy solo, . . . mirando la televisión.

    (A) me entretenía
    (B) me entretengo
    (C) me entretuviera
    (D) me entretuve

33. Es importante no . . . tanto a los amigos.

    (A) criticado
    (B) criticados
    (C) criticando
    (D) criticar

## PART B

> **Directions:** In the following passages some words or phrases are missing. For each blank, four possible completions are given. Read the entire passage to get an idea of its content, then select the most appropriate completion, taking into consideration the overall meaning of the passage. Fill in the corresponding oval on the answer sheet.

---

### Delicias navideñas

*La mesa es el centro de atracción en estos días y los platos que desfilan por ella se transforman en una fiesta de formas, olores y sabores sin igual.*

Navidad. Es tiempo de ___(34)___, de luces y arbolitos cargados de ilusiones. Y es tiempo del rencuentro familiar. Quien no asocie las fiestas navideñas con ___(35)___ vividos alrededor de la mesa o incluso entre el vaivén de las cacerolas y los suculentos olores de guisos en la cocina, probablemente no sepa ___(36)___ es Navidad. Cada plato, cualquiera que ___(37)___ el país o las tradiciones que ___(38)___ en su elaboración, tiene como ingrediente común el cariño y el esmero con que la cocinera o cocinero de turno lo preparara ___(39)___ siempre en los suyos.

La mesa navideña es símbolo de unidad familiar y, ___(40)___ unos días, se convierte en el escenario exclusivo por donde desfilarán relatos, anécdotas y buenos ___(41)___ formulados bajo innumerables brindis. La comida se transforma en un desfile festivo de olores y sabores que ___(42)___ grabados, un año más, en la memoria de ___(43)___ lo celebran.

---

34. (A) muebles
    (B) regalos
    (C) pájaros
    (D) edificios

35. (A) recuerdos
    (B) pensamientos
    (C) peligros
    (D) gritos

36. (A) cuáles
    (B) cual
    (C) que
    (D) qué

37. (A) sea
    (B) es
    (C) esté
    (D) está

38. (A) se cobran
    (B) se sigan
    (C) se dejen
    (D) se cuiden

39. (A) pensado
    (B) pensar
    (C) pensando
    (D) pensados

X 40. (A) entre
     (B) sobre
     (C) por
     (D) dentro

— 41. (A) paisajes
      (B) jardines
      (C) sueños
      (D) deseos

X 42. (A) quedarán
      (B) quedara
      (C) queden
      (D) habrían quedado

43. (A) que
    (B) quienes
    (C) cuales
    (D) cual

Sentado a la cabecera de la mesa, Ricardo Hernández ___(44)___ pausadamente. La luz le daba ___(45)___, iluminando la parte superior de su cabeza alargada, ___(46)___ de pelo castaño, liso y muy ___(47)___, que se detenía en la línea larga y precisa de la alta frente. ___(48)___ más pequeño que cualquiera de los que allí ___(49)___ y tan delgado como Queltehue, aunque elástico y decidido en los movimientos.

44. (A) volaba
    (B) corría
    (C) comía
    (D) caminaba

45. (A) de arriba abajo
    (B) de hoy en adelante
    (C) de mala gana
    (D) de ninguna manera

46. (A) devuelta
    (B) puesta
    (C) cubierta
    (D) resuelta

47. (A) grande
    (B) alto
    (C) corto
    (D) estrecho

48. (A) Fue
    (B) Era
    (C) Estuvo
    (D) Estaba

49. (A) sean
    (B) eran
    (C) estén
    (D) estaban

El padre de Nené la quería mucho. Dicen que no trabajaba bien cuando no ___(50)___ por la mañana a "la hijita". Él no le decía Nené, sino "la hijita". Cuando su papá venía del trabajo, siempre ___(51)___ ella a recibirlo con los ___(52)___ abiertos, como un ___(53)___ que abre las alas ___(54)___ volar, y su papá la alzaba del suelo, como ___(55)___ coge de un rosal una rosa. Ella lo miraba con mucho cariño, como si ___(56)___ preguntase cosas y él la miraba con los ojos tristes, como si quisiese echarse a ___(57)___. Pero en seguida ___(58)___ contento, se montaba a Nené en el hombro, y entraban ___(59)___ en la casa, ___(60)___ el himno nacional.

50. (A) vería
    (B) viera
    (C) hubiera visto
    (D) había visto

51. (A) salió
    (B) salía
    (C) salga
    (D) saliera

52. (A) pies
    (B) dedos
    (C) brazos
    (D) hombros

53. (A) perrito
    (B) gatito
    (C) caballito
    (D) pajarito

54. (A) por
    (B) para
    (C) a
    (D) de

55. (A) que
    (B) cual
    (C) quienes
    (D) quien

56. (A) le
    (B) la
    (C) lo
    (D) les

57. (A) traer
    (B) subir
    (C) llorar
    (D) apagar

58. (A) se miraba
    (B) se vestía
    (C) se ponía
    (D) se llevaba

59. (A) juntos
    (B) alejados
    (C) sentados
    (D) acostados

60. (A) cantar
    (B) cantado
    (C) cantando
    (D) cantados

## PART C

> **Directions:** In this part you will read several passages that will test your comprehension. After each passage, a number of questions or incomplete statements appear. Choose the most appropriate answer or completion, taking into consideration the overall meaning of the passage. Fill in the corresponding oval on the answer sheet.

Questions 61–62 refer to the following advertisement.

### Lámparas Claraluz

Nuestra compañía quiere que Ud.
esté contento con su compra…

¿Llegó la mercancía rota?

¿Le hacen falta piezas?

¿Necesita asistencia técnica?

Llame gratis a nuestro número de teléfono. Proveemos pronto envío de piezas defectuosas o no incluidas y asistencia técnica. Favor no devolver la mercancía antes de hablar con uno de nuestros técnicos.

Estamos disponibles de 9 AM a 6 PM (lunes a viernes)

1-800-555-7681

61. ¿Cuál es el propósito de este anuncio?

(A) Anunciar una nueva línea de lámparas
(B) Encontrar empleados que sirvan de técnicos
(C) Ofrecer un servicio para que los clientes queden satisfechos
(D) Describir cómo los clientes pueden ordenar las lámparas

62. ¿Cuándo deben llamar las personas?

(A) Cuando deseen pedir una cita con la compañía
(B) Cuando no hayan recibido la mercancía a tiempo
(C) Cuando tengan problemas con la mercancía
(D) Cuando deseen dar sugerencias a la compañía

## Traductores sin licencia

*Los niños que traducen a sus padres corren el peligro de frustrarse si los padres no los apoyan.*

*Line*
(5)
Entre los hispanos, es frecuente que los adultos vayan acompañados de niños a las consultas de los doctores, al mercado o a una reunión de vecinos. Y no es una casualidad. Los niños acompañan a sus padres para servir de traductores y para ayudar a que los adultos, que no hablan inglés, puedan entenderse en el mundo de habla inglesa.

(10)
Este hecho, que se impone como una necesidad, puede ser frustrante o enriquecedor para el niño, dependiendo de cómo se maneje. Roberto Redondo, de la National Hispanic University de San José (NHU), California, recuerda con orgullo haber sido el traductor oficial de su familia. "Era estupendo sentir que yo podía ayudar y hacer algo que mis padres no podían", afirma.

(15)
En cambio, para su colega Tina Martínez, el mismo recuerdo tiene tintes sombríos. "Fue una experiencia frustrante", cuenta. "Yo era muy chica y no conocía muchas de las palabras que tenía que traducir, ni siquiera en español. Mis padres se enfurecían y gritaban. ¿Para qué estudias entonces? Sentía que fracasaba en los dos idiomas".

(20)
Patricia Ovaneo, de la NHU, se asustaba. "Cuando estás traduciendo, todos se olvidan de que eres una niña", comenta. Una vez tuvo que acompañar a su madre y explicar allí el serio problema de salud de la señora y solicitar que le hicieran varias pruebas médicas. "No entendía lo que pasaba y no conocía los términos en medicina, así que todo salió al revés", dice.

(25)
Los niños traductores de sus padres desempeñan un papel muy importante en la supervivencia de la familia. Pero también pueden caer en una "tierra de nadie" donde se mezcla la responsabilidad del niño con la del adulto. Ellos dependen de sus padres, pero también tienen que cuidarlos. Para evitar consecuencias negativas, los expertos afirman que es preciso apoyar y comprender muy bien a estos jóvenes traductores.

63. ¿Para qué acompañan los niños a sus padres?

(A) Para mostrarles lo que ellos saben
(B) Para ayudarlos a comunicarse
(C) Para aprender inglés juntos con ellos
(D) Para enseñarles a ahorrar dinero

64. Los resultados del trabajo que hacen los niños dependen de

(A) la manera en que los padres actúan
(B) la frecuencia de la necesidad
(C) la educación de los niños
(D) la amabilidad de los vecinos

65. ¿Por qué se sentía orgulloso Roberto Redondo?

(A) Por su éxito en los estudios
(B) Por su trabajo en la universidad
(C) Por su ayuda a la comunidad
(D) Por su ayuda a la familia

66. ¿Por qué fue frustrante la experiencia de Tina Martínez?

    (A) Porque sus padres no comprendían su falta de conocimientos
    (B) Porque sus padres no le permitían estudiar español
    (C) Porque no recordaba las experiencias de su niñez
    (D) Porque no podía pasar tiempo con sus padres

67. ¿Cómo se sentía Patricia Ovaneo sobre lo que hacía?

    (A) Satisfecha
    (B) Asustada
    (C) Orgullosa
    (D) Resentida

68. ¿Qué contribuyó negativamente a la experiencia de Patricia Ovaneo?

    (A) Su relación con su madre
    (B) Su interés por la medicina
    (C) Su enfermedad
    (D) Su edad

69. ¿Por qué pueden caer los niños en una "tierra de nadie"?

    (A) Por sentirse confusos
    (B) Por vivir sin adultos
    (C) Por no tener responsabilidades
    (D) Por no poder asistir a la escuela

Apenas llegamos a la habitación 92, cogí la llave y cerré la puerta por dentro. Me apoyé allí mismo, sin avanzar.

Carlos, que había entrado antes que yo y estaba inspeccionando el cuarto, se
*Line* volvió y me miró con sorpresa. Tenía que contárselo todo de un tirón[1] para que no
(5)  me siguiera mirando. Noté que iba a salirme la voz entrecortada:

—Carlos, aquí nos conocen. Te lo aseguro. Sospechan de nosotros.

—¿Qué sospechan? ¿Qué dices? Explícate.

—Nos mira toda la gente. La señora del autobús ha fingido no reconocerme y no me ha querido saludar. Dicen que somos extranjeros—expliqué todo seguido.

(10)    Y luego me paré porque no me acordaba de más cosas.

Carlos no respondió al principio. Estaba liando un pitillo. Luego levantó los ojos y me miró, como esperando a que siguiera.

—Bueno, ¿y qué?

—Nosotros no somos extranjeros, ¿verdad?, ¿verdad que no? La señora ha dicho
(15) que sí. Por favor, déjame ver los pasaportes.

      [1]**de un tirón**—at once

70. Después de llegar al cuarto y cerrar la puerta, la narradora

  (A) tiró las llaves
  (B) tocó a la puerta
  (C) se quedó en la puerta
  (D) se cayó al suelo

71. Al mirar Carlos a la narradora, ella sentía la necesidad de

  (A) pedirle que se vaya
  (B) decirle algo
  (C) continuar gritando
  (D) salir de allí corriendo

72. Según la narradora, las personas en este lugar

  (A) evitaban mirarlos
  (B) los saludaban afectuosamente
  (C) los estaban persiguiendo
  (D) desconfiaban de ellos

73. La manera de actuar de la narradora parece indicar que ella estaba

  (A) satisfecha
  (B) preocupada
  (C) distraída
  (D) feliz

74. Al final de la selección, la narradora se preguntaba si

  (A) la señora se había robado los pasaportes
  (B) la señora era extranjera
  (C) ellos iban a viajar al extranjero de nuevo
  (D) ellos eran ciudadanos de ese lugar

Quizá lo que más se envidiaba de Ivo era la posesión de la codiciada llave de la torrecita[1]. Ésta era, en efecto, una pequeña torre situada en un ángulo de la escuela, en cuyo interior se guardaban los libros de lectura. Allí entraba Ivo a buscarlos, y allí
*Line* volvía a dejarlos, al terminar la clase. La señorita Leocadia se lo encomendó[2] a él,
*(5)* nadie sabía en realidad por qué.

Ivo estaba muy orgulloso de esta distinción, y por nada del mundo la hubiera cedido. Un día, Mateo Heredia, el más aplicado y estudioso de la escuela, pidió encargarse[3] de la tarea—a todos nos fascinaba el misterioso interior de la torrecita, donde no entramos nunca—, y la señorita Leocadia pareció acceder. Pero Ivo se le-
*(10)* vantó, y acercándose a la maestra empezó a hablarle en su voz baja, bizqueando los ojos y moviendo mucho las manos, como tenía por costumbre. La maestra dudó un poco, y al fin dijo:

—Quede todo como estaba. Que siga encargándose Ivo de la torrecita.

[1]**torrecita**—small tower
[2]**encomendó**—entrusted
[3]**encargarse**—to take charge

75. ¿Qué sentían otras personas por Ivo?

(A) Lástima
(B) Orgullo
(C) Miedo
(D) Celos

76. ¿Qué hacía Ivo en la clase de la señorita Leocadia?

(A) Se encargaba de traer y llevar los libros.
(B) Limpiaba el lugar donde estaban los libros.
(C) Siempre iba a esconder la llave.
(D) Le decía quien no hacía la tarea.

77. ¿De qué estaba muy orgulloso Ivo?

(A) De ser el mejor estudiante de la clase
(B) De poder llevarse los libros a su casa
(C) De ayudar a la señorita Leocadia
(D) De ser el mejor amigo de Mateo Heredia

78. ¿Qué quería Mateo Heredia?

(A) Hacer su tarea en la torrecita
(B) Hacer el trabajo de Ivo
(C) Destruir la torrecita
(D) Estudiar con la señorita Leocadia

79. Al final de la selección, sabemos que la señorita Leocadia ha decidido

(A) satisfacer a Ivo
(B) encargarse ella de la torrecita
(C) darle a Mateo la llave de la torrecita
(D) permitir que Ivo haga las tareas de Mateo

Severina movió la cabeza y se cruzó de brazos: luego los descruzó para dejarlos caer como dos leñas[1] sobre la mesa y su mirada se quedó fija en un punto muy lejano, en donde se materializaban personajes del pasado que la visitaban con frecuencia y la dejaban aterrada. Ahora los invocaba y Consuelo esperó sus palabras.

*Line*

(5) —Antonina, la hermana de Pablo, era la doncella[2] de tu tía. ¿Comprendes? La guardaba[3] en casa, aunque no sirviera para nada, porque le daba pena la pobre mujer. Estaba un poco chalada[4] y era tan pobre . . . La señora Adelina le consentía todo y Antonina a veces se vestía de señorita, paseaba por la casa con batas de encaje, desayunaba en la terraza, rezaba mucho y a veces quería meterse de monja y mar-

(10) chaba con las Clarisas. Volvía unos meses más tarde. ¡Pobre Antonina! También ella era muy buena, una inocente, y sus hermanos le tenían envidia y la envidia ¡mata! ¡Mata, te lo digo yo!

[1]**leñas**—logs
[2]**doncella**—maid
[3]**la guardaba**—she kept her
[4]**chalada**—mad

80. ¿Qué hacía Severina al principio de la selección?

(A) Cortaba unos árboles.
(B) Jugaba en la mesa.
(C) Caminaba temerosa con Consuleo por el bosque.
(D) Pensaba en personas que había encontrado antes.

81. ¿Qué efecto tienen "los personajes del pasado" en Severina?

(A) La asustaban.
(B) La ponían alegre.
(C) La volvían loca.
(D) La inmovilizaban.

82. La tía guardaba a Antonina en su casa porque

(A) le daba lástima
(B) era hermana de ella
(C) trabajaba muy bien
(D) así lo quería Pablo

83. ¿Qué sabemos sobre el trabajo que hacía Antonina?

(A) No lo hacía muy bien.
(B) Nunca lo terminaba a tiempo.
(C) Le había permitido ganar mucho dinero.
(D) Lo hacía con mucho gusto siempre.

84. Por la descripción de Antonina, sabemos que ella era

(A) religiosa
(B) orgullosa
(C) antipática
(D) trabajadora

85. ¿Qué sabemos de los hermanos de Antonina?

(A) Eran muy compasivos.
(B) Querían abandonarla.
(C) Tenían celos de ella.
(D) Habían asesinado a alguien.

*If there is still time remaining, you may review your answers.*

# Answer Key
## PRACTICE TEST 3

## Part A

| | | | | |
|---|---|---|---|---|
| 1. A | 7. A | 13. C | 19. D | 24. D | 29. A |
| 2. A | 8. C | 14. C | 20. D | 25. D | 30. A |
| 3. B | 9. A | 15. A | 21. A | 26. D | 31. D |
| 4. C | 10. D | 16. D | 22. B | 27. B | 32. B |
| 5. D | 11. A | 17. B | 23. A | 28. C | 33. D |
| 6. A | 12. B | 18. C | | | |

## Part B

| | | | | |
|---|---|---|---|---|
| 34. B | 39. C | 44. C | 49. D | 53. D | 57. C |
| 35. A | 40. C | 45. A | 50. D | 54. B | 58. C |
| 36. D | 41. D | 46. C | 51. B | 55. D | 59. A |
| 37. A | 42. A | 47. C | 52. C | 56. A | 60. C |
| 38. B | 43. B | 48. B | | | |

## Part C

| | | | | |
|---|---|---|---|---|
| 61. C | 66. A | 70. C | 74. D | 78. B | 82. A |
| 62. C | 67. B | 71. B | 75. D | 79. A | 83. A |
| 63. B | 68. D | 72. D | 76. A | 80. D | 84. A |
| 64. A | 69. A | 73. B | 77. C | 81. A | 85. C |
| 65. D | | | | | |

The answer to some questions may depend on more than one statement in the passage. In that case more than one line will be listed in the Answer Explanations. When the answer depends on the overall meaning of the passage, the answer is indicated by "overall meaning."

# ANSWER EXPLANATIONS

Note: Some words that are cognates have not been translated.

## Part A

1. **(A)** **sello**–stamp; viaje–trip, estante–bookshelf, avión–airplane

2. **(A)** **jabón**–soap; reloj–watch, piedra–stone, tierra–earth, world

3. **(B)** **dibujar**–to draw; apagar–to turn off, gastar–to spend, estacionar–to park

4. **(C)** **haz**; familiar singular command *(tú)* is needed

5. **(D)** **puente**–bridge; alfombra–rug, chaqueta–jacket, premio–prize

6. **(A)** **gusta**; singular form is needed when *gustar* is followed by an infinitive; *see* section 6.10

7. **(A)** **dolerle**–to hurt; quitarle–to take off, faltarle–to be lacking, tocarle–to be someone's turn

8. **(C)** **tener prisa**–to be in a hurry; tener éxito–to be successful, tener razón–to be right, tener suerte–to be lucky

9. **(A)** **a**–personal *a* is needed; *see* section 19.3

10. **(D)** **de pie**–standing up; de prisa–in a hurry, de pronto–suddenly, de memoria–from memory

11. **(A)** **pescar**–to fish; recordar–to remember, enviar–to send, encontrar–to find

12. **(B)** **haya terminado**; the subjunctive is needed after *es absurdo*; *see* section 13.7.4

13. **(C)** **de nuevo**–again; con adelanto–early, tal vez–perhaps, rara vez–rarely

14. **(C)** **tormenta**–storm; torre–tower, carretera–highway, cosecha–harvest

15. **(A)** **lago**–lake; camino–road, traje–suit, billete–ticket

16. **(D)** **haya**; the subjunctive is needed after *es una pena*; *see* section 13.7.4

17. **(B)** **colgar**–to hang; aprender–to learn, enviar–to send, presentar–to present, to introduce (a person)

18. **(C)** **cuidar**–to take care of; crecer–to grow, cumplir–to fulfill, to attain, cazar–to hunt

19. **(D)** **fecha**–date; mesa–table, luna–moon, tela–material

20. **(D)** **sobre**–envelope; sello–stamp, piso–floor, pastel–cake, pie; recibo–receipt

21. **(A)** **cielo**–sky; equipo–team, escritorio–desk, cajón–big box; brillar–to shine, estrella–star

22. **(B)** **fila**–row; frente–front, forehead, fábrica–factory, falda–skirt

23. **(A)** **aburrido**–bored; sucio–dirty, lleno–full, celoso–jealous

24. **(D)** **viera**; the subjunctive is needed after *antes de que*; *see* section 13.7.7

25. **(D)** **sepa**; the subjunctive is needed after an indefinite antecedent; *see* section 13.7.8

26. **(D)** **para**; *see* section 19.5.1

27. **(B)** **supe**; the preterit is needed; *see* section 7.7

28. **(C)** **hacía**; the imperfect is needed; *see* section 8.1

29. **(A)** **pueda**; the subjunctive is needed after *esperar*; *see* section 13.7.1

30. **(A)** **la**; mano (feminine); *see* section 2.1

31. **(D)** **traigo**; the present is needed

32. **(B)** **me entretengo**; the present is needed

33. **(D)** **criticar**; the infinitive is needed; *see* section 13.7

## Part B

34. **(B)** **regalos**–gifts; muebles–furniture, pájaros–birds, edificios–buildings

35. **(A)** **recuerdos**–memories; pensamientos–thoughts, peligros–dangers, gritos–shouts

36. **(D)** **qué**–what; *see* section 16.2

37. **(A)** **sea**; the subjunctive is needed after cualquiera; *see* section 13.7.9

38. **(B)** **se sigan**–are followed; se cobran–are charged, se dejen–are left, se cuiden–are taken care of

39. **(C)** **pensando en**–thinking about; the present participle is needed

40. **(C)** **por**; *see* section 19.5.2

41. **(D)** **deseos**–wishes; paisajes–landscapes, jardines–gardens, sueños–dreams

42. **(A)** **quedarán**–will remain; the future is needed

43. **(B)** **quienes**; *see* section 5.6.2

44. **(C)** **comer**–to eat; volar–to fly, correr–to run, caminar–to walk

45. **(A)** **de arriba abajo**–from top to bottom; de hoy en adelante–from today on, de mala gana–reluctantly, de ninguna manera–by no means

46. **(C)** **cubierta**–covered; devuelta–returned, puesta–put, resuelta–solved

47. **(C)** **corto**–short; grande–big, alto–tall, estrecho–narrow

48. **(B)** **Era**; the imperfect is needed; *see* section 8.1

49. **(D)** **estaban**; the imperfect is needed; *see* section 8.1

50. **(D)** **había visto**; the pluperfect is needed; *see* section 10.1

51. **(B)** **salía**; the imperfect is needed; *see* section 8.1

52. **(C)** **brazos**–arms; pies–feet, dedos–fingers, hombros–shoulders

53. **(D)** **pajarito**–little bird; perrito–little dog, gatito–little cat, caballito–little horse

54. **(B)** **para**; *see* section 19.5.1

55. **(D)** **quien**; *see* section 5.6.2

56. **(A)** **le** (indirect object pronoun); *see* section 5.3.3

57. **(C)** **llorar**–to cry; traer–to bring, subir–to go up, apagar–to turn off

58. **(C)**   **ponerse contento**–to become happy; mirarse–to look at oneself, vetirse–to get dressed, llevarse–to carry off, take away

59. **(A)**   **juntos**–together; alejados–removed, sentados–sitting, acostados–lying down

60. **(C)**   **cantando**; the present participle is needed

## Part C

The answer to some questions may depend on more than one statement in the passage. In that case more than one line will be listed. When the answer depends on the overall meaning of the passage, the answer is indicated by "overall meaning."

61. **(C)**   Overall meaning

62. **(C)**   Lines 8–9

63. **(B)**   Lines 1–8

64. **(A)**   Overall meaning

65. **(D)**   Lines 10–13

66. **(A)**   Lines 15–18

67. **(B)**   Line 19

68. **(D)**   Lines 19–20

69. **(A)**   Lines 25–27

70. **(C)**   Lines 1–2

71. **(B)**   Lines 4–5

72. **(D)**   Line 6

73. **(B)**   Overall meaning

74. **(D)**   Lines 14–15

75. **(D)**   Line 1

76. **(A)**   Lines 3–4

77. **(C)**   Lines 4–6

78. **(B)**   Lines 7–8

79. **(A)**   Line 13

80. **(D)**   Lines 2–4

81. **(A)**   Line 4

82. **(A)**   Lines 6–7

83. **(A)**   Line 6

84. **(A)**   Line 9

85. **(C)**   Lines 11–12

# Practice Test 4
## ANSWER SHEET

1. Ⓐ Ⓑ Ⓒ Ⓓ
2. Ⓐ Ⓑ Ⓒ Ⓓ
3. Ⓐ Ⓑ Ⓒ Ⓓ
4. Ⓐ Ⓑ Ⓒ Ⓓ
5. Ⓐ Ⓑ Ⓒ Ⓓ
6. Ⓐ Ⓑ Ⓒ Ⓓ
7. Ⓐ Ⓑ Ⓒ Ⓓ
8. Ⓐ Ⓑ Ⓒ Ⓓ
9. Ⓐ Ⓑ Ⓒ Ⓓ
10. Ⓐ Ⓑ Ⓒ Ⓓ
11. Ⓐ Ⓑ Ⓒ Ⓓ
12. Ⓐ Ⓑ Ⓒ Ⓓ
13. Ⓐ Ⓑ Ⓒ Ⓓ
14. Ⓐ Ⓑ Ⓒ Ⓓ
15. Ⓐ Ⓑ Ⓒ Ⓓ
16. Ⓐ Ⓑ Ⓒ Ⓓ
17. Ⓐ Ⓑ Ⓒ Ⓓ
18. Ⓐ Ⓑ Ⓒ Ⓓ
19. Ⓐ Ⓑ Ⓒ Ⓓ
20. Ⓐ Ⓑ Ⓒ Ⓓ
21. Ⓐ Ⓑ Ⓒ Ⓓ
22. Ⓐ Ⓑ Ⓒ Ⓓ

23. Ⓐ Ⓑ Ⓒ Ⓓ
24. Ⓐ Ⓑ Ⓒ Ⓓ
25. Ⓐ Ⓑ Ⓒ Ⓓ
26. Ⓐ Ⓑ Ⓒ Ⓓ
27. Ⓐ Ⓑ Ⓒ Ⓓ
28. Ⓐ Ⓑ Ⓒ Ⓓ
29. Ⓐ Ⓑ Ⓒ Ⓓ
30. Ⓐ Ⓑ Ⓒ Ⓓ
31. Ⓐ Ⓑ Ⓒ Ⓓ
32. Ⓐ Ⓑ Ⓒ Ⓓ
33. Ⓐ Ⓑ Ⓒ Ⓓ
34. Ⓐ Ⓑ Ⓒ Ⓓ
35. Ⓐ Ⓑ Ⓒ Ⓓ
36. Ⓐ Ⓑ Ⓒ Ⓓ
37. Ⓐ Ⓑ Ⓒ Ⓓ
38. Ⓐ Ⓑ Ⓒ Ⓓ
39. Ⓐ Ⓑ Ⓒ Ⓓ
40. Ⓐ Ⓑ Ⓒ Ⓓ
41. Ⓐ Ⓑ Ⓒ Ⓓ
42. Ⓐ Ⓑ Ⓒ Ⓓ
43. Ⓐ Ⓑ Ⓒ Ⓓ
44. Ⓐ Ⓑ Ⓒ Ⓓ

45. Ⓐ Ⓑ Ⓒ Ⓓ
46. Ⓐ Ⓑ Ⓒ Ⓓ
47. Ⓐ Ⓑ Ⓒ Ⓓ
48. Ⓐ Ⓑ Ⓒ Ⓓ
49. Ⓐ Ⓑ Ⓒ Ⓓ
50. Ⓐ Ⓑ Ⓒ Ⓓ
51. Ⓐ Ⓑ Ⓒ Ⓓ
52. Ⓐ Ⓑ Ⓒ Ⓓ
53. Ⓐ Ⓑ Ⓒ Ⓓ
54. Ⓐ Ⓑ Ⓒ Ⓓ
55. Ⓐ Ⓑ Ⓒ Ⓓ
56. Ⓐ Ⓑ Ⓒ Ⓓ
57. Ⓐ Ⓑ Ⓒ Ⓓ
58. Ⓐ Ⓑ Ⓒ Ⓓ
59. Ⓐ Ⓑ Ⓒ Ⓓ
60. Ⓐ Ⓑ Ⓒ Ⓓ
61. Ⓐ Ⓑ Ⓒ Ⓓ
62. Ⓐ Ⓑ Ⓒ Ⓓ
63. Ⓐ Ⓑ Ⓒ Ⓓ
64. Ⓐ Ⓑ Ⓒ Ⓓ
65. Ⓐ Ⓑ Ⓒ Ⓓ
66. Ⓐ Ⓑ Ⓒ Ⓓ

67. Ⓐ Ⓑ Ⓒ Ⓓ
68. Ⓐ Ⓑ Ⓒ Ⓓ
69. Ⓐ Ⓑ Ⓒ Ⓓ
70. Ⓐ Ⓑ Ⓒ Ⓓ
71. Ⓐ Ⓑ Ⓒ Ⓓ
72. Ⓐ Ⓑ Ⓒ Ⓓ
73. Ⓐ Ⓑ Ⓒ Ⓓ
74. Ⓐ Ⓑ Ⓒ Ⓓ
75. Ⓐ Ⓑ Ⓒ Ⓓ
76. Ⓐ Ⓑ Ⓒ Ⓓ
77. Ⓐ Ⓑ Ⓒ Ⓓ
78. Ⓐ Ⓑ Ⓒ Ⓓ
79. Ⓐ Ⓑ Ⓒ Ⓓ
80. Ⓐ Ⓑ Ⓒ Ⓓ
81. Ⓐ Ⓑ Ⓒ Ⓓ
82. Ⓐ Ⓑ Ⓒ Ⓓ
83. Ⓐ Ⓑ Ⓒ Ⓓ
84. Ⓐ Ⓑ Ⓒ Ⓓ
85. Ⓐ Ⓑ Ⓒ Ⓓ

To compute your approximate scaled score:

_____ (number of correct answers) − _____ (number of incorrect answers) / 3 = _____ (raw score)

Now, go to page 384 to find out your approximate scaled score.

$$\left(25 - \left(7 \cdot \frac{1}{3}\right)\right) \quad \left(11 - 3\right) + \left(8 - \left(4 \cdot \frac{1}{3}\right)\right) \qquad 74$$

$$25 - 2.33 \qquad 8 \qquad 8 - 1.33$$

$$22.66 + 8 + 6.66 \qquad\qquad 43$$

$$\frac{37.32}{74} = \frac{x}{85}$$

# Practice Test 4

## PART A

**Directions:** Read the following statements and the four suggested completions. Then choose the most appropriate completion and fill in the corresponding oval on the answer sheet.

1. Éste es el . . . drama que leemos esta semana.

    (A) tercero
    (B) tercer
    (C) trío
    (D) tres

2. Soledad me dijo que anoche había soñado con . . .

    (A) él
    (B) le
    (C) lo
    (D) se

3. Tina se sintió mal porque . . . vino a visitarla.

    (A) algún
    (B) alguna
    (C) nadie
    (D) nada

4. El servicio en ese restaurante fue malísimo por eso no le dejé una . . . al camarero.

    (A) cuenta
    (B) bolsa
    (C) cabeza
    (D) propina

5. Es importante usar crema protectora aunque el cielo esté un poco . . .

    (A) limpio
    (B) caliente
    (C) fresco
    (D) nublado

6. Ayer salimos . . . cine a las cuatro en punto.

    (A) al
    (B) del
    (C) en el
    (D) con el

7. Nevaba mucho y había mucho tráfico; por eso hubo muchos accidentes en . . .

    (A) las iglesias
    (B) las aceras
    (C) las carreteras
    (D) las cuadras

8. Hace más de tres años que yo no como . . . ; soy completamente vegetariano.

    (A) legumbres
    (B) árboles
    (C) carne
    (D) postres

9. Es necesario . . . dinero para no tener problemas en el futuro.

(A) ahorrar
(B) salvar
(C) quedar
(D) tocar

10. Jorge no pudo abrir la puerta porque había dejado . . . dentro de la casa.

(A) las luces
(B) los muebles
(C) los vasos
(D) las llaves

11. Es justo que nosotros . . . a tiempo.

(A) comamos
(B) comimos
(C) comemos
(D) comeremos

12. ¿Por qué no nos encontramos . . . las tres?

(A) en lugar de
(B) a eso de
(C) acerca de
(D) encima de

13. Susana, córtate las . . . . No sé cómo puedes escribir en la computadora.

(A) piernas
(B) narices
(C) rodillas
(D) uñas

14. En el verano siempre llevo camisetas de . . . porque son más frescas.

(A) madera
(B) algodón
(C) lana
(D) papel

15. A ellos . . . molesta el ruido que hace ese coche.

(A) le
(B) los
(C) lo
(D) les

16. Yo no . . . cómo voy a poder terminar este trabajo a tiempo.

(A) conozco
(B) conocía
(C) sé
(D) sabía

17. Esta maleta es mía; aquélla es . . .

(A) su
(B) suya
(C) ella
(D) la

18. Todas la mañanas yo le preparo . . . de jamón y queso a mi hermanito.

(A) un jabón
(B) un bocadillo
(C) una cuchara
(D) una canción

19. El año escolar es demasiado largo. En muchas escuelas las clases terminan . . . junio.

(A) a lo largo de
(B) a fines de
(C) a través de
(D) a pesar de

20. Si él . . . a clase a tiempo, tendría menos problemas con los profesores.

(A) llegara
(B) llegaba
(C) llegaría
(D) llegó

21. Cuando llegamos a la estación todavía . . . media hora para la salida del tren.

(A) echaba
(B) faltaba
(C) encontraba
(D) hacía

22. Me gusta la comida española porque usan mucho el . . . de oliva.

(A) refresco
(B) tenedor
(C) cuchillo
(D) aceite

23. Ese vestido es demasiado grande.
Necesitas una . . . más pequeña.

   (A) salida
   (B) receta
   (C) talla
   (D) mitad

24. Celeste quería trabajar en esa compañía pero . . . a una mujer con más
experiencia.

   (A) escogieron
   (B) mostraron
   (C) escondieron
   (D) molestaron

25. No te olvides de reciclar todas las
botellas . . .

   (A) aburridas
   (B) vacías
   (C) felices
   (D) estimadas

26. ¡Qué desorden! ¡ . . . todos los juguetes,
Alberto!

   (A) Recoge
   (B) Pinta
   (C) Enciende
   (D) Cobra

27. No pude comer el pan que nos sirvieron;
estaba muy . . .

   (A) corto
   (B) duro
   (C) cómodo
   (D) ancho

28. Mira el mapa; aquí está . . . capital que
buscabas.

   (A) esa
   (B) ese
   (C) esto
   (D) eso

29. Anteayer nosotros nos quedamos en la
cuidad porque no . . . en el coche.

   (A) cupimos
   (B) cabremos
   (C) cupiéramos
   (D) quepamos

30. Quisiera comprar esa revista pero sólo me . . .
dos dólares.

   (A) queda
   (B) quedó
   (C) quedan
   (D) quedaran

31. Ella recomendó que yo . . . a la entrevista con
mi abogado.

   (A) iría
   (B) vaya
   (C) iré
   (D) fuera

32. Tuvieron que cancelar el concierto al aire
libre porque comenzó a . . .

   (A) lloviznar
   (B) secar
   (C) tocar
   (D) enfriar

33. Parecía mentira que ellos no nos . . . la
verdad.

   (A) hubieran dicho
   (B) habían dicho
   (C) han dicho
   (D) habrán dicho

34. Yo me acerqué . . . la actriz cuando la vi entrar.

   (A) a
   (B) de
   (C) por
   (D) para

35. Yolanda nos pide que nosotros . . . a tiempo.

   (A) salimos
   (B) salgamos
   (C) salíamos
   (D) saldremos

## PART B

> **Directions:** In the following passages some words or phrases are missing. For each blank, four possible completions are given. Read the entire passage to get an idea of its content, then select the most appropriate completion, taking into consideration the overall meaning of the passage. Fill in the corresponding oval on the answer sheet.

*Palabra compuesta*

Angela se encontró con ___(36)___ muchedumbre de hombres y mujeres agitados que avanzaba calle abajo. Desde que el presidente ___(37)___ el país se veía a menudo este tipo de manifestación que, a fin de cuentas, no resolvía nada. Eso sí, la desesperación ___(38)___ . El desempleo, el alto precio de los víveres, el costo de la vivienda, entre otros problemas, no permitían que los ciudadanos *Subj.* ___(39)___ a tener la esperanza que habían perdido ___(40)___ los años. Angela había participado en estas manifestaciones ___(41)___ , pero hoy había decidido que no ___(42)___ a su casa sin ser arrestada antes. Para ella, era fundamental ___(43)___ a sus amigos que ella verdaderamente creía en la causa por ___(44)___ sus compatriotas luchaban.

36. (A) uno
    (B) una ← *all compound words*
    (C) un
    (D) unos

37. (A) ha abandonado
    (B) había abandonado
    (C) habrá abandonado
    (D) hubo abandonado

38. (A) aumente
    (B) aumentaba
    (C) aumentara
    (D) aumenta

39. (A) volverían
    (B) volvieran
    (C) volverán
    (D) volvieron

40. (A) a través de
    (B) a cambio de
    (C) en lugar de
    (D) en caso de

41. (A) detrás
    (B) además
    (C) antes
    (D) bastante

42. (A) regresaría
    (B) regreso
    (C) regresara
    (D) ha regresado

43. (A) mostrarles
    (B) regalarle
    (C) abrazarle
    (D) colgarle

44. (A) las cuales
    (B) los cuales
    (C) el cual
    (D) la cual

Para muchos padres los cuentos de hadas traen recuerdos de una   __(45)__   agradable. Los cuentos como La Caperucita Roja, Blancanieves, o Cenicienta que en un pasado no sólo entretenían   __(46)__   enseñaban algunas lecciones, ahora   __(47)__   atacados por psicólogos que consideran que estos   __(48)__   y situaciones ficticias sólo interfieren en el razonamiento y desarrollo de una personalidad normal. Si esto   __(49)__   verdad, la generación que tuvo estas experiencias no podría funcionar en la sociedad hoy en día.

45. (A) estación
    (B) joya
    (C) niñez
    (D) mentira

46. (A) sino
    (B) pero
    (C) pero que
    (D) sino que

47. (A) son
    (B) sean
    (C) están
    (D) estén

48. (A) personajes
    (B) jueces
    (C) trabajadores
    (D) cirujanos

49. (A) era
    (B) fue
    (C) será
    (D) fuera

Amanecía cuando escuché la puerta. ___(50)___ principio, creí que ___(51)___ la puerta de la calle y pensé que Andrés ___(52)___ a marchar sin ___(53)___ . Pero los pasos cruzaron el pasillo, subieron muy despacio ___(54)___ y se pararon finalmente ante este cuarto. Andrés tardó bastante en decidirse. Cuando ___(55)___ hizo, se quedó quieto ___(56)___ la puerta, mirándome en silencio, sin ___(57)___ siquiera[1] a acercarse hasta la cama. Yo le sostuve unos instantes la mirada y, ___(58)___ , antes de que ___(59)___ decir nada, me volví y me quedé mirando a la ventana hasta que [él] ___(60)___ marchó.

[1]**siquiera**—even

50. (A) El
    (B) A
    (C) Al
    (D) Del

51. (A) es
    (B) era
    (C) está
    (D) estaba

52. (A) se irá
    (B) se iba
    (C) se haya ido
    (D) irse

53. (A) despedirse
    (B) quitarse
    (C) olvidarse
    (D) ponerse

54. (A) la escalera
    (B) la pared
    (C) el camino
    (D) el bosque

55. (A) la
    (B) lo
    (C) los
    (D) las

56. (A) arriba de
    (B) dentro de
    (C) al lado de
    (D) después de

57. (A) atreverse
    (B) levantarse
    (C) mudarse
    (D) parecerse

58. (A) vez
    (B) tarde
    (C) rato
    (D) luego

59. (A) puede
    (B) podrá
    (C) podría
    (D) pudiera

60. (A) le
    (B) lo
    (C) se
    (D) la

## PART C

**Directions:** In this part you will read several passages that will test your comprehension. After each passage, a number of questions or incomplete statements appear. Choose the most appropriate answer or completion, taking into consideration the overall meaning of the passage. Fill in the corresponding oval on the answer sheet.

—¿Usted busca a alguien?

—No precisamente.

—No puede engañarme. Cuando me mira como usted lo está haciendo conmigo, es porque se busca a alguien.

*Line*
*(5)*     Ante situación tan directa, es difícil ocultar los sentimientos.

—Tiene usted razón, busco a una persona.

—¿Y cree que va a encontrarla en este tren?

—Sí. Esa persona se montó un día en un tren como éste.

—Los trenes tienen sus diferencias. La máquina, el silbido, el humo, sus hora-
*(10)* rios de viaje. Una persona puede perderse en tantos trenes que viajan por el mundo. Los trenes no siempre son los mismos, aunque se parezcan entre ellos.

—Es posible. Pero tengo una corazonada[1].

—Quisiera ayudarlo en su corazonada, aunque poco creo en las corazonadas. Esa persona, ¿cómo es físicamente?

*(15)*     Vuelvo a la vieja reconstrucción parcial de mi padre. El hombre se ríe. Se explaya en ademanes con sus manos que me brindan confianza. Sus ojos no son brillantes y alegres.

—Busca a un medio hombre.

—No, a un hombre completo.

*(20)*     —Entonces precise más sus rasgos[2]. Yo lo ayudaré a buscarlo en el tren, si por casualidad se montó en este viaje . . .

[1]**corazonada**—hunch
[2]**rasgos**—features

61. ¿Qué parece notar el hombre al principio de la selección?

   (A) La necesidad de tener que esconderse
   (B) La voz familiar de la persona que habla
   (C) La precisión de la respuesta
   (D) La manera que lo miran

62. ¿Qué no puede ocultar el narrador?

   (A) El error
   (B) El miedo
   (C) La verdad
   (D) La alegría

63. ¿Qué dice el hombre sobre los trenes?

   (A) Que no son todos iguales
   (B) Que no son incómodos
   (C) Que tienen buenos horarios
   (D) Que siempre llegan a tiempo

64. ¿Qué le pide el hombre al narrador?

   (A) El horario de los trenes
   (B) Una descripción de una persona
   (C) Una foto de su padre
   (D) Los detalles de un viaje

65. ¿Por qué le dice el hombre al narrador "Busca a un medio hombre"?

   (A) Porque le hacen falta las manos
   (B) Porque sus ojos no brillan
   (C) Porque no puede ver todo su cuerpo
   (D) Porque no le ha dado muchos detalles

66. ¿Qué decide hacer el hombre al final de la selección?

   (A) Asistir al narrador en su búsqueda
   (B) Darle la mano para despedirse de él
   (C) Buscar otro tren que lo lleve a su destino
   (D) Terminar la conversación con el narrador

Question 67 refers to the following advertisement.

*Paso a paso...*
*Vuelo a vuelo...*

*Hemos creado la compañía más popular*
*en el continente americano. Con vuelos*
*directos a diez países de habla hispana, le*
*aseguramos un viaje placentero y con horarios*
*que satisfacen todas las necesidades sea por*
*negocios o por vacaciones. No olvide...*

*Aguila*

*Por las nubes a su destino.*

67. ¿Cuál es una ventaja de esta compañía?

   (A) Tiene buenos itinerarios.
   (B) Ofrece vacaciones muy baratas.
   (C) Garantiza ayuda a cualquier negocio.
   (D) Organiza viajes a lugares exóticos.

# Agua y más agua pero ni una gota para beber... por lo menos por unas horas...

Hoy durante las horas de las 9 de la mañana hasta la 1 de la tarde nuestra compañía limpiará los tanques de agua que suministran el agua a este edificio para mantener el agua limpia, pura y en abundancia.

**Le sugerimos que...**

• llene varios recipientes con agua para sus necesidades inmediatas

• cierre todos los grifos

Su cooperación es primordial. Estamos seguros de que Ud. apreciará el agua limpia una vez que se complete la limpieza.

68. ¿Qué problema existe en este edificio?

(A) Los tanques de agua están sucios.

(B) El agua sólo está disponible por unas horas.

(C) No se puede beber el agua por las mañanas.

(D) No se permite usar agua por varias horas al día.

Ya no sabíamos si Javier volvería. Su última carta no mencionaba su deseo de regresar. Demasiados incidentes desagradables habían pasado entre él y yo. De aquellos momentos de ternura e íntimas conversaciones sólo quedaban pocos rastros. Los últimos años habían sido de reproches, constantes argumentos y días silenciosos en los cuales las miradas frías herían como un puñal en el corazón. No sé por qué por varios días había presentido su regreso.

— ¿Pensativa como siempre?

Me sobresaltó aquella voz que tantas veces había querido oír de nuevo. No me podía mover. Un dolor en el pecho me paralizaba. Sentí que se acercaba a mí por sus pasos. Me acarició el cabello con la mano.

— ¿Eres tú, Javier?—le pregunté sin volverme.

No me respondió. Entonces me volví y le toqué las mejillas. Sentí sus lágrimas. Era la primera vez que me veía desde que yo había perdido la vista. Y así fue como comenzamos a querernos de nuevo después de la dura separación.

69. ¿Cómo era la relación entre los dos personajes al principio de la selección?

(A) Vergonzosa
(B) Encantadora
(C) Tensa
(D) Intima

70. Por lo que dice la narradora, podemos decir que ella

(A) había olvidado su relación con Javier
(B) había buscado a Javier por varios países
(C) sabía que Javier nunca regresaría
(D) quería que Javier regresara

71. ¿Cómo parecía sentirse el hombre al final de la selección?

(A) Triste
(B) Entusiasmado
(C) Orgulloso
(D) Relajado

72. ¿Qué sabemos de la narradora al final de la selección?

(A) Que era sorda
(B) Que era muda
(C) Que era calva
(D) Que era ciega

El día había comenzado como cualquier otro. Al atardecer la gente se apresuraba por las calles como si huyeran de alguna catástrofe. Los andenes de los trenes estaban llenos. Las voces de los vendedores ambulantes y el sabroso olor a comida se mezclaban con el ruido de los coches y autobuses que apenas se movían. Una que otra motocicleta, como la mía se hacía paso, entre el tráfico, sin prestar mucha atención a los semáforos. Al cruzar la Avenida Colón, sentí un fuerte golpe en la pierna derecha, seguido por otro golpe en la cabeza. De momento sentí como si la cabeza me fuera a explotar y en un instante, completa oscuridad, voces apenas perceptibles y un agudo dolor por todo el cuerpo.

—Póngale la máscara de oxígeno. Ud., López, dele anestesia total. Lo tenemos que operar inmediatamente.

Esas fueron las últimas palabras que creo que oí en mi estado de completa confusión.

73. ¿Cómo había comenzado el día?

   (A) Muy inquietante
   (B) Muy extraño
   (C) Muy normal
   (D) Muy misterioso

74. ¿Qué le sucedió al narrador?

   (A) Tuvo un accidente.
   (B) Se cayó del andén.
   (C) Sintió que lo empujaban.
   (D) Se quedó dormido.

75. ¿Dónde estaba el narrador al final de la selección?

   (A) En un camión
   (B) En una motocicleta
   (C) En un hospital
   (D) En una farmacia

Las flores ya estaban marchitas. Las hojas de los árboles comenzaban a cubrir el suelo mojado por las constantes lluvias de toda una semana. De vez en cuando una bandada de pájaros se veía en el horizonte en su viaje anual a tierras más cálidas. Pronto el invierno tocaba a la puerta. En esta parte del país era considerado uno de los peores. Los ciudadanos ya estaban acostumbrados y durante el verano hacían todo lo posible para hacer los preparativos que les permitiera sobrevivir el largo invierno.

Gustavo pensaba que nunca se acostumbraría a esta región. Había llegado allí con su familia para comenzar una nueva vida después de recibir su libertad tras cinco años en una cárcel en el sur del país. Nunca pudieron comprobar que había sido él la persona que había robado el banco. Abogados, testigos, exámenes médicos, pruebas de ADN… nada… todo había sido un gran error pero nadie pudo comprobar su inocencia… y ahora empezaba una vida nueva en un lugar donde el tiempo definitivamente no le había dado la bienvenida que él esperaba.

76. ¿Cómo se podría describir la actitud de los ciudadanos hacia el clima?

(A) Reconciliatoria
(B) Resignada
(C) Violenta
(D) Pesimista

77. ¿De dónde venía Gustavo cuando llegó a esta parte del país?

(A) De un hospital
(B) De una prisión
(C) De un banco
(D) De una corte

78. Gustavo tuvo que pasar tiempo en el sur del país porque

(A) fue el único lugar donde pudo encontrar trabajo
(B) el clima era mejor para su salud
(C) había sido acusado de un crimen
(D) su familia se había mudado allí

79. ¿Por qué pensaba él que no había recibido la bienvenida que esperaba?

(A) Porque nadie lo saludaba
(B) Porque hacía mal tiempo
(C) Porque había perdido todo su dinero
(D) Porque sufría de una enfermedad contagiosa

En el comedor, Consuelo trató de evitar las miradas de todos y fijó la vista en el fondo de su plato. Entró la chica de cabello teñido metida en un pantalón estrecho y un tricot grueso con cuello de tortuga, que la hizo muy semejante a ese animal.

*Line*
(5) La chica silbó un aire de moda y ordenó un filete con patatas; ella no comería el menú sucio y raquítico. Su voz áspera cubrió las otras voces excitadas de los comensales que hablaban de una huelga cuyas consecuencias podían resultar fatales.

—Callen, callen, que no pasará nada. En España nunca pasa nada—ordenó Amparo, y el sonido de su voz produjo que Consuelo dejara caer el tenedor sobre el plato.

(10) —Mañana se servirá usted misma su café—le avisó Juanín.

—¿Aquí habrá huelga?—le preguntó Consuelo.

—En todas partes, y los comercios que abran serán cerrados a pedradas.

Se preparaba el desorden y las viejas jugadoras, de maquillaje cargado, parecían eufóricas. Salió a la calle y vio venir hacia ella al relojero, amparado en su paraguas
(15) y esquivando los charcos.

—¿Paseando tan tarde?

—Usted también irá a la huelga—contestó ella.

—¿Qué huelga? Parece usted demasiado interesada. Aquí no habrá ninguna huelga.

80. ¿Qué trataba de evitar Consuelo?

(A) Que le quitaran la comida
(B) Que le cortaran el pelo
(C) Que la miraran
(D) Que la tocaran

81. ¿A qué se parecía la chica que entró?

(A) A un pantalón
(B) A un caballo
(C) A una patata
(D) A una tortuga

82. ¿Qué hizo la chica que entró?

(A) Pidió comida.
(B) Gritó excitada.
(C) Cantó una canción.
(D) Cubrió la comida.

83. ¿De qué hablaban las personas en este lugar?

(A) De una protesta
(B) De una enfermedad
(C) De las elecciones
(D) De la comida

84. Por la descripción, ¿qué tiempo hacía cuando Consuelo salió a la calle?

(A) Hacía calor.
(B) Hacía viento.
(C) Llovía.
(D) Hacía sol.

85. Por la respuesta del relojero sabemos que

(A) él no está de acuerdo con Consuelo
(B) a él no le gusta pasear por la calle
(C) a Consuelo no le importa lo que pasa
(D) a Consuelo no le interesa hablar con él

*If there is still time remaining, you may review your answers.*

# Answer Key
## PRACTICE TEST 4

## Part A

| | | | | | |
|---|---|---|---|---|---|
| 1. B | 7. C | 13. D | 19. B | 25. B | 31. D |
| 2. A | 8. C | 14. B | 20. A | 26. A | 32. A |
| 3. C | 9. A | 15. D | 21. B | 27. B | 33. A |
| 4. D | 10. D | 16. C | 22. D | 28. A | 34. A |
| 5. D | 11. A | 17. B | 23. C | 29. A | 35. B |
| 6. B | 12. B | 18. B | 24. A | 30. C | |

## Part B

| | | | | | |
|---|---|---|---|---|---|
| 36. B | 41. C | 45. C | 49. D | 53. A | 57. A |
| 37. B | 42. A | 46. D | 50. C | 54. A | 58. D |
| 38. B | 43. A | 47. A | 51. B | 55. B | 59. D |
| 39. B | 44. D | 48. A | 52. B | 56. C | 60. C |
| 40. A | | | | | |

## Part C

| | | | | | |
|---|---|---|---|---|---|
| 61. D | 66. A | 70. D | 74. A | 78. C | 82. A |
| 62. C | 67. A | 71. A | 75. C | 79. B | 83. A |
| 63. A | 68. A | 72. D | 76. B | 80. C | 84. C |
| 64. B | 69. C | 73. C | 77. B | 81. D | 85. A |
| 65. D | | | | | |

The answer to some questions may depend on more than one statement in the passage. In that case more than one line will be listed in the Answer Explanations. When the answer depends on the overall meaning of the passage, the answer is indicated by "overall meaning."

## ANSWER EXPLANATIONS

Note: Some words that are cognates have not been translated.

## Part A

1. **(B)** **tercer**; *see* section 18.2, trío–trio

2. **(A)** **él**, prepositional pronoun; *see* section 5.2

3. **(C)** **nadie**–nobody, no one; *see* section 15.1

4. **(D)** **propina**–tip; cuenta–account, bill, bolsa–bag, cabeza–head

5. **(D)** **nublado**–cloudy; limpio–clean, caliente–hot, fresco–cool

6. **(B)** **del**; salir de + el = salir del

7. **(C)** **carreteras**–highways; iglesias–churches, aceras–sidewalks, cuadras–(city) blocks

8. **(C)** **carne**–meat; legumbres–vegetables, árboles–trees, postres–desserts

9. **(A)** **ahorrar**–to save (money); salvar–to save, rescue, quedar–to remain, tocar–to play, touch

10. **(D)** **llaves**–keys; luces–lights, muebles–furniture, vasos–glasses

11. **(A)** **comamos**; the subjunctive is needed after *es justo*; *see* section 13.7.4

12. **(B)** **a eso de**–at about; en lugar de–in place of, acerca de–about, encima de–on top of

13. **(D)** **uñas**–nails; piernas–legs, narices, noses, rodillas–knees

14. **(B)** **algodón**–cotton; madera–wood, lana–wool, papel–paper

15. **(D)** **les** (indirect object pronoun); *see* section 5.3.3

16. **(C)** **sé, saber**–to know (a fact)

17. **(B)** **suya**; possessive pronoun is needed; *see* section 5.4

18. **(B)** **bocadillo**–sandwich; jabón–soap, cuchara–spoon, canción–song

19. **(B)** **a fines de**–toward the end of; a lo largo de–along, a través de–through, across, a pesar de–in spite of

20. **(A)** **llegara**; the subjunctive is needed (contrary-to-fact statement); *see* section 13.10.4

21. **(B)** **faltaba media hora**–there was one half hour to go; echar–to throw, encontrar–to find, hacer–to do, make

22. **(D)** **aceite**–oil; refresco–soft drink, tenedor–fork, cuchillo–knife

23. **(C)** **talla**–size; salida–exit, receta–recipe, mitad–half

24. **(A)** **escoger**–to choose; mostrar–to show, esconder–to hide, molestar–to annoy, bother

25. **(B)** **vacías**–empty; aburridas–bored, felices–happy, estimadas–esteemed

26. **(A)** **recoger**–to pick up; pintar–to paint, encender–to light, to turn on, cobrar–to charge

27. **(B)** **duro**–hard; corto–short, cómodo–comfortable, ancho–wide

28. **(A)** **esa**; feminine demonstrative adjective is needed; *see* section 2.3

29. **(A)** **cupimos**; the preterit is needed; *see* section 7.1

30. **(C)** **quedan**; the plural form of the verb in the present is needed; *see* sections 6.10 and 6.11

31. **(D)** **fuera**; the subjunctive is needed after *recomendar*; *see* section 13.7.1

32. **(A)** **lloviznar**–to drizzle; secar–to dry, tocar–to play, touch, enfriar–to cool, chill

33. **(A)** **hubieran dicho**; the subjunctive is needed after *parecer mentira*; *see* section 13.7.2

34. **(A)** **a, acercarse a**–to approach

35. **(B)** **salgamos**; the subjunctive is needed after *pedir*; *see* section 13.7.1

# Part B

36. **(B)** **una**; the feminine form is needed; *see* section 2.2

37. **(B)** **había abandonado**; the pluperfect indicative is needed; *see* section 10.1

38. **(B)** **aumentaba**; the imperfect indicative is needed; *see* section 8.1

39. **(B)** **volvieran**; the imperfect subjunctive is needed; *see* section 13.7.1, 13.10.2

40. **(A)** **a través de**–throughout; a cambio de–in exchange for, en lugar de–instead of, en caso de (que)–in the event that

41. **(C)** **antes**—before; detrás–behind, además–besides, bastante–enough

42. **(A)** **regresaría**; the conditional is needed

43. **(A)** **mostrarles**–to show them; regalar–to give (as a present), abrazar–to hug, colgar–to hang, put up

44. **(D)** **la cual**; *see* section 5.6.3

45. **(C)** **niñez**–childhood; estación–station, joya–piece of jewelry, mentira–lie

46. **(D)** **sino que**; *see* section 15.3

47. **(A)** **son**; *see* section 6.9.1

48. **(A)** **personajes**–characters; jueces–judges, trabajadores–workers, cirujanos–surgeons

49. **(D)** **fuera**; the imperfect subjunctive is needed; *see* section 13.10.4

50. **(C)** **al, al principio**–at the beginning

51. **(B)** **era**; the imperfect is needed; *see* section 8.1

52. **(B)** **se iba**; the imperfect is needed; *see* section 8.1

53. **(A)** **despedirse**–to say good-bye; quitarse–to take off, olvidarse–to forget, ponerse–to put on

54. **(A)** **escalera**–stair; pared–wall, camino–road, bosque–forest

55. **(B)** **lo**; *see* section 5.3.1

56. **(C)** **al lado de**–next to; arriba de–on top of, dentro de–inside, después de–after

57. **(A)** **atreverse**–to dare; levantarse–to get up, mudarse–to move, parecerse–to look like

58. **(D)** **luego**–later; vez–time (una vez–once), tarde–late, un rato–a while

59. **(D)** **pudiera**; the subjunctive is needed after *antes de que*; *see* section 13.7.7

60. **(C)** **se**, marcharse–to go away, leave

## Part C

The answer to some questions may depend on more than one statement in the passage. In that case more than one line will be listed. When the answer depends on the overall meaning of the passage, the answer is indicated by "overall meaning."

61. **(D)** Lines 4–5

62. **(C)** Line 5

63. **(A)** Lines 9–11

64. **(B)** Line 14

65. **(D)** Lines 15, 20

66. **(A)** Lines 20–21

67. **(A)** Lines 6–8

68. **(A)** Lines 6–11, 16–18

69. **(C)** Lines 2–5

70. **(D)** Line 8

71. **(A)** Lines 12–13

72. **(D)** Line 13

73. **(C)** Line 1

74. **(A)** Lines 6–9

75. **(C)** Lines 10–11

76. **(B)** Lines 5–7

77. **(B)** Lines 9–10

78. **(C)** Lines 10–13

79. **(B)** Lines 13–14

80. **(C)** Line 1

81. **(D)** Line 3

82. **(A)** Line 5

83. **(A)** Lines 5–6

84. **(C)** Lines 14–15

85. **(A)** Lines 18–19

# Practice Test 5
## ANSWER SHEET

1. Ⓐ Ⓑ Ⓒ Ⓓ
2. Ⓐ Ⓑ Ⓒ Ⓓ
3. Ⓐ Ⓑ Ⓒ Ⓓ
4. Ⓐ Ⓑ Ⓒ Ⓓ
5. Ⓐ Ⓑ Ⓒ Ⓓ
6. Ⓐ Ⓑ Ⓒ Ⓓ
7. Ⓐ Ⓑ Ⓒ Ⓓ
8. Ⓐ Ⓑ Ⓒ Ⓓ
9. Ⓐ Ⓑ Ⓒ Ⓓ
10. Ⓐ Ⓑ Ⓒ Ⓓ
11. Ⓐ Ⓑ Ⓒ Ⓓ
12. Ⓐ Ⓑ Ⓒ Ⓓ
13. Ⓐ Ⓑ Ⓒ Ⓓ
14. Ⓐ Ⓑ Ⓒ Ⓓ
15. Ⓐ Ⓑ Ⓒ Ⓓ
16. Ⓐ Ⓑ Ⓒ Ⓓ
17. Ⓐ Ⓑ Ⓒ Ⓓ
18. Ⓐ Ⓑ Ⓒ Ⓓ
19. Ⓐ Ⓑ Ⓒ Ⓓ
20. Ⓐ Ⓑ Ⓒ Ⓓ
21. Ⓐ Ⓑ Ⓒ Ⓓ
22. Ⓐ Ⓑ Ⓒ Ⓓ

23. Ⓐ Ⓑ Ⓒ Ⓓ
24. Ⓐ Ⓑ Ⓒ Ⓓ
25. Ⓐ Ⓑ Ⓒ Ⓓ
26. Ⓐ Ⓑ Ⓒ Ⓓ
27. Ⓐ Ⓑ Ⓒ Ⓓ
28. Ⓐ Ⓑ Ⓒ Ⓓ
29. Ⓐ Ⓑ Ⓒ Ⓓ
30. Ⓐ Ⓑ Ⓒ Ⓓ
31. Ⓐ Ⓑ Ⓒ Ⓓ
32. Ⓐ Ⓑ Ⓒ Ⓓ
33. Ⓐ Ⓑ Ⓒ Ⓓ
34. Ⓐ Ⓑ Ⓒ Ⓓ
35. Ⓐ Ⓑ Ⓒ Ⓓ
36. Ⓐ Ⓑ Ⓒ Ⓓ
37. Ⓐ Ⓑ Ⓒ Ⓓ
38. Ⓐ Ⓑ Ⓒ Ⓓ
39. Ⓐ Ⓑ Ⓒ Ⓓ
40. Ⓐ Ⓑ Ⓒ Ⓓ
41. Ⓐ Ⓑ Ⓒ Ⓓ
42. Ⓐ Ⓑ Ⓒ Ⓓ
43. Ⓐ Ⓑ Ⓒ Ⓓ
44. Ⓐ Ⓑ Ⓒ Ⓓ

45. Ⓐ Ⓑ Ⓒ Ⓓ
46. Ⓐ Ⓑ Ⓒ Ⓓ
47. Ⓐ Ⓑ Ⓒ Ⓓ
48. Ⓐ Ⓑ Ⓒ Ⓓ
49. Ⓐ Ⓑ Ⓒ Ⓓ
50. Ⓐ Ⓑ Ⓒ Ⓓ
51. Ⓐ Ⓑ Ⓒ Ⓓ
52. Ⓐ Ⓑ Ⓒ Ⓓ
53. Ⓐ Ⓑ Ⓒ Ⓓ
54. Ⓐ Ⓑ Ⓒ Ⓓ
55. Ⓐ Ⓑ Ⓒ Ⓓ
56. Ⓐ Ⓑ Ⓒ Ⓓ
57. Ⓐ Ⓑ Ⓒ Ⓓ
58. Ⓐ Ⓑ Ⓒ Ⓓ
59. Ⓐ Ⓑ Ⓒ Ⓓ
60. Ⓐ Ⓑ Ⓒ Ⓓ
61. Ⓐ Ⓑ Ⓒ Ⓓ
62. Ⓐ Ⓑ Ⓒ Ⓓ
63. Ⓐ Ⓑ Ⓒ Ⓓ
64. Ⓐ Ⓑ Ⓒ Ⓓ
65. Ⓐ Ⓑ Ⓒ Ⓓ
66. Ⓐ Ⓑ Ⓒ Ⓓ

67. Ⓐ Ⓑ Ⓒ Ⓓ
68. Ⓐ Ⓑ Ⓒ Ⓓ
69. Ⓐ Ⓑ Ⓒ Ⓓ
70. Ⓐ Ⓑ Ⓒ Ⓓ
71. Ⓐ Ⓑ Ⓒ Ⓓ
72. Ⓐ Ⓑ Ⓒ Ⓓ
73. Ⓐ Ⓑ Ⓒ Ⓓ
74. Ⓐ Ⓑ Ⓒ Ⓓ
75. Ⓐ Ⓑ Ⓒ Ⓓ
76. Ⓐ Ⓑ Ⓒ Ⓓ
77. Ⓐ Ⓑ Ⓒ Ⓓ
78. Ⓐ Ⓑ Ⓒ Ⓓ
79. Ⓐ Ⓑ Ⓒ Ⓓ
80. Ⓐ Ⓑ Ⓒ Ⓓ
81. Ⓐ Ⓑ Ⓒ Ⓓ
82. Ⓐ Ⓑ Ⓒ Ⓓ
83. Ⓐ Ⓑ Ⓒ Ⓓ
84. Ⓐ Ⓑ Ⓒ Ⓓ
85. Ⓐ Ⓑ Ⓒ Ⓓ

To compute your approximate scaled score:

_____ (number of correct answers) − _____ (number of incorrect answers) / 3 = _____ (raw score)

Now, go to page 384 to find out your approximate scaled score.

# Practice Test 5

## PART A

> **Directions:** Read the following statements and the four suggested completions. Then choose the most appropriate completion and fill in the corresponding oval on the answer sheet.

1. Por salir sin zapatos ahora tienes . . . muy sucios.

   (A) los pies
   (B) los brazos
   (C) los hombros
   (D) los ojos

2. El profesor no había . . . que el examen era hoy.

   (A) visto
   (B) dicho
   (C) hecho
   (D) puesto

3. Mis . . . acaban de llegar de Bolivia. Este fin de semana toda la familia va a estar junta.

   (A) miembros
   (B) parejas
   (C) personajes
   (D) parientes

4. Si no recibes el paquete que te envié por correos, habla con el . . . que trae la correspondencia.

   (A) mesero
   (B) entrenador
   (C) cartero
   (D) dependiente

5. Me encanta el invierno porque podemos patinar en el . . .

   (A) hierro
   (B) hielo
   (C) techo
   (D) cielo

6. No he visto a . . . en esa tienda. Yo creo que es demasiado cara.

   (A) nadie
   (B) ningún
   (C) nada
   (D) nunca

7. En la esquina, . . . a la izquierda y allí está la tienda.

   (A) cruza
   (B) toca
   (C) dobla
   (D) baja

8. Hay muchas frutas en las . . . de los árboles.

   (A) ramas
   (B) raíces
   (C) hojas
   (D) flores

9. Él no tuvo . . . cuando trató de correr en el maratón.

   (A) lugar
   (B) éxito
   (C) cuentas
   (D) costumbres

10. Mañana tengo una . . . con el dueño del almacén donde quiero trabajar.

    (A) película
    (B) lectura
    (C) entrevista
    (D) mochila

11. Esta mañana me desperté muy temprano porque el teléfono . . . a las seis.

    (A) siguió
    (B) soñó
    (C) sintió
    (D) sonó

12. Esos . . . de Goya fueron descubiertos en una casa abandonada.

    (A) cuadros
    (B) lugares
    (C) pintores
    (D) vidrios

13. La familia Roca fue al zoológico primero y . . . fue de compras.

    (A) pues
    (B) entonces
    (C) anterior
    (D) tarde

14. No pude ver bien la obra de teatro porque me senté . . . un señor muy alto.

    (A) al lado de
    (B) detrás de
    (C) al fondo de
    (D) encima de

15. Ese hombre está locamente enamorado . . . su esposa.

    (A) a
    (B) con
    (C) en
    (D) de

16. Le compramos varios libros a Gerardo para que no . . .

    (A) se aburriera
    (B) se mojara
    (C) se vistiera
    (D) se despertara

17. Regresemos a casa; no me . . . bien desde esta mañana.

    (A) quedo
    (B) caigo
    (C) muero
    (D) siento

18. Préstame unas . . . para cortar esas flores.

    (A) tijeras
    (B) cucharas
    (C) tazas
    (D) piedras

19. José, ayúdame a . . . el armario; quiero ponerlo cerca de la cama.

    (A) toser
    (B) tardar
    (C) empujar
    (D) echar

20. Nos encantó la película. Cuando salimos del cine todos estábamos . . . todavía.

    (A) riéndonos
    (B) quejándonos
    (C) despidiéndonos
    (D) cansándonos

21. Este verano Mariano quiere trabajar de . . . en la piscina.

    (A) sacapuntas
    (B) paraguas
    (C) lavamanos
    (D) salvavidas

22. ¿ . . . cuándo no vas a Europa, Cecilia?

    (A) Desde
    (B) Entre
    (C) Para
    (D) Según

23. En cuanto Alberto llegó, nosotros . . . la cena.

    (A) serviremos
    (B) servimos
    (C) serviríamos
    (D) sirvamos

24. Señor Juárez, . . . presento a mi tío Carlos y a su esposa Elsa.

    (A) se
    (B) los
    (C) le
    (D) les

25. Antes de decidir lo que vas a hacer, piensa . . . las consecuencias.

    (A) a
    (B) en
    (C) con
    (D) por

26. El año pasado el director nos . . . salir a menudo de la escuela para almorzar.

    (A) permitía
    (B) permite
    (C) permita
    (D) permitiría

27. Esos televisores nuevos tienen más de . . . canales.

    (A) ciento
    (B) cien
    (C) cientos
    (D) centenario

28. Si tuviera tiempo, . . . al lago por unos días.

    (A) iría
    (B) iré
    (C) iba
    (D) fui

29. Ya . . . las diez y Humberto todavía no había llegado.

    (A) era
    (B) eran
    (C) fue
    (D) fueron

30. Susana, ve al cuarto y . . . las tareas antes de salir.

    (A) haces
    (B) haga
    (C) hagas
    (D) haz

31. Carmen prefiere que yo . . . las raquetas de tenis.

    (A) llevaré
    (B) llevé
    (C) lleve
    (D) llevo

32. Tráeme . . . abrelatas que está en la cocina, por favor.

    (A) las
    (B) los
    (C) el
    (D) la

33. ¡Qué cómico! Esos chicos no . . . bailar.

    (A) sepan
    (B) saben
    (C) conocen
    (D) conozcan

34. Hace más de una hora que estamos esperando el tren. ¿Cuándo . . . ?

    (A) llegué
    (B) llegará
    (C) llegara
    (D) llegue

35. Ellos siguieron . . . en el campo hasta que empezó a llover.

    (A) trabajado
    (B) trabajar
    (C) trabajando
    (D) trabajados

36. Quédate en la casa hasta que yo . . .

    (A) regrese
    (B) regresaré
    (C) regresé
    (D) regresara

37. Me puse los zapatos cuando me pidieron que . . .

    (A) salga
    (B) saliera
    (C) saldría
    (D) salía

38. Su madre les prohibiría cruzar la calle si ella . . . lo peligroso que es.

    (A) sabría
    (B) supo
    (C) supiera
    (D) sabrá

39. Niegan que . . . clases mañana.

    (A) hay
    (B) haya
    (C) habrá
    (D) hubo

## PART B

**Directions:** In the following passages some words or phrases are missing. For each blank, four possible completions are given. Read the entire passage to get an idea of its content, then select the most appropriate completion, taking into consideration the overall meaning of the passage. Fill in the corresponding oval on the answer sheet.

### Una colección de todos

Si estaba pensando en deshacerse de ese montón de documentos y fotografías viejas de su familia, no lo __(40)__ . Futuras generaciones de investigadores pueden sacarles provecho. La *Chicano Research Collection*, una colección organizada __(41)__ el servicio de bibliotecas de la universidad del estado de Arizona, __(42)__ todo tipo de información relacionada con la historia de los chicanos en el suroeste de EE. UU. Para ampliar su fondo, la colección cuenta con la aportación de personas que tengan libros, fotografías, publicaciones o __(43)__ material sobre los mexicoamericanos y quieran donarlo. Los organizadores del archivo esperan que éste __(44)__ en la mejor fuente de información de EE. UU.

La colección __(45)__ creada en 1970, bajo el nombre de *Chicano Studies Collection*, con el objetivo de reunir trabajos sobre los chicanos de EE. UU., que reflejaran su historia y su pensamiento. En el fondo, latía __(46)__ interés de reconocer la herencia mexicoamericana. "Es importante que __(47)__ las contribuciones de los chicanos en EE. UU. para tener una perspectiva más equilibrada de la historia", dice Christine Marín, curadora de la colección. Si desea donar material o informarse, __(48)__ las oficinas de la colección.

40. (A) hace
    (B) haz
    (C) haga
    (D) hará

41. (A) a
    (B) de
    (C) por
    (D) hasta

42. (A) reúne
    (B) reúna
    (C) reuniera
    (D) hubiera reunido

43. (A) alguno
    (B) alguna
    (C) cualquiera
    (D) cualquier

44. (A) se convertiría
    (B) se convierta
    (C) se convierte
    (D) se convertirá

45. (A) fue
    (B) era
    (C) sería
    (D) sea

46. (A) una
    (B) uno
    (C) la
    (D) el

47. (A) se reconocían
    (B) se reconozcan
    (C) se reconocerán
    (D) se reconoce

48. (A) llame
    (B) llama
    (C) llamará
    (D) llamara

Durante años, los latinoamericanos ___(49)___ a España desde "la madre patria" hasta "la tierra de los conquistadores". Pero, muy ___(50)___ vez se exploran sus raíces. Si bien Andalucía y el País Vasco ___(51)___ encuentran en los extremos geográficos y culturales opuestos, su influencia mora y vasca le ___(52)___ color al panorama cultural español ya de por sí diverso.

San Sebastián se anida entre la bahía de Vizcaya y los Pirineos, ___(53)___ la frontera francesa. Es una ciudad cosmopolita ___(54)___ ciudadanos se apasionan por su cocina y deportes, tanto como por su política. Su sofisticación cultural y elegantes balnearios atraen a visitantes internacionales y se le conoce como la Riviera Francesa de España. Aunque ___(55)___ podría pasarse todas las vacaciones relajándose en sus playas, ___(56)___ de los vascos es su cocina. En la parte vieja de la ciudad, puedes saborear delicias del mar y luego dar una caminata ___(57)___ la playa La Concha.

Al otro extremo de la península ibérica, en la ciudad de Granada, en la región de Andalucía, se perfilan las torres de la Alhambra, el palacio moro compuesto de distintos ___(58)___ y hermosos ___(59)___. A poca distancia de este baluarte de la cultura árabe ___(60)___ el Albaicín, uno de los barrios moros más grandes que aún existen en España. Sus callejuelas de adoquines repletas de pequeñas tiendas te llevan a Sacromonte, cuyas cuevas vibran con el ritmo flamenco de los gitanos. Tras visitar esta provincia, entiendes por qué ___(61)___ la fuente de inspiración del poeta Federico García Lorca, quien ___(62)___ y murió en Granada.

49. (A) llamen
    (B) hayan llamado
    (C) hubieran llamado
    (D) han llamado

50. (A) raramente
    (B) rarísima
    (C) rara
    (D) raro

51. (A) las
    (B) le
    (C) se
    (D) lo

52. (A) avisan
    (B) pintan
    (C) piden
    (D) agregan

53. (A) cerca de
    (B) después de
    (C) encima de
    (D) enfrente de

54. (A) cuya
    (B) cuyos
    (C) quien
    (D) quienes

55. (A) algún
    (B) uno
    (C) un
    (D) algunos

56. (A) el dolor
    (B) la mentira
    (C) la razón
    (D) el orgullo

57. (A) a lo largo de
    (B) a causa de
    (C) a diferencia de
    (D) a la distancia de

58. (A) caminos
    (B) techos
    (C) edificios
    (D) ríos

59. (A) jamones
    (B) jurados
    (C) juguetes
    (D) jardines

60. (A) encontrarás
    (B) encontraste
    (C) encontrabas
    (D) encontraras

61. (A) fuera
    (B) fue
    (C) hubiera sido
    (D) haya sido

62. (A) nacerá
    (B) nacía
    (C) ha nacido
    (D) nació

## PART C

**Directions:** In this part you will read several passages that will test your comprehension. After each passage, a number of questions or incomplete statements appear. Choose the most appropriate answer or completion, taking into consideration the overall meaning of the passage. Fill in the corresponding oval on the answer sheet.

La empleada del gobierno tomó mi vieja tarjeta del Social Security, la rompió por la mitad y me dijo: "Ésta ya no la necesitará". Y sin pensarlo dos veces, tiró los trozos de mi identidad a la basura.

*Line*
(5)
"Ahí va Liliana Olivares que tanto se esforzó para llegar a ser quien es", pensé mientras trataba de contener las lágrimas. "Que descanse en paz en el basurero gubernamental".

Salí de la oficina del Social Security con mi nueva tarjeta (número viejo, nombre nuevo) y con el corazón lleno de tristeza. Me pregunté si otras mujeres pasan por este duelo cuando cambian el apellido de su padre por el de su esposo.

(10)
No estaba tan segura del por qué de mi pesar, ya que cuando estaba en la secundaria odiaba mi nombre y quería cambiarlo por algo más "americano" como Lillian Chandler. Quizás se debía a que tuve que cambiar mi apellido justo cuando por fin me sentía orgullosa de él. O tal vez porque al mi padre no tener hijos varones, el apellido desaparecía.

(15)
A lo mejor me sentía mal por haber cedido tan rápido cuando, ante mi pedido de usar ambos apellidos con un guión entre medio, la empleada del gobierno me dijo que no lo hiciera ya que me crearía problemas con la burocracia gubernamental en el futuro. Así que en vez de insistir en Olivares-Pérez, me conformé con convertir mi apellido en segundo nombre y ser Liliana O. Pérez por el resto de mi vida.

(20)
Mis amigas, sobre todo las solteras mayores de 30 años, no entendían mi melodrama. "Yo me muero de ganas de casarme. No tendré ningún problema en cambiar mi apellido a Benson o a lo que sea", dijo una de ellas.

Mi esposo tampoco comprendió mi dilema. Para él era normal que yo compartiera el apellido del hombre que me quiere tanto que me ha ofrecido que deje mi
(25) trabajo por un año para dedicarme a escribir.

Cuando le conté todo esto a mi mamá, ella se rió recordándome que si estuviera en su México natal, mi nombre hubiera sido Liliana Olivares "de" Pérez.

Aquí existen otras opciones ya que una puede quedarse con su apellido, lo puede combinar con el del esposo o inventarse uno totalmente nuevo. Pero no importa
(30) qué decidas. Como mujer, ya no te sientes completa.

Sin embargo, cuando me despierto por las mañanas junto al hombre maravilloso cuyo nombre llevo, sé que después de todo no es nada malo ser Liliana O. Pérez.

63. ¿Cómo se sintió Liliana Olivares al salir de la oficina de Social Security?

   (A) Deprimida
   (B) Envigorada
   (C) Feliz
   (D) Enloquecida

64. ¿Qué le pasaba a Liliana Olivares cuando estaba en la secundaria?

   (A) No le gustaba su nombre.
   (B) No la llamaban por su nombre.
   (C) Usaba un nombre americano.
   (D) Le encantaba su apellido.

65. La Sra. Olivares temía que su apellido desapareciera porque

   (A) su padre había muerto
   (B) ella no tenía hermanos
   (C) su familia había inmigrado
   (D) ella no se sentía orgullosa de él

66. ¿Qué le sugirió la empleada del gobierno a Liliana?

   (A) Que luchara contra la burocracia del gobierno
   (B) Que esperara más tiempo para tomar una decisión
   (C) Que no usara dos apellidos
   (D) Que se casara con un americano

67. La letra "O" en el nombre completo de Liliana representa

   (A) el apellido de ella antes de casarse
   (B) el apellido de su esposo
   (C) el nombre de su padre
   (D) el nombre de uno de sus parientes

68. Según Liliana, con respecto a su dilema, sus amigas parecían tener una actitud

   (A) festiva
   (B) incomprensiva
   (C) humorosa
   (D) sospechosa

69. Una amiga le dijo a Liliana que ella

   (A) comprendía su melodrama
   (B) estaba de acuerdo con su decisión
   (C) tuvo problemas cuando cambió su apellido
   (D) tenía muchas ganas de casarse

70. La oferta de su esposo, le permitiría a Liliana

   (A) regresar a su país natal
   (B) inventarse un apellido nuevo
   (C) no tener que mudarse con su madre
   (D) no trabajar por cierto tiempo

71. ¿Cuál parece ser la profesión de la Sra. Olivares?

   (A) Política
   (B) Trabajadora social
   (C) Escritora
   (D) Abogada de inmigración

72. Según Liliana, después de casarse, una mujer se considera

   (A) sola
   (B) indecisa
   (C) incompleta
   (D) protegida

73. Al final de la selección podemos decir que Liliana

   (A) tiene problemas con su esposo
   (B) ha aceptado su situación
   (C) se lleva mal con los hombres
   (D) todavía odia su nombre

74. ¿Cómo parece ser la relación entre Liliana y su esposo?

   (A) Un poco distanciada
   (B) Llena de drama
   (C) Sin espontaneidad
   (D) Muy amorosa

Questions 75–76 refer to the following advertisement.

**LA MEJOR CREMA
EN EL MERCADO**

Les da el brillo que merecen sus
zapatos. Los protege de la lluvia
y de la nieve.

Su color neutral le permite usarla
en zapatos marrones o negros... ¡y sus manos, . . . limpias!

*¡Cómprela! ¡Usela! Y... ¡Brille!*

75. ¿Cuál es una ventaja de esta crema?

(A) Ayuda a evitar accidentes en la nieve.
(B) Se puede usar en zapatos de cualquier color.
(C) Contribuye a hacer más suave los zapatos.
(D) Hace que sus zapatos resplandezcan.

76. ¿Qué dice el anuncio sobre el color de la crema?

(A) No se puede usar con zapatos de colores.
(B) No ensucia las manos de quien la use.
(C) Está disponible en tres colores.
(D) Protege los pies de quien la use.

Llegó hasta las primeras calles de la ciudad y en una de ellas encontró una lechería. Era un negocio muy claro y limpio, lleno de mesitas con cubiertas de mármol. Detrás de un mostrador estaba de pie una señora rubia con un delantal blanquísimo.

*Line*
(5) Eligió ese negocio. La calle era poco transitada. Habría podido comer en uno de esos figones que estaban junto al muelle, pero se encontraban llenos de gente que jugaba y bebía.

En la lechería no había sino un cliente. Era un vejete de anteojos, que con la nariz metida entre las hojas de un periódico, leyendo, permanecía inmóvil, como (10) pegado a la silla. Sobre la mesita había un vaso de leche a medio consumir.

Esperó que se retirara, paseando por la acera, sintiendo que poco a poco se le encendía en el estómago la quemadura de antes, y esperó cinco, diez, hasta quince minutos. Se cansó y paróse a un lado de la puerta, desde donde lanzaba[1] al viejo unas miradas que parecían pedradas[2].

(15) ¡Qué diablos leería con tanta atención! Llegó a imaginarse que era un enemigo suyo, quien, sabiendo sus intenciones, se hubiera propuesto entorpecerlas. Le daban ganas de entrar y decirle algo fuerte que le obligara a marcharse, una grosería o una frase que le indicara que no tenía derecho a permanecer una hora sentado, y leyendo, por un gasto tan reducido.

(20) Por fin el cliente terminó su lectura, o por lo menos, la interrumpió. Se bebió de un sorbo el resto de la leche que contenía el vaso, se levantó pausadamente, pagó y dirigióse a la puerta. Salió; era un vejete encorvado, con trazas de carpintero o barnizador.

Apenas estuvo en la calle, afirmóse los anteojos, metió de nuevo la nariz entre (25) las hojas del periódico y se fue, caminando despacito y deteniéndose cada diez pasos para leer con más detenimiento.

[1]**lanzaba**—was throwing
[2]**pedradas**—hits from a stone

77. ¿Quién parece ser la señora rubia?

(A) Una cantante
(B) Una enfermera
(C) Una monja
(D) Una dependienta

78. En la calle donde la persona que se describe había encontrado el negocio, había

(A) personas bebiendo
(B) poca gente
(C) gente jugando
(D) muchos coches

79. El señor que estaba en la lechería parece estar

(A) muy concentrado en la lectura
(B) peleando con la señora que le sirve
(C) oliendo la comida que le traen
(D) nervioso al ver a la persona que se describe

80. ¿Qué esperaba la persona que se describe?

(A) Que saliera la señora
(B) Que se llenara al lechería
(C) Que terminara el juego
(D) Que se fuera el cliente

81. Después de pararse a un lado de la puerta, la persona que se describe

   (A) empezó a lanzar piedras
   (B) saludó al cliente
   (C) siguió mirando al cliente
   (D) continuó leyendo el periódico

82. ¿De qué tenía ganas la persona que se describe?

   (A) De leer el periódico del cliente
   (B) De sentarse en la acera
   (C) De pedirle al cliente que se fuera
   (D) De marcharse del lugar donde estaba

83. ¿Cómo se puede describir la actitud de la persona que está fuera del negocio?

   (A) Impaciente
   (B) Avergonzada
   (C) Comprensible
   (D) Cariñosa

84. ¿Qué hizo el cliente antes de levantarse?

   (A) Le gritó a la señora.
   (B) Terminó lo que bebía.
   (C) Le dio el periódico a la señora.
   (D) Empezó a hablar solo.

85. Podemos decir que cuando el viejo salió a la calle

   (A) no podía mover las piernas
   (B) no tenía prisa
   (C) se le había olvidado el periódico
   (D) se sentía intranquilo

*If there is still time remaining, you may review your answers.*

# Answer Key
## PRACTICE TEST 5

## Part A

| | | | | | |
|---|---|---|---|---|---|
| 1. A | 8. A | 15. D | 22. A | 28. A | 34. B |
| 2. B | 9. B | 16. A | 23. B | 29. B | 35. C |
| 3. D | 10. C | 17. D | 24. C | 30. D | 36. A |
| 4. C | 11. D | 18. A | 25. B | 31. C | 37. B |
| 5. B | 12. A | 19. C | 26. A | 32. C | 38. C |
| 6. A | 13. B | 20. A | 27. B | 33. B | 39. B |
| 7. C | 14. B | 21. D | | | |

## Part B

| | | | | | |
|---|---|---|---|---|---|
| 40. C | 44. B | 48. A | 52. D | 56. D | 60. A |
| 41. C | 45. A | 49. D | 53. A | 57. A | 61. B |
| 42. A | 46. D | 50. C | 54. B | 58. C | 62. D |
| 43. D | 47. B | 51. C | 55. B | 59. D | |

## Part C

| | | | | | |
|---|---|---|---|---|---|
| 63. A | 67. A | 71. C | 75. D | 79. A | 83. A |
| 64. A | 68. B | 72. C | 76. B | 80. D | 84. B |
| 65. B | 69. D | 73. B | 77. D | 81. C | 85. B |
| 66. C | 70. D | 74. D | 78. B | 82. C | |

The answer to some questions may depend on more than one statement in the passage. In that case more than one line will be listed in the Answer Explanations. When the answer depends on the overall meaning of the passage, the answer is indicated by "overall meaning."

# ANSWER EXPLANATIONS

Note: Some words that are cognates have not been translated.

## Part A

1. **(A)** **pies**–feet; brazos–arms, hombros–shoulders, ojos–eyes

2. **(B)** **dicho**–said, told; visto–seen, hecho–done, made, puesto–put

3. **(D)** **parientes**–relatives; miembros–members, parejas–couples

4. **(C)** **cartero**–mailman; mesero–waiter, entrenador–trainer, dependiente–clerk

5. **(B)** **hielo**–ice; hierro–iron, techo–roof, cielo–sky

6. **(A)** **nadie**–nobody, no one; *see* section 15.1

7. **(C)** **doblar la esquina**–to turn the corner; cruzar–to cross, tocar–to play, touch, bajar–to go down

8. **(A)** **ramas**–branches; raíces–roots, hojas–leaves, flores–flowers

9. **(B)** **tener éxito**–to be successful; tener lugar–to take place, cuentas–bills, costumbres–customs

10. **(C)** **entrevista**–interview; película–movie, lectura–reading, mochila–knapsack

11. **(D)** **sonar**–to ring; seguir–to follow, continue, soñar–to dream, sentir–to feel

12. **(A)** **cuadros**–pictures, paintings; lugares–places, pintores–painters, vidrios–glasses

13. **(B)** **entonces**–then; pues–then, anterior–previous, tarde–late

14. **(B)** **detrás de**–behind; al lado de–next to, al fondo de–at the bottom of, encima de–on top of

15. **(D)** **de**, enamorarse de; *see* section 6.6.2

16. **(A)** **aburrirse**–to get bored; mojarse–to get wet, vestirse–to get dressed, despertarse–to wake up

17. **(D)** **sentir**–to feel; quedar–to stay, remain, caer–to fall, morir–to die

18. **(A)** **tijeras**–scissors; cucharas–spoons, tazas–cups, piedras–stones

19. **(C)** **empujar**–to push; toser–to cough, tardar–to take a long time, echar–to throw

20. **(A)** **reírse**–to laugh; quejarse–to complain, despedirse–to say good-bye, cansarse–to get tired

21. **(D)** **salvavidas**–lifeguard; sacapuntas–pencil sharpener, paraguas–umbrella, lavamanos–washbasin

22. **(A)** **desde**–since; *see* section 6.1; entre–between, según–according to

23. **(B)** **servimos**; the preterit is needed; *see* section 7.1

24. **(C)** **le** (indirect object pronoun); *see* section 5.3.3

25. **(B)** **pensar en**–to think about

26. **(A)** **nos permitía**; the imperfect is needed; *see* section 8.1

27. **(B) cien**; *cien* is needed in front of a noun; *see* section 18.1

28. **(A) iría**; the conditional is needed (contrary-to-fact statement); *see* section 13.10.4

29. **(B) eran**; the imperfect is needed; *see* section 8.1

30. **(D) haz**; the familiar command is needed; *see* section 14.3

31. **(C) lleve**; the subjunctive is needed after *preferir*

32. **(C) el**; a masculine article is needed

33. **(B) saben**, saber + infinitive–to know how to do something

34. **(B) llegará**; the future is needed to express probability in the present; *see* section 11.1

35. **(C) trabajando**; the present participle is needed; *see* section 6.8.2

36. **(A) regrese**; the subjunctive is needed after *hasta que*; *see* section 13.7.6

37. **(B) saliera**; the subjunctive is needed after *pedir*; *see* section 13.7.1

38. **(C) supiera**; the subjunctive is needed (contrary-to-fact statement); *see* section 13.10.4

39. **(B) haya**; the subjunctive is needed after *negar*; *see* section 13.7.3

## Part B

40. **(C) haga**; negative command is needed

41. **(C) por**; *see* section 19.5.2

42. **(A) reúne**; the present indicative is needed

43. **(D) cualquier**–any; *cualquier* is needed in front of a masculine noun

44. **(B) convierta**; the subjunctive is needed after *esperar*

45. **(A) fue**; the preterit is needed; *see* section 7.1

46. **(D) el interés**; masculine singular article is needed

47 **(B) se reconozcan**; the subjunctive is needed after *es importante*

48. **(A) llame**; the formal command is needed

49. **(D) han llamado**–have called; the present perfect is needed; *see* section 9.1

50. **(C) rara**–rare; *vez* is a feminine noun

51. **(C) se**, encontrarse–to be (situated)

52. **(D) agregar**–to add; avisar–to warn, pintar–to paint, pedir–to request

53. **(A) cerca de**–near; después de–after, encima de–on top of, enfrente de–opposite, facing

54. **(B) cuyos**–whose; *see* section 5.6.4

55. **(B) uno**–one, you (indefinite subject)

56. **(D) orgullo**–pride; dolor–pain, mentira–lie, razón–reason

57. **(A) a lo largo de**–along; a causa de–on account of, a diferencia de–in contrast to, a la distancia de–at a distance of

58. **(C)** **edificios**–buildings; caminos–roads, techos–roofs, ríos–rivers

59. **(D)** **jardines**–gardens; jamones–hams, jurados–juries, juguetes–toys

60. **(A)** **encontrarás**; the future is needed

61. **(B)** **fue**; the preterit is needed; *see* section 7.1

62. **(D)** **nació**; the preterit is needed; *see* section 7.1

## Part C

The answer to some questions may depend on more than one statement in the passage. In that case more than one line will be listed. When the answer depends on the overall meaning of the passage, the answer is indicated by "overall meaning."

63. **(A)** Lines 7–8

64. **(A)** Lines 10–11

65. **(B)** Lines 13–14

66. **(C)** Lines 16–18

67. **(A)** Lines 18–19

68. **(B)** Lines 20–22

69. **(D)** Line 21

70. **(D)** Lines 24–25

71. **(C)** Line 25

72. **(C)** Line 30

73. **(B)** Lines 31–33

74. **(D)** Lines 24, 31–33

75. **(D)** Lines 3–4, 8

76. **(B)** Line 7

77. **(D)** Lines 1–3

78. **(B)** Line 4

79. **(A)** Lines 8–10

80. **(D)** Line 11

81. **(C)** Lines 13–14

82. **(C)** Lines 16–17

83. **(A)** Overall meaning

84. **(B)** Lines 20–21

85. **(B)** Lines 25–26

# Practice Test 6
## ANSWER SHEET

1. Ⓐ Ⓑ Ⓒ Ⓓ
2. Ⓐ Ⓑ Ⓒ Ⓓ
3. Ⓐ Ⓑ Ⓒ Ⓓ
4. Ⓐ Ⓑ Ⓒ Ⓓ
5. Ⓐ Ⓑ Ⓒ Ⓓ
6. Ⓐ Ⓑ Ⓒ Ⓓ
7. Ⓐ Ⓑ Ⓒ Ⓓ
8. Ⓐ Ⓑ Ⓒ Ⓓ
9. Ⓐ Ⓑ Ⓒ Ⓓ
10. Ⓐ Ⓑ Ⓒ Ⓓ
11. Ⓐ Ⓑ Ⓒ Ⓓ
12. Ⓐ Ⓑ Ⓒ Ⓓ
13. Ⓐ Ⓑ Ⓒ Ⓓ
14. Ⓐ Ⓑ Ⓒ Ⓓ
15. Ⓐ Ⓑ Ⓒ Ⓓ
16. Ⓐ Ⓑ Ⓒ Ⓓ
17. Ⓐ Ⓑ Ⓒ Ⓓ
18. Ⓐ Ⓑ Ⓒ Ⓓ
19. Ⓐ Ⓑ Ⓒ Ⓓ
20. Ⓐ Ⓑ Ⓒ Ⓓ
21. Ⓐ Ⓑ Ⓒ Ⓓ
22. Ⓐ Ⓑ Ⓒ Ⓓ

23. Ⓐ Ⓑ Ⓒ Ⓓ
24. Ⓐ Ⓑ Ⓒ Ⓓ
25. Ⓐ Ⓑ Ⓒ Ⓓ
26. Ⓐ Ⓑ Ⓒ Ⓓ
27. Ⓐ Ⓑ Ⓒ Ⓓ
28. Ⓐ Ⓑ Ⓒ Ⓓ
29. Ⓐ Ⓑ Ⓒ Ⓓ
30. Ⓐ Ⓑ Ⓒ Ⓓ
31. Ⓐ Ⓑ Ⓒ Ⓓ
32. Ⓐ Ⓑ Ⓒ Ⓓ
33. Ⓐ Ⓑ Ⓒ Ⓓ
34. Ⓐ Ⓑ Ⓒ Ⓓ
35. Ⓐ Ⓑ Ⓒ Ⓓ
36. Ⓐ Ⓑ Ⓒ Ⓓ
37. Ⓐ Ⓑ Ⓒ Ⓓ
38. Ⓐ Ⓑ Ⓒ Ⓓ
39. Ⓐ Ⓑ Ⓒ Ⓓ
40. Ⓐ Ⓑ Ⓒ Ⓓ
41. Ⓐ Ⓑ Ⓒ Ⓓ
42. Ⓐ Ⓑ Ⓒ Ⓓ
43. Ⓐ Ⓑ Ⓒ Ⓓ
44. Ⓐ Ⓑ Ⓒ Ⓓ

45. Ⓐ Ⓑ Ⓒ Ⓓ
46. Ⓐ Ⓑ Ⓒ Ⓓ
47. Ⓐ Ⓑ Ⓒ Ⓓ
48. Ⓐ Ⓑ Ⓒ Ⓓ
49. Ⓐ Ⓑ Ⓒ Ⓓ
50. Ⓐ Ⓑ Ⓒ Ⓓ
51. Ⓐ Ⓑ Ⓒ Ⓓ
52. Ⓐ Ⓑ Ⓒ Ⓓ
53. Ⓐ Ⓑ Ⓒ Ⓓ
54. Ⓐ Ⓑ Ⓒ Ⓓ
55. Ⓐ Ⓑ Ⓒ Ⓓ
56. Ⓐ Ⓑ Ⓒ Ⓓ
57. Ⓐ Ⓑ Ⓒ Ⓓ
58. Ⓐ Ⓑ Ⓒ Ⓓ
59. Ⓐ Ⓑ Ⓒ Ⓓ
60. Ⓐ Ⓑ Ⓒ Ⓓ
61. Ⓐ Ⓑ Ⓒ Ⓓ
62. Ⓐ Ⓑ Ⓒ Ⓓ
63. Ⓐ Ⓑ Ⓒ Ⓓ
64. Ⓐ Ⓑ Ⓒ Ⓓ
65. Ⓐ Ⓑ Ⓒ Ⓓ
66. Ⓐ Ⓑ Ⓒ Ⓓ

67. Ⓐ Ⓑ Ⓒ Ⓓ
68. Ⓐ Ⓑ Ⓒ Ⓓ
69. Ⓐ Ⓑ Ⓒ Ⓓ
70. Ⓐ Ⓑ Ⓒ Ⓓ
71. Ⓐ Ⓑ Ⓒ Ⓓ
72. Ⓐ Ⓑ Ⓒ Ⓓ
73. Ⓐ Ⓑ Ⓒ Ⓓ
74. Ⓐ Ⓑ Ⓒ Ⓓ
75. Ⓐ Ⓑ Ⓒ Ⓓ
76. Ⓐ Ⓑ Ⓒ Ⓓ
77. Ⓐ Ⓑ Ⓒ Ⓓ
78. Ⓐ Ⓑ Ⓒ Ⓓ
79. Ⓐ Ⓑ Ⓒ Ⓓ
80. Ⓐ Ⓑ Ⓒ Ⓓ
81. Ⓐ Ⓑ Ⓒ Ⓓ
82. Ⓐ Ⓑ Ⓒ Ⓓ
83. Ⓐ Ⓑ Ⓒ Ⓓ
84. Ⓐ Ⓑ Ⓒ Ⓓ
85. Ⓐ Ⓑ Ⓒ Ⓓ

To compute your approximate scaled score:

_____ (number of correct answers) − _____ (number of incorrect answers) / 3 = _____ (raw score)

Now, go to page 384 to find out your approximate scaled score.

# Practice Test 6

## PART A

> **Directions:** Read the following statements and the four suggested completions. Then choose the most appropriate completion and fill in the corresponding oval on the answer sheet.

1. Cuando salimos del avión no encontramos el
   . . . donde llevábamos la ropa.

   (A) maletero
   (B) cartero
   (C) equipaje
   (D) escritorio

2. ¿Por qué no . . . un coche para visitar la
   ruinas de Chichen Itza?

   (A) permites
   (B) alquilas
   (C) prestas
   (D) enseñas

3. Dicen que Ricardo no fue . . . a la reunión de
   ayer.

   (A) tampoco
   (B) nadie
   (C) también
   (D) nada

4. Javier trató de . . . la computadora pero no
   sabía cómo hacerlo.

   (A) llorar
   (B) pasear
   (C) secar
   (D) arreglar

5. Cuando entramos en el cine ya habían . . . las
   luces y no pudimos encontrar a Julieta.

   (A) regalado
   (B) apagado
   (C) tocado
   (D) dicho

6. Elena está buscando los . . . para servir la
   limonada.

   (A) cuadernos
   (B) cuadros
   (C) vasos
   (D) asientos

7. Esa mesa es demasiado grande; no . . . en el
   comedor.

   (A) pasa
   (B) cabe
   (C) pesa
   (D) cae

8. Teresita se miró en . . . y se dio cuenta de que
   no se había peinado.

   (A) el espejo
   (B) el cristal
   (C) la pared
   (D) la almohada

271

9. Carlos, antes de salir ponte . . . guantes.

   (A) las
   (B) los
   (C) tuyas
   (D) tuyos

10. Este pañuelo me gusta, pero . . . que está allá es mi favorito.

   (A) lo
   (B) un
   (C) el
   (D) uno

11. Yo subía al tercer piso cuando me encontré con Graciela en . . .

   (A) las alfombras
   (B) la escalera
   (C) los muebles
   (D) el suelo

12. Si no haces una lista de todo lo que tienes que hacer, . . . de algo.

   (A) te divertirás
   (B) te esconderás
   (C) te enojarás
   (D) te olvidarás

13. Cuando termines de leer los periódicos, échalos a la . . .

   (A) basura
   (B) máquina
   (C) bañadera
   (D) pizarra

14. ¿Por qué no me vienes a visitar . . . ir a la playa hoy?

   (A) cada vez
   (B) otra vez
   (C) a veces
   (D) en vez de

15. Esos bolígrafos no son para ti . . . para Alberto.

   (A) sino
   (B) pero
   (C) sino que
   (D) sin

16. César, tú no sabes nadar. Te vas a . . . si te vas demasiado lejos.

   (A) ahogar
   (B) pintar
   (C) acostar
   (D) parecer

17. Después de su enfermedad, Julio se siente muy . . .

   (A) peligroso
   (B) lleno
   (C) seguro
   (D) débil

18. Compramos un coche grande . . . viajar por todo el país.

   (A) a
   (B) por
   (C) para
   (D) de

19. No puedo caminar, estos zapatos me quedan . . .

   (A) bajos
   (B) limpios
   (C) largos
   (D) estrechos

20. Esa serpiente es muy larga. . . . más de diez pies.

   (A) Mide
   (B) Enseña
   (C) Sube
   (D) Pinta

21. A ese señor se le cayó todo el pelo; está completamente . . .

   (A) ciego
   (B) calvo
   (C) cojo
   (D) zurdo

22. Desde que tuviste el accidente, cada vez que veo la ambulancia, . . . asusto.

   (A) me
   (B) mi
   (C) yo
   (D) mí

23. Al . . . a Patricia me di de cuenta de que ella estaba feliz.

   (A) saludando
   (B) saludaba
   (C) saludar
   (D) saludé

24. Isabel se sorprendió cuando su novio no le . . . nada para su cumpleaños.

   (A) hubiera regalado
   (B) habría regalado
   (C) regalaría
   (D) regaló

25. Yo he ido . . . veces al hospital que ya conozco a todas las enfermeras.

   (A) tanto
   (B) tantos
   (C) tantas
   (D) tan

26. ¡No . . . mientras conduces! Vas a tener un accidente.

   (A) lees
   (B) lea
   (C) leíste
   (D) leas

27. No te . . . tanto el billete si lo compraras dos semanas antes de salir de viaje.

   (A) costará
   (B) cuesta
   (C) costaría
   (D) costó

28. Ella temía que tú no . . . pasar unos días con nosotros.

   (A) pudieras
   (B) podrías
   (C) podrás
   (D) podías

29. Yo no dejé de buscarlo hasta que yo lo . . .

   (A) encontraré
   (B) encuentro
   (C) encontré
   (D) encuentre

30. Por favor, dile a Elena que yo no . . . ir con ella.

   (A) podré
   (B) pudiera
   (C) pueda
   (D) haya podido

31. Antes de salir de la casa yo siempre . . . los juguetes de los niños.

   (A) recogía
   (B) recojo
   (C) recoja
   (D) recogí

32. Si yo . . . suficiente dinero, te invitaré a cenar.

   (A) tengo
   (B) tuviera
   (C) tendría
   (D) tenía

33. Yo . . . con frecuencia al entrenador en el estadio cuando jugaba voleibol.

   (A) viera
   (B) veía
   (C) vería
   (D) vea

34. Cuando yo le di el regalo,
    Gloria . . . muy alegre.

    (A) se trató
    (B) se quitó
    (C) se hizo
    (D) se puso

35. Hoy hace un año que ella . . . a
    Bolivia.

    (A) se mudaba
    (B) se mudó
    (C) se mudarán
    (D) se mude

## PART B

**Directions:** In the following passages some words or phrases are missing. For each blank, four possible completions are given. Read the entire passage to get an idea of its content, then select the most appropriate completion, taking into consideration the overall meaning of the passage. Fill in the corresponding oval on the answer sheet.

### Tejidos y joyas
### La nueva generación del diseño

Lo que menos ___(36)___ imaginaba la venezolana Maya Iossa cuando estudiaba filosofía en Italia era vivir en Nueva York y diseñar ropa ___(37)___ el nombre de Lulu Bravo. ___(38)___ que comenzó como un pequeño trabajo ___(39)___ en una tienda acabó en matrimonio con el dueño, hijos y una firma con ___(40)___ y oficinas en tres continentes. Maya atribuye su rápido éxito a los muchos años que ___(41)___ vendiendo ropa. "Yo sé lo que las mujeres quieren de la ropa", dice ella. Es por ___(42)___ que ___(43)___ parte de su colección consiste en jerseys de ___(44)___ , "el tejido perfecto para la vida activa de la mujer de hoy", según la diseñadora. Su secreto: "No haber perdido ___(45)___ la ilusión de que el mundo ___(46)___ lleno de posibilidades".

36. (A) le
    (B) me
    (C) se
    (D) nos

37. (A) hasta
    (B) bajo
    (C) hacia
    (D) contra

38. (A) Le
    (B) Lo
    (C) La
    (D) Se

39. (A) vendiendo
    (B) vendida
    (C) vendido
    (D) vender

40. (A) pisos
    (B) paredes
    (C) iglesias
    (D) fábricas

41. (A) haya pasado
    (B) hubiera pasado
    (C) pasará
    (D) pasó

42. (A) eso
    (B) esa
    (C) esas
    (D) ese

43. (A) buen
    (B) gran
    (C) bueno
    (D) grande

44. (A) lana
    (B) madera
    (C) hierro
    (D) vidrio

45. (A) siempre
    (B) también
    (C) nunca
    (D) ninguno

46. (A) está
    (B) estar
    (C) es
    (D) será

Oí el ruido seco de la puerta y el taconeo de Cristina, subiendo la escalera. Tardé ___(47)___ en salir de mi escondite y en fingir que ___(48)___ de llegar. A pesar de ___(49)___ comprobado la inocencia del diálogo, no sé por qué, una sorda desconfianza comenzó a devorarme. Me ___(50)___ que había presenciado una representación de teatro y que la realidad era otra. No confesé a Cristina que había sorprendido la visita de esa muchacha. Esperé los acontecimientos, temiendo siempre que Cristina ___(51)___ mi mentira, lamentando que ___(52)___ instalados en ese barrio. Yo pasaba todas las tardes ___(53)___ la plaza que ___(54)___ frente a la ___(55)___ de Santa Felicitas, para comprobar si Cristina había acudido[1] a la ___(56)___ . Cristina parecía no advertir mi inquietud. A veces llegué a ___(57)___ que yo había soñado. Abrazando al perro, un día Cristina me ___(58)___ :

—¿Te gustaría que [yo] me ___(59)___ Violeta?

—No me gusta el nombre de las ___(60)___ .

—Pero Violeta es lindo. Es un color.

—Prefiero tu ___(61)___ .

[1]**acudido**—turned up

47. (A) un rato
    (B) una vez
    (C) una época
    (D) una temporada

48. (A) acabará
    (B) acababa
    (C) acabara
    (D) acabe

49. (A) haber
    (B) tener
    (C) ser
    (D) estar

50. (A) pensó
    (B) creyó
    (C) llamó
    (D) pareció

51. (A) descubrirá
    (B) descubre
    (C) descubrió
    (D) descubriera

52. (A) estamos
    (B) hemos estado
    (C) estuviéramos
    (D) estando

53. (A) por
    (B) de
    (C) para
    (D) sin

54. (A) tiene
    (B) sitúa
    (C) es
    (D) queda

55. (A) camisa
    (B) iglesia
    (C) primavera
    (D) fresa

56. (A) cita
    (B) nube
    (C) ropa
    (D) cartera

SAT Subject Test: Spanish

57. (A) mover
    (B) huir
    (C) creer
    (D) devolver

58. (A) preguntara
    (B) preguntó
    (C) pidiera
    (D) pidió

59. (A) llamó
    (B) llamaría
    (C) llamara
    (D) llamaba

60. (A) flores
    (B) comidas
    (C) salas
    (D) tiendas

61. (A) dirección
    (B) nombre
    (C) asignatura
    (D) lectura

## PART C

**Directions:** In this part you will read several passages that will test your comprehension. After each passage, a number of questions or incomplete statements appear. Choose the most appropriate answer or completion, taking into consideration the overall meaning of the passage. Fill in the corresponding oval on the answer sheet.

### ¿Sabía usted...

que el famoso, popular y tan socorrido sandwich debe su nombre a John Montagu, Cuarto Conde de Sandwich? Cuenta la historia que en el siglo XVIII, *Line* estaba el conde en medio de una partida de naipes demasiado interesante *(5)* como para interrumpirla para cenar. Entonces, para aprovechar el tiempo y poder seguir jugando, pidió a uno de sus sirvientes que le trajera una rebanada de carne asada en medio de dos trozos de pan. De esta forma podía comer y seguir teniendo libre las manos para el juego. A los otros jugadores les gustó tanto la idea que pidieron también lo mismo y de esta *(10)* forma decidieron bautizar el invento como "sandwich". Cualquiera que fuera su origen, no cabe duda de que fue un éxito.

62. ¿Por qué no quería cenar John Montagu en el momento que se describe?

(A) Porque no tenía mucha hambre
(B) Porque no le gustaba la carne asada
(C) Porque estaba demasiado involucrado en un juego
(D) Porque estaba prohibido comer durante un juego

63. ¿Qué hicieron los otros jugadores ese día?

(A) Comieron lo que comía John Montagu.
(B) Decidieron no jugar otra vez con John Montagu.
(C) Se enfadaron mucho con los sirvientes.
(D) Empezaron a jugar sin usar las manos.

## Una voz que no podré olvidar
## por Rubén Blades

El nombre de mi madre es Anoland Bellido de Luna. Su padre, Joseph, nació en Nueva Orleáns, Estados Unidos, y su madre, Carmen, en Pontevedra, España. Ella me dijo una vez que había aprendido a tocar el piano sola, "a través de voces". Un día se sentó al piano y, para sorpresa de su madre, empezó a tocar aunque nunca tomó clases en ese instrumento. Su voz tenía un tono perfecto. Cuando tocaba en la Orquesta del Hotel Panamá, la banda afinaba sus instrumentos con su voz. Como no confiaban en el tono del piano, le pedían, "Oye, Anoland, dame una do mayor", y así podían afinar sus instrumentos. ¡Su voz era tan tierna, tan apasionada! Había sido actriz de radio y por eso sabía perfilar la emociones con solo su voz.

Fue a Panamá al final de los cuarenta, a tocar y cantar. Había decenas de *nightclubs* en Panamá durante la Segunda Guerra Mundial, y el lugar siempre estaba saltando. Todo tipo de actos se presentaba en Panamá, desde los bailadores Nicholas Brothers, a Beny Moré o "Cascarita". En Cuba, de adolescente, ella había sido parte de un dúo muy bien recibido con Miriam Acevedo, y se presentó en CMQ, Cadena Azul y hasta llegó a cantar con el maestro Ernesto Lecuona, si no me equivoco. Siempre trabajó duro. Nunca se tomó unas vacaciones; siempre tenía algo que hacer.

Murió de cáncer en 1991, el 7 de octubre. Nunca se quejó. Durante su estancia de ocho meses en el hospital siempre estuvo sonriente, portándose como si no le pasara nada.

Decir que la extraño es decir poco. Mi mamá y yo tuvimos muchas discusiones durante nuestras vidas, pero nos queríamos mucho. Siempre. Era una dama, en el sentido más completo de la palabra, y una de las mejores artistas que jamás he visto. Si eso se transmite genéticamente, lo que tengo yo hoy viene en gran parte de su talento.

Mi padre la conoció en el trabajo: él también era músico. A los dos les encantaba la canción titulada "Laura" y precisamente gracias a esa canción se hablaron por primera vez. A ella le he dedicado mi álbum más reciente, *Amor y control*. Pero mi vida es, de alguna manera, una consecuencia de su influencia. Ahora me empiezo a dar cuenta. La extraño tanto que no puedo expresarlo en palabras.

64. ¿Cómo aprendió a tocar el piano la madre de Rubén Blades?

(A) Con la ayuda de su esposo
(B) Sin ninguna educación formal
(C) En clases con un miembro de la orquesta
(D) A través de las lecciones de canto

65. ¿Cuál era una de las cualidades que tenía la madre?

(A) La manera de cantar
(B) La pasión por su familia
(C) La variedad de instrumentos que tocaba
(D) La habilidad de enseñar a tocar el piano

66. ¿Cómo fue la vida de la madre de Rubén Blades?

   (A) Demasiado trágica
   (B) Llena de pobreza
   (C) Muy sola
   (D) Muy activa

67. ¿Cómo pasó la madre los ocho meses en el hospital?

   (A) De una manera normal
   (B) Lloraba constantemente
   (C) Le cantaba a los otros pacientes
   (D) Hacía reír a los empleados del hospital

68. ¿Qué le debe Rubén Blades a su madre?

   (A) El talento que él tiene
   (B) La profesión de actor
   (C) La compasión por los enfermos
   (D) El deseo de viajar

69. ¿Cómo conoció a su esposo la madre de Rubén Blades?

   (A) Escribiendo canciones
   (B) Hablando de la música
   (C) Viajando por Estados Unidos
   (D) Trabajando en un hospital

70. ¿Qué no puede expresar en palabras Rubén Blades?

   (A) La relación entre sus padres
   (B) La influencia de la genética en su talento
   (C) Lo mucho que le echa de menos
   (D) Lo mucho que aprendió de su padre

Carretera. El regreso es aireado y fluido. Papá maneja plácidamente. Mamá y abuela respiran plácidamente.

*Papá:* Después de todo, ver el mar fue un descanso, valió la pena.

*Mamá:* ¡Claro que valió la pena! Las niñas se divirtieron y además encontré las sandalias que quería a mitad de precio.

*Abuela:* Yo tuve suficiente como para muchos años. Ustedes diviértanse cuantas veces quieran. Déjenme aburrirme en mi casa.

*Mamá:* Es por las niñas, mamá, ellas son felices saliendo. ¡Nos lo han pedido tanto! Ya es justo, no podemos ser tan egoístas.

(10) *Abuela:* A ver si no se enferman.

*Papá, con buen humor:* Aquí nadie se enferma, mire, es aire puro, asómese, ¿vio? ¿A poco no le gustaría otro paseíto?

La abuela sonríe con picardía, en el fondo sí le gustaría.

*Papá continúa:* ¡La invitamos, faltaba más! Vamos pensando en otro paseíto el
(15) próximo fin de semana. Ya fue mucho fútbol, estar sentadotes. Y ahora que tenemos coche nuevo, ¿verdad niñas? ¿A dónde les gustaría ir? ¡Ustedes mandan!

Las niñas no contestan. Abatidas, exhaustas, se vuelven a mirar tristemente el paisaje desde la ventanilla.

(20) Los adultos se arrebatan la palabra:

—¿El campo?
—¡El mar, otra vez!
—Mejor en la montaña.
—¿No se enfermarán?
(25) —Acampamos y todo.
—Primero hay que revisar el coche.
—Pero . . . ¿y los mosquitos?

71. ¿Dónde están las personas que hablan?

(A) En un barco
(B) En un coche
(C) En un avión
(D) En un autobús

72. ¿De dónde vienen las personas?

(A) De las montañas
(B) De la playa
(C) Del río
(D) De la casa de la abuela

73. ¿Qué dice la mamá de las sandalias?

(A) Que eran feas
(B) Que estaban rotas
(C) Que eran baratas
(D) Que las perdió

74. La abuela les dice a las otras personas que ella

(A) no saldrá con ellos otra vez
(B) no se aburre en su casa
(C) es demasiado vieja
(D) quiere divertirse más

75. El padre le dice a las niñas que ellas
    deben

    (A) escoger adónde quieren ir
    (B) quedarse en su casa
    (C) mirar los partidos de fútbol
    (D) conducir el coche nuevo

76. Al final de la selección las personas hablan
    sobre

    (A) su nueva casa en el campo
    (B) el paisaje que miran
    (C) la geografía del área
    (D) su próximo viaje

77. El tema principal de esta selección es

    (A) las enfermedades de los ancianos
    (B) el egoísmo de los niños
    (C) unas vacaciones
    (D) la naturaleza

Questions 78–79 refer to the following advertisement.

## SUPERMERCADOS TOLEDANOS
### La calidad que Ud. merece

En los últimos días han circulado rumores y hasta mensajes anónimos por el internet que declaran que nuestra compañía no mantiene sus alimentos de acuerdo con las guías del Departamento de Salud.

Los Supermercados Toledanos les aseguran a sus clientes que sus productos se procesan en lugares limpios y que cada uno de nuestros supermercados posee la refrigeración necesaria para mantener los productos comestibles con la frescura y limpieza necesaria.

Para resolver este caso necesitamos que Ud. lleve cualquier correspondencia que reciba a su supermercado más cercano. Las autoridades competentes han iniciado investigaciones para identificar los culpables de estas mentiras. Su información sobre este caso es de suma importancia.

**Protegemos la salud de su familia para proteger nuestra reputación.**

78. ¿Cuál es el propósito de este anuncio?

(A) Anunciar un nuevo supermercado
(B) Informar al público un nuevo servicio por el Internet
(C) Negar ciertas acusaciones sobre un supermercado
(D) Dar sugerencias para mantenerse saludable

79. ¿Qué sugieren que Ud. haga?

(A) Hacer compras cerca de su casa
(B) Limpiar bien los alimentos
(C) Poner los alimentos en el refrigerador
(D) Ayudar a las autoridades con el caso

Aquella noche, ni Sabina ni yo conseguiríamos dormirnos. Aquella noche—jamás la olvidaré—, Sabina y yo la pasamos entera sin dormirnos, sin hablarnos, escuchando el lamento de la lluvia en los cristales y contando las horas que faltaban
*Line* para que despuntara el nuevo día. Antes de amanecer, Sabina se levantó a encender
(5) el fuego y a prepararle a Andrés el desayuno. (Por la noche, mientras Andrés y yo cenábamos—uno enfrente del otro, en silencio, sin mirarnos—, ya le había hecho la maleta y la comida para el viaje.) Yo me quedé en la cama, hundido en la penumbra, escuchando la lluvia en los cristales y los pasos de Sabina en la cocina. No tardé en oír también las pisadas de Andrés por la escalera. Había un silencio extraño den-
(10) tro de la casa. Un silencio que sólo años después volvería a recordar al quedarme solo en ella tras la muerte de Sabina. Durante largo rato, inmóvil en la cama, inmóvil como ahora (si Andrés volviera a entrar, me encontraría exactamente igual que entonces), escruté aquel silencio tratando de saber lo que pasaba en la cocina. Pero no pude oír nada. Sólo, de vez en cuando, algún murmullo oscuro y desvaído me
(15) indicaba, a través de las paredes, que Sabina debía de estar dándole a Andrés los últimos consejos, las advertencias últimas que la emoción de la despedida y la segura presencia de las lágrimas acabarían sin duda convirtiendo en súplicas: escríbenos, no hagas caso a tu padre, olvida lo que te dijo y vuelve siempre que quieras.

80. ¿Qué les sucedió a Sabina y al narrador la noche que él describe?

   (A) No pudieron dormir.
   (B) No se acostaron temprano.
   (C) Se mojaron en la lluvia.
   (D) Se despertaron varias veces.

81. ¿Qué había preparado Sabina la noche anterior?

   (A) El cuarto
   (B) El equipaje
   (C) El desayuno
   (D) El paseo

82. ¿Cómo era el ambiente (*atmosphere*) en la casa?

   (A) Divertido
   (B) Tranquilo
   (C) Ruidoso
   (D) Peligroso

83. Mientras estaba en la cama, el narrador trataba de

   (A) hacer ruido para despertar a Andrés
   (B) darle consejos a Sabina
   (C) escuchar lo que sucedía en la cocina
   (D) recordar las advertencias de Andrés

84. Al final de la selección, el narrador pensaba que Sabina

   (A) le pediría consejos a Andrés
   (B) se iría con Andrés
   (C) iba a empezar a llorar
   (D) se olvidaría de Andrés pronto

85. El narrador pensaba que Sabina le diría a Andrés que él

   (A) debía expresar más sus emociones
   (B) debía salir sin despedirse
   (C) tenía que recordar los consejos del padre
   (D) podía regresar en cualquier momento

STOP

*If there is still time remaining, you may review your answers.*

# Answer Key
## PRACTICE TEST 6

## Part A

| | | | | | |
|---|---|---|---|---|---|
| 1. C | 8. A | 14. D | 20. A | 26. D | 31. B |
| 2. B | 9. B | 15. A | 21. B | 27. C | 32. A |
| 3. A | 10. C | 16. A | 22. A | 28. A | 33. B |
| 4. D | 11. B | 17. D | 23. C | 29. C | 34. D |
| 5. B | 12. D | 18. C | 24. D | 30. A | 35. B |
| 6. C | 13. A | 19. D | 25. C | | |
| 7. B | | | | | |

## Part B

| | | | | | |
|---|---|---|---|---|---|
| 36. C | 41. D | 46. A | 50. D | 54. D | 58. B |
| 37. B | 42. A | 47. A | 51. D | 55. B | 59. C |
| 38. B | 43. B | 48. B | 52. C | 56. A | 60. A |
| 39. A | 44. A | 49. A | 53. A | 57. C | 61. B |
| 40. D | 45. C | | | | |

## Part C

| | | | | | |
|---|---|---|---|---|---|
| 62. C | 66. D | 70. C | 74. A | 78. C | 82. B |
| 63. A | 67. A | 71. B | 75. A | 79. D | 83. C |
| 64. B | 68. A | 72. B | 76. D | 80. A | 84. C |
| 65. A | 69. B | 73. C | 77. C | 81. B | 85. D |

The answer to some questions may depend on more than one statement in the passage. In that case more than one line will be listed in the Answer Explanations. When the answer depends on the overall meaning of the passage, the answer is indicated by "overall meaning."

# ANSWER EXPLANATIONS

Note: Some words that are cognates have not been translated.

## Part A

1. **(C)** **equipaje**–luggage; maletero–trunk (car), cartero–mailman, escritorio–desk

2. **(B)** **alquilar**–to rent; permitir–to allow, prestar–to lend, enseñar–to teach

3. **(A)** **tampoco**–neither; nadie–nobody, no one, también–also, nada–nothing

4. **(D)** **arreglar**–to fix; llorar–to cry, pasear–to take a walk, secar–to dry

5. **(B)** **apagar**–to turn off; regalar–to give (a gift), tocar–to touch, play, decir–to say, tell

6. **(C)** **vasos**–glasses; cuadernos–notebooks, cuadros–pictures, paintings, asientos–seats

7. **(B)** **caber**–to fit; pasar–to pass, pesar–to weigh, caer–to fall

8. **(A)** **espejo**–mirror; cristal–crystal, glass, pared–wall, almohada–pillow

9. **(B)** **los**; masculine plural article is needed; *see* section 3.7.1

10. **(C)** **el**; *see* section 5.6.3

11. **(B)** **escalera**–stair; alfombras–rugs, muebles–furniture, suelo–floor

12. **(D)** **olvidarse**–to forget; divertirse–to enjoy oneself, esconder–to hide oneself, enojarse–to get angry

13. **(A)** **basura**–garbage; máquina–machine, bañadera–bathtub, pizarra–chalkboard

14. **(D)** **en vez de**–instead of; cada vez–each time, otra vez–again, a veces–sometimes

15. **(A)** **sino**–but; *see* section 15.3

16. **(A)** **ahogar**–to drown; pintar–to paint, acostar–to put to bed, parecer–to seem

17. **(D)** **débil**–weak; peligroso–dangerous, lleno–full, seguro–safe, secure

18. **(C)** **para**; *see* section 19.5.1

19. **(D)** **estrechos**–narrow; bajos–low, limpios–clean, largos–long

20. **(A)** **medir**–to measure; enseñar–to teach, subir–to go up, pintar–to paint

21. **(B)** **calvo**–bald; ciego–blind, cojo–lame, limping, zurdo–left-handed

22. **(A)** **me**, asustarse–to get scared

23. **(C)** **saludar**, al + infinitive–upon + present participle

24. **(D)** **regaló**; the preterit is needed; *see* section 7.1

25. **(C)** **tantas**; feminine plural is needed (*veces*)

26. **(D)** **leas**; the familiar command is needed

27. **(C)** **costaría**; the conditional is needed (contrary-to-fact statement); *see* section 13.10.4

28. **(A)** **pudieras**; the subjunctive is needed after *temer*; *see* section 13.7.2

29. **(C) encontré**; the indicative is needed after *hasta que*; *see* section 13.7.6

30. **(A) podré**; the future is needed

31. **(B) recojo**; the present indicative is needed

32. **(A) tengo**; the present indicative is needed; *see* section 13.10.4

33. **(B) veía**; the imperfect tense is needed; *see* section 8.1

34. **(D) se puso**; *see* section 6.6.4

35. **(B) se mudó**; the preterit is needed; *see* section 7.1

## Part B

36. **(C) se**; the reflexive is needed; *see* section 6.6.1

37. **(B) bajo**–under; hasta–until, hacia–towards, contra–against

38. **(B) lo**; the neuter is needed; *see* section 5.3.2

39. **(A) vendiendo**; the gerund is needed; *see* section 6.8.1

40. **(D) fábricas**–factories; pisos–floors, paredes–walls, iglesias–churches

41. **(D) pasó**; the preterit is needed; *see* section 7.1

42. **(A) eso**; the neuter is needed; *see* section 5.5

43. **(B) gran**; grande becomes gran; *see* section 3.4

44. **(A) lana**–wool, madera–wood, hierro–iron, vidrio–glass

45. **(C) nunca**–never; siempre–always, también–also, ninguno–none; *see* section 15.1

46. **(A) está**; *see* section 6.7.2

47. **(A) un rato**–a while; una vez–once, una época–an epoch, una temporada–a season

48. **(B) acababa**; acababa de llegar–she had just arrived

49. **(A) haber**; haber comprobado–to have verified

50. **(D) Me pareció**–it seemed to me; pensar–to think, creer–to believe, llamar–to call

51. **(D) descubriera**; the subjunctive is needed after esperar; *see* section 13.7.1

52. **(C) estuviéramos**; the subjunctive is needed after lamentar; *see* section 13.7.2

53. **(A) por**–through; *see* section 19.5.2

54. **(D) queda**–is, quedar–to be (place), sitúar–to locate

55. **(B) iglesia**–church, camisa–shirt, primavera–spring, fresa–strawberry

56. **(A) cita**–date, nube–cloud, ropa–clothes, cartera–wallet

57. **(C) creer**–to believe, mover–to move, huir–to flee, devolver–to return

58. **(B) preguntó**; the preterit is needed; *see* section 7.1

59. **(C) llamara**; the subjunctive is needed after gustar; *see* section 13.7.1

60. **(A)** **flores**–flowers; comidas–meals, salas–living rooms, tiendas–stores

61. **(B)** **nombre**–name; dirección–address, asignatura–subject (school), lectura–reading

## Part C

The answer to some questions may depend on more than one statement in the passage. In that case more than one line will be listed. When the answer depends on the overall meaning of the passage, the answer is indicated by "overall meaning."

62. **(C)** Lines 4–5

63. **(A)** Lines 8–9

64. **(B)** Lines 5–7

65. **(A)** Lines 7–11

66. **(D)** Lines 19–20

67. **(A)** Lines 21–23

68. **(A)** Lines 27–28

69. **(B)** Lines 29–31

70. **(C)** Lines 33–34

71. **(B)** Line 1

72. **(B)** Line 3

73. **(C)** Lines 4–5

74. **(A)** Lines 6–7

75. **(A)** Lines 17–18

76. **(D)** Lines 22–28

77. **(C)** Overall meaning

78. **(C)** Overall meaning

79. **(D)** Lines 12–15

80. **(A)** Lines 1–2

81. **(B)** Lines 6–7

82. **(B)** Lines 9–10

83. **(C)** Line 13

84. **(C)** Lines 16–17

85. **(D)** Line 18

# Practice Test 7
## ANSWER SHEET

1. Ⓐ Ⓑ Ⓒ Ⓓ
2. Ⓐ Ⓑ Ⓒ Ⓓ
3. Ⓐ Ⓑ Ⓒ Ⓓ
4. Ⓐ Ⓑ Ⓒ Ⓓ
5. Ⓐ Ⓑ Ⓒ Ⓓ
6. Ⓐ Ⓑ Ⓒ Ⓓ
7. Ⓐ Ⓑ Ⓒ Ⓓ
8. Ⓐ Ⓑ Ⓒ Ⓓ
9. Ⓐ Ⓑ Ⓒ Ⓓ
10. Ⓐ Ⓑ Ⓒ Ⓓ
11. Ⓐ Ⓑ Ⓒ Ⓓ
12. Ⓐ Ⓑ Ⓒ Ⓓ
13. Ⓐ Ⓑ Ⓒ Ⓓ
14. Ⓐ Ⓑ Ⓒ Ⓓ
15. Ⓐ Ⓑ Ⓒ Ⓓ
16. Ⓐ Ⓑ Ⓒ Ⓓ
17. Ⓐ Ⓑ Ⓒ Ⓓ
18. Ⓐ Ⓑ Ⓒ Ⓓ
19. Ⓐ Ⓑ Ⓒ Ⓓ
20. Ⓐ Ⓑ Ⓒ Ⓓ
21. Ⓐ Ⓑ Ⓒ Ⓓ
22. Ⓐ Ⓑ Ⓒ Ⓓ

23. Ⓐ Ⓑ Ⓒ Ⓓ
24. Ⓐ Ⓑ Ⓒ Ⓓ
25. Ⓐ Ⓑ Ⓒ Ⓓ
26. Ⓐ Ⓑ Ⓒ Ⓓ
27. Ⓐ Ⓑ Ⓒ Ⓓ
28. Ⓐ Ⓑ Ⓒ Ⓓ
29. Ⓐ Ⓑ Ⓒ Ⓓ
30. Ⓐ Ⓑ Ⓒ Ⓓ
31. Ⓐ Ⓑ Ⓒ Ⓓ
32. Ⓐ Ⓑ Ⓒ Ⓓ
33. Ⓐ Ⓑ Ⓒ Ⓓ
34. Ⓐ Ⓑ Ⓒ Ⓓ
35. Ⓐ Ⓑ Ⓒ Ⓓ
36. Ⓐ Ⓑ Ⓒ Ⓓ
37. Ⓐ Ⓑ Ⓒ Ⓓ
38. Ⓐ Ⓑ Ⓒ Ⓓ
39. Ⓐ Ⓑ Ⓒ Ⓓ
40. Ⓐ Ⓑ Ⓒ Ⓓ
41. Ⓐ Ⓑ Ⓒ Ⓓ
42. Ⓐ Ⓑ Ⓒ Ⓓ
43. Ⓐ Ⓑ Ⓒ Ⓓ
44. Ⓐ Ⓑ Ⓒ Ⓓ

45. Ⓐ Ⓑ Ⓒ Ⓓ
46. Ⓐ Ⓑ Ⓒ Ⓓ
47. Ⓐ Ⓑ Ⓒ Ⓓ
48. Ⓐ Ⓑ Ⓒ Ⓓ
49. Ⓐ Ⓑ Ⓒ Ⓓ
50. Ⓐ Ⓑ Ⓒ Ⓓ
51. Ⓐ Ⓑ Ⓒ Ⓓ
52. Ⓐ Ⓑ Ⓒ Ⓓ
53. Ⓐ Ⓑ Ⓒ Ⓓ
54. Ⓐ Ⓑ Ⓒ Ⓓ
55. Ⓐ Ⓑ Ⓒ Ⓓ
56. Ⓐ Ⓑ Ⓒ Ⓓ
57. Ⓐ Ⓑ Ⓒ Ⓓ
58. Ⓐ Ⓑ Ⓒ Ⓓ
59. Ⓐ Ⓑ Ⓒ Ⓓ
60. Ⓐ Ⓑ Ⓒ Ⓓ
61. Ⓐ Ⓑ Ⓒ Ⓓ
62. Ⓐ Ⓑ Ⓒ Ⓓ
63. Ⓐ Ⓑ Ⓒ Ⓓ
64. Ⓐ Ⓑ Ⓒ Ⓓ
65. Ⓐ Ⓑ Ⓒ Ⓓ
66. Ⓐ Ⓑ Ⓒ Ⓓ

67. Ⓐ Ⓑ Ⓒ Ⓓ
68. Ⓐ Ⓑ Ⓒ Ⓓ
69. Ⓐ Ⓑ Ⓒ Ⓓ
70. Ⓐ Ⓑ Ⓒ Ⓓ
71. Ⓐ Ⓑ Ⓒ Ⓓ
72. Ⓐ Ⓑ Ⓒ Ⓓ
73. Ⓐ Ⓑ Ⓒ Ⓓ
74. Ⓐ Ⓑ Ⓒ Ⓓ
75. Ⓐ Ⓑ Ⓒ Ⓓ
76. Ⓐ Ⓑ Ⓒ Ⓓ
77. Ⓐ Ⓑ Ⓒ Ⓓ
78. Ⓐ Ⓑ Ⓒ Ⓓ
79. Ⓐ Ⓑ Ⓒ Ⓓ
80. Ⓐ Ⓑ Ⓒ Ⓓ
81. Ⓐ Ⓑ Ⓒ Ⓓ
82. Ⓐ Ⓑ Ⓒ Ⓓ
83. Ⓐ Ⓑ Ⓒ Ⓓ
84. Ⓐ Ⓑ Ⓒ Ⓓ
85. Ⓐ Ⓑ Ⓒ Ⓓ

To compute your approximate scaled score:

_____ (number of correct answers) − _____ (number of incorrect answers) / 3 = _____ (raw score)

Now, go to page 384 to find out your approximate scaled score.

# Practice Test 7

## Section I: Listening

TIME—APPROXIMATELY 40 MINUTES—QUESTIONS 1–34

## LISTENING—PART A

**Directions:** In this part of the exam, you will hear four statements, designated (A), (B), (C), and (D). You will hear each statement only once. These statements are not printed in your test booklet. While listening, look carefully at the picture in your test booklet and choose the statement that best represents what you see in the picture or what someone in the picture might say. Choose the most appropriate response and fill in the corresponding oval on the answer sheet.

Now listen to the following example:

You see:

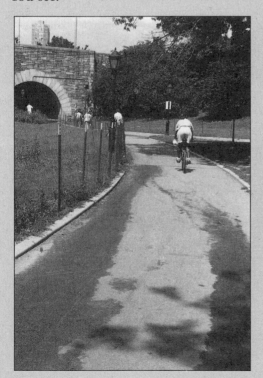

You hear:

Of the four statements you heard, the statement that best represents what the picture shows or what someone in the picture might say is statement B: "Espérame José, vengo detrás de ti." For that reason, you should select answer B.

Now get ready to listen to the four statements and look at the picture.

NOTE: The tapescript for the Listening Comprehension selections begins on page 314.

1.

2.

3.

4.

5.

6.

7.

8.

9.

10.

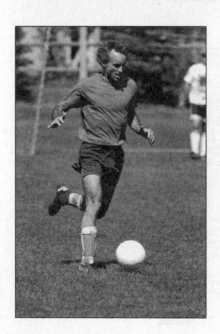

# LISTENING—PART B

**Directions:** You will now listen to a selection of short exchanges or parts of conversations. Each selection is followed by four statements, designated (A), (B), (C), and (D). Neither these exchanges nor the statements are printed in your test booklet. After listening to the four statements, choose the statement that most logically continues or finishes the conversation, and fill in the corresponding oval on your answer sheet.

To become familiar with this part of the test, listen to the following example:

You hear:

You also hear:

The statement that continues the conversation in the most logical way is statement A: "Allí están, sobre la mesa." For that reason, you should select answer A.

Now get ready to listen to the first exchange and the four statements.

NOTE: The tapescript for the Listening Comprehension selections begins on page 314.

11. Now, select your answer on the answer sheet.

12. Now, select your answer on the answer sheet.

13. Now, select your answer on the answer sheet.

14. Now, select your answer on the answer sheet.

15. Now, select your answer on the answer sheet.

16. Now, select your answer on the answer sheet.

17. Now, select your answer on the answer sheet.

18. Now, select your answer on the answer sheet.

19. Now, select your answer on the answer sheet.

20. Now, select your answer on the answer sheet.

# LISTENING—PART C

**Directions:** In this part of the exam you will listen to a number of selections. They can be conversations or short narratives. Printed in your test booklet, you will find one, two, or three questions, each with four possible answers. Press the Pause button on your CD player while you choose the best answer to each question according to the information you have heard. Fill in the corresponding ovals on your answer sheet, allowing 12 seconds for each question. When your answers are complete, press the Play button to continue with the next selection. You will not hear the questions or the possible answers.

Now get ready to listen to the first selection.

NOTE: The tapescript for the Listening Comprehension selections begins on page 314.

Selección número 1

21. ¿Por qué llamó Clara a Ricardo?

(A) Porque su correo electrónico no funciona.
(B) Porque Ricardo no le respondió su carta.
(C) Porque ella trabaja para una nueva compañía.
(D) Porque ella no va a llegar hasta las seis.

Selección número 2

22. ¿Dónde están estas personas?

(A) En una tienda.
(B) En una librería.
(C) En un coche.
(D) En un teatro.

23. Si no se tranquilizan, ¿qué va a hacer el padre?

(A) Llevarlos de paseo.
(B) Dejarlos en casa.
(C) Comprarles un libro.
(D) Permitirles conducir.

Selección número 3

24. ¿Qué ofrecen los Mercados Rojas?

(A) Precios bajos.
(B) Cuentas de ahorro.
(C) Una fiesta.
(D) Un nuevo servicio.

25. ¿Qué tiene que hacer Ud. para recibir un regalo?

(A) Abrir una cuenta de banco.
(B) Ser la primera persona en el mercado.
(C) Usar su tarjeta de crédito.
(D) Gastar cierta cantidad de dinero.

Selección número 4

26. ¿Qué quiere hacer Mónica?

(A) Ponerse los zapatos.
(B) Comprar zapatos nuevos.
(C) Salir afuera descalza.
(D) Lavar la ropa.

27. ¿Qué le pasaba a Mónica la semana pasada?

   (A) Estaba muy preocupada.
   (B) Estaba enferma.
   (C) Tenía mucho frío.
   (D) Tenía mucho trabajo.

28. ¿Qué teme Alejandro?

   (A) Que Mónica se enferme.
   (B) Que Mónica pierda los zapatos.
   (C) Que no pare de llover.
   (D) Que no pueda ver a Mónica.

Selección número 5

29. ¿Por qué no ha llamado Eduardo a Elena?

   (A) Porque se le perdió su número.
   (B) Porque ha estado muy ocupado.
   (C) Porque hacía planes para sus vacaciones.
   (D) Porque se le olvidaba siempre.

30. ¿Qué hacía Eduardo en el Perú?

   (A) Ayudaba a un pariente.
   (B) Estaba de vacaciones.
   (C) Trabajaba para su compañía.
   (D) Viajaba con su tía.

31. ¿Qué tiene que hacer Eduardo ahora?

   (A) Ayudar a Elena.
   (B) Visitar a una tía.
   (C) Terminar el trabajo.
   (D) Buscar un nuevo puesto.

Selección número 6

32. ¿Por qué quiere devolver las toallas el señor?

   (A) Porque son de mala calidad.
   (B) Porque tienen algunos defectos.
   (C) Porque las puede comprar a mejor precio.
   (D) Porque son diferentes a las del catálogo.

33. ¿Qué le ofrece la dependienta?

   (A) Vendérselas más barato.
   (B) Devolverle todo el dinero.
   (C) Llamar a otra tienda.
   (D) Cambiárselas por otras.

34. ¿Cómo es el dependiente?

   (A) Muy distraído.
   (B) Muy amable.
   (C) Muy cómico.
   (D) Muy sarcástico.

STOP

*END OF SECTION I*

# Section II: Reading

TIME—APPROXIMATELY 40 MINUTES—QUESTIONS 35–85

## READING—PART A

**Directions:** Read the following statements and the four suggested completions. Then choose the most appropriate completion and fill in the corresponding oval on the answer sheet.

35. Oye, Luis, ¿ya le compraste un . . . a Ricardo para su cumpleaños?

    (A) regalo
    (B) repaso
    (C) pedazo
    (D) pariente

36. El gato se subió al . . . de la casa y luego no podía bajarse.

    (A) ruido
    (B) postre
    (C) regalo
    (D) techo

37. Isabel vive en un barrio malísimo . . . tener mucho dinero.

    (A) a eso de
    (B) a fines de
    (C) a través de
    (D) a pesar de

38. Hacía . . . calor que tuvimos que salir del cuarto.

    (A) tan
    (B) tanta
    (C) muy
    (D) tanto

39. Acaba de . . . las maletas, Pedro. Vamos a llegar tarde al aeropuerto.

    (A) hacer
    (B) dejar
    (C) tirar
    (D) barrer

40. Había . . . cien personas en el estadio.

    (A) una
    (B) un
    (C) unas
    (D) unos

41. Como no había estudiado, Carmela . . . las respuestas a muchas de las preguntas del examen.

    (A) alejó
    (B) adivinó
    (C) fumó
    (D) rompió

42. Papá siempre me daba un . . . antes de acostarme.

    (A) bolsillo
    (B) diente
    (C) beso
    (D) hielo

43. Busco unos zapatos que no . . . tan caros.

    (A) fueran
    (B) fueron
    (C) son
    (D) sean

44. Al entrar, el caballero . . . el sombrero y nos saludó.

    (A) se pintó
    (B) se enojó
    (C) se atrevió
    (D) se quitó

45. ¿Qué es . . . ? Parece que es un oso.

    (A) ese
    (B) esa
    (C) eso
    (D) este

46. Nos importaba que Roberto . . . bien en los exámenes.

    (A) saliera
    (B) saldría
    (C) saldrá
    (D) habría salido

47. Era seguro que los atletas de Bolivia . . . en las olimpiadas.

    (A) participarían
    (B) participaran
    (C) participen
    (D) hayan participado

48. Ojalá que ellas me . . . los libros para hacer las investigaciones.

    (A) habían traído
    (B) han traído
    (C) hayan traído
    (D) trajeron

49. En cuanto sepas la respuesta, . . . a la profesora.

    (A) la digas
    (B) la dices
    (C) dísela
    (D) dígasela

50. Hay que . . . las reglas del tráfico antes de conducir.

    (A) saber
    (B) sabido
    (C) sabiendo
    (D) sepa

51. El abogado nos pidió que . . . toda la evidencia del caso.

    (A) destruimos
    (B) destruíamos
    (C) destruyéramos
    (D) destruiríamos

52. Si tú les . . . permiso a tus padres, ellos te lo darían.

    (A) pedirías
    (B) pediste
    (C) pidieras
    (D) pides

## READING—PART B

**Directions:** In the following passages some words or phrases are missing. For each blank, four possible completions are given. Read the entire passage to get an idea of its content, then select the most appropriate completion, taking into consideration the overall meaning of the passage. Fill in the corresponding oval on the answer sheet.

La señorita Mercedes se apresuró a dar la ___(53)___ , movida por la alusión que se había hecho del estudiante:

—He recibido carta de Luis: dice que ___(54)___ el mes próximo tendrá ___(55)___ de venir a pasar algún tiempo con nosotros, pues que está por presentar su tesis y, en cuanto ___(56)___ su título de médico, toma el tren . . .

—¡Un gran muchacho! Tan joven y ya va a ser médico.

—Ojalá que ___(57)___ ganarse el cariño de las gentes, como tú, hermano.

—Pero si se gana el cariño de las gentes, ___(58)___ como yo, con cariño y sin dinero.

53. (A) voz
    (B) firma
    (C) canción
    (D) noticia

54. (A) para
    (B) con
    (C) a
    (D) por

55. (A) el gusto
    (B) la razón
    (C) el miedo
    (D) la vista

56. (A) recibe
    (B) recibirá
    (C) reciba
    (D) recibió

57. (A) sabe
    (B) sabía
    (C) sabrá
    (D) sepa

58. (A) viva
    (B) vivirá
    (C) vivió
    (D) vivía

Esperaba que Sonia ___(59)___ dormir sin interrupciones. Después, en la mañana, tendríamos tiempo de ___(60)___ al tipo del que me había hablado Sánchez por teléfono desde Bogotá dos días atrás. ___(61)___ Sánchez, el hombre, con apellido de prócer, ___(62)___ una especie de reconocido empresario dedicado a organizar espectáculos en las ciudades intermedias de la región. Circos, recitales, conciertos, ___(63)___ de teatro, concursos de baile, ___(64)___ cosa.

59. (A) podía
    (B) pudiera
    (C) podría
    (D) pudo

60. (A) buscar
    (B) durar
    (C) empezar
    (D) temblar

61. (A) Detrás
    (B) Entre
    (C) Acaso
    (D) Según

62. (A) era
    (B) fuera
    (C) haya sido
    (D) hubiera sido

63. (A) letras
    (B) trabajos
    (C) lecturas
    (D) obras

64. (A) cualquier
    (B) cualquiera
    (C) algún
    (D) alguien

En la blanca ___(65)___ de la playa apenas se podían ver las huellas de pisadas de más de una persona. En ___(66)___ partes las pisadas habían desaparecido a causa de que la marea subía a esa hora. Estas huellas nos aseguraron que no estábamos ___(67)___ , que en la isla ___(68)___ otras personas y que no sabíamos si venían en son de paz o no.

Ignacio ___(69)___ el sudor de la frente, bebió un sorbo de agua y se paró por un instante. Ya hacía tres horas que ___(70)___ alrededor de la isla y ya casi no tenían energía para continuar. El haber sobrevivido después de que su barco se había ___(71)___ era suficiente motivación. Había que ___(72)___ una manera de ser descubiertos y rescatados.

65. (A) ceniza
    (B) arena
    (C) hoja
    (D) madera

66. (A) alguno
    (B) alguien
    (C) algunas
    (D) algunos

67. (A) nacidos
    (B) agotados
    (C) elegidos
    (D) equivocados

68. (A) habían
    (B) había
    (C) hubo
    (D) hubieron

69. (A) se secó
    (B) se golpeó
    (C) se acercó
    (D) se rió

70. (A) caminaron
    (B) caminaran
    (C) caminarían
    (D) caminaban

71. (A) salvado
    (B) sobrevivido
    (C) recuperado
    (D) hundido

72. (A) hallar
    (B) soñar
    (C) seguir
    (D) mentir

## READING—PART C

> **Directions:** In this part you will read several passages that will test your comprehension. After each passage, a number of questions or incomplete statements appear. Choose the most appropriate answer or completion, taking into consideration the overall meaning of the passage. Fill in the corresponding oval on the answer sheet.

Me hubiera gustado que se oyesen ruidos en las habitaciones contiguas, pero no se oía nada absolutamente, todavía menos de lo que se oye en un silencio normal. Me parecía que alguien me estaba espiando. Me paseé en todas direcciones y me
*Line* sosegaba, oyendo crujir, debajo de mis pies, el piso de madera. Luego me senté y me
*(5)* di cuenta de lo extraña que me sentía en aquella habitación.

Tal vez sacando algunas cosas de la maleta y deshaciendo los paquetes, viéndome rodeada de objetos y prendas usuales, me sentiría ligada a un mundo más familiar y la habitación misma se teñiría de sentido para mí. Por ejemplo, eché de menos, encima de la mesilla, un reloj despertador, y también algún portarretratos, o una de
*(10)* esas bandejitas que sirven para dejar los pendientes, los automáticos desprendidos y alguna aspirina. Estas cosas tenían que venir en un equipaje tan complicado. Abrí la maleta y me puse a buscarlas con ahínco. Tenía mucha prisa por verlas colocadas.

73. ¿Qué le parecía a la narradora?

(A) Que alguien la observaba
(B) Que había mucha gente en la otra habitación
(C) Que los ruidos que oía eran misteriosos
(D) Que nadie sabía que ella estaba allí

74. ¿Cómo se sentía la narradora en la habitación?

(A) Contenta
(B) Tranquila
(C) Rara
(D) Cansada

75. ¿Cómo pensaba cambiar la situación la narradora?

(A) Poniendo la ropa en las maletas
(B) Sacando los objetos fuera de la habitación
(C) Cambiando su habitación por otra
(D) Viendo cosas a las que está acostumbrada

76. ¿Qué buscaba en su equipaje la narradora?

(A) Cosas que extrañaba
(B) Objetos que había perdido
(C) Ropa para vestirse
(D) Medicina para su enfermedad

En el barco empezó la civilización de Onaisín. Lo primero que hicieron fue cortarle el pelo y bañarlo, luego vestirlo. Se le dieron ropas nuevas y se le enseñó a ponérselas y usarlas. Todo lo admitió y todo lo adoptó entusiasmado. Lo único que

*Line* rechazó fueron los zapatos. Lo inmovilizaban: sentirlos en los pies y quedarse
*(5)* invalido era todo uno. No había quién le hiciera dar un paso y en vano los marineros bailaban y zapateaban ante él para demostrarle la utilidad y la inofensividad del calzado. Onaisín lo rechazó rotundamente y sólo con el tiempo sus pies se habituaron a ellos.

Vino después el aprendizaje del idioma, aprendizaje que estuvo a cargo de la
*(10)* tripulación,[1] la cual le repetía una palabra, sistemáticamente, hasta que llegaba a pronunciarla bien. Prosperó en todo, con gran alegría de los marineros, que lo apreciaban mucho. Su trabajo, a causa de sus escasos conocimientos, era reducido y casi se limitaba a servir al capitán y al cocinero en pequeños menesteres. Estos dos hombres eran para Onaisín la flor de todos los demás hombres, sus dioses. El uno era la
*(15)* autoridad; el otro, la alimentación.

En Punta Arenas fue bautizado con gran pompa.[2] Le sirvieron de padrinos el capitán y el cocinero y después de mucho discutir le pusieron un nombre que satisfizo a todos: Onaisín Errázuriz.

[1]**tripulación**—crew
[2]**pompa**—pageantry

77. Se puede inferir que antes de estar en el barco Onaisín era

   (A) un poco salvaje
   (B) un poco vanidoso
   (C) un asesino
   (D) un ladrón

78. Por la descripción, sabemos que Onaisín no sabía

   (A) vestirse
   (B) bailar
   (C) caminar
   (D) nadar

79. ¿Qué aceptó entusiasmado Onaisín?

   (A) Llevar el pelo largo
   (B) El duro trabajo que hacía
   (C) Sus nuevos zapatos
   (D) La nueva manera de vestir

80. ¿Qué sucedió con los zapatos?

   (A) Se los regaló a un marinero.
   (B) Aprendió a usarlos inmediatamente.
   (C) No le permitían caminar.
   (D) No le permitían bailar como antes.

81. ¿A qué le ayudó la tripulación a Onaisín?

   (A) A aprender el lenguaje
   (B) A aprender a ser marinero
   (C) A cargar cajas de zapatos
   (D) A cortarle el pelo a todos

82. ¿Qué pensaban los marineros de Onaisín?

   (A) Lo encontraban tonto.
   (B) No le tenían confianza.
   (C) Pensaban que sus conocimientos eran vastos.
   (D) Lo estimaban mucho.

83. ¿Qué sabemos sobre el trabajo que hacía Onaisín?

    (A) Era demasiado duro.
    (B) Era de poca calidad.
    (C) No le daban mucho qué hacer.
    (D) No le permitían usar sus conocimientos.

84. ¿Qué opinión tiene Onaisín del capitán y del cocinero?

    (A) Pensaba que eran demasiado estrictos.
    (B) Los consideraba sagrados.
    (C) Creía que se burlaban de él.
    (D) Pensaba que peleaban demasiado.

85. ¿Por qué discutieron los hombres al final de la selección?

    (A) Porque no pensaban que Onaisín debía bautizarse
    (B) Porque no se ponían de acuerdo en el nombre
    (C) Porque no se llevaban bien por mucho tiempo
    (D) Porque no querían a Onaisín en el barco

*If there is still time remaining, you may review your answers in Section II only.*

# Answer Key
## PRACTICE TEST 7

## Section I

| Part A | Part B | Part C | |
|--------|--------|--------|--------|
| 1. C | 11. A | 21. B | 28. A |
| 2. A | 12. B | 22. C | 29. B |
| 3. B | 13. D | 23. B | 30. A |
| 4. D | 14. B | 24. A | 31. C |
| 5. C | 15. C | 25. D | 32. C |
| 6. A | 16. A | 26. C | 33. A |
| 7. D | 17. D | 27. B | 34. B |
| 8. C | 18. A | | |
| 9. B | 19. B | | |
| 10. B | 20. B | | |

## Section II

| Part A | Part B | Part C | |
|--------|--------|--------|--------|
| 35. A | 53. D | 73. A | 80. C |
| 36. D | 54. A | 74. C | 81. A |
| 37. D | 55. A | 75. D | 82. D |
| 38. D | 56. C | 76. A | 83. C |
| 39. A | 57. D | 77. A | 84. B |
| 40. C | 58. B | 78. A | 85. B |
| 41. B | 59. B | 79. D | |
| 42. C | 60. A | | |
| 43. D | 61. D | | |
| 44. D | 62. A | | |
| 45. C | 63. D | | |
| 46. A | 64. A | | |
| 47. A | 65. B | | |
| 48. C | 66. C | | |
| 49. C | 67. D | | |
| 50. A | 68. B | | |
| 51. C | 69. A | | |
| 52. C | 70. D | | |
| | 71. D | | |
| | 72. A | | |

The answer to some questions may depend on more than one statement in the passage. In that case more than one line will be listed in the Answer Explanations. When the answer depends on the overall meaning of the passage, the answer is indicated by "overall meaning."

# ANSWER EXPLANATIONS

Note: Some words that are cognates have not been translated.

## Section I

*Part A*

| | | | |
|---|---|---|---|
| 1. **C** | 4. **D** | 7. **D** | 9. **B** |
| 2. **A** | 5. **C** | 8. **C** | 10. **B** |
| 3. **B** | 6. **A** | | |

*Part B*

| | | | |
|---|---|---|---|
| 11. **A** | 14. **B** | 17. **D** | 19. **B** |
| 12. **B** | 15. **C** | 18. **A** | 20. **B** |
| 13. **D** | 16. **A** | | |

*Part C*

| | | | |
|---|---|---|---|
| 21. **B** | 25. **D** | 29. **B** | 33. **A** |
| 22. **C** | 26. **C** | 30. **A** | 34. **B** |
| 23. **B** | 27. **B** | 31. **C** | |
| 24. **A** | 28. **A** | 32. **C** | |

## Section II

*Part A*

35. **(A) regalo**–gift; repaso–review, pedazo–piece, pariente–relative

36. **(D) techo**–roof; ruido–noise, postre–dessert, regalo–gift

37. **(D) a pesar de**–in spite of; a eso de–at about, a fines de–at the end of, a través de–though, a pesar de–in spite of

38. **(D) tanto**; *see* section 3.6.1

39. **(A) hacer las maletas**–to pack

40. **(C) unas**; a plural feminine article is needed (*personas*)

41. **(B) adivinar**–to guess; alejar–to move away, fumar–to smoke, romper–to break

42. **(C) beso**–kiss; bolsillo–pocket, diente–tooth, hielo–ice

43. **(D) sean**; the subjunctive is needed after an indefinite antecedent; *see* section 13.7.8

44. **(D) quitarse**–to take off; pintarse–to paint oneself, enojarse–to get angry, atreverse–to dare

45. **(C)** **eso**; the neuter demonstrative pronoun is needed; *see* section 5.5

46. **(A)** **saliera**; the subjunctive is needed after *importar*

47. **(A)** **participarían**; the conditional is needed; *see* section 13.7.5

48. **(C)** **hayan traído**; the subjunctive is needed after *ojalá; see* section 13.10.5

49. **(C)** **dísela**; the familiar command is needed; object pronouns are attached to the positive commands; *see* section 14.7

50. **(A)** **saber**, hay que + infinitive–one must

51. **(C)** **destruyéramos**; the subjunctive is needed after impersonal expressions; *see* section 13.7.4

52. **(C)** **pidieras**; the subjunctive is needed; *see* section 13.10.4

*Part B*

53. **(D)** **noticia**–news; voz–voice, firma–signature, canción–song

54. **(A)** **para**; *see* section 19.5.1

55. **(A)** **gusto**–pleasure; razón–reason, miedo–fear, vista–view

56. **(C)** **reciba**; the subjunctive is needed after *en cuanto; see* section 13.7.6

57. **(D)** **sepa**; the subjunctive is needed after *ojalá que; see* section 13.10.5

58. **(B)** **vivirá**; the future is needed

59. **(B)** **pudiera**; the subjunctive is needed after *esperar; see* section 13.7.1

60. **(A)** **buscar**–to look for; durar–to last, empezar–to begin, temblar–to tremble

61. **(D)** **Según**–according; Detrás–behind, Entre–between, Acaso–perhaps

62. **(A)** **era**; the imperfect is needed; *see* section 8.1

63. **(D)** **obras de teatro**–play; letras–letters, trabajos–jobs, lecturas–readings

64. **(A)** **cualquier**; needed before a masculine or feminine singular noun; *see* section 3.4

65. **(B)** **arena**–sand; cenisa–ash, hoja–leap, powder, madera–wood

66. **(C)** **algunas**; a feminine plural is needed (*partes*)

67. **(D)** **equivocados**; estar equivocados–to be wrong, nacidos–born, agotados–exhausted, elegidos–elected

68. **(B)** **había**; the imperfect tense is needed; *see* section 8.1; the singular is used, meaning there were

69. **(A)** **secarse**–to dry oneself; golpearse–to hit oneself, acercarse–to approach, reírse–to laugh

70. **(D)** **caminaban**; the imperfect tense is needed; *see* section 8.1

71. **(D)** **hundir**–to sink; salvar–to save, sobrevivir–to survive, recuperar–to recover

72. **(A)** **hallar**–to find; soñar–to dream, seguir–to continue, mentir–to lie

*Part C*

The answer to some questions may depend on more than one statement in the passage. In that case more than one line will be listed. When the answer depends on the overall meaning of the passage, the answer is indicated by "overall meaning."

73. **(A)** Line 3

74. **(C)** Lines 4–5

75. **(D)** Lines 6–8

76. **(A)** Lines 8–11

77. **(A)** Lines 1–4 and overall meaning

78. **(A)** Lines 2–3

79. **(D)** Lines 2–3

80. **(C)** Lines 4–5

81. **(A)** Lines 9–11

82. **(D)** Lines 11–12

83. **(C)** Lines 12–13

84. **(B)** Lines 13–14

85. **(B)** Lines 16–18

# TAPESCRIPT FOR LISTENING COMPREHENSION

## Part A

**Directions:** In this part of the exam, you will hear four statements, designated (A), (B), (C), and (D). You will hear each statement only once. These statements are not printed in your test booklet. While listening, look carefully at the picture in your test booklet and choose the statement that best represents what you see in the picture or what someone in the picture might say. Choose the most appropriate response and fill in the corresponding oval on the answer sheet.

Now listen to the following example:

You see: (See p. 293.)

You hear:

(A) Me encanta montar a caballo.
(B) Espérame José, vengo detrás de ti.
(C) Ay, qué dolor . . . me caí de la bicicleta.
(D) ¡Cuidado! El perro está delante de la bicicleta.

Of the four statements you heard, the statement that best represents what the picture shows or what someone in the picture might say is statement (B) "Espérame José, vengo detrás de ti." For that reason, you should select answer (B).

Now get ready to listen to the four statements and look at the picture.

Número 1. (See p. 294.)

(A) Este árbol es demasiado pequeño.
(B) Me encanta dormir al aire libre.
(C) Por fin puedo leer con tranquilidad.
(D) ¿Me puedes prestar otros libros?

Número 2. (See p. 294.)

(A) Gerardo monta en bicicleta todas las tardes.
(B) Ese señor arregla su bicicleta porque se le rompió.
(C) Mucha gente está mirando la competencia de bicicletas.
(D) Julio se pone esa camiseta cuando monta en bicicleta.

Número 3.  (See p. 295.)

    (A)  ¿Por qué hay tanta gente en la playa hoy?

    (B)  Nadábamos en este río cuando éramos jóvenes.

    (C)  Mira esas montañas, están todas cubiertas de nieve.

    (D)  Hay mucha gente pescando en el río hoy.

Número 4.  (See p. 295.)

    (A)  Me encanta montar a caballo.

    (B)  Ese perro asustó las vacas.

    (C)  Las vacas beben agua en el río.

    (D)  ¡Qué bonitas son esas vacas!

Número 5.  (See p. 296.)

    (A)  El agua de la piscina está muy fría.

    (B)  Los papeles están encima del banco.

    (C)  Ese cesto es para echar la basura.

    (D)  Saca la basura antes de acostarte.

Número 6.  (See p. 296.)

    (A)  Venimos aquí para trabajar un poco antes de ir a la escuela.

    (B)  Esos campesinos están recogiendo café en el campo.

    (C)  ¿Te gusta el nuevo sofá que acabo de comprar para la sala?

    (D)  ¿Quieres sentarte en este café al aire libre?

Número 7.  (See p. 297.)

    (A)  ¡Mira cuántas águilas hay en el cielo!

    (B)  ¿Dónde cazaste esos animales tan grandes?

    (C)  Por favor, no pongas ese pájaro en una jaula.

    (D)  ¡Qué bonito es ese monumento con el águila!

Número 8.  (See p. 297.)

    (A)  No me gusta conducir en tanto tráfico.

    (B)  Ese coche va lleno de plantas.

    (C)  No hay muchos coches en el estacionamiento.

    (D)  Lo siento, pero tú no cabes en el coche.

Número 9.  (See p. 298.)

    (A)  ¡Hola, Sara! Este teléfono no funciona.

    (B)  ¡Ojalá que yo pueda terminar todo el trabajo hoy!

    (C)  Ya puse la computadora en mi sillón.

    (D)  Ese hombre está limpiando las ventanas de su oficina.

Número 10.  (See p. 298.)

    (A)  ¿Por qué están jugando al fútbol en el avión?

    (B)  Ese equipo está a punto de ganar el partido.

    (C)  Ese jugador no puede caminar; se le rompió la pierna.

    (D)  Necesitan una pelota para terminar el partido.

## Part B

**Directions:** You will now listen to a selection of short exchanges or parts of conversations. Each selection is followed by four statements, designated (A), (B), (C), and (D). Neither these exchanges nor the statements are printed in your test booklet. After listening to the four statements, choose the statement that most logically continues or finishes the conversation and fill in the corresponding oval on your answer sheet.

To become familiar with this part of the test, listen to the following example:

You hear:
**(Male)** —No recuerdo donde puse los anteojos.

You also hear:

**(Female)** (A) Allí están, sobre la mesa.
(B) Todos están de acuerdo.
(C) Se cubrió los ojos.
(D) Se le olvidó el disco.

The statement that continues the conversation in the most logical way is statement (A) "Allí están, sobre la mesa." For that reason, you should select answer (A).

Now get ready to listen to the first exchange and the four statements.

Número 11

**(Female)** —Antes de salir, tienes que hacer la cama.

**(Male)** (A) ¡Ay mamá! No tengo tiempo hoy.
(B) Sí, la cama es muy cómoda.
(C) Sí, salí para comprar una cama.
(D) ¡Por supuesto! Pon la cama en la sala.

[7 seconds]

Número 12

**(Male)** —¿Puedo entrar ahora?

**(Female)** (A) ¡Felicidades!
(B) ¡Adelante!
(C) ¡Buen viaje!
(D) ¡Hasta pronto!

[7 seconds]

Número 13

**(Male)** —Hace tres días que no para de llover.

**(Female)** —Y yo estoy aburrida porque no puedo salir.

**(Male)**    (A) Yo no puedo ver nada porque hay mucha gente.

        (B) Él no paró en la esquina porque tenía prisa.

        (C) Ese paraguas ya no sirve para nada.

        (D) Lo sé, pero a las flores les hace falta agua.

[7 seconds]

Número 14

**(Female)** —Tenemos que llegar al teatro a las siete.

**(Male)** —¿Por qué no tomamos el autobús?

**(Female)**    (A) Buena idea, vamos a buscar el auto.

        (B) Porque no aceptan billetes, sólo monedas.

        (C) Porque el autobús es más rápido.

        (D) Sí, podemos tomar algo en el café.

[7 seconds]

Número 15

**(Male)** —Señorita, necesito devolver este televisor.

**(Female)** —¿Por qué quiere devolverlo, señor?

**(Male)**    (A) No camina.

        (B) No volvió.

        (C) No funciona.

        (D) No escucha.

[7 seconds]

Número 16

**(Male)** —¿Cómo te va con la nueva dieta, Rosario?

**(Female)** —Ni me hables, he aumentado cinco libras en la última semana.

**(Male)**    (A) Pues, no comas tanto.

        (B) La comida es demasiado cara.

        (C) Nos encontramos en el restaurante.

        (D) Es la semana que viene.

[7 seconds]

Número 17

**(Female)** —Oye, Jorge hace días que no te veo en el autobús de la escuela.

**(Male)** —Voy a la escuela en bicicleta pero hay mucho tráfico.

**(Female)**     (A) Yo no puedo ir; estoy muy ocupado.

               (B) El coche se rompió en la carretera.

               (C) Las clases no terminan hasta las dos.

               (D) Ten cuidado. Puede ser peligroso.

[7 seconds]

Número 18

**(Male)** —Recuerda que mañana salimos de vacaciones.

**(Female)** —¿Necesito llevar mucha ropa?

**(Male)**     (A) No, vamos a pasar mucho tiempo en la playa.

               (B) No, la ropa cuesta mucho en esa tienda.

               (C) Saca la ropa de la lavadora antes de salir.

               (D) Me gusta vestirme en el baño.

[7 seconds]

Número 19

**(Female)** —Vamos a escuchar música en la sala.

**(Male)** —No hagan mucho ruido, Guillermo está durmiendo.

**(Female)**     (A) Nunca escucho ese tipo de música.

               (B) El pobre, necesita descansar.

               (C) No tengo sueño ahora.

               (D) Estoy cansada; voy a acostarme.

[7 seconds]

Número 20

**(Male)** —Oficina del Sr. Márquez. Buenas tardes.

**(Female)** —¿Puedo hablar con el Sr. Márquez, por favor?

**(Male)**     (A) El Sr. Márquez siempre llega temprano.

               (B) Acaba de salir en este momento.

               (C) Sí, puedes marcar el número.

               (D) No se preocupe si llega tarde.

[7 seconds]

## Part C

**Directions:** In this part of the exam you will listen to a number of selections. They can be conversations or short narratives. Printed in your test booklet, you will find one, two, or three questions, each with four possible answers. Press the pause button on your CD player while you choose the best answer to each question according to the information you have heard. Fill in the corresponding ovals on your answer sheet, allowing twelve seconds for each question. When your answers are complete, press the play button to continue with the next selection.

You will not hear the questions or the possible answers.

Now get ready to listen to the first selection.

**(Narrator)**  [Selección número 1. Escucha esta conversación por teléfono.]

**(Female)**  —Ricardo, ¿por qué no me contestaste la carta que te envié anoche?

**(Male)**  —¿Qué carta, Clara? No he recibido nada de ti.

**(Female)**  —Te envié correo electrónico a eso de las seis.

**(Male)**  —Ah, claro por eso no la recibí. Cambié de compañía y ahora tengo una nueva dirección.

Contesta la pregunta 21.          [12 seconds]

**(Narrator)**  [Selección número 2. Escucha esta conversación entre un padre y su hija.]

**(Male)**  —Adelaida, Felipe . . . ¡tranquilos por favor!

[Raising his voice]

**(Female)**  —Felipe me quitó el libro y no me deja leer.

**(Male)**  —Felipe, dale el libro a tu hermana.

**(Female)**  —Sí, papá . . . que me lo devuelva. [Almost crying]

**(Male)**  —Si continúan peleando regreso a casa y los dejo allí. No puedo conducir mientras Uds. pelean. Voy a tener un accidente.

Contesta las preguntas 22 y 23.    [24 seconds]

**(Narrator)** [Selección número 3. Escucha este anuncio radial.]

**(Male)** Los precios más bajos de la temporada. La calidad de siempre. El servicio que Ud. espera y se merece. Venga a los Mercados Rojas y se dará de cuenta de lo que es ahorrar. No se olvide que nuestras tarjetas de crédito le facilitan sus compras también. Además para celebrar la abertura de nuestra nueva tienda en el centro comercial, Ud. recibirá un regalo especial cuando haga compras de cincuenta dólares o más.

Contesta las preguntas 24 y 25.     [24 seconds]

**(Narrator)** [Selección número 4. Escucha esta conversación entre Mónica y Alejandro en la puerta de su casa.]

**(Male)** —Mónica, no salgas afuera sin zapatos.

**(Female)** —¿Por qué no? Me encanta caminar en la lluvia y mojarme los pies.

**(Male)** —A mí también pero la semana pasada tenías un resfriado y te vas a enfermar de nuevo.

**(Female)** —No te preocupes Alejandro. Sólo voy a salir por unos minutos.

**(Male)** —Bueno, no me molestes cuando te dé fiebre y empieces a toser.

**(Female)** —Te prometo que no me voy a enfermar.

**(Male)** —Ya veremos.

Contesta las preguntas 26, 27, y 28.     [36 seconds]

**(Narrator)** [Selección número 5. Escucha una conversación por teléfono entre Elena y Eduardo.

**(Female)** —Hola Eduardo, ya hace varios días que te llamé y no me has respondido la llamada.

**(Male)** —Lo siento Elena, he estado ocupadísimo. Desde que regresé del Perú estoy tratando de terminar lo que dejé de hacer antes de irme.

**(Female)** —Bueno eso te pasa por tomar vacaciones tan largas.

**(Male)** —Verdaderamente no fueron unas vacaciones, necesitaba ayudar a mi tía a resolver algunos problemas que tenía.

**(Female)** —Admiro lo que haces por tu familia. Pero no te puedes olvidar de tus obligaciones.

**(Male)** —De acuerdo. Pero ahora no hay manera de resolver la situación tendré que quedarme en la oficina tarde hasta que me ponga al día.

**(Female)** —Bueno, ya sabes que si necesitas ayuda, aquí estoy.

**(Male)** —Gracias Elena, te lo agradezco.

Contesta las preguntas 29, 30, y 31.     [36 seconds]

**(Narrator)**  [Selección número 6. Escucha esta conversación en una tienda.]

**(Male)**  —Señorita, necesito devolver estas toallas.

**(Female)**  —¿No le gustan?

**(Male)**  —Me gustan mucho pero encontré una tienda que las vende más baratas.

**(Female)**  —Bueno, en ese caso no tiene que devolverlas. Si nos trae prueba del precio más bajo, le devolveremos la diferencia.

**(Male)**  —Aquí tiene el catálogo. Éstas son las mismas toallas que aparecen en la página tres.

**(Female)**  —Tiene razón. [Pause] Aquí tiene la diferencia . . . quince dólares.

**(Male)**  —Mil gracias. Ud. es muy cortés.

**(Female)**  —Es mi trabajo, señor. Siempre tratamos de complacer al cliente.

Contesta las preguntas 32, 33, y 34.     [36 seconds]

# Practice Test 8
## ANSWER SHEET

1. Ⓐ Ⓑ Ⓒ Ⓓ
2. Ⓐ Ⓑ Ⓒ Ⓓ
3. Ⓐ Ⓑ Ⓒ Ⓓ
4. Ⓐ Ⓑ Ⓒ Ⓓ
5. Ⓐ Ⓑ Ⓒ Ⓓ
6. Ⓐ Ⓑ Ⓒ Ⓓ
7. Ⓐ Ⓑ Ⓒ Ⓓ
8. Ⓐ Ⓑ Ⓒ Ⓓ
9. Ⓐ Ⓑ Ⓒ Ⓓ
10. Ⓐ Ⓑ Ⓒ Ⓓ
11. Ⓐ Ⓑ Ⓒ Ⓓ
12. Ⓐ Ⓑ Ⓒ Ⓓ
13. Ⓐ Ⓑ Ⓒ Ⓓ
14. Ⓐ Ⓑ Ⓒ Ⓓ
15. Ⓐ Ⓑ Ⓒ Ⓓ
16. Ⓐ Ⓑ Ⓒ Ⓓ
17. Ⓐ Ⓑ Ⓒ Ⓓ
18. Ⓐ Ⓑ Ⓒ Ⓓ
19. Ⓐ Ⓑ Ⓒ Ⓓ
20. Ⓐ Ⓑ Ⓒ Ⓓ
21. Ⓐ Ⓑ Ⓒ Ⓓ
22. Ⓐ Ⓑ Ⓒ Ⓓ

23. Ⓐ Ⓑ Ⓒ Ⓓ
24. Ⓐ Ⓑ Ⓒ Ⓓ
25. Ⓐ Ⓑ Ⓒ Ⓓ
26. Ⓐ Ⓑ Ⓒ Ⓓ
27. Ⓐ Ⓑ Ⓒ Ⓓ
28. Ⓐ Ⓑ Ⓒ Ⓓ
29. Ⓐ Ⓑ Ⓒ Ⓓ
30. Ⓐ Ⓑ Ⓒ Ⓓ
31. Ⓐ Ⓑ Ⓒ Ⓓ
32. Ⓐ Ⓑ Ⓒ Ⓓ
33. Ⓐ Ⓑ Ⓒ Ⓓ
34. Ⓐ Ⓑ Ⓒ Ⓓ
35. Ⓐ Ⓑ Ⓒ Ⓓ
36. Ⓐ Ⓑ Ⓒ Ⓓ
37. Ⓐ Ⓑ Ⓒ Ⓓ
38. Ⓐ Ⓑ Ⓒ Ⓓ
39. Ⓐ Ⓑ Ⓒ Ⓓ
40. Ⓐ Ⓑ Ⓒ Ⓓ
41. Ⓐ Ⓑ Ⓒ Ⓓ
42. Ⓐ Ⓑ Ⓒ Ⓓ
43. Ⓐ Ⓑ Ⓒ Ⓓ
44. Ⓐ Ⓑ Ⓒ Ⓓ

45. Ⓐ Ⓑ Ⓒ Ⓓ
46. Ⓐ Ⓑ Ⓒ Ⓓ
47. Ⓐ Ⓑ Ⓒ Ⓓ
48. Ⓐ Ⓑ Ⓒ Ⓓ
49. Ⓐ Ⓑ Ⓒ Ⓓ
50. Ⓐ Ⓑ Ⓒ Ⓓ
51. Ⓐ Ⓑ Ⓒ Ⓓ
52. Ⓐ Ⓑ Ⓒ Ⓓ
53. Ⓐ Ⓑ Ⓒ Ⓓ
54. Ⓐ Ⓑ Ⓒ Ⓓ
55. Ⓐ Ⓑ Ⓒ Ⓓ
56. Ⓐ Ⓑ Ⓒ Ⓓ
57. Ⓐ Ⓑ Ⓒ Ⓓ
58. Ⓐ Ⓑ Ⓒ Ⓓ
59. Ⓐ Ⓑ Ⓒ Ⓓ
60. Ⓐ Ⓑ Ⓒ Ⓓ
61. Ⓐ Ⓑ Ⓒ Ⓓ
62. Ⓐ Ⓑ Ⓒ Ⓓ
63. Ⓐ Ⓑ Ⓒ Ⓓ
64. Ⓐ Ⓑ Ⓒ Ⓓ
65. Ⓐ Ⓑ Ⓒ Ⓓ
66. Ⓐ Ⓑ Ⓒ Ⓓ

67. Ⓐ Ⓑ Ⓒ Ⓓ
68. Ⓐ Ⓑ Ⓒ Ⓓ
69. Ⓐ Ⓑ Ⓒ Ⓓ
70. Ⓐ Ⓑ Ⓒ Ⓓ
71. Ⓐ Ⓑ Ⓒ Ⓓ
72. Ⓐ Ⓑ Ⓒ Ⓓ
73. Ⓐ Ⓑ Ⓒ Ⓓ
74. Ⓐ Ⓑ Ⓒ Ⓓ
75. Ⓐ Ⓑ Ⓒ Ⓓ
76. Ⓐ Ⓑ Ⓒ Ⓓ
77. Ⓐ Ⓑ Ⓒ Ⓓ
78. Ⓐ Ⓑ Ⓒ Ⓓ
79. Ⓐ Ⓑ Ⓒ Ⓓ
80. Ⓐ Ⓑ Ⓒ Ⓓ
81. Ⓐ Ⓑ Ⓒ Ⓓ
82. Ⓐ Ⓑ Ⓒ Ⓓ
83. Ⓐ Ⓑ Ⓒ Ⓓ
84. Ⓐ Ⓑ Ⓒ Ⓓ
85. Ⓐ Ⓑ Ⓒ Ⓓ

To compute your approximate scaled score:

_____ (number of correct answers) – _____ (number of incorrect answers) / 3 = _____ (raw score)

Now, go to page 384 to find out your approximate scaled score.

# Practice Test 8

## Section I: Listening

### LISTENING—PART A

**Directions:** In this part of the exam, you will hear four statements, designated (A), (B), (C), and (D). You will hear each statement only once. These statements are not printed in your test booklet. While listening, look carefully at the picture in your test booklet and choose the statement that best represents what you see in the picture or what someone in the picture might say. Choose the most appropriate response and fill in the corresponding oval on the answer sheet.

Now listen to the following example:

You see:

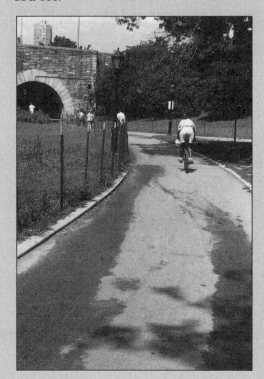

You hear:

Of the four statements you heard, the statement that best represents what the picture shows or what someone in the picture might say is statement B: "Espérame José, vengo detrás de ti." For that reason, you should select answer B.

Now get ready to listen to the four statements and look at the picture.

NOTE: The tapescript for the Listening Comprehension selections begins on page 345.

1.

2.

3.

4.

5.

6.

7.

8.

9.

10.

# LISTENING—PART B

**Directions:** You will now listen to a selection of short exchanges or parts of conversations. Each selection is followed by four statements, designated (A), (B), (C), and (D). Neither these exchanges nor the statements are printed in your test booklet. After listening to the four statements, choose the statement that most logically continues or finishes the conversation, and fill in the corresponding oval on your answer sheet.

To become familiar with this part of the test, listen to the following example:

You hear:

You also hear:

The statement that continues the conversation in the most logical way is statement A: "Allí están, sobre la mesa." For that reason, you should select answer A.

Now get ready to listen to the first exchange and the four statements.

NOTE: The tapescript for the Listening Comprehension selections begins on page 345.

11. Now, select your answer on the answer sheet.

12. Now, select your answer on the answer sheet.

13. Now, select your answer on the answer sheet.

14. Now, select your answer on the answer sheet.

15. Now, select your answer on the answer sheet.

16. Now, select your answer on the answer sheet.

17. Now, select your answer on the answer sheet.

18. Now, select your answer on the answer sheet.

19. Now, select your answer on the answer sheet.

20. Now, select your answer on the answer sheet.

Practice Test 8

# LISTENING—PART C

> **Directions:** In this part of the exam you will listen to a number of selections. They can be conversations or short narratives. Printed in your test booklet, you will find one, two, or three questions, each with four possible answers. Press the Pause button on your CD player while you choose the best answer to each question according to the information you have heard. Fill in the corresponding ovals on your answer sheet, allowing 12 seconds for each question. When your answers are complete, press the Play button to continue with the next selection. You will not hear the questions or the possible answers.
>
> Now get ready to listen to the first selection.
>
> NOTE: The tapescript for the Listening Comprehension selections begins on page 345.

## Selección número 1

21. ¿Por qué está enojada Petra?

    (A) Porque no le gustan las reuniones.
    (B) Porque nadie sabe dónde está Cristóbal.
    (C) Porque se levantó muy tarde.
    (D) Porque Alberto no la quiere ayudar.

22. Según Alberto, ¿qué le pasó probablemente a Cristóbal?

    (A) Se acostó demasiado tarde.
    (B) No terminó el reporte.
    (C) No arregló el teléfono.
    (D) Se quedó a dormir en la oficina.

23. ¿Qué dice Petra al final de la conversación?

    (A) Que necesita ir a su casa a dormir.
    (B) Que ella misma irá a buscar a Cristóbal.
    (C) Que va a cancelar la reunión.
    (D) Que la reunión la preocupa mucho.

## Selección número 2

24. ¿Cuándo empiezan a tener problemas con el sueño las personas?

    (A) A los diez años.
    (B) A los veinticinco años.
    (C) A los cuarenta años.
    (D) A los cincuenta años

25. ¿Cuál es la conclusión de esta selección?

    (A) Que debemos dormir regularmente.
    (B) Que los jóvenes necesitan dormir más horas.
    (C) Que dormir mucho puede traer problemas.
    (D) Que los problemas del sueño no duran mucho.

## Selección número 3

26. ¿Qué le pasó a Caridad?

    (A) Dejó la mochila en su casa.
    (B) Se le perdió un billete para el teatro.
    (C) Se le olvidó traerle el libro a Tomás.
    (D) Rompió su escritorio favorito.

27. ¿Qué sugiere Tomás?

   (A) Ir al teatro.
   (B) Ir a clase.
   (C) Ir a casa de Caridad.
   (D) Ir de compras.

28. ¿Qué espera Tomás un día?

   (A) Tomar cursos de teatro.
   (B) Conocer a un actor famoso.
   (C) Actuar con Caridad.
   (D) Ganar un premio.

Selección número 4

29. ¿Por qué no puede continuar el viaje la señora?

   (A) Porque no tiene suficientes billetes.
   (B) Porque no quedan asientos en el tren.
   (C) Porque viaja en el tren equivocado.
   (D) Porque dejó a sus tíos en la estación.

30. ¿A dónde va la familia?

   (A) A asistir a un concierto.
   (B) A comprar unas ventanas.
   (C) A visitar a unos parientes.
   (D) A encontrarse con unos amigos.

31. ¿Qué tiene que hacer la señora?

   (A) Viajar en segunda clase.
   (B) Cambiar de trenes.
   (C) Comprar otro billete.
   (D) Pagar un precio más alto.

Selección número 5

32. ¿Qué le dice Beatriz a Pedro?

   (A) Que acaba de comer.
   (B) Que no le gustan los perros calientes.
   (C) Que no la acompaña su perro.
   (D) Que ya fue a la cafetería.

33. ¿A dónde va Beatriz esa tarde?

   (A) A cuidar a su perro.
   (B) A comer en un restaurante.
   (C) A tocar en un concierto.
   (D) A jugar a un deporte.

34. ¿Qué le aconseja Pedro a Beatriz?

   (A) Que no juegue esa tarde.
   (B) Que no vaya a la cafetería.
   (C) Que no coma demasiado.
   (D) Que no coma perros calientes.

STOP

END OF SECTION I

Practice Test 8

# Section II: Reading

TIME—APPROXIMATELY 40 MINUTES—QUESTIONS 35–85

## READING—PART A

> **Directions:** Read the following statements and the four suggested completions. Then choose the most appropriate completion and fill in the corresponding oval on the answer sheet.

35. Sebastián, ¿quieres dar un paseo en . . . moto?

    (A) la
    (B) el
    (C) un
    (D) lo

36. El agua estaba demasiado fría por eso entré en la piscina . . .

    (A) de acuerdo
    (B) en cambio
    (C) poco a poco
    (D) por lo menos

37. Pablo, eres muy exigente, por eso nunca puedo . . .

    (A) complacerte
    (B) ofrecerte
    (C) resfriarte
    (D) quitarte

38. Pon . . . al lado de los platos cuando pongas la mesa.

    (A) las servilletas
    (B) las cortinas
    (C) las toallas
    (D) las sábanas

39. Teresa, si te das . . . podrás irte en el tren de las once.

    (A) gritos
    (B) prisa
    (C) vergüenza
    (D) cuerda

40. Antonio no es . . . alto como yo.

    (A) tan
    (B) tanto
    (C) muy
    (D) demasiado

41. Cuando salimos del concierto no había . . . en las calles.

    (A) ningún
    (B) alguien
    (C) nadie
    (D) algún

42. Antes de entrar a la sala de clase, Humberto . . . muy nervioso.

    (A) se puso
    (B) se hizo
    (C) se trajo
    (D) se volvió

43. Hace mucho que espero; me . . . que ya pasó el autobús.

    (A) queda
    (B) sobra
    (C) parece
    (D) toca

44. Estoy un poco preocupada; Juan no ha llegado . . .

    (A) todavía
    (B) también
    (C) bastante
    (D) quizás

45. Cuando empieces a levantarte temprano, . . . para la oficina a tiempo.

    (A) salías
    (B) ha salido
    (C) saldrás
    (D) salicras

46. Si hubieras sacado más fotos, . . . más recuerdos de tu viaje.

    (A) has tenido
    (B) habrías tenido
    (C) habías tenido
    (D) habrás tenido

47. Nosotros estamos muy . . . de todo lo que Uds. hicieron por nosotros.

    (A) obedecidos
    (B) reconocidos
    (C) agradecidos
    (D) crecidos

48. Si no puedes encontrar los calcetines, . . . en esta caja.

    (A) los buscas
    (B) lo busques
    (C) búsquelos
    (D) búscalos

49. Eduardo se encargó . . . invitar a todos los estudiantes de intercambio.

    (A) a
    (B) con
    (C) en
    (D) de

50. ¿Por qué buscabas a las chicas que . . . al partido ayer?

    (A) fueron
    (B) fueran
    (C) irían
    (D) vayan

51. Ojalá que ella me . . . cuando yo llegue a casa.

    (A) llamó
    (B) llamaba
    (C) llamaría
    (D) haya llamado

52. Isabel nos escribió que . . . a visitar a su tío.

    (A) fuéramos
    (B) vayamos
    (C) hayamos ido
    (D) hubiéramos ido

## READING—PART B

> **Directions:** In the following passages some words or phrases are missing. For each blank, four possible completions are given. Read the entire passage to get an idea of its content, then select the most appropriate completion, taking into consideration the overall meaning of the passage. Fill in the corresponding oval on the answer sheet.

Durante las vacaciones de verano cuando ___(53)___ y no se puede salir a jugar; ___(54)___ se está esperando en el consultorio del médico, o paseándose por ___(55)___ —no se deja de aprender nunca. Sus hijos pueden explorar cada día alguna posibilidad matemática fascinante del mundo que los ___(56)___. Por ejemplo, se pueden encontrar las matemáticas afuera en la naturaleza— ___(57)___ la simetría en las hojas; cuente el número el tamaño, y los tipos de árboles en su calle; y ___(58)___ en la variedad de formas y patrones de flores. Los niños ___(59)___ aprendiendo las matemáticas y disfrutando de ellas al ___(60)___ tiempo. Estas actividades ___(61)___ pueden realizar en cualquier momento y en cualquier ___(62)___.

53. (A) llora
    (B) llueve
    (C) cae
    (D) calienta

54. (A) acaso
    (B) mientras
    (C) además
    (D) hasta

55. (A) el ascensor
    (B) la lavadora
    (C) la alfombra
    (D) el vecindario

56. (A) rodea
    (B) vive
    (C) habita
    (D) alcanza

57. (A) busca
    (B) buscó
    (C) busque
    (D) buscaba

58. (A) fíjese
    (B) quítese
    (C) póngase
    (D) quéjese

59. (A) estuvieron
    (B) estaban
    (C) estuvieran
    (D) estarán

60. (A) igual
    (B) mismo
    (C) propio
    (D) siguiente

61. (A) me
    (B) le
    (C) lo
    (D) se

62. (A) lugar
    (B) edad
    (C) ejemplo
    (D) lectura

La noche del 2 de octubre, prácticamente recuperado, salí a dar __(63)__ por los alrededores. Mi partida estaba próxima y deseaba recorrer ciertos __(64)__ de la isla que no había visitado. El cielo __(65)__ lleno de __(66)__ . Me dirigí al norte y trepé hacia la parte alta por un sendero que ascendía zigzagueando. Al llegar a la cima __(67)__ unos segundos __(68)__ descansar. Entonces unos lejanos cantos llegaron a mis __(69)__ arrastrados por el viento. En ese momento creí que __(70)__ más conveniente era regresar, pero __(71)__ curiosidad indefinible me obligó __(72)__ caminar hacia el sector de la montaña de donde provenían aquellas lúgubres voces.

63. (A) una razón
    (B) una vuelta
    (C) un camino
    (D) un paseo

64. (A) cajones
    (B) lugares
    (C) pasillos
    (D) estantes

65. (A) haya estado
    (B) habrá estado
    (C) estaba
    (D) estuviera

66. (A) piedras
    (B) camas
    (C) estrellas
    (D) sillones

67. (A) me sienta
    (B) me senté
    (C) me sintiera
    (D) me haya sentado

68. (A) de
    (B) con
    (C) por
    (D) para

69. (A) piernas
    (B) brazos
    (C) pelos
    (D) oídos

70. (A) le
    (B) el
    (C) lo
    (D) la

71. (A) el
    (B) lo
    (C) una
    (D) un

72. (A) a
    (B) en
    (C) de
    (D) por

## READING—PART C

**Directions:** In this part you will read several passages that will test your comprehension. After each passage, a number of questions or incomplete statements appear. Choose the most appropriate answer or completion, taking into consideration the overall meaning of the passage. Fill in the corresponding oval on the answer sheet.

Este mensaje quizá nunca llegue a ninguna mano. Hace tres horas que Ernest se fue al mar. El tiempo apremia y el que resta, no será mejor utilizado en esta desesperación que para escribirte a ti, esposa mía, que me creerás muerto. Estoy aún vivo
*Line* y rodeado de cuatro seres humanos más. Los cuatro esperamos estoicamente la
*(5)* muerte. El bueno de Ernest, en quien teníamos puesta nuestra última esperanza, hace tres horas que desapareció en el mar. Esta carta no llegará a tus manos, lo sé. Pero por si casualidad llegara, sabe que el bueno de Ernest se ha ido al mar. Y sabe también que mi pensamiento, el último, el de cada hora de estos terribles días pasados en un peñasco del Atlántico, fueron para ti. No te doy las señas, porque las
*(10)* desconocemos y además de que ningún correo toca este peñasco, cuando esta carta llegue a tus manos, ya hace meses, quizá años que habré muerto . . .

73. ¿Qué teme el narrador de esta selección?

(A) Que pierda la mano
(B) Que nadie reciba lo que escribe
(C) Que no reciba un premio
(D) Que Ernest no regrese a tiempo

74. ¿Qué creerá la esposa del narrador?

(A) Que él no le quiere escribir
(B) Que ya no está vivo
(C) Que él la quiere matar
(D) Que no ha sabido usar el tiempo

75. Antes de que Ernest desapareciera, ¿cuántas personas hay en el lugar donde está el narrador?

(A) Una
(B) Dos
(C) Cuatro
(D) Cinco

76. Podemos inferir que Ernest

(A) mató a alguien
(B) tiene mucha esperanza
(C) se había muerto
(D) regresará pronto

77. Lo último en que piensa el narrador es

(A) su esposa
(B) Ernest
(C) su condición física
(D) la carta

78. ¿Qué desconoce el narrador?

(A) Dónde está el correo
(B) Quién ha muerto
(C) Cuál es la dirección de su esposa
(D) Dónde se encuentra él

Viste [Paquito] modestamente; un traje comprado en la calle Hospital hace año
y medio. Las mangas se le han quedado cortas y le avergüenzan bastante; los pantalones también, pero lo disimula dejando la cintura algo caída. Él sabe que otros
*Line* chicos van mejor vestidos porque sus familias son ricas. A algunos les llevan en
*(5)* automóvil y todo; su madre dice que deben ser hijos de estraperlistas.[1] Paquito
quiere mucho a su padre, que está de capataz en unos talleres. Trabaja muchas horas
al día; siempre tres o cuatro extraordinarias y aún así no se vive muy bien en su casa.
Tienen dos realquilados que aunque dan bastante quehacer, pagan bien. A veces la
madre va a Tortosa, donde tiene una hermana (como el abuelo es ferroviario no paga
*(10)* en el ferrocarril) y viene con grandes paquetes de arroz y unos pellejos de aceite.
Entonces tiene que ir a la estación a buscarla para ayudar a llevar los paquetes que
pesan mucho. A él le da vergüenza y teme que le vea algún compañero. El padre
habla poco. Llega a casa fatigado; algunos días da una mirada al periódico. Cena
silenciosamente y se marcha a dormir. Tiene que madrugar mucho. Los domingos
*(15)* suelen salir juntos el padre y él; van a Montjuich o al Tibidabo o hacia unos pinares
que hay detrás de Horta. Al volver toman una cerveza y en invierno café. Hablan
poco, pero se comprenden perfectamente. Quiere que estudie para abogado. "Hay
que defender a los pobres de las injusticias". Lo dijo hace años, pero no se le olvi-
dará nunca.

[1]**estraperlistas**—black marketeers

79. ¿Por qué se siente avergonzado Paquito?

  (A) Porque no sabe dónde está el
       hospital
  (B) Porque se ha cortado una pierna
  (C) Porque la ropa no le queda bien
  (D) Porque no ha salido del hospital en año
       y medio

80. ¿Qué sabemos de los otros chicos?

  (A) Que están en mejores condiciones
       económicas
  (B) Que se burlan mucho de Paquito
  (C) Que ya saben conducir a la escuela
  (D) Que visten mal aunque tienen dinero

81. ¿Qué nos dice el narrador sobre el padre de
    Paquito?

  (A) Que no vive en la misma casa
  (B) Que se sacrifica por su familia
  (C) Que no le gusta el trabajo que hace
  (D) Que recibe un sueldo muy bueno

82. ¿Con qué propósito va su madre a Tortosa?

  (A) A buscar alimento
  (B) A visitar a su esposo
  (C) A cocinarle al abuelo
  (D) A ayudar a su hermana

83. Paquito va a la estación a buscar a su madre
    porque ella

  (A) no quiere regresar sola
  (B) se fatiga mucho
  (C) teme que la vean
  (D) no puede cargar los paquetes

84. ¿Qué hace el padre después de cenar?

  (A) Lee el periódico.
  (B) Visita a sus compañeros.
  (C) Se acuesta.
  (D) Se va a los bares.

85. ¿Qué le dijo el padre a Paquito?

    (A) Que no se olvidara de los abogados
    (B) Que era necesario luchar por la justicia
    (C) Que recordara al abogado que lo defendió
    (D) Que los pobres aceptan las injusticias

*If there is still time remaining, you may review your answers in Section II only.*

# Answer Key
## PRACTICE TEST 8

## Section I

| Part A | Part B | Part C | |
| --- | --- | --- | --- |
| 1. A | 11. D | 21. B | 28. D |
| 2. B | 12. B | 22. A | 29. A |
| 3. C | 13. C | 23. B | 30. C |
| 4. D | 14. B | 24. B | 31. C |
| 5. B | 15. D | 25. A | 32. A |
| 6. C | 16. A | 26. C | 33. D |
| 7. D | 17. C | 27. C | 34. C |
| 8. A | 18. A | | |
| 9. A | 19. B | | |
| 10. B | 20. D | | |

## Section II

| Part A | Part B | Part C | |
| --- | --- | --- | --- |
| 35. A | 53. B | 73. B | 80. A |
| 36. C | 54. B | 74. B | 81. B |
| 37. A | 55. D | 75. D | 82. A |
| 38. A | 56. A | 76. C | 83. D |
| 39. B | 57. C | 77. A | 84. C |
| 40. A | 58. A | 78. D | 85. B |
| 41. C | 59. D | 79. C | |
| 42. A | 60. B | | |
| 43. C | 61. D | | |
| 44. A | 62. A | | |
| 45. C | 63. B | | |
| 46. B | 64. B | | |
| 47. C | 65. C | | |
| 48. D | 66. C | | |
| 49. D | 67. B | | |
| 50. A | 68. D | | |
| 51. D | 69. D | | |
| 52. A | 70. C | | |
| | 71. C | | |
| | 72. A | | |

The answer to some questions may depend on more than one statement in the passage. In that case more than one line will be listed in the Answer Explanations. When the answer depends on the overall meaning of the passage, the answer is indicated by "overall meaning."

# ANSWER EXPLANATIONS

Note: Some words that are cognates have not been translated.

## Section I

*Part A*

| | | | |
|---|---|---|---|
| 1. **A** | 4. **D** | 7. **D** | 9. **A** |
| 2. **B** | 5. **B** | 8. **A** | 10. **B** |
| 3. **C** | 6. **C** | | |

*Part B*

| | | | |
|---|---|---|---|
| 11. **D** | 14. **B** | 17. **C** | 19. **B** |
| 12. **B** | 15. **D** | 18. **A** | 20. **D** |
| 13. **C** | 16. **A** | | |

*Part C*

| | | | |
|---|---|---|---|
| 21. **B** | 25. **A** | 29. **A** | 33. **D** |
| 22. **A** | 26. **C** | 30. **C** | 34. **C** |
| 23. **B** | 27. **C** | 31. **C** | |
| 24. **B** | 28. **D** | 32. **A** | |

## Section II

*Part A*

35. **(A)** **la**; a feminine article is needed (*la moto*)

36. **(C)** **poco a poco**–little by little; de acuerdo–agreed, en cambio–on the other hand, por lo menos–at least

37. **(A)** **complacer**–to please; ofrecer–to offer, resfriarse–to catch a cold, quitar–to take away

38. **(A)** **servilletas**–napkins; cortinas–curtains, toallas–towels, sábanas–sheets

39. **(B)** **darse prisa**–to hurry; dar gritos–to yell, dar vergüenza–to be ashamed, dar cuerda–to wind (clock)

40. **(A)** **tan**; *see* section 3.6.1

41. **(C)** **nadie**–nobody, no one; ningún–no one, alguien–someone, algún–some; *see* section 15.1

42. **(A)** **se puso**; *see* section 6.6.4

43. **(C)** **parecer**–to seem; quedar–to stay, remain, sobrar–to be left (over), tocarle a alguien–to be someone's turn

44. **(A)** **todavía**–yet; también–also, bastante–enough, quizás–perhaps

45. **(C)** **saldrás**; the future is needed

46. **(B)** **habrías tenido**; the perfect conditional is needed (contrary-to-fact statement); *see* section 13.10.4

47. **(C)** **agradecidos**–grateful; obedecidos–obedient, reconocidos–recognized, crecidos–grown

48. **(D)** **búscalos**; the informal command is needed; *see* section 14.7

49. **(D)** **encargarse de**–to take charge of something; *see* verbs that take a preposition, section 19.8

50. **(A)** **fueron**; the preterit is needed; *see* section 7.1

51. **(D)** **haya llamado**; the subjunctive is needed; *see* sections 13.10.5 and 13.8

52. **(A)** **fuéramos**; the subjunctive is needed; *see* section 13.7.1

## Part B

53. **(B)** **llover**–to rain; llorar–to cry, caer–to fall, calentar–to heat (up)

54. **(B)** **mientras**–while; acaso–perhaps, además besides, hasta–until

55. **(D)** **vecindario**–neighborhood; ascensor–elevator, lavadora–washing machine, alfombra–rug

56. **(A)** **rodear**–to surround; vivir–to live, habitar–to inhabit, alcanzar–to reach

57. **(C)** **busque**; the formal command is needed (*cuente, fíjese*)

58. **(A)** **fíjarse**–to notice; quitarse–to take off, ponerse–to put on, quejarse–to complain

59. **(D)** **estarán**; the future is needed

60. **(B)** **al mismo tiempo**–at the same time; igual–equal, alike, propio–own, siguiente–following

61. **(D)** **se**; *see* section 6.9.2

62. **(A)** **lugar**–place; edad–age, ejemplo–example, lectura–reading

63. **(B)** **dar una vuelta**–to take a stroll; razón–reason, camino–road, paseo–walk, ride

64. **(B)** **lugares**–places; cajones–boxes, pasillos–hallways, estantes–bookshelves

65. **(C)** **estaba**; the imperfect is needed; *see* section 8.1

66. **(C)** **estrellas**–stars; piedras–stones, camas–beds, sillones–armchairs

67. **(B)** **me senté**; the preterit is needed; *see* section 7.1

68. **(D)** **para**; *see* section 19.5.1

69. **(D)** **oídos**–ears; piernas–legs, brazos–arms, pelos–hairs

70. **(C)** **lo**; *see* section 5.3.2

71. **(C)** *see* section 2.2

72. **(A)** **obligar a**; *see* verbs that take a preposition, section 19.6

*Part C*

The answer to some questions may depend on more than one statement in the passage. In that case more than one line will be listed. When the answer depends on the overall meaning of the passage, the answer is indicated by "overall meaning."

73. **(B)** Line 1

74. **(B)** Line 3

75. **(D)** Lines 3–4

76. **(C)** Lines 5–6

77. **(A)** Line 9

78. **(D)** Lines 9–10

79. **(C)** Lines 2–3

80. **(A)** Lines 3–5

81. **(B)** Lines 6–7

82. **(A)** Lines 9–10

83. **(D)** Lines 11–12

84. **(C)** Line 14

85. **(B)** Lines 17–18

# TAPESCRIPT FOR LISTENING COMPREHENSION

## Part A

**Directions:** In this part of the exam, you will hear four statements, designated (A), (B), (C), and (D). You will hear each statement only once. These statements are not printed in your test booklet. While listening, look carefully at the picture in your test booklet and choose the statement that best represents what you see in the picture or what someone in the picture might say. Choose the most appropriate response and fill in the corresponding oval on the answer sheet.

Now listen to the following example:

You see: (See p. 325.)

You hear:

(A)  Me encanta montar a caballo.
(B)  Espérame José, vengo detrás de ti.
(C)  Ay, qué dolor . . . me caí de la bicicleta.
(D)  ¡Cuidado! El perro está delante de la bicicleta.

Of the four statements you heard, the statement that best represents what the picture shows or what someone in the picture might say is statement (B) "Espérame José, vengo detrás de ti." For that reason, you should select answer (B).

Now get ready to listen to the four statements and look at the picture.

Número 1.  (See p. 326.)

(A)  Subimos a esas montañas el verano pasado.
(B)  Está lloviendo mucho en las montañas.
(C)  No hay ni una nube en el cielo.
(D)  ¡Qué oscuro está el cielo! Viene una tormenta.

Número 2.  (See p. 326.)

(A)  Esos hombres están construyendo un barco.
(B)  Los trabajadores arreglan el edificio.
(C)  Hay varios hombres en el ascensor.
(D)  ¿Por qué no se bajan del coche esos hombres?

Número 3.  (See p. 327.)

(A) No puedo salir al patio porque está lleno de agua.
(B) Se murieron todas las plantas en el patio.
(C) Las fuentes del patio son muy bonitas.
(D) ¿Por qué no sale agua de esas fuentes?

Número 4.  (See p. 327.)

(A) Las carreteras están llenas de autos.
(B) ¿Quién es ese hombre que cruza la calle?
(C) Los coches van despacio porque está lloviendo.
(D) ¡Cuidado, Raúl! ¡Vas a chocar con ese coche!

Número 5.  (See p. 328.)

(A) ¿Por qué te estás riendo tanto?
(B) Siempre que hablo contigo me pongo enojada.
(C) Mira cuánta gente viene detrás de nosotros.
(D) El traje de baño que llevas es muy bonito.

Número 6.  (See p. 328.)

(A) No te debes poner esa blusa porque está rota.
(B) Ya te has caído tres veces de la cama.
(C) En cuanto termines de cepillarte los dientes vamos a dar un paseo.
(D) En este cuarto no hay luces.

Número 7.  (See p. 329.)

(A) Me da pena ver ese barco hundido.
(B) ¡Qué suerte! Pescaste muchos peces.
(C) Hace más de una hora que ellos están nadando.
(D) Ayer dimos un paseo en ese barco pequeño.

Número 8.  (See p. 329.)

(A) Nos divertimos cuando jugamos al béisbol.
(B) El equipo de natación ganó varias medallas.
(C) El estadio está completamente lleno.
(D) Parece que hay demasiados jugadores es el equipo.

Número 9.  (See p. 330.)

(A) Nunca me he caído porque sé patinar muy bien.
(B) ¿Cómo puedes patinar cuando hace tanto frío?
(C) Me tuve que poner un abrigo porque hace viento.
(D) Es una lástima que desde aquí no podamos ver el río.

Número 10.  (See p. 330.)

(A) Qué emocionante son las carreras de caballo.
(B) Si quieres podemos montar a caballo por un rato.
(C) Es extraño ver dos caballos en medio de la ciudad.
(D) ¡Ay! ¡Ayúdame! Ese chico se acaba de caer del caballo.

## Part B

> **Directions:** You will now listen to a selection of short exchanges or parts of conversations. Each selection is followed by four statements, designated (A), (B), (C), and (D). Neither these exchanges nor the statements are printed in your test booklet. After listening to the four statements, choose the statement that most logically continues or finishes the conversation and fill in the corresponding oval on your answer sheet.
>
> To become familiar with this part of the test, listen to the following example:
>
> You hear:
> **(Male)**    —No recuerdo donde puse los anteojos.
>
> You also hear:
>
> **(Female)**   (A) Allí están, sobre la mesa.
>            (B) Todos están de acuerdo.
>            (C) Se cubrió los ojos.
>            (D) Se le olvidó el disco.
>
> The statement that continues the conversation in the most logical way is statement (A) "Allí están, sobre la mesa." For that reason, you should select answer (A).
>
> Now get ready to listen to the first exchange and the four statements.

Número 11

**(Female)**   —Si te acercas a esa fuente, te vas a mojar.

**(Male)**    (A) Claro, aquí no podemos cruzar.
         (B) No te preocupes, no está lloviendo.
         (C) Sí, la acabo de lavar.
         (D) No me importa. Hace mucho calor.

[7 seconds]

Número 12

**(Male)**    —¿Hiciste la tarea para hoy?

**(Female)**   —Claro, hoy sí puedo responder a las preguntas del profesor.

**(Male)**    (A) Envíale una tarjeta postal.
         (B) Pues, levanta la mano.
         (C) Pregúntale la hora.
         (D) La respuesta es complicada.

[7 seconds]

Número 13

**(Female)** —¿Qué le pasó a Isabel?

**(Male)** —Tuvieron que llevarla a la sala de emergencia.

**(Female)** —Claro, yo vi cuando ella se cayó del árbol.

**(Male)**   (A) Me encanta caminar por esa calle.

        (B) Sí, lo sé. Ella nunca se calla.

        (C) ¿Se hizo mucho daño?

        (D) Siéntate en la sala por un rato.

[7 seconds]

Número 14

**(Male)** —¿Ya leíste la última novela de Isabel Allende?

**(Female)** —No, no la encontré en la librería. ¿Me la puedes prestar?

**(Male)**   (A) Hoy no traje mucho dinero.

        (B) Ya la devolví a la biblioteca.

        (C) No veo a Isabel hace días.

        (D) Siempre es la última en llegar.

[7 seconds]

Número 15

**(Female)** —Necesito comprar un buen regalo para Ignacio.

**(Male)** —Si quieres ir a las mejores tiendas de la ciudad tienes que ir al centro.

**(Female)** —¿Puedo ir a pie?

**(Male)**   (A) Estos zapatos son excelentes para correr.

        (B) Me duelen los pies desde la semana pasada.

        (C) Se me perdió el regalo en el metro.

        (D) Por supuesto, el centro no queda muy lejos.

[7 seconds]

Número 16

**(Female)** —¿Qué fue lo que dijiste?

**(Male)** —¡Oye! Te estoy hablando. Presta atención.

**(Female)**   (A) Hoy no me puedo concentrar.

        (B) Hablé con él anoche.

        (C) Nunca oigo las noticias.

        (D) Le presté el libro.

[7 seconds]

Número 17

**(Male)** —¿Cómo te fue en la clase de historia?

**(Female)** —No salí bien en el examen final.

**(Male)** (A) Sí, es el último del semestre.

(B) ¡Felicidades! Eres muy inteligente.

(C) ¿Tienes que repetir el curso?

(D) Esa historia es larga pero interesante.

[7 seconds]

Número 18

**(Male)** —Violeta, tú llevas una vida muy interesante.

**(Female)** —Un poco. Pero, ayer te vi hablando con Jorge.

**(Male)** —Ay, sí, déjame contarte lo que me pasó ayer.

**(Female)** (A) Sí, me encantan los chismes.

(B) Sí, he leído muchos cuentos.

(C) No quise ir ayer.

(D) No conté todo el dinero.

[7 seconds]

Número 19

**(Female)** —Hoy me gustaría comer una buena cena.

**(Male)** —Voy a cocinar la carne que compraste anteayer.

**(Female)** —No me parece buena idea; esa carne huele mal.

**(Male)** (A) Pues, la cocina está muy limpia.

(B) No puede ser, la acabaste de comprar.

(C) Me encanta como huele ese perfume.

(D) La comida está lista desde esta mañana.

[7 seconds]

Número 20

**(Male)** —Me voy a acostar ahora, Carmen.

**(Female)** —Nos tenemos que levantar muy temprano.

**(Male)** —Sí, tengo el despertador en el cuarto.

**(Female)** (A) No, me levanté temprano.

(B) Sí, me desperté inmediatamente.

(C) Claro, ya estoy despierta.

(D) Buena idea, no podemos llegar tarde.

[7 seconds]

## Part C

**Directions:** In this part of the exam you will listen to a number of selections. They can be conversations or short narratives. Printed in your test booklet, you will find one, two, or three questions, each with four possible answers. Press the pause button on your CD player while you choose the best answer to each question according to the information you have heard. Fill in the corresponding ovals on your answer sheet, allowing twelve seconds for each question. When your answers are complete, press the play button to continue with the next selection.

You will not hear the questions or the possible answers.

Now get ready to listen to the first selection.

**(Narrator)**  [Selección número 1. Escucha una conversación entre Petra y Alberto en la oficina donde trabajan]

**(Female)**  —¿Dónde está Cristóbal, Alberto? Estoy enojadísima con él.

**(Male)**  —No lo he visto todavía.

**(Female)**  —¿Cómo? Ya son casi las dos de la tarde. Él tenía que reunirse conmigo antes de la presentación que tenemos a las tres.

**(Male)**  —Petra, ayer salió a eso de las tres y dijo que iba a su casa a terminar el trabajo. Yo lo llamé varias veces anoche pero nadie respondió el teléfono.

**(Female)**  —Eso me preocupa. ¿Le habrá pasado algo?

**(Male)**  —No te preocupes. Probablemente trabajó hasta tarde anoche y todavía está durmiendo.

**(Female)**  —Bueno, Alberto, llámalo a la casa y si no responde, yo misma iré a buscarlo. Esta presentación es demasiado importante. Él tiene que estar presente.

Contesta las preguntas 21, 22, y 23.    [36 seconds]

**(Narrator)**  [Selección número 2. Escucha esta selección de un noticiero.]

Un reciente estudio de la Universidad de Chicago sobre el sueño revela interesantes resultados. Aparentemente los problemas que las personas tienen en dormir bien empiezan mucho antes de lo que pensaban los expertos. La calidad del sueño empieza a disminuir cuando las personas tienen veinticinco años. Las personas mayores de cincuenta años empiezan a perder unos veintisiete minutos de sueño cada diez años. Está comprobado que una persona que deja de dormir por varios días se pone irritable, se desorienta y en algunos casos hasta llega a alucinar. Es obvio que la lección que todos debemos aprender es que el dormir es una actividad que no podemos dejar para otro día.

Contesta las preguntas 24 y 25.     [24 seconds]

**(Narrator)**  [Selección número 3. Escucha esta conversación en el pasillo de la escuela.]

**(Male)**  —Hola, Caridad.

**(Female)**  —Hola, Tomás.

**(Male)**  —¿Me trajiste el libro que te pedí?

**(Female)**  —Ay, Tomás . . . que tonta soy. Lo puse en el escritorio pero se me olvidó ponerlo en la mochila.

**(Male)**  —Oye, ¿te molesta si paso por tu casa a recogerlo?

**(Female)**  —No, puedes venir conmigo después de las clases.

**(Male)**  —De acuerdo. Lo necesito para preparar un monólogo para la clase de teatro.

**(Female)**  —No sabía que te interesaba el teatro.

**(Male)**  —Sí, siempre me ha gustado actuar. Y por fin decidí tomar una clase.

**(Female)**  —Fantástico. Eso sí, me tienes que prometer invitarme a tu primera actuación.

**(Male)**  —De acuerdo. Y te daré las gracias cuando me elijan el mejor actor del año.

**(Female)**  —No dudo que lo puedas lograr. Tienes muchos talentos.

**(Male)**  —Gracias, Caridad. Eres muy amable.

Contesta las preguntas 26, 27, y 28.    [36 seconds]

**(Narrator)**  [Selección número 4. Escucha esta conversación en una estación de tren.]

**(Female)**  —Señor, le aseguro que compré cuatro billetes antes de subir al tren.

**(Male)**  —Lo siento, señora. Pero no le puedo permitir que continúe su viaje sin pagar.

**(Female)**  —Pero yo ya pagué. Le acabo de dar todos los billetes que me dieron en la ventanilla.

**(Male)**  —Aquí sólo hay tres billetes y Uds. son cuatro.

**(Female)**  —¿Y qué voy a hacer? Mi familia y yo vamos a visitar a mis tíos y primos. Tenemos que ir todos juntos.

**(Male)**  —A ver . . . en la próxima estación, baje y compre otro billete. De esa manera podrá continuar el viaje con el resto de la familia.

Contesta las preguntas 29, 30, y 31.    [36 seconds]

**(Narrator)** [Selección número 5. Escucha esta conversación al terminar una clase.]

**(Male)** —¿Tienes hambre, Beatriz?

**(Female)** —Sí, un poco. Aunque hace poco me comí dos perros calientes.

**(Male)** —Entonces, ¿no vas a acompañarme a la cafetería?

**(Female)** —Por supuesto. Necesito mucha energía para el partido de esta tarde.

**(Male)** —Oye, no debes estar comiendo tanto antes de un partido. No te vas a sentir bien.

**(Female)** —Lo sé, pero esta tarde tengo un hambre incontrolable.

**(Male)** —Entonces, vamos . . . , pero trata de no comer mucho.

Contesta las preguntas 32, 33, y 34.    [36 seconds]

# Practice Test 9
## ANSWER SHEET

1. Ⓐ Ⓑ Ⓒ Ⓓ
2. Ⓐ Ⓑ Ⓒ Ⓓ
3. Ⓐ Ⓑ Ⓒ Ⓓ
4. Ⓐ Ⓑ Ⓒ Ⓓ
5. Ⓐ Ⓑ Ⓒ Ⓓ
6. Ⓐ Ⓑ Ⓒ Ⓓ
7. Ⓐ Ⓑ Ⓒ Ⓓ
8. Ⓐ Ⓑ Ⓒ Ⓓ
9. Ⓐ Ⓑ Ⓒ Ⓓ
10. Ⓐ Ⓑ Ⓒ Ⓓ
11. Ⓐ Ⓑ Ⓒ Ⓓ
12. Ⓐ Ⓑ Ⓒ Ⓓ
13. Ⓐ Ⓑ Ⓒ Ⓓ
14. Ⓐ Ⓑ Ⓒ Ⓓ
15. Ⓐ Ⓑ Ⓒ Ⓓ
16. Ⓐ Ⓑ Ⓒ Ⓓ
17. Ⓐ Ⓑ Ⓒ Ⓓ
18. Ⓐ Ⓑ Ⓒ Ⓓ
19. Ⓐ Ⓑ Ⓒ Ⓓ
20. Ⓐ Ⓑ Ⓒ Ⓓ
21. Ⓐ Ⓑ Ⓒ Ⓓ
22. Ⓐ Ⓑ Ⓒ Ⓓ

23. Ⓐ Ⓑ Ⓒ Ⓓ
24. Ⓐ Ⓑ Ⓒ Ⓓ
25. Ⓐ Ⓑ Ⓒ Ⓓ
26. Ⓐ Ⓑ Ⓒ Ⓓ
27. Ⓐ Ⓑ Ⓒ Ⓓ
28. Ⓐ Ⓑ Ⓒ Ⓓ
29. Ⓐ Ⓑ Ⓒ Ⓓ
30. Ⓐ Ⓑ Ⓒ Ⓓ
31. Ⓐ Ⓑ Ⓒ Ⓓ
32. Ⓐ Ⓑ Ⓒ Ⓓ
33. Ⓐ Ⓑ Ⓒ Ⓓ
34. Ⓐ Ⓑ Ⓒ Ⓓ
35. Ⓐ Ⓑ Ⓒ Ⓓ
36. Ⓐ Ⓑ Ⓒ Ⓓ
37. Ⓐ Ⓑ Ⓒ Ⓓ
38. Ⓐ Ⓑ Ⓒ Ⓓ
39. Ⓐ Ⓑ Ⓒ Ⓓ
40. Ⓐ Ⓑ Ⓒ Ⓓ
41. Ⓐ Ⓑ Ⓒ Ⓓ
42. Ⓐ Ⓑ Ⓒ Ⓓ
43. Ⓐ Ⓑ Ⓒ Ⓓ
44. Ⓐ Ⓑ Ⓒ Ⓓ

45. Ⓐ Ⓑ Ⓒ Ⓓ
46. Ⓐ Ⓑ Ⓒ Ⓓ
47. Ⓐ Ⓑ Ⓒ Ⓓ
48. Ⓐ Ⓑ Ⓒ Ⓓ
49. Ⓐ Ⓑ Ⓒ Ⓓ
50. Ⓐ Ⓑ Ⓒ Ⓓ
51. Ⓐ Ⓑ Ⓒ Ⓓ
52. Ⓐ Ⓑ Ⓒ Ⓓ
53. Ⓐ Ⓑ Ⓒ Ⓓ
54. Ⓐ Ⓑ Ⓒ Ⓓ
55. Ⓐ Ⓑ Ⓒ Ⓓ
56. Ⓐ Ⓑ Ⓒ Ⓓ
57. Ⓐ Ⓑ Ⓒ Ⓓ
58. Ⓐ Ⓑ Ⓒ Ⓓ
59. Ⓐ Ⓑ Ⓒ Ⓓ
60. Ⓐ Ⓑ Ⓒ Ⓓ
61. Ⓐ Ⓑ Ⓒ Ⓓ
62. Ⓐ Ⓑ Ⓒ Ⓓ
63. Ⓐ Ⓑ Ⓒ Ⓓ
64. Ⓐ Ⓑ Ⓒ Ⓓ
65. Ⓐ Ⓑ Ⓒ Ⓓ
66. Ⓐ Ⓑ Ⓒ Ⓓ

67. Ⓐ Ⓑ Ⓒ Ⓓ
68. Ⓐ Ⓑ Ⓒ Ⓓ
69. Ⓐ Ⓑ Ⓒ Ⓓ
70. Ⓐ Ⓑ Ⓒ Ⓓ
71. Ⓐ Ⓑ Ⓒ Ⓓ
72. Ⓐ Ⓑ Ⓒ Ⓓ
73. Ⓐ Ⓑ Ⓒ Ⓓ
74. Ⓐ Ⓑ Ⓒ Ⓓ
75. Ⓐ Ⓑ Ⓒ Ⓓ
76. Ⓐ Ⓑ Ⓒ Ⓓ
77. Ⓐ Ⓑ Ⓒ Ⓓ
78. Ⓐ Ⓑ Ⓒ Ⓓ
79. Ⓐ Ⓑ Ⓒ Ⓓ
80. Ⓐ Ⓑ Ⓒ Ⓓ
81. Ⓐ Ⓑ Ⓒ Ⓓ
82. Ⓐ Ⓑ Ⓒ Ⓓ
83. Ⓐ Ⓑ Ⓒ Ⓓ
84. Ⓐ Ⓑ Ⓒ Ⓓ
85. Ⓐ Ⓑ Ⓒ Ⓓ

To compute your approximate scaled score:

_____ (number of correct answers) – _____ (number of incorrect answers) / 3 = _____ (raw score)

Now, go to page 384 to find out your approximate scaled score.

# Practice Test 9

## Section I: Listening

TIME—APPROXIMATELY 20 MINUTES—QUESTIONS 1–32

## LISTENING—PART A

**Directions:** In this part of the exam, you will hear four statements, designated (A), (B), (C), and (D). You will hear each statement only once. These statements are not printed in your test booklet. While listening, look carefully at the picture in your test booklet and choose the statement that best represents what you see in the picture or what someone in the picture might say. Choose the most appropriate response and fill in the corresponding oval on the answer sheet.

Now listen to the following example:

You see:

You hear:

Of the four statements you heard, the statement that best represents what the picture shows or what someone in the picture might say is statement B: "Espérame José, vengo detrás de ti." For that reason, you should select answer B.

Now get ready to listen to the four statements and look at the picture.

NOTE: The tapescript for the Listening Comprehension selections begins on page 377.

1.

2.

3.

4.

5.

6.

7.

8.

9.

10.

## LISTENING—PART B

**Directions:** You will now listen to a selection of short exchanges or parts of conversations. Each selection is followed by four statements, designated (A), (B), (C), and (D). Neither these exchanges nor the statements are printed in your test booklet. After listening to the four statements, choose the statement that most logically continues or finishes the conversation, and fill in the corresponding oval on your answer sheet.

To become familiar with this part of the test, listen to the following example:

You hear:

You also hear:

The statement that continues the conversation in the most logical way is statement A: "Allí están, sobre la mesa." For that reason, you should select answer A.

Now get ready to listen to the first exchange and the four statements.

NOTE: The tapescript for the Listening Comprehension selections begins on page 377.

11. Now, select your answer on the answer sheet.

12. Now, select your answer on the answer sheet.

13. Now, select your answer on the answer sheet.

14. Now, select your answer on the answer sheet.

15. Now, select your answer on the answer sheet.

16. Now, select your answer on the answer sheet.

17. Now, select your answer on the answer sheet.

18. Now, select your answer on the answer sheet.

19. Now, select your answer on the answer sheet.

20. Now, select your answer on the answer sheet.

# LISTENING—PART C

> **Directions:** In this part of the exam you will listen to a number of selections. They can be conversations or short narratives. Printed in your test booklet, you will find one, two, or three questions, each with four possible answers. Press the Pause button on your CD player while you choose the best answer to each question according to the information you have heard. Fill in the corresponding ovals on your answer sheet, allowing 12 seconds for each question. When your answers are complete, press the Play button to continue with the next selection. You will not hear the questions or the possible answers.
>
> Now get ready to listen to the first selection.
>
> NOTE: The tapescript for the Listening Comprehension selections begins on page 377.

Selección número 1

21. ¿Qué le pide Sonia al profesor?

   (A) Que le explique un libro.
   (B) Que la deje salir de la clase temprano.
   (C) Que la perdone por llegar tarde.
   (D) Que le permita hablar más en clase.

22. ¿Qué le dice el profesor a Sonia?

   (A) Que debe quedarse en clase.
   (B) Que debe leer el libro de nuevo.
   (C) Que lea el libro en voz alta.
   (D) Que debe ayudar a su hermanito.

23. ¿Qué decide Sonia al final de la conversación?

   (A) Discutir el libro con su madre.
   (B) Discutir la importancia de su educación.
   (C) No ir a buscar a su hermanito.
   (D) No discutir nada con su madre.

Selección número 2

24. ¿Por qué llamó Julia a Roberto?

   (A) Porque su coche no funcionaba.
   (B) Porque quería verlo más tarde.
   (C) Porque iba a llegar tarde a una cita.
   (D) Porque creía que le había mentido.

25. ¿Por qué no quiere salir Roberto con Julia?

   (A) Porque no le gusta su primo.
   (B) Porque ella es muy antipática.
   (C) Porque no le gusta salir.
   (D) Porque ella miente mucho.

26. ¿Qué le pide la madre a Roberto?

   (A) Que se reúna con Julia en la tienda.
   (B) Que le compre un regalo a Julia.
   (C) Que vaya de compras con ella.
   (D) Que acompañe al primo de Julia.

27. ¿Qué le sorprende a la madre de Roberto?

   (A) Que Roberto le haya mentido.
   (B) Que Julia sea tan antipática.
   (C) Que Julia esté enojada con su primo.
   (D) Que Roberto quiera salir con ella.

Selección número 3

28. ¿Qué le pide Tina a Genaro?

    (A) Que se corte el pelo.
    (B) Que se peine de otra manera.
    (C) Que se vaya de vacaciones.
    (D) Que se recoja el pelo.

29. ¿Cuál es problema de Genaro?

    (A) No le gusta su peluquero.
    (B) No le gusta el pelo corto.
    (C) Le molesta el pelo largo.
    (D) Le crece el pelo muy rápido.

30. ¿Cuándo se va a cortar el pelo Genaro?

    (A) En unas semanas.
    (B) La semana próxima.
    (C) Antes de ir de vacaciones.
    (D) Durante sus vacaciones.

Selección número 4

31. ¿Para quién pintó Zurbarán muchos de sus cuadros?

    (A) Para sus hijos.
    (B) Para instituciones religiosas.
    (C) Para museos muy famosos.
    (D) Para galerías en Madrid.

32. ¿Por qué cambió su estilo Zurbarán?

    (A) Porque necesitaba ganar dinero.
    (B) Porque se lo pidió el rey.
    (C) Porque se encontraba muy enfermo.
    (D) Porque fue influenciado por sus hijos.

*END OF SECTION I*

# Section II: Reading

## READING—PART A

**Directions:** Read the following statements and the four suggested completions. Then choose the most appropriate completion and fill in the corresponding oval on the answer sheet.

33. El profesor siempre . . . la pizarra antes de empezar la clase.

   (A) borra
   (B) firma
   (C) rompe
   (D) nieva

34. Por favor, . . . cuidado cuando salgas. Hace mucho viento.

   (A) ten
   (B) sé
   (C) haz
   (D) ven

35. Generalmente, nosotros damos . . . por el parque los domingos.

   (A) un camino
   (B) un abrazo
   (C) una cuenta
   (D) una vuelta

36. Si continúas por . . . calle, llegas a la plaza.

   (A) esa
   (B) ese
   (C) aquel
   (D) aquello

37. Quédense a comer; hay . . . comida para todos.

   (A) apenas
   (B) bastante
   (C) acaso
   (D) demasiado

38. Esas piñatas fueron . . . a mano por artesanos mexicanos.

   (A) oídas
   (B) vistas
   (C) hechas
   (D) dichas

39. Graciela, . . . la luz, no veo nada.

   (A) enciende
   (B) aprende
   (C) devuelve
   (D) levanta

40. Para no tener un accidente, hay que conducir . . . cuidado.

   (A) a
   (B) en
   (C) con
   (D) de

41. ¿Viste . . . programa que te recomendé?

    (A) la
    (B) una
    (C) el
    (D) alguno

42. Para no perder tiempo, tú y yo podemos . . . en casa de Alberto.

    (A) vestirse
    (B) vestirme
    (C) vestirnos
    (D) vestir

43. Ya son las tres. Hace más de una hora que nosotros . . . a Jorge.

    (A) esperábamos
    (B) esperamos
    (C) esperaríamos
    (D) esperaremos

44. ¿Por qué no te afeitas . . . ? Ya no se ven tus labios.

    (A) el brazo
    (B) la oreja
    (C) el bigote
    (D) la lengua

45. Cuando llegué no pude ir a las tiendas porque el tren llegó con . . .

    (A) adelanto
    (B) retraso
    (C) prisa
    (D) cuidado

46. Como no teníamos tiempo, nosotros íbamos a las montañas . . .

    (A) raramente
    (B) raro
    (C) rara
    (D) rareza

47. Ojalá que Petra . . . todo lo que le dijimos.

    (A) crea
    (B) cree
    (C) creerá
    (D) creería

48. Nos dimos cuenta de que Orlando probablemente ya . . . cuando empezó a llover.

    (A) habrá llegado
    (B) habría llegado
    (C) ha llegado
    (D) hubiera llegado

49. Ayer cuando yo . . . a Ricardo, él corría por el parque.

    (A) viera
    (B) veré
    (C) vería
    (D) vi

## READING—PART B

**Directions:** In the following passages some words or phrases are missing. For each blank, four possible completions are given. Read the entire passage to get an idea of its content, then select the most appropriate completion, taking into consideration the overall meaning of the passage. Fill in the corresponding oval on the answer sheet.

---

### Un maestro de la actuación

Fue el __(50)__ maestro de la actuación. José Ferrer, __(51)__ en Miami en 1992, se destacó en el teatro y en el cine. Su papel de Cyrano de Bergerac, el poeta de monstruosa nariz, __(52)__ concedió el __(53)__ Tony en 1947 en el teatro de Broadway y el Oscar en 1950 por su versión cinematográfica. Ferrer ganaría más laureles en su larga y preciada carrera.

__(54)__ en Santurce, Puerto Rico. Alejado de los estereotipos, Ferrer representó los más diversos papeles, desde el pintor francés Toulouse Lautrec en la película *Moulin Rouge*, __(55)__ su doble papel de Miguel Cervantes/Don Quijote en la __(56)__ teatral *Man of La Mancha*. En 1992, en otra versión, __(57)__ protagonista __(58)__ otro puertorriqueño: Raúl Julia.

---

50. (A) grande
    (B) mayor
    (C) gran
    (D) menor

51. (A) fallecido
    (B) nacido
    (C) olvidado
    (D) actuado

52. (A) les
    (B ) los
    (C) lo
    (D) le

53. (A) premio
    (B) papel
    (C) personaje
    (D) puente

54. (A) Nacerá
    (B) Nació
    (C) Nacía
    (D) Naciera

55. (A) entre
    (B) sobre
    (C) hasta
    (D) detrás

56. (A) butaca
    (B) señal
    (C) obra
    (D) guía

57. (A) una
    (B) uno
    (C) la
    (D) el

58. (A) fuera
    (B) fue
    (C) estaba
    (D) estuvo

   Hubo un instante en que dejé de comer ___(59)___ inclinando la cabeza sobre el pecho, próximo a llorar, quedé con los ojos fijos en el ___(60)___ de pan que tenía entre los dedos, como si ___(61)___ en comérmelo; pero luego, reaccionando, ___(62)___ eché a la boca. Todas las noches me sucedía ___(63)___, y aunque en cada una me hacía el propósito de no ___(64)___ a esa hora de mis padres o de mi casa, a la noche ___(65)___, junto con echarme a la boca el primer trozo de pan, el recuerdo aparecía. Me avergonzaba ___(66)___, pues yo quería ser un hombre duro, sin llantos, sin sentimentalismos, como eran los demás hombres, como era mi padre, por ejemplo. Pero era inútil . . . ___(67)___ una botellita con leche y bebí un sorbo; ___(68)___ aún tibia[1] y la saboreé como un gato o como un niño.

[1]**tibia**—lukewarm

59. (A) y
    (B) e
    (C) o
    (D) u

60. (A) tamaño
    (B) pedazo
    (C) lugar
    (D) rato

61. (A) dudaría
    (B) dudaba
    (C) dudara
    (D) dudé

62. (A) me lo
    (B) me los
    (C) me las
    (D) me la

63. (A) lo mismo
    (B) él mismo
    (C) igual
    (D) igualmente

64. (A) sentarme
    (B) acordarme
    (C) quitarme
    (D) salirme

65. (A) próximamente
    (B) futura
    (C) seguida
    (D) siguiente

66. (A) aquel
    (B) aquella
    (C) eso
    (D) ese

67. (A) Saqué
    (B) Rompí
    (C) Cerré
    (D) Tiré

68. (A) era
    (B) fue
    (C) estaba
    (D) estuviera

## READING—PART C

**Directions:** In this part you will read several passages that will test your comprehension. After each passage, a number of questions or incomplete statements appear. Choose the most appropriate answer or completion, taking into consideration the overall meaning of the passage. Fill in the corresponding oval on the answer sheet.

Estaba sofocado por el calor, por el sol esplendoroso, que lo enceguecía. Había venido corriendo y se había parado frente a la puerta, del otro lado de la calle, sin atreverse a cruzar, recuperando el aliento. Se sentía observado por la gente que
*Line* pasaba—varias mujeres, un hombre elegante que lo miró sonriente y al alejarse
(5) volvió a mirarlo y sonreírle, unos niños que no conocía y que lo miraron con sorna, un hombre borracho, muy mal vestido, que quiso hablarle, una muchacha que le preguntó si estaba perdido—y que, le parecía, desaprobaba que estuviera allí parado, sin hacer nada, como si fuera a robarse alguna cosa, como si estuviera—lo estaba en realidad—al borde de emprender una aventura. Pasaron minutos que se le hicieron
(10) horas antes de entrar en el oscuro zaguán[1]. Lo hizo por fin, sin hacer ruido, casi en la punta de los pies, muy despacito. Si alguien hubiera salido o entrado en ese momento, si hubiera oído algo, habría echado a correr. Estaba furioso, se sentía impotente y tenía un poco de miedo. ¿Por qué no le mandaban la razón[2] a su tía con Rosa, la de adentro? ¿Por qué tenía que ser él el mensajero?

[1]**zaguán**—entry, hallway
[2]**razón**—message

69. Por la manera que se describe el sol, podemos decir que estaba muy

(A) fuerte
(B) oscuro
(C) invisible
(D) placentero

70. ¿Qué sentía la persona que se describe?

(A) Que alguien lo golpeaba
(B) Que todo el mundo lo miraba
(C) Que estaba con gente que lo apreciaba
(D) Que la gente que pasaba lo conocía

71. La muchacha que le hizo una pregunta, pensaba que él

(A) era un pariente
(B) estaba borracho
(C) estaba enfermo
(D) era un ladrón

72. ¿Cuánto tiempo pasó antes de que el personaje entrara?

(A) Muy poco tiempo
(B) Más de dos horas
(C) Casi una hora
(D) Un largo rato

73. ¿Cómo entró él en el zaguán?

(A) Haciendo mucho ruido
(B) Hablándole a alguien
(C) Con mucho cuidado
(D) Con mucha rapidez

74. ¿Cómo parece sentirse él a través de la selección?

(A) Muy nervioso
(B) Muy entusiasmado
(C) Feliz de ser el mensajero
(D) Poderoso por llevar el mensaje

¿Ha tratado de abrir una botella u otros envases sin éxito? ¿Tiene botellas o envases en su casa que no puede abrir?

Con el nuevo Destapalotodo tenemos la solución a su problema. Fabricado de acero inoxidable y plástico, este conveniente aparato abrirá todo lo que Ud. necesite. Es fácil de usar y no ocupa demasiado espacio. Le garantizamos que si no le da resultado, lo puede llevar a cualquiera de nuestras tiendas y recibirá lo que pagó por él incluyendo el impuesto.

**¡Destapalotodo!**

**¡La solución que no puede faltar en su cocina!**

75. ¿Qué promete la compañía si el producto no le da resultado?

(A) Devolverle todo el dinero
(B) Darle crédito para futuras compras
(C) Darle el doble del precio
(D) Cambiárselo por uno de mejor calidad.

Algunos años mayor que yo, Mayn era hijo del médico de la familia y había decidido seguir la profesión de su padre. Por ello, y dada su ya larga experiencia en Londres, se había ofrecido para hacer las veces de tutor durante el tiempo que yo
Line permaneciera en la ciudad. El que estuviera al borde de la culminación de sus estu-
(5) dios facilitaba el adecuado inicio de los míos, sin olvidar las generosas diligencias que hizo para buscarme alojamiento[1] durante las primeras semanas. Al comienzo, me alojó en The Saracen's Head, una posada situada frente a Snow Hill. El motivo de su elección estaba justificado por la proximidad del Hospital St. Bartholomew, a tiro de piedra de donde vivía, según dijo. Muy cerca se levantaba también la
(10) Charterhouse, escuela de caridad y, sobre todo, sede de la facultad de medicina adjunta al hospital y dispensario que le brindaba atención médica a personas de fortuna esquiva. Allí hacía él algunas de sus prácticas y pronto también tendría que asistir yo a esas aulas.

[1]**alojamiento**—lodging

76. Según la selección, el narrador, en comparación con Mayn, era más

(A) joven
(B) profesional
(C) experto
(D) agradable

77. ¿Cuál parece ser la relación entre el narrador y Mayn?

(A) Pariente lejanos
(B) Buenos amigos
(C) Padre e hijo
(D) Médico y paciente

78. El narrador está en Londres para empezar

(A) su luna de miel
(B) su recuperación
(C) sus viajes
(D) sus estudios

79. ¿Por qué se alojó el narrador en The Saracen's Head?

(A) Porque era un lugar muy tranquilo
(B) Porque allí podía recibir atención médica
(C) Porque estaba muy cerca del hospital
(D) Porque Mayn vivía allí también

Como todas las tardes después de llegar de la fábrica donde había trabajado por ya casi diez años, Sebastián se lavó la cara. Después de haberse quitado el sucio uniforme, se miró en el espejo y no vio al hombre guapo y corpulento que todas las chicas admiraban cuando él jugaba al béisbol los fines de semana.

*Line*
(5)　　Continuó con su rutina y se sentó en el patio que quedaba detrás de su casa. En esos momentos de tranquilidad era cuando él le pedía a Dios silenciosamente por tener la voluntad de empacar sus pocas pertenencias y escapar de aquel detestable pueblo que, según él, le había destruido las esperanzas de ser alguien.

El sonido del teléfono lo interrumpió de sus profundos pensamientos. Se lev-
(10) antó y entró en la casa con la misma calma que lo definía.

—¿Quién habla?

—Juan José.

—¿Quién? ¿Qué desea?—preguntó al no reconocer la voz de la persona al otro lado del auricular.

(15)　　—Soy Juan José Machado. ¿No me reconoces la voz? Necesito verte en mi despacho lo antes posible.

Juan José y yo habíamos sido amigos desde nuestra infancia. No nos hablábamos desde que él había terminado sus estudios de derecho. Sabía que él había defendido a varios políticos que habían tenido problemas con la ley. Me sor-
(20) prendió su tono de voz.

—¿De qué se trata?

—Sería mejor que esperaras hasta que nos encontremos. Por ahora, sólo te puedo decir que tiene que ver con el testamento de un pariente lejano. Quizás pronto podrás ser el hombre exitoso que siempre has querido ser.

80. ¿De qué se dio cuenta Sebastián al mirarse en el espejo?

　(A) De que se parecía a Juan José Machado
　(B) De que su músculos estaban visibles
　(C) De que se había ensuciado la cara
　(D) De que había cambiado mucho

81. ¿Qué le pedía Sebastián a Dios?

　(A) Poder mudarse a otro lugar
　(B) Poder reunirse con su familia
　(C) Poder tener más esperanza
　(D) Poder mejorar el futuro del pueblo

82. Según Sebastián, sus esperanzas habían sido destruidas por

　(A) el abogado
　(B) su familia
　(C) el pueblo
　(D) el béisbol

83. ¿Quién llamó a Sebastián?

　(A) Un pariente que quería mucho
　(B) Un abogado amigo suyo
　(C) Un compañero de la fábrica
　(D) Un jugador de béisbol que conocía

84. ¿Qué sabemos del pariente de Sebastián?

    (A) Está en la cárcel
    (B) Ha muerto
    (C) Se ha mudado
    (D) Lo ha traicionado

85. Según Juan José, la noticia que le iba a dar a Sebastián le permitiría

    (A) vender su casa
    (B) obtener un nuevo trabajo
    (C) conocer a un pariente lejano
    (D) tener un futuro mejor

*If there is still time remaining, you may review your answers in Section II only.*

# Answer Key
## PRACTICE TEST 9

## Section I

| Part A | Part B | Part C | |
|--------|--------|--------|--------|
| 1. D | 11. A | 21. B | 27. D |
| 2. A | 12. D | 22. A | 28. A |
| 3. D | 13. A | 23. C | 29. D |
| 4. B | 14. B | 24. B | 30. B |
| 5. C | 15. B | 25. A | 31. B |
| 6. C | 16. C | 26. C | 32. A |
| 7. A | 17. C | | |
| 8. B | 18. A | | |
| 9. C | 19. A | | |
| 10. D | 20. D | | |

## Section II

| Part A | Part B | Part C | |
|--------|--------|--------|--------|
| 33. A | 50. C | 69. A | 78. D |
| 34. A | 51. A | 70. B | 79. C |
| 35. D | 52. D | 71. D | 80. D |
| 36. A | 53. A | 72. A | 81. A |
| 37. B | 54. B | 73. C | 82. C |
| 38. C | 55. C | 74. A | 83. B |
| 39. A | 56. C | 75. A | 84. B |
| 40. C | 57. D | 76. A | 85. D |
| 41. C | 58. B | 77. B | |
| 42. C | 59. B | | |
| 43. B | 60. B | | |
| 44. C | 61. C | | |
| 45. B | 62. A | | |
| 46. A | 63. A | | |
| 47. A | 64. B | | |
| 48. B | 65. D | | |
| 49. D | 66. C | | |
| | 67. A | | |
| | 68. C | | |

The answer to some questions may depend on more than one statement in the passage. In that case more than one line will be listed in the Answer Explanations. When the answer depends on the overall meaning of the passage, the answer is indicated by "overall meaning."

## ANSWER EXPLANATIONS

Note: Some words that are cognates have not been translated.

## Section I

*Part A*

| | | | |
|---|---|---|---|
| 1. **D** | 4. **B** | 7. **A** | 9. **C** |
| 2. **A** | 5. **C** | 8. **B** | 10. **D** |
| 3. **D** | 6. **C** | | |

*Part B*

| | | | |
|---|---|---|---|
| 11. **A** | 14. **B** | 17. **C** | 19. **A** |
| 12. **D** | 15. **B** | 18. **A** | 20. **D** |
| 13. **A** | 16. **C** | | |

*Part C*

| | | | |
|---|---|---|---|
| 21. **B** | 24. **B** | 27. **D** | 30. **B** |
| 22. **A** | 25. **A** | 28. **A** | 31. **B** |
| 23. **C** | 26. **C** | 29. **D** | 32. **A** |

## Section II

*Part A*

33. **(A) borrar**–to erase; firmar–to sign, romper–to break, nevar–to snow

34. **(A) tener cuidado**–to be careful

35. **(D) dar una vuelta**–to take a stroll; camino–road, abrazo–hug, cuenta–bill, account

36. **(A) esa**; the feminine singular demonstrative pronoun is needed (*calle*)

37. **(B) bastante**–enough, plenty; apenas–hardly, acaso–perhaps, demasiado–too much

38. **(C) hechas**–made; oídas–heard, vistas–seen, dichas–said, told

39. **(A) encender**–to turn on; aprender–to learn, devolver–to return, levantar–to raise

40. **(C) con cuidado**–carefully

41. **(C) el**; a masculine singular article is needed (*programa*)

42. **(C) vestirnos** (tú y yo = nosotros)

43. **(B) esperamos**; *see* section 6.1

44. **(C) bigote**–mustache; brazo–arm, oreja–ear, lengua–tongue

45. **(B) con retraso**–late; con adelanto–early, con prisa–in a hurry, con cuidado–carefully

46. **(A) raramente**; an adverb is needed

47. **(A) crea**; the subjunctive is needed after *ojalá que*; *see* section 13.10.5

48. **(B) habría llegado**; the conditional perfect is needed; *see* section 12.3

49. **(D) vi**; the preterit is needed; *see* section 7.1

## Part B

50. **(C) gran**; *see* section 3.4

51. **(A) fallecer**–to pass away; nacer–to be born, olvidar–to forget, actuar–to act

52. **(D) le**; indirect object pronoun is needed

53. **(A) premio**–award; papel–role, personaje–character, puente–bridge

54. **(B) Nació**; the preterit is needed; *see* section 7.1

55. **(C) hasta**–up to; entre–between, sobre–above, detrás–behind

56. **(C) obra**–play; butaca–theatre seat, señal–signal, guía–guide

57. **(D) el protagonista**; *see* section 2.3

58. **(B) fue**; the preterit is needed; *see* section 7.1

59. **(B) e**; *y* becomes *e* in front of a word beginning with *i* or *hi*

60. **(B) pedazo**–piece; tamaño–size, lugar–place, rato–time, while

61. **(C) dudara**; the subjunctive is needed; *see* section 13.10.3

62. **(A) me lo**; the singular direct object pronoun is needed (*pedazo de pan*)

63. **(A) lo mismo**–the same thing; él mismo–he himself, igual–equal, igualmente–equally

64. **(B) acordarse**–to remember; sentarse–to sit down, quitarse–to take off, salirse (de)–to escape, get out

65. **(D) siguiente**–following; próxima–next, seguida–followed

66. **(C) eso**; the neuter demonstrative pronoun is needed; *see* section 5.5

67. **(A) sacar**–to take out; romper–to break, cerrar–to close, tirar–to throw

68. **(C) estaba**; the imperfect is needed; *see* sections 8.1 and 6.7.2

## Part C

The answer to some questions may depend on more than one statement in the passage. In that case more than one line will be listed. When the answer depends on the overall meaning of the passage, the answer is indicated by "overall meaning."

69. **(A)** Line 1

70. **(B)** Line 3

71. **(D)** Line 8
72. **(A)** Line 9
73. **(C)** Lines 10–11
74. **(A)** Overall meaning
75. **(A)** Lines 10–13
76. **(A)** Line 1
77. **(B)** Overall meaning
78. **(D)** Lines 8, 10–13
79. **(C)** Lines 8–9
80. **(D)** Lines 3–4
81. **(A)** Lines 6–8
82. **(C)** Lines 7–8
83. **(B)** Lines 17–19
84. **(B)** Line 23
85. **(D)** Lines 23–24

# TAPESCRIPT FOR LISTENING COMPREHENSION

## Part A

**Directions:** In this part of the exam, you will hear four statements, designated (A), (B), (C), and (D). You will hear each statement only once. These statements are not printed in your test booklet. While listening, look carefully at the picture in your test booklet and choose the statement that best represents what you see in the picture or what someone in the picture might say. Choose the most appropriate response and fill in the corresponding oval on the answer sheet.

Now listen to the following example:

You see: (See p. 355.)

You hear:

(A) Me encanta montar a caballo.
(B) Espérame José, vengo detrás de ti.
(C) Ay, qué dolor . . . me caí de la bicicleta.
(D) ¡Cuidado! El perro está delante de la bicicleta.

Of the four statements you heard, the statement that best represents what the picture shows or what someone in the picture might say is statement (B) "Espérame José, vengo detrás de ti." For that reason, you should select answer (B).

Now get ready to listen to the four statements and look at the picture.

Número 1. (See p. 356.)

(A) ¡Cuidado! Esas vacas vienen corriendo hacia nosotros.
(B) No se pueden ver bien las esculturas en este cuarto.
(C) Esos pájaros fueron pintados por un artista muy famoso.
(D) ¡No seas tonto! Esas vacas son parte de una exhibición.

Número 2. (See p. 356.)

(A) Allí están los sacos de basura.
(B) Estas maletas son muy pesadas.
(C) Esas bolsas están en el medio de la calle.
(D) Las calles están llenas de basura.

Número 3. (See p. 357.)

(A) Todas las ventanas están cubiertas por los árboles.
(B) La florería está abierta los fines de semana.
(C) Esas plantas no han dado flores este año.
(D) Me encantan esas flores cerca de las ventanas.

Número 4. (See p. 357.)

(A) ¡Mira cuántos pájaros hay en las ramas de los árboles!
(B) Me gusta sentarme debajo de esos árboles porque dan sombra.
(C) Esa pareja está sentada debajo de un árbol enorme.
(D) ¡Bájate del árbol! Te vas a caer.

Número 5. (See p. 358.)

(A) Por ese puente podemos cruzar el río.
(B) Se les han caído las hojas a los árboles.
(C) Allí va mi amigo caminando por debajo del puente.
(D) Todas las tardes damos un paseo por el centro.

Número 6. (See p. 358.)

(A) Yo no corro porque me duelen mucho los pies.
(B) Siempre hago ejercicios antes de salir de la casa.
(C) Cada vez que corro me siento muy energética.
(D) Hace dos días que se me perdieron los zapatos.

Número 7. (See p. 359.)

(A) Ese parece el lugar ideal para descansar un poco.
(B) Me encanta pasar tiempo en la sala de mi casa.
(C) Los chicos sentados allí son los hijos del campesino.
(D) Corté todos esos árboles que están en el patio.

Número 8. (See p. 359.)

(A) Parece que llovió mucho; el coche está muy sucio.
(B) ¿Por qué no pones el coche dentro del garaje?
(C) Ya abrí el garaje para que pusieras el coche adentro.
(D) ¿Por qué pusiste todas las cajas encima del coche?

Número 9. (See p. 360.)

(A) Siempre se me olvida traer el traje de baño.
(B) ¡Mira qué alto están volando esos pájaros!
(C) Venimos aquí para ver nadar los patos.
(D) A esos pollos se les están cayendo las plumas.

Número 10. (See p. 360.)

(A) ¡Mira, ese oso está durmiendo en el bosque!
(B) Por el camino viene mucha gente.
(C) No podemos andar porque hay árboles en el camino.
(D) Por aquí no se ve ningún rascacielos.

# Part B

**Directions:** You will now listen to a selection of short exchanges or parts of conversations. Each selection is followed by four statements, designated (A), (B), (C), and (D). Neither these exchanges nor the statements are printed in your test booklet. After listening to the four statements, choose the statement that most logically continues or finishes the conversation and fill in the corresponding oval on your answer sheet.

To become familiar with this part of the test, listen to the following example:

You hear:
**(Male)** —No recuerdo donde puse los anteojos.

You also hear:

**(Female)** (A) Allí están, sobre la mesa.
(B) Todos están de acuerdo.
(C) Se cubrió los ojos.
(D) Se le olvidó el disco.

The statement that continues the conversation in the most logical way is statement (A) "Allí están, sobre la mesa." For that reason, you should select answer (A).

Now get ready to listen to the first exchange and the four statements.

Número 11

**(Female)** —Gerardo no regresa de México hasta el año próximo.

**(Male)** (A) Ay, qué pena. Le echo mucho de menos.
(B) De acuerdo vuelo a México el año próximo.
(C) La próxima vez mira el mapa de México.
(D) El avión llegó con retraso.

[7 seconds]

Número 12

**(Female)** —¡Qué despacio conduces! No vamos a llegar nunca.

**(Malc)** (A) Vamos a alquilar un cochc.
(B) No hay ni un coche en la carretera.
(C) Apúrate, ya llega el cartero.
(D) No quiero tener un accidente.

[7 seconds]

Número 13

**(Male)** —Ya terminé toda la tarea de matemáticas.

**(Female)** —¿Cuál es la respuesta del problema?

**(Male)** —La respuesta es veinte.

**(Female)**  (A) Lo siento, estás equivocado.

(B) Es verdad; hace muchas preguntas.

(C) No, él no tiene veinte años.

(D) No, nunca tengo problemas en la clase.

[7 seconds]

Número 14

**(Male)** —Ay, qué cansado estoy esta mañana.

**(Female)** —Parece que no dormiste bien anoche.

**(Male)**  (A) Me desperté demasiado tarde.

(B) Me acosté tarde; no tenía sueño.

(C) Hace mucho fresco por la noche.

(D) Él se levantó de aquella silla.

[7 seconds]

Número 15

**(Female)** —Mira el regalo que me dio mamá.

**(Male)** —¡Qué bonita cámara! Parece muy cara.

**(Female)** —Me encanta sacar fotos.

**(Male)**  (A) No te sientes en la cama.

(B) ¿Eres una buena fotógrafa?

(C) No quiero que me vean la cara.

(D) Claro, fue el cumpleaños de mamá.

[7 seconds]

Número 16

**(Male)** —¿Qué le pasó a tu falda, Elena?

**(Female)** —Estaba bebiendo una limonada y se me cayó el vaso.

**(Male)** —Pues, lava el vestido inmediatamente.

**(Female)**  (A) Sí, me lavo las manos antes de salir.

(B) No, prefiero llevar pantalones.

(C) Sí, tiene una mancha horrible.

(D) No, me visto después de bañarme.

[7 seconds]

Número 17

**(Female)** —Ahora sí que estoy lista para salir.

**(Male)** —Angela, ¿estás segura de que pusimos todo el equipaje en el maletero?

**(Female)** (A) Claro, yo me siento bastante mal.

(B) Sí, el equipo está seguro de que ganará.

(C) Por supuesto, yo conté todas las maletas.

(D) Sí, ya saqué toda la ropa de la maleta.

[7 seconds]

Número 18

**(Female)** —¿Oíste ese ruido Alberto?

**(Male)** —Me parece que hay alguien a la puerta.

**(Female)** (A) Déjame ver, creo que sonó el timbre.

(B) Puedes entrar por la puerta si quieres.

(C) Ese chico se parece a alguien famoso.

(D) No pudimos entrar porque cerraron las puertas.

[7 seconds]

Número 19

**(Male)** —Quizás Carlos se enoje mucho cuando le diga lo que pasó.

**(Female)** —Es mejor que le digas toda la verdad.

**(Male)** (A) De acuerdo, yo quiero que él sepa todo.

(B) Tienes razón él siempre pierde mucho tiempo.

(C) Pintaron toda la pared de color verde.

(D) Dicen que ellos se sienten mejor.

[7 seconds]

Número 20

**(Male)** —Estoy preparando tu plato favorito.

**(Female)** —Gracias, pero no le eches tanta sal.

**(Male)** (A) Sal temprano esta tarde.

(B) Come poco si quieres perder peso.

(C) Echa la carta al correo.

(D) Verdad, no es bueno para la salud.

[7 seconds]

## Part C

**Directions:** In this part of the exam you will listen to a number of selections. They can be conversations or short narratives. Printed in your test booklet, you will find one, two, or three questions, each with four possible answers. Press the pause button on your CD player while you choose the best answer to each question according to the information you have heard. Fill in the corresponding ovals on your answer sheet, allowing twelve seconds for each question. When your answers are complete, press the play button to continue with the next selection.

You will not hear the questions or the possible answers.

Now get ready to listen to the first selection.

**(Narrator)** [Selección número 1. Escucha esta conversación en la oficina del Profesor Carrasco.]

**(Female)** —Profesor Carrasco, ¿me permite salir de la clase unos minutos antes de que se termine?

**(Male)** —No creo que sea una buena idea. Hoy tenemos que terminar el capítulo que comenzamos la semana pasada.

**(Female)** —Yo ya lo leí. Y creo que comprendo todo.

**(Male)** —Bueno, aunque lo hayas leído no me parece una buena idea que no estés aquí para la discusión.

**(Female)** —En ese caso, me tendré que quedar. Llamaré a mi madre para que ella busque a mi hermanito.

**(Male)** —Lo siento, Sara. Ya verás que la discusión te ayudará mucho.

**(Female)** —No se preocupe. Mis estudios me importan mucho.

Contesta las preguntas 21, 22, y 23.     [36 seconds]

**(Narrator)** [Selección número 2. Escucha esta conversación en la casa de Roberto.]

**(Female)** —Roberto, ¿llamaste a Julia?

**(Male)** —No, no sabía que había llamado.

**(Female)** —Ay, lo siento. Llamó cuando tú estabas en el garaje. Quiere reunirse contigo más tarde.

**(Male)** —¿Le dijiste que yo estaba aquí? No tengo ganas ni de hablar ni de salir con ella.

**(Female)** —Por supuesto. No le iba a mentir.

**(Male)** —Estoy seguro de que me va a invitar a salir y yo no quiero salir con ella y su primo. Él es un antipático.

**(Female)** —Bueno, llámala y dile que tienes que salir conmigo. Quiero que me acompañes a comprarle un regalo a tu papá.

**(Male)** —Con mucho gusto. Y . . . gracias por darme una buena excusa.

**(Female)** —Es la primera vez que quieres salir conmigo con tanto gusto.

Contesta las preguntas 24, 25, 26, y 27.    [48 seconds]

**(Narrator)** [Selección número 3. Escucha esta conversación entre una chica y su novio.]

**(Female)** —¿Cuándo fue la última vez que te cortaste el pelo, Genaro?

**(Male)** —Ya hace unas semanas. El problema es que me crece muy rápido. ¿Por qué me lo preguntas, Tina?

**(Female)** —Nada, me parece muy largo y siempre pienso que te ves mejor con pelo corto.

**(Male)** —En ese caso me lo cortaré. Pero tengo que esperar hasta la semana que viene pues mi peluquero está de vacaciones.

Contesta las preguntas 28, 29, y 30.    [36 seconds]

**(Narrator)** [Selección número 4. Escucha la siguiente selección sobre el gran pintor español Francisco Zurbarán.]

Uno de los grandes pintores españoles más conocidos internacionalmente es Francisco de Zurbarán. Aunque de su vida se sabe poco, sí sabemos que ya a los quince años empezó su aprendizaje como pintor. Muchos de los cuadros que pintó a través de su vida fueron pedidos para conventos o iglesias. En 1634 debido a que su obra era ya muy conocida, el rey Felipe IV le pidió pintar el Palacio del Buen Retiro en Madrid. Casado tres veces, Zurbarán perdió a varios de sus hijos a causa de una gran epidemia, la peste que afectó a toda Europa. Esta epidemia también disminuyó las posibilidades de vender sus cuadros y para evitar la pobreza tuvo que cambiar su maravilloso estilo para satisfacer los gustos de la época.

Contesta las preguntas 31 y 32.    [24 seconds]

## Calculating Your Score

Because the population and difficulty of the test vary from year to year, it would be misleading to offer you a sure-fire way to calculate your score. This guide will provide you with a general idea of how well you do in the practice tests.

To compute your approximate scaled score:

_____ (number of correct answers) − _____ (number of incorrect answers) / 3 = _____ (raw score)

| A raw score between: | Roughly corresponds to a scaled score of: |
| --- | --- |
| −28 and −10 | 200 to 250 |
| −10 and 0 | 250 to 300 |
| 0 and 7 | 300 to 350 |
| 7 and 15 | 350 to 400 |
| 15 and 25 | 400 to 450 |
| 25 and 35 | 450 to 500 |
| 35 and 42 | 500 to 550 |
| 42 and 50 | 550 to 600 |
| 50 and 57 | 600 to 650 |
| 57 and 65 | 650 to 700 |
| 65 and 72 | 700 to 750 |
| 72 and 80 | 750 to 800 |
| 80 and 85 | 800 |

# APPENDIX

# Synonyms

Here is a list of common synonyms and their meanings. Note that the gender of nouns and adjectives is not given for masculine nouns and adjectives ending in -o and feminine nouns and adjectives ending in -a. Adjectives and nouns that are invariable are identified as such.

**f.**   feminine
**i.**   invariable
**m.**   masculine
**n.**   noun

| | | |
|---|---|---|
| **aacercarse (a)** | **aproximarse (a)** | to approach, to come near |
| **acordarse (de)** | **recordar** | to remember |
| **alimento** | **comida** | food |
| **alumno/a** | **estudiante** (i.) | student |
| **andar** | **caminar** | to walk |
| **antiguo/a** | **viejo/a** | ancient, old |
| **atravesar** | **cruzar** | to cross |
| **bonito/a** | **lindo/a** | pretty |
| **breve** (i.) | **corto/a** | short, brief |
| **camarero/a** | **mozo/a** | waiter/waitress |
| **cara** | **rostro** | face |
| **comenzar** | **empezar** | to begin, to start |
| **comprender** | **entender** | to comprehend, to understand |
| **contento/a** | **alegre** (i.) | happy |
| **continuar** | **seguir** | to continue |
| **cuarto** | **habitación** (n.f.) | room |
| **desear** | **querer** | to wish, to want |
| **despacio** | **lentamente** | slowly |
| **divertirse** | **pasarlo bien** | to have a good time |
| **echar** | **lanzar, tirar** | to throw |
| **encontrar** | **hallar** | to find |
| **enseñar** | **mostrar** | to show |
| **escoger** | **elegir** | to choose |
| **flaco/a** | **delgado/a** | thin |
| **hermoso/a** | **bello/a** | beautiful |
| **irse** | **marcharse** | to leave, to go away |
| **lengua** | **idioma** (n.m.) | language |
| **luchar** | **pelear** | to fight |
| **lugar** (n.m.) | **sitio** | place |
| **mandar** | **enviar** | to send |

| | | |
|---|---|---|
| **miedo** | **temor** (n.m.) | fear |
| **obtener** | **conseguir** | to obtain, to get |
| **pasearse** | **dar un paseo** | to take a walk |
| **periódico** | **diario** | newspaper |
| **permitir** | **dejar** | to permit, to allow |
| **regresar** | **volver** | to return |
| **responder** | **contestar** | to answer |
| **rogar** | **suplicar** | to beg |
| **sacerdote** (n.m.) | **cura** (n.m.) | priest |
| **solamente** | **solo*** | only |
| **terminar** | **acabar** | to finish, to end |

* It is no longer necessary to place a written accent on sólo. However, in this book, you will find it with an accent. The accent makes it easier for you to differentiate between solo (adj.) and sólo (adv.). It is correct to write it with or without the accent.

# Antonyms

Here is a list of common antonyms and their meanings.

| | |
|---|---|
| **acordarse de**—to remember | **olvidarse de**—to forget |
| **acostarse**—to go to bed | **levantarse**—to get up |
| **admitir**—to admit | **negar**—to deny |
| **agradecido/a**—thankful | **ingrato/a**—ungrateful |
| **ahorrar**—to save | **gastar**—to spend |
| **alegrarse**—to be glad, happy | **entristecerse**—to grow sad |
| **alegre** (i.)—happy | **triste** (i.)—sad |
| **alejarse de**—to go away from | **acercarse a**—to approach |
| **algo**—something | **nada**—nothing |
| **alguien**—someone | **nadie**—no one |
| **alguno/a (algún)**—someone; something | **ninguno/a (ningún)**—none |
| | |
| **amar**—to love | **odiar**—to hate |
| **amigo/a**—friend | **enemigo/a**—enemy |
| **ancho/a**—wide | **estrecho/a**—narrow |
| **anoche**—last night | **esta noche**—tonight |
| **antes (de)**—before | **después (de)**—after |
| **antiguo/a**—ancient, old | **moderno/a**—modern |
| **antipático/a**—unpleasant | **simpático/a**—nice |
| **aparecer**—to appear | **desaparecer**—to disappear |
| **aprisa**—quickly | **despacio**—slowly |
| **aquí**—here | **allí**—there |
| **arriba**—above; upstairs | **abajo**—below; downstairs |
| **aumentar**—to increase | **disminuir**—to decrease |
| **ausente** (i.)—absent | **presente** (i.)—present |
| **bajar**—to go down | **subir**—to go up |
| **bajo/a**—short | **alto/a**—tall |
| **bien**—well | **mal**—badly |
| **caballero**—gentleman | **dama**—lady |
| **caliente** (i.)—hot | **frío/a**—cold |
| **cansado/a**—tired | **descansado/a**—rested |
| **capaz** (i.)—able, capable | **incapaz** (i.)—incapable |
| **caro/a**—expensive | **barato/a**—cheap |
| **cerca (de)**—near | **lejos (de)**—far |
| **cerrar**—to close | **abrir**—to open |
| **cielo**—sky | **tierra**—earth, ground |
| **claro/a**—light | **oscuro/a**—dark |
| **cobarde** (i.)—cowardly | **valiente** (i.)—brave, valiant |

| | |
|---|---|
| **cómico/a**—funny | **trágico/a**—tragic |
| **cómodo/a**—comfortable | **incómodo/a**—uncomfortable |
| **comprar**—to buy | **vender**—to sell |
| **corto/a**—short | **largo/a**—long |
| **culpable** (i.)—guilty | **inocente** (i.)—innocent |
| **débil** (i.)—weak | **fuerte** (i.)—strong |
| **delante de**—in front of | **detrás de**—in back of |
| **delgado/a**—thin | **gordo/a**—fat |
| **dentro**—inside | **fuera**—outside |
| **descansar**—to rest | **cansar**—to tire |
| **descubrir**—to uncover | **cubrir**—to cover |
| **desgraciado/a**—unfortunate | **afortunado/a**—fortunate |
| **despertarse**—to wake up | **dormirse**—to fall asleep |
| **día** (n.m.)—day | **noche** (n.f.)—night |
| **divertirse**—to have a good time | **aburrirse**—to get bored |
| **duro/a**—hard | **suave** (i.)—soft |
| **empezar**—to begin | **terminar, acabar**—to end |
| **encender**—to light | **apagar**—to extinguish |
| **encima (de)**—on top | **debajo (de)**—underneath, below |
| **entrada**—entrance | **salida**—exit |
| **envejecer**—to age | **rejuvenecer**—to rejuvenate |
| **este** (n.m.)—east | **oeste** (n.m.)—west |
| **éxito**—success | **fracaso**—failure |
| **fácil** (i.)—easy | **difícil** (i.)—difficult |
| **feo/a**—ugly | **hermoso/a**—beautiful |
| **fin** (n.m.)—end | **principio**—beginning |
| **grande (gran)** (i.)—large, big | **pequeño/a**—small |
| **hombre** (n.m.)—man | **mujer** (n.f.)—woman |
| **interesante** (i.)—interesting | **aburrido/a**—boring |
| **ir**—to go | **venir**—to come |
| **joven** (i.)—young | **viejo/a**—old |
| **juntar**—to join, unite | **separar**—to separate |
| **juventud** (n.f.)—youth | **vejez** (n.f.)—old age |
| **lejano/a**—distant | **cercano/a**—nearby |
| **lento/a**—slow | **rápido/a**—fast |
| **levantarse**—to get up | **sentarse**—to sit down |
| **limpio/a**—clean | **sucio/a**—dirty |
| **llegada**—arrival | **partida**—departure |
| **llenar**—to fill | **vaciar**—to empty |
| **lleno/a**—full | **vacío/a**—empty |
| **llorar**—to cry | **reír**—to laugh |
| **llover**—to rain | **escampar**—to clear up, stop raining |
| **luz** (n.f.)—light | **sombra**—shadow |
| **macho**—male | **hembra**—female |
| **maldecir**—to curse | **bendecir**—to bless |
| **malestar** (n.m.)—discomfort | **bienestar** (n.m.)—well-being, comfort |
| **malo/a**—bad | **bueno/a**—good |
| **maltratar**—to ill treat | **tratar bien**—to treat well |
| **marido**—husband | **esposa**—wife |

**más**—more

**menos**—less

**mejor** (i.)—better

**peor** (i.)—worse

**menor** (i.)—younger

**mayor** (i.)—older

**mentira**—lie

**verdad** (n.f.)—truth

**meter**—to put in

**sacar**—to take out

**mucho/a**—a lot

**poco/a**—little

**nacer**—to be born

**morir**—to die

**norte** (n.m.)—north

**sur** (n.m.)—south

**obscuro/a**—dark

**claro/a**—light

**odio**—hate, hatred

**amor** (n.m.)—love

**orden** (n.m.)—order

**desorden** (n.m.)—disorder

**orgulloso/a**—proud

**humilde** (i.)—humble

**paz** (n.f.)—peace

**guerra** (n.f.)—war

**perder**—to lose

**encontrar, hallar**—to find

**perder**—to lose

**ganar**—to win

**perezoso/a**—lazy

**trabajador/trabajadora**—hard-working

**permitir**—to permit

**prohibir**—to prohibit

**pesado/a**—heavy

**ligero/a**—light

**ponerse la ropa**—to put on clothing

**quitarse la ropa**—to take off clothing

**posible** (i.)—possible

**imposible** (i.)—impossible

**pregunta**—question

**respuesta**—answer

**preguntar**—to ask

**contestar**—to answer

**princesa**—princess

**príncipe** (n.m.)—prince

**quedarse**—to remain

**irse**—to leave, to go away

**recibir**—to receive

**enviar**—to send

**rico/a**—rich

**pobre** (i.)—poor

**riqueza**—wealth

**pobreza**—poverty

**rubio/a**—blond

**moreno/a**—brunette

**ruido**—noise

**silencio**—silence

**salir de**—to leave

**entrar en**—to enter

**secar**—to dry

**mojar**—to wet, moisten

**separar**—to separate

**juntar**—to join

**siempre**—always

**nunca**—never

**sobrino**—nephew

**sobrina**—niece

**sucio/a**—dirty

**limpio/a**—clean

**temprano**—early

**tarde**—late

**tonto/a**—stupid

**inteligente** (i.)—intelligent

**útil** (i.)—useful

**inútil** (i.)—useless

**vestido/a**—dressed

**desnudo/a**—nude

**vestirse**—to get dressed

**desvestirse, desnudarse**—to get undressed

**vida**—life

**muerte** (n.f.)—death

**vivir**—to live

**morir**—to die

# Words and Expressions Worth Noting

The following is a partial list of common words and expressions whose meaning you must learn to differentiate.

| | |
|---|---|
| **aplicar** | to apply an ointment, etc. |
| **solicitar** | to apply for a job, loan, etc. |
| **ahorrar** | to save money |
| **salvar** | to rescue |
| **guardar** | to keep, to put aside |
| **aprender** | to learn |
| **enterarse de** | to find out |
| **asisitir a** | to attend (a class, a concert, a meeting, etc.) |
| **atender** | to assist, to tend to |
| **copia** | copy |
| **ejemplar** | copy of a book |
| **darse cuenta de** | to realize |
| **realizar** | to carry out, fulfill |
| **dejar** | to leave someone or something behind |
| **irse** | to leave, to go away |
| **salir** | to leave, to go out |
| **dejar** | to let |
| **dejar de + infinitive** | to stop doing something |
| **despedir** | to fire, dismiss |
| **despedirse** | to say good-bye |
| **extrañar** | to miss someone or something |
| **echar de menos** | to miss someone or something |
| **perder** | to miss in the sense of failing to get/find/attend |
| **fecha** | calendar date |
| **cita** | date (appointment) |
| **gastar** | to spend money |
| **pasar** | to spend time |
| **hora** | time (chronological) |
| **vez** | time, occasion |
| **tiempo** | time; weather |

| | |
|---|---|
| **llevar** | to take from one place to another |
| **tomar** | to take in one's hand |
| **mudarse** | to move (change residence) |
| **moverse** | to move |
| **pasarlo bien (mal)** | to have a good (bad) time |
| **divertirse** | to have a good time, to enjoy oneself |
| **gozar** | to enjoy |
| **pasar un buen (mal) rato** | to have a good (bad) time |
| **pedir** | to ask (make a request) |
| **preguntar** | to ask a question, inquire |
| **hacer una pregunta** | to ask a question |
| **preguntar por** | to ask for (inquire about) |
| **personaje** | character in a play, story, or novel |
| **carácter** | character |
| **pez** | fish (alive) |
| **pescado** | fish (dead) |
| **ponerse + adjective** | to become (sudden emotional or physical change) |
| **volverse + adjective** | to become (sudden change) |
| **llegar a ser** | to become (gradual change over time) |
| **hacerse + noun or adjective** | to become (effort is implied) |
| **rincón** | corner (inside) |
| **esquina** | corner (outside) |
| **saber** | to know a fact |
| **saber + infinitive** | to know how to do something |
| **conocer** | to know someone, to be familiar with a place |
| **tocar** | to play (a musical instrument) |
| **jugar** | to play a game |
| **rápido/a** | fast |
| **adelantado/a** | fast (clock) |
| **trabajar** | to work |
| **funcionar** | to work, to run |
| **trabajo** | work |
| **obra** | work (piece of art—painting, literature, theater, music, film, etc.) |
| **único/a** | only, sole (adjective) |
| **sólo** | only (adverb) |
| **solamente** | only (adverb) |
| **solo/a** | alone (adjective) |
| **volver** | to return, to come or go back to a place |
| **regresar** | to return, to come or go back to a place |
| **devolver** | to give back |

The following list will help you refine your understanding of Spanish. These words look like their English counterpart, but their meaning is quite different.

| | |
|---|---|
| **actualmente** | at present, at the present time |
| **en realidad, realmente** | actually |
| | |
| **anciano/a** | old man/woman |
| **antiguo/a** | ancient; former |
| | |
| **asistir** | to attend |
| **atender** | to help |
| **ayudar** | to help |
| | |
| **campo** | country(side) |
| **país** | country, nation |
| **campamento** | camp |
| | |
| **collar** | necklace |
| **cuello** | collar; neck |
| | |
| **copa** | glass (stemmed) |
| **taza** | cup |
| | |
| **embarazada** | pregnant |
| **avergonzado/a** | embarrassed |
| | |
| **éxito** | success |
| **salida** | exit |
| | |
| **idioma** | language |
| **modismo** | idiom |
| | |
| **ignorar** | to not know |
| **no hacer caso** | to ignore |
| | |
| **ingenuo/a** | naive |
| **ingenioso, genial** | ingenious |
| | |
| **largo/a** | long |
| **grande** | large |
| | |
| **letra** | letter (a, b, c, etc.) |
| **carta** | letter |
| | |
| **librería** | bookstore |
| **biblioteca** | library |
| | |
| **mayor** | older; greater; bigger |
| **alcalde** | mayor |
| | |
| **parientes/as** | relatives |
| **padres** | parents |
| | |
| **recordar** | to remember |
| **grabar** | to record |

| | |
|---|---|
| **sensible** | sensitive |
| **sensato/a** | sensible |
| | |
| **vaso** | glass (for drinking) |
| **vidrio** | glass (window) |
| **florero** | vase |

The meaning of the following words depends on the accent. Pay close attention to their meaning.

| | |
|---|---|
| **aun** | even |
| **aún** | still |
| | |
| **como** | as, like |
| **cómo** | how |
| | |
| **de** | of |
| **dé** | give (formal command) |
| | |
| **el** | the |
| **él** | he |
| | |
| **esta** | this (feminine) |
| **está** | he, she, it is (present indicative of the verb **estar**) |
| | |
| **este** | this (masculine) |
| **esté** | he, she, it is (present subjunctive of the verb **estar**) |
| | |
| **mas** | but |
| **más** | more |
| | |
| **mi** | my |
| **mí** | me (prepositional pronoun) |
| | |
| **te** | you (direct or indirect object pronoun) |
| **té** | tea |
| | |
| **tu** | your (poss. adj.) |
| **tú** | you (familiar) |
| | |
| **se** | reflexive pronoun |
| **sé** | I know (present indicative of the verb **saber**); informal (**tú**) command of the verb **ser** |
| | |
| **si** | if |
| **sí** | yes |
| | |
| **solo** | alone (adjective) |
| **sólo\*** | only (adverb) |

\* It is no longer necessary to place a written accent on sólo. However, in this book, you will find it with an accent. The accent makes it easier for you to differentiate between solo (adj.) and sólo (adv.). It is correct to write it with or without the accent.

# Idiomatic Expressions, Conjunctions, and Other Useful Phrases

## A

| | |
|---|---|
| a bordo | on board |
| a causa de | because of, on account of |
| a ciegas | blindly |
| a condición de que | provided that |
| a diario | daily |
| a eso de | at about (time) |
| a fin de | in order to |
| a fin de cuentas | in the end, after all (is said and done) |
| a fin de que | so that, in order that |
| a finales de | toward the end of |
| a fines de | at or about; toward the end of |
| a fondo | thoroughly, in detail |
| a fuerza de | by force of |
| a gran (larga) distancia | long-distance |
| a la carrera | quickly |
| a la distancia | at a distance |
| a la vez | at the same time |
| a la vista | in sight |
| a lo largo de | along |
| a lo lejos | in the distance |
| a lo mejor | probably |
| a mediados de | toward the middle of |
| a medida que | as, at the same time as |
| a menos que | unless |
| a menudo | often, frequently |
| a no ser que | unless |
| a partir de hoy | from today on |
| a pesar de | in spite of |
| a pesar de que | in spite of the fact that |
| a principios de | toward the beginning of |
| a propósito | by the way |
| a tiempo | on time |
| a través de | across |
| a un lado | to one side |
| a veces | sometimes, at times |
| abrirse paso | to make one's way |
| acabar de + infinitive | to have just + past participle |
| acerca de | about |
| ahí mismo | right there |
| ahora mismo | right now |
| al + infinitive | upon + gerund |
| al aire libre | in the open air, outdoors |
| al contado | for cash, cash down |
| al contrario | on the contrary |
| al fiado | on credit |
| al fin | finally, in the end |
| al final de | at the end of |
| al fondo de | at the back of; at the bottom of |
| al lado de | alongside of, beside, next to |
| al menos, por lo menos | at least |
| al mismo tiempo | at the same time |
| al parecer | apparently |
| al pie de la letra | literally |
| al por mayor (menor) | at wholesale (retail) |
| al principio | at the beginning |
| alguna vez | sometime |
| algunas veces | sometimes |
| aprender de memoria | to memorize, to learn by heart |

| | |
|---|---|
| **ante todo** | above all |
| **aquí mismo** | right here |

## C

| | |
|---|---|
| **cada vez** | each time |
| **cada vez más** | more and more (each time) |
| **caer en cuenta** | to realize |
| **caerle bien/mal a alguien** | to make a good/bad impression (on someone) |
| **caerse muerto(a)** | to drop dead |
| **cambiar de idea** | to change one's mind |
| **con frecuencia** | frequently, often |
| **con retraso** | with delay |
| **con tal (de) que** | provided that |
| **contar con** | to rely on |
| **costarle trabajo** | to be difficult for someone |
| **creer que sí (no)** | to (not) think so |
| **cuanto antes** | as soon as possible |
| **cumplir . . . años** | to turn . . . years old |

## D

| | |
|---|---|
| **dar a conocer** | to make known |
| **dar a luz** | to give birth |
| **dar a** | to face, to look out on |
| **dar con** | to come upon, meet |
| **dar cuerda** | to wind (watch or clock) |
| **dar gritos** | to shout |
| **dar la hora** | to strike the hour |
| **dar la mano** | to shake hands |
| **dar la vuelta a** | to turn |
| **dar las gracias** | to thank |
| **dar recuerdos** | to give regards |
| **dar un abrazo** | to embrace |
| **dar un paseo** | to take a walk |
| **dar un paso** | to take a step |
| **dar una vuelta** | to take a stroll |
| **dar vergüenza** | to be ashamed |
| **darle la gana de hacer algo** | to feel like doing something |
| **darle la mano a alguien** | to shake hands with someone |
| **darle pena** | to cause grief, pain, embarrassment |
| **darle rienda suelta a** | to give free rein to |
| **darse cuenta de** | to realize |
| **darse por** | to consider oneself as |
| **darse prisa** | to hurry |

| | |
|---|---|
| **de acuerdo** | agreed |
| **de antemano** | beforehand, in advance |
| **de arriba abajo** | from top to bottom |
| **de buena (mala) gana** | willingly, gladly (unwillingly) |
| **de costumbre** | usually |
| **de hoy en adelante** | from today on |
| **de manera que** | so that |
| **de memoria** | from memory |
| **de moda** | in fashion, fashionable |
| **de ninguna manera** | by no means |
| **de nuevo** | again |
| **de par en par** | wide open |
| **de pie** | standing |
| **de prisa** | in a hurry |
| **de pronto** | suddenly |
| **lo más pronto posible** | as soon as possible |
| **de aquí en delante** | from now on |
| **de repente** | suddenly |
| **de rodillas** | kneeling |
| **de todos modos** | anyway, at any rate |
| **de un sorbo** | in one gulp |
| **de un tirón** | with one try; without interruption |
| **de una vez** | in one go; once and for all |
| **de veras** | really |
| **de vez en cuando** | from time to time |
| **de (este) modo** | in (this) way |
| **debe + infinitive** | should, ought to |
| **deber de + infinitive** | (supposition) I, you, etc., must be . . . |
| **deberse a** | to be due to |
| **decir que sí (no)** | to say yes (no) |
| **dejar caer** | to drop |
| **dejar de + infinitive** | to stop, cease to |
| **desde entonces** | since then |
| **dormir a pierna suelta** | to sleep like a log (soundly) |

## E

| | |
|---|---|
| **echar al correo** | to mail |
| **echar de menos** | to miss |
| **echar la culpa** | to blame |

| | |
|---|---|
| **echar(se) a + infinitive** | to start + infinitive |
| **echarse a perder** | to be spoiled |
| **en cambio** | on the other hand |
| **en caso de que** | in case, supposing that |
| **en cuanto** | as soon as |
| **en cuanto a** | as to, as for, concerning |
| **en efecto** | sure enough |
| **en fin** | in short |
| **en lugar de** | instead of |
| **en punto** | on the dot |
| **en seguida** | right away, at once, immediately |
| **en todas partes** | everywhere |
| **en vez (lugar) de** | instead of |
| **en voz alta** | out loud |
| **en voz baja** | in a low voice, whisper |
| **encogerse de hombros** | to shrug one's shoulders |
| **entre tanto** | meanwhile |
| **es decir** | that is to say |
| **estar a punto de** | to be about to |
| **estar al día** | to be up to date (current) |
| **estar bien enterado** | to be well-informed |
| **estar de acuerdo** | to agree |
| **estar de buen/mal humor** | to be in a good/bad mood |
| **estar de luto** | to be in mourning |
| **estar de moda** | to be in style (fashionable) |
| **estar de pie** | to be standing |
| **estar de vuelta** | to be back |
| **estar enamorado(a) de** | to be in love with |
| **estar harto(a) de** | to be fed up with |
| **estar para** | to be about to |
| **estar por** | to be in favor of |
| **estar seguro** | to be sure |

## G

| | |
|---|---|
| **ganarse la vida** | to earn one's living |
| **guardar cama** | to stay in bed |

## H

| | |
|---|---|
| **haber de + infinitive** | to have to, must |
| **hablar en contra de** | to speak against |

| | |
|---|---|
| **hacer (mucho) frío (calor)** | to be (very) cold (hot) |
| **hacer (mucho) viento** | to be (very) windy |
| **hacer buen (mal) tiempo** | to be good (bad) weather |
| **hacer escala** | to make a stop (i.e., plane) |
| **hacer caso** | to pay attention to |
| **hacer cola** | to line up, get in line |
| **hacer daño** | to harm |
| **hacer de** | to act as |
| **hacer el papel de** | to play the role/part of |
| **hacer falta** | to need, be lacking |
| **hacer frente a** | to face |
| **hacer juego** | to match; to go well together |
| **hacer la cama** | to make the bed |
| **hacer las maletas** | to pack the suitcases |
| **hacer pedazos** | to break to pieces |
| **hacer saber** | to let (someone) know |
| **hacer sol** | to be sunny |
| **hacer un viaje** | to take a trip |
| **hacer una pregunta** | to ask a question |
| **hacer una visita** | to pay a visit |
| **hacerle falta a alguien** | to be lacking, needing |
| **hacerse + definite article + adjective** | to pretend, to act like |
| **hacerse + profession, occupation** | to become + profession, occupation |
| **hacerse cargo de** | to take charge of |
| **hacerse daño** | to hurt/harm oneself |
| **hay humedad** | it is damp |
| **hay neblina** | it is foggy |
| **hay polvo** | it is dusty |
| **hay sol** | it is sunny |
| **hay que + infinitive** | one must; it is necessary to |
| **hoy en día** | nowadays |

## I

| | |
|---|---|
| **ir al centro** | to go downtown |
| **ir de compras** | to go shopping |

## L

| | |
|---|---|
| **llamar a la puerta** | to knock on the door |
| **llegar a ser** | to become (through effort) |

| | |
|---|---|
| **llegar a tiempo** | to arrive on time |
| **llevar a cabo** | to carry out |
| **llevarse bien/mal con alguien** | to get along /not get along with |
| **lo mismo** | the same thing |

## M

| | |
|---|---|
| **mantener el interés** | to hold one's interest |
| **más vale que** | it is better that |
| **mientras tanto** | meanwhile |
| **montar a caballo** | to ride a horse |
| **morirse de risa** | to die laughing |
| **muchas veces** | many times, often |

## N

| | |
|---|---|
| **ni siquiera** | not even |
| **no dar tregua** | to give no respite |
| **no faltaba más** | that would be the last straw |
| **no hay de qué** | don't mention it, you are welcome |
| **no hay remedio** | it can't be helped |
| **no obstante** | nevertheless |
| **no servir para nada** | to be of no use at all |

## O

| | |
|---|---|
| **otra vez** | again, once more |

## P

| | |
|---|---|
| **pagar al contado (en efectivo)** | to pay cash |
| **para siempre** | forever |
| **parece mentira que** | it seems impossible that |
| **pasar la lista** | to call the roll |
| **pasarlo bien/mal** | to have a good/bad time |
| **pedir prestado** | to borrow |
| **perder algo de vista** | to lose sight of something |
| **perder el tiempo** | to waste one's time |
| **pocas veces** | seldom |
| **poco a poco** | little by little |
| **ponerse a + infinitive** | to begin to + infinitive |
| **ponerse de acuerdo** | to come to an agreement |

| | |
|---|---|
| **ponerse de pie** | to stand |
| **ponerse de rodillas** | to kneel (down) |
| **por aquí** | this way |
| **por casualidad** | by chance or accident |
| **por consiguiente** | therefore; consequently |
| **por desgracia** | unfortunately |
| **por ejemplo** | for example |
| **por eso** | therefore |
| **por favor** | please |
| **por fin** | finally |
| **por lo general** | generally |
| **por lo tanto** | therefore |
| **por más que** | no matter how, however much |
| **por mi parte** | as far as I am concerned |
| **por otra parte** | on the other hand |
| **por poco** | nearly, almost |
| **por primera vez** | for the first time |
| **por si acaso** | in case |
| **por supuesto** | of course |
| **por todas partes** | everywhere |
| **portarse bien/mal** | to behave/misbehave |
| **prestar atención** | to pay attention |

## Q

| | |
|---|---|
| **quedar(le) bien/mal** | to look good/bad (on somebody) |
| **querer decir** | to mean |

## R

| | |
|---|---|
| **rara vez** | seldom, rarely |

## S

| | |
|---|---|
| **saber a** | to taste like |
| **sacar fotos** | to take pictures |
| **sacar una nota buena/mala** | to get a good/bad grade |
| **salir perdiendo** | to be the loser |
| **sano y salvo** | safe and sound |
| **ser aficionado(a) a** | to be a fan of |
| **ser hora de** | to be time to |
| **sin embargo** | nevertheless |
| **sobrarle a uno algo** | to have something left over |
| **sobre todo** | above all |

# T

| | |
|---|---|
| **tal vez** | perhaps |
| **tan pronto como** | as soon as |
| **tardar en + infinitive** | to delay in, be long in + infinitive |
| **tener (mucha) hambre** | to be (very) hungry |
| **tener (mucha) sed** | to be (very) thirsty |
| **tener (mucha) suerte** | to be (very) lucky |
| **tener algo que hacer** | to have something to do |
| **tener calma** | to be calm |
| **tener calor** | to be warm |
| **tener celos** | to be jealous |
| **tener cuidado** | to be careful |
| **tener derecho a** | to be entitled to |
| **tener dolor de cabeza** | to have a headache |
| **tener dolor de estómago** | to have a stomachache |
| **tener en cuenta** | to take into account, to bear in mind |
| **tener envidia (de)** | to be envious (of) |
| **tener éxito** | to be successful |
| **tener frío** | to be cold |
| **tener ganas de + infinitive** | to feel like + infinitive |
| **tener hambre** | to be hungry |
| **tener la culpa** | to be blamed (for) |
| **tener la palabra** | to have the floor |
| **tener lugar** | to take place |
| **tener miedo (de)** | to be afraid (of) |
| **tener mucho (poco) que hacer** | to have a lot (little) to do |

| | |
|---|---|
| **tener presente** | to keep in mind |
| **tener prisa** | to be in a hurry |
| **tener que + infinitive** | to have to + infinitive |
| **tener . . . años** | to be . . . years old |
| **tener que ver con** | to have something to do with |
| **tener razón** | to be right |
| **tener sueño** | to be sleepy |
| **tener vergüenza (de)** | to be ashamed (of) |
| **tenerle cariño a alguien** | to be fond of someone |
| **tocarle a alguien** | to be someone's turn |
| **todo el mundo** | everybody |
| **tomar apuntes** | to take notes |
| **tomar el sol** | to sunbathe |
| **tomar(le) el pelo a alguien** | to pull someone's leg |
| **tratarse de** | to be a question of, deal with |

# U

| | |
|---|---|
| **una vez** | once, one time |
| **una vez más** | once more |
| **una vez que** | once, as soon as |

# V

| | |
|---|---|
| **valer la pena** | to be worthwhile |
| **varias veces** | several times |
| **venir en son de paz** | to come in peace |
| **volver a + infinitive** | to + infinitive again |
| **volverse + adjective** | to become + adjective |

# Spanish–English Vocabulary

The vocabulary in this section contains the words that appear in the entire text with the exception of those words that are not necessary for you to comprehend the meaning of a passage. Some cognates that may be misleading are included. If you do not find a particular word on the following pages, you can also consult the list of Synonyms and Antonyms, Words Worth Noting, and Idiomatic Expressions.

| | | | |
|---|---|---|---|
| **adj.** | adjective | **n.** | noun |
| **adv.** | adverb | **p.p.** | past participle |
| **conj.** | conjunction | **pl.** | plural |
| **f.** | feminine | **prep.** | preposition |
| **inf.** | infinitive | **pron.** | pronoun |
| **inv.** | invariable | **sing.** | singular |
| **m.** | masculine | **v.** | verb |

## A

| | |
|---|---|
| **a** (prep.) | to, at |
| **abajo** (adv.) | below; underneath; downstairs |
| **abandonar** (v.) | to leave, abandon |
| **abarcar** (v.) | to encompass |
| **abatido** (adj.) | dejected, depressed |
| **abierto** (p.p. of **abrir**) | opened; open |
| **abismo** (n.m.) | abyss |
| **abogado/a** (n.m.f.) | lawyer |
| **aborrecer** (v.) | to hate, loathe |
| **abrazar** (v.) | to hug |
| **abrelatas** (n.inv.) | can opener |
| **abrigo** (n.m.) | coat |
| **abrir** (v.) | to open |
| **abuelo/a** (n.m.f.) | grandfather/grandmother |
| **aburrido** (adj.) | boring; bored |
| **aburrir** (v.) | to bore |
| **aburrirse** (v.) | to be/get bored |
| **acabar** (v.) | to finish |
| **acabar** (v.) **de** + inf. | to have just + past participle |
| **acampar** (v.) | to camp |
| **acariciar** (v.) | to caress |
| **acaso** (adv.) | perhaps, maybe |

| | |
|---|---|
| **acceder** (v.) | to accede, agree |
| **aceite** (n.m.) | oil |
| **aceite** (n.m.) **de oliva** | olive oil |
| **aceptar** (v.) | to accept |
| **acera** (n.f.) | sidewalk |
| **acerca de** (prep.) | about, concerning |
| **acercar** (v.) | to bring near |
| **acercarse** (v.) | to approach |
| **acero** (n.m.) | steel |
| **acero inoxidable** (n.m.) | stainless steel |
| **acertar** (v.) | to guess correctly |
| **aclarar** (v.) | to clear up; to explain |
| **acomodarse** (v.) | to conform; to settle down |
| **acompañar** (v.) | to accompany |
| **aconsejar** (v.) | to advise |
| **acontecimiento** (n.m.) | event, happening |
| **acordarse** (v.) | to remember, recall |
| **acosado** (adj.) | hounded, harassed |
| **acostar** (v.) | to put to bed, to lay down |
| **acostarse** (v.) | to go to bed |
| **acostumbrarse** (v.) | to get used to |
| **actor** (n.m.) | actor |
| **actriz** (n.f.) | actress |
| **actualmente** (adv.) | at present |
| **actuar** (v.) | to act |
| **acudir** (v.) **a** | to attend; to come/go to the rescue |
| **acuerdo** (n.m.) | agreement, pact |
| **adelantado** (adj.) | advanced, fast (clock) |
| **adelante** (adv.) | forward, ahead |
| **ademán** (n.m.) | gesture |
| **además** (adv.) | besides; furthermore |

| | | | |
|---|---|---|---|
| **adentro** (adv.) | inside | **aliento** (n.m.) | breath |
| **adivinar** (v.) | to guess | **almohada** (n.f.) | pillow |
| **adondequiera** (adv.) | to wherever | **almorzar** (v.) | to have lunch |
| **advertencia** (n.f.) | warning | **alojamiento** (m.n.) | lodging |
| **advertir** (v.) | to notify; to warn | **alquilar** (v.) | to rent |
| **afectuoso** (adj.) | affectionate | **alrededor** (adv.) | around |
| **afeitarse** (v.) | to shave | **alto** (adj.) | tall, high; in a high position |
| **afirmar** (v.) | to assert, state | | |
| **afligir** (v.) | to afflict | **altura** (n.f.) | height |
| **afortunado** (adj.) | fortunate, lucky | **alumbrado** (adj.) | lighted, illuminated |
| **afuera** (adv.) | out; outside | **alumno/a** (n.m.f.) | student |
| **afueras** (f.pl.) | outskirts | **alzar** (v.) | to lift (up), raise (up) |
| **agitado** (adj.) | agitated, upset | **allá** (adv.) | way over there |
| **agotado** (adj.) | exhausted, worn out | **allí** (adv.) | there (far from the speaker) |
| **agotador** (adj.) | exhausting | | |
| **agradar** (v.) | to please, be pleasing to | **amable** (adj.) | kind, nice |
| **agradecer** (v.) | to thank, be grateful for | **amado** (adj.) | loved |
| **agregar** (v.) | to add | **amanecer** (v.) | to dawn; (n.m.) dawn |
| **agua** (n.f.) | water | **amante** (inv.) | lover |
| **aguardar** (v.) | to wait for, await | **amar** (v.) | to love |
| **agudo** (adj.) | intense, acute | **amarillo** (adj.) | yellow |
| **águila** (n.f.) | eagle | **ambiente** (n.m.) | atmosphere, environment |
| **ahí** (adv.) | there (near the speaker or the person) | **ambos** (adj. and pron.) | both |
| **ahínco** (n.m.) | earnestness, diligence | **ambulante** (adj.) | traveling, mobile |
| **ahogar** (v.) | to choke | **amenazar** (v.) | to threaten |
| **ahogarse** (v.) | to drown; to suffocate | **amigo/a** (n.m.f.) | friend |
| **ahora** (adv.) | now | **amistad** (n.f.) | friendship |
| **ahorrar** (v.) | to save | **amor** (n.m.) | love |
| **aireado** (adj.) | aired, ventilated; made public | **amoroso** (adj.) | loving, affectionate; loveable |
| **ajeno** (adj.) | somebody else's, other people's | **amparado** (adj.) | protected, sheltered |
| | | **amplio** (adj.) | spacious, roomy |
| **ala** (n.f.) | wing | **anciano** (adj.) | old; (n.m) old man; (n.f.) old woman |
| **alambre** (n.m.) | wire | | |
| **alargar** (v.) | to lengthen; to extend | **ancho** (adj.) | wide; (n.m.) width |
| **alcalde** (n.m.) | mayor | **andar** (v.) | to walk |
| **alcanzar** (v.) | to reach, catch up with | **andén** (n.m.) | platform (train) |
| **alegar** (v.) | to allege | **anfitrión** (n.m.) | host |
| **alegrarse** (v.) | to be glad or happy | **anfitriona** (n.f.) | hostess |
| **alegre** (adj.) | happy, glad | **ángel** (n.m.) | angel |
| **alegría** (n.f.) | happiness, joy | **angustia** (n.f.) | anguish, distress |
| **alejado** (adj.) | distant, remote | **angustiarse** (v.) | to be distressed |
| **alemán** (adj.) | German | **anhelo** (n.m.) | longing |
| **alfombra** (n.f.) | carpet, rug | **anidarse** (v.) | to shelter oneself, make one's home |
| **algo** (pron.) | something | | |
| **algodón** (n.m.) | cotton | **anillar** (v.) | to make into a ring |
| **alguien** (pron.) | someone, somebody | **anillo** (n.m.) | ring |
| **algún** (adj.) | some, any | **animado** (adj.) | lively |
| **alguno** (adj.) | some, any | **animar** (v.) | to animate; to cheer up |

| | | | | |
|---|---|---|---|---|
| **anoche** (adv.) | last night | | **arreglo** (n.m.) | arrangement; repair |
| **ansioso** (adj.) | anxious, worried | | **arrepentido** (adj.) | sorry |
| **ante** (prep.) | before; in front of; in the presence of | | **arrepentirse** (v.) | to repent, be sorry |
| | | | **arriba** (adv.) | up there, above; upstairs |
| **anteanoche** (adv.) | night before last | | **arrimarse** (v.) | to come closer |
| **anteayer** (adv.) | day before yesterday | | **arrojar** (v.) | to throw, hurl |
| **anteojos** (n.m.pl.) | glasses; binoculars | | **ascensor** (n.m.) | elevator |
| **anterior** (adj.) | preceding, previous | | **asemejarse** (v.) | to be alike, resemble |
| **antes** (adv.) | before | | **asequible** (adj.) | affordable, reasonable |
| **antigüedad** (n.f.) | antiquity | | **así** (adv.) | so, in this way, thus |
| **antiguo** (adj.) | ancient, old; former | | **así que** (conj.) | as soon as |
| **antipatía** (n.f.) | antipathy, dislike | | **asiento** (n.m.) | seat, chair |
| **antipático** (adj.) | disagreeable, unpleasant | | **asignar** (v.) | to assign |
| **anuncio** (n.m.) | announcement; advertisement | | **asignatura** (n.f.) | subject, course |
| | | | **asilo** (n.m.) | asylum; shelter |
| **año** (n.m.) | year | | **asistir** (v.) **a** | to attend to; to accompany; to attend (an event, a class) |
| **apagar** (v.) | to turn off; to extinguish | | | |
| **aparato** (n.m.) | appliance; machine | | | |
| **aparecer** (v.) | to appear | | **asomarse** (v.) | to appear, become visible |
| **aparte** (adv.) | apart, aside | | **áspero** (adj.) | rough, rugged |
| **apasionado** (adj.) | passionate | | **aspirar** (v.) | to breathe in; to aspire |
| **apasionarse** (v.) | to get excited | | **asustar** (v.) | to frighten, scare |
| **apellido** (n.m.) | surname, family name | | **asustarse** (v.) | to become afraid, get scared |
| **apenas** (adv.) | hardly, scarcely | | | |
| **apertura** (n.f.) | opening | | **atender** (v.) | to attend to, pay attention to |
| **apetecer** (f.) | to crave, long for | | | |
| **aplicar** (v.) | to apply | | **atento** (adj.) | courteous, attentive |
| **apoyar** (v.) | to lean, rest; to support | | **aterrado** (adj.) | frightened, terrified |
| **apoyarse** (v.) | to rest on; to be supported by | | **aterrizar** (v.) | to touch down, land |
| | | | **atleta** (inv.) | athlete |
| **apoyo** (n.m.) | support; backing, help | | **atraer** (v.) | to attract |
| **apreciar** (v.) | to value; to appreciate | | **atrás** (adv.) | behind |
| **apremiar** (v.) | to urge (on), press | | **atrasado** (adj.) | late, behind (time) |
| **aprender** (v.) | to learn | | **atravesar** (v.) | to go across, cross |
| **aprendizaje** (n.m.) | apprenticeship | | **atreverse** (v.) | to dare |
| **apresurarse** (v.) | to hurry, rush | | **atribuir** (v.) | to attribute |
| **apretar** (v.) | to squeeze; to clasp, grip | | **aturdido** (adj.) | stunned, dazed |
| **aprovecharse** (v.) | to take advantage | | **aula** (n.f.) | classroom |
| **aquí** (adv.) | here | | **aumentar** (v.) | to increase |
| **árbol** (n.m.) | tree | | **aumento** (n.m.) | increase, rise |
| **arena** (n.f.) | sand | | **aun** (adv.) | even |
| **armar** (v.) | to arm | | **aún** (adv.) | still, yet |
| **armario** (n.m.) | cupboard; wardrobe | | **aunque** (conj.) | though, although, even though |
| **arquitecto/a** (n.m.f.) | architect | | | |
| **arrancar** (v.) | to pull out; to start (a motor) | | **auricular** (n.m.) | receiver (telephone) |
| | | | **ausencia** (n.f.) | absence |
| **arrasar** (v.) | to level; to devastate | | **autobús** (n.m.) | bus |
| **arrastrar** (v.) | to drag | | **avanzado** (adj.) | advanced |
| **arrebatarse** (v.) | to get carried away | | **avanzar** (v.) | to advance, move forward |
| **arreglar** (v.) | to arrange; to fix, repair | | **avergonzado** (adj.) | ashamed |

**avergonzar** (v.)   to shame; to embarrass
**avión** (n.m.)   airplane, plane
**avisar** (v.)   to inform, notify
**ayer** (adv.)   yesterday
**ayudar** (v.)   to help, aid, assist

## B

**bachillerato** (n.m.)   high school diploma
**bahía** (n.f.)   bay
**bailar** (v.)   to dance
**bailarín** (n.m.)   male dancer
**bailarina** (n.f.)   female dancer
**baile** (n.m.)   dance
**bajar** (v.)   to lower; to come or go down
**bajo** (adj. and adv.)   short; low; under
**balbucear** (v.)   to stammer
**balneario** (n.m.)   beach resort
**baluarte** (n.m.)   bastion
**banco** (n.m.)   bench; bank
**banda** (n.f.)   band; ribbon
**bandada** (n.f.)   flock
**bandejita** (n.f.)   little tray
**bandera** (n.f.)   flag
**bañarse** (v.)   to bathe, take a bath
**baño** (n.m.)   bath, bathroom
**barato** (adj. and adv.)   cheap
**barco** (n.m.)   boat; ship
**barnizador** (adj.)   varnishing
**barrio** (n.m.)   neighborhood
**barro** (n.m.)   mud; potter's clay
**bastante** (adj. and adv.)   enough, sufficient(ly); rather, quite
**bastar** (v.)   to be enough, be sufficient
**basura** (n.f.)   garbage
**basurero** (n.m.)   trash can
**bata** (n.f.)   dressing gown, smock
**batalla** (n.f.)   battle
**bebé** (n.m.)   baby
**beca** (n.f.)   scholarship
**bello** (adj.)   beautiful
**beneficioso** (adj.)   beneficial
**beso** (n.m.)   kiss
**biblioteca** (n.f.)   library
**bien** (adv.)   well
**bienvenido** (adj.)   welcome
**bigote** (n.m.)   mustache
**bilingüe** (adj.)   bilingual
**billete** (n.m.)   ticket
**bizquear** (v.)   to squint

**blusa** (n.f.)   blouse
**bocadillo** (n.m.)   sandwich
**boda** (n.f.)   wedding
**boleto** (n.m.)   ticket
**bolígrafo** (n.m.)   (ballpoint) pen
**bolsa** (n.f.)   bag
**bolsillo** (n.m.)   pocket
**bombilla** (n.f.)   bulb
**bondad** (n.f.)   goodness; kindness
**borracho** (adj.)   drunk
**borrar** (v.)   to erase
**bosque** (n.m.)   woods, forest
**botella** (n.f.)   bottle
**brazo** (n.m.)   arm
**brillante** (adj.)   bright, brilliant
**brillar** (v.)   to shine, sparkle
**brillo** (n.m.)   brilliance, brightness
**brindar** (v.)   to offer
**brisa** (n.f.)   breeze
**bruma** (n.f.)   mist
**bueno** (adj.)   good
**burlarse** (v.)   to make fun of
**buscar** (v.)   to look for, search for
**búsqueda** (n.f.)   search; inquiry
**butaca** (n.f.)   armchair, easy chair

## C

**caballero** (n.m.)   gentleman
**caballo** (n.m.)   horse
**cabecera** (n.f.)   headboard
**cabello** (n.m.)   hair
**caber** (v.)   to fit
**cabeza** (n.f.)   head
**cada** (adj.inv.)   each, every
**caer** (v.)   to fall
**caerse** (v.)   to fall down
**caja** (n.f.)   box
**cajón** (n.m.)   big box, crate
**calcetín** (n.m.)   sock
**calefacción** (n.f.)   heating
**calidad** (n.f.)   quality
**cálido** (adj.)   warm, hot
**caliente** (adj.)   warm, hot
**calmarse** (v.)   to calm down
**calor** (n.m.)   heat
**calvo** (adj.)   bald
**calzado** (n.m.)   footwear
**callado** (adj.)   quiet; reserved
**callar** (v.)   to silence, shut up
**callarse** (v.)   to keep quiet, remain silent

| | | | |
|---|---|---|---|
| **calle** (n.f.) | street | **casarse** (v.) | to marry, get married |
| **callejuela** (n.f.) | side street | **casi** (adv.) | almost |
| **cama** (n.f.) | bed | **castaño** (adj.) | brown |
| **camarero/a** (n.m.f.) | waiter/waitress | **castigar** (v.) | to punish |
| **cambiar** (v.) | to change | **cazar** (v.) | to hunt |
| **cambio** (n.m.) | change | **ceder** (v.) | to hand over, give up |
| **camerino** (n.m.) | dressing room | **celos** (n.m.) | jealousy |
| **caminar** (v.) | to walk | **celoso** (adj.) | jealous |
| **camino** (n.m.) | road | **cena** (n.f.) | supper, dinner |
| **camisa** (n.f.) | shirt | **cenar** (v.) | to have supper/dinner |
| **camiseta** (n.f.) | T-shirt | **ceniza** (n.f.) | ash |
| **campeón** (n.m.) | male champion | **centena** (n.f.) | hundred |
| **campeona** (n.f.) | female champion | **centro** (n.m.) | center; downtown |
| **campesino/a** (n.m.f.) | farmer | **cepillarse** (v.) | to brush one's hair |
| **campo** (n.m.) | country(side); field | **cepillo** (n.m.) | brush |
| **canal** (n.m.) | channel | **cerca** (adv.) | near |
| **cancelar** (v.) | to cancel | **cercano** (adj.) | nearby |
| **canción** (n.f.) | song | **cerrar** (v.) | to close |
| **cansado** (adj.) | tired | **cesar** (v.) **de** | to cease, stop (doing something) |
| **cansar** (v.) | to tire out | | |
| **cansarse** (v.) | to become/get tired | **cesto** (n.m.) | basket |
| **cantante** (inv.) | singer | **cesto** (n.m.) **de basura** | garbage can |
| **cantar** (v.) | to sing | | |
| **cantidad** (n.f.) | quantity | **ciego** (adj.) | blind |
| **capacidad** (n.f.) | capacity | **cielo** (n.m.) | sky |
| **capataz** (n.m.) | foreman | **cien** (adj.) | a hundred |
| **capaz** (adj.) | able, capable | **ciento** (adj./n.m.) | (one) hundred |
| **capital** (n.f.) | capital (city) | **cientos** (adj.) | hundreds |
| **capital** (n.m.) | capital (money) | **cierto** (adj.) | sure, certain |
| **capítulo** (n.m.) | chapter | **cima** (n.f.) | top, peak |
| **cara** (n.f.) | face | **cine** (n.m.) | cinema, movies |
| **carabina** (n.f.) | carbine, rifle | **cinta** (n.f.) | ribbon; cassette tape |
| **cárcel** (n.f.) | prison, jail | **cinturón** (n.m.) | belt |
| **cargado** (adj.) | loaded | **cirujano/a** (n.m.f.) | surgeon |
| **cargar** (v.) | to carry, load | **cita** (n.f.) | appointment; date |
| **cariño** (n.m.) | affection, fondness | **ciudad** (n.f.) | city |
| **cariñoso** (adj.) | affectionate | **ciudadano/a** (n.m.f.) | citizen |
| **carne** (n.f.) | meat | **claramente** (adv.) | clearly |
| **caro** (adj.) | expensive | **claridad** (n.f.) | brightness, clarity |
| **carpintero** (n.m.) | carpenter | **claro** (adj.) | bright; light in color |
| **carrera de caballos** (n.f.) | horse race | **clima** (n.m.) | climate |
| | | **cobrar** (v.) | to charge; to collect |
| **carretera** (n.f.) | highway | **cocer** (v.) | to cook |
| **carta** (n.f.) | letter | **cocina** (n.f.) | kitchen |
| **cartera** (n.f.) | wallet; pocketbook, purse, handbag | **cocinero/a** (n.m.f.) | cook |
| | | **coche** (n.m.) | car |
| **cartero** (n.m.) | mailman | **codiciado** (adj.) | sought-after, coveted |
| **cartón** (n.m.) | cardboard | **codo** (n.m.) | elbow |
| **casa** (n.f.) | house | **coger** (v.) | to grab, seize |
| **casado** (adj.) | married | **cojo** (adj.) | lame, crippled; limping |

| | | | |
|---|---|---|---|
| **colgar** (v.) | to hang (up) | **conservar** (v.) | to preserve, conserve |
| **colmado** (adj.) | full | **considerarse** (v.) | to consider oneself |
| **colocar** (v.) | to place, put | **consistir** (v.) | to consist |
| **comedor** (n.m.) | dining room | **constantemente** (adv.) | constantly |
| **comenzar** (v.) | to begin, start | | |
| **comer** (v.) | to eat | **construir** (v.) | to construct, build |
| **comerciante** (inv.) | merchant, dealer | **consultorio** (n.m.) | doctor's office |
| **comercio** (n.m.) | commerce, business | **contabilidad** (n.f.) | accounting, bookkeeping |
| **comestible** (adj.) | eatable, edible | **contador** (n.m.) | male accountant |
| **cometer** (v.) | to commit (a crime); to make (an error) | **contadora** (n.f.) | female accountant |
| | | **contar** (v.) | to count; to tell |
| **comida** (n.f.) | food | **contener** (v.) | to contain |
| **como** (adv.) | as, since | **contento** (adj.) | glad, happy |
| **cómodo** (adj.) | comfortable | **contiguo** (adj.) | adjacent |
| **comoquiera** (conj.) | in whatever way | **continuar** (v.) | to continue |
| **compañero/a** (n.m.f.) | companion; schoolmate | **contra** (prep.) | against |
| **compartir** (v.) | to share | **contraer** (v.) | to contract |
| **compasivo** (adj.) | compassionate | **contribuir** (v.) | to contribute |
| **compentencia** (n.f.) | competition | **convencer** (v.) | to convince |
| **complacer** (v.) | to please | **convenir** (v.) | to agree; be suitable (good for) |
| **complicar** (v.) | to complicate | | |
| **componer** (v.) | to fix, repair | **conversar** (v.) | to talk, chat |
| **comportamiento** (n.m.) | behavior | **convertir** (v.) | to convert |
| | | **convertirse** (v.) **en** | to turn into, become |
| **comprar** (v.) | to buy | **convidar** (v.) | to invite |
| **comprensible** (adj.) | understandable, comprehensible | **corazón** (n.m.) | heart |
| | | **corazonada** (n.f.) | hunch |
| **comprensivo** (adj.) | understanding | **corbata** (n.f.) | necktie |
| **comprobar** (v.) | to check, verify; to prove | **corpulento** (adj.) | hefty, burly |
| **comunicar** (v.) | to communicate | **corona** (n.f.) | crown |
| **con** (prep.) | with | **corregir** (v.) | to correct |
| **conciliar** (v.) | to reconcile | **correo** (n.m.) | post, mail |
| **concluir** (v.) | to conclude; to end | **correos** (n.m.sing.) | post office |
| **concurso** (n.m.) | competition, contest | **correr** (v.) | to run |
| **condenado** (adj.) | condemned, damned | **corriente** (adj.) | common, everyday |
| **conducir** (v.) | to drive; to lead, conduct | **corriente** (n.f.) | current (river) |
| **conductor** (n.m.) | driver | **cortar** (v.) | to cut |
| **confesar** (v.) | to confess | **corte** (n.f.) | court |
| **confianza** (n.f.) | trust, confidence | **corte** (n.m.) | cut |
| **confiar** (v.) | to trust | **cortina** (n.f.) | curtain |
| **conformarse** (v.) | to accept; to resign oneself | **corto** (adj.) | short; brief |
| **confuso** (adj.) | confused, perplexed | **cosecha** (n.f.) | harvest |
| **conmover** (v.) | to move (feelings) | **costar** (v.) | to cost |
| **conocer** (v.) | to know | **costumbre** (n.f.) | custom |
| **conocido** (adj.) | well-known | **crear** (v.) | to create |
| **conocimiento** (n.m.) | knowledge | **crecer** (v.) | to grow |
| **conquistador** (n.m.) | conqueror | **crecimiento** (n.m.) | growth |
| **conseguir** (v.) | to obtain, get | **creer** (v.) | to believe |
| **consejo** (n.m.) | advice | **crepúsculo** (n.m.) | twilight, dusk |
| **consentir** (v.) | to consent | **crianza** (n.f.) | rearing, breeding |

| | | | | |
|---|---|---|---|---|
| **criar** (v.) | to rear, raise, breed | | **chisme** (n.m.) | gossip |
| **criatura** (n.f.) | creature; infant | | **chismear** (v.) | to gossip |
| **cristal** (n.m.) | crystal | | **chocar** (v.) | to crash, collide |
| **criticar** (v.) | to criticize, critique | | **choque** (n.m.) | crash |
| **crucigrama** (n.m.) | crossword puzzle | | **chorro** (n.m.) | dribble, trickle; jet |
| **crudo** (adj.) | raw | | **chupar** (v.) | to suck |
| **crujir** (v.) | to creak | | | |
| **cruzar** (v.) | to cross | | **D** | |
| **cuaderno** (n.m.) | notebook | | | |
| **cuadra** (n.f.) | city block | | **dar** (v.) | to give |
| **cuadro** (n.m.) | picture, painting | | **de** (prep.) | of; from; about (concerning) |
| **cual** (pron.) | which, who | | **debajo** (adv.) | underneath |
| **cualquier,** | any | | **deber** (v.) | to owe (money); should, ought to |
| **cualquiera,** | | | | |
| **cualesquiera** (adj.) | | | **débil** (adj.) | weak |
| **cuando** (adv., conj.) | when | | **debilidad** (n.f.) | weakness |
| **cuarto** (n.m., adj.) | room; fourth | | **década** (n.f.) | decade |
| **cubierto** (p.p. of | covered | | **decantamiento** (n.m.) | preference |
| **cubrir**) | | | | |
| **cubrir** (v.) | to cover | | **decenas** (n.pl) | tens |
| **cuchara** (n.f.) | spoon | | **decidido** (adj.) | driven, determined |
| **cuchillo** (n.m.) | knife | | **decidir** (v.) | to decide |
| **cuello** (n.m.) | neck | | **decidirse** (v.) **a** | to decide to, to make up one's mind |
| **cuenta** (n.f.) | account; bill; check (restaurant) | | **décimo** (adj.) | tenth |
| **cuento** (n.m.) | story, tale | | **decir** (v.) | to say, tell |
| **cuerpo** (n.m.) | body | | **dedicar** (v.) | to dedicate, devote |
| **cueva** (n.f.) | cave | | **dedicarse** (v.) **a** | to devote oneself to |
| **cuidado** (n.m.) | care | | **dedo** (n.m.) | finger; toe |
| **cuidadosamente** (adv.) | carefully | | **defender** (v.) | to defend |
| **cuidadoso** (adj.) | careful | | **dejar** (v.) | to leave |
| **cuidar** (v.) | to take care of, look after | | **dejar que** (v.) | to allow, let |
| **culebra** (n.f.) | snake | | **delantal** (n.m.) | apron |
| **culpable** (adj.) | guilty | | **delante de** (prep.) | in front of |
| **cultivar** (v.) | to cultivate | | **delgado** (adj.) | thin, slim |
| **cumpleaños** (n.inv.) | birthday | | **delicia** (n.f.) | delight |
| **cumplir** (v.) | to carry out, fulfill | | **demanda** (n.f.) | request; demand |
| **cuñado** (n.m.) | brother-in-law | | **demandar** (v.) | to demand; to sue |
| **cura** (n.f.) | cure | | **demasiado** (adj./adv.) | too much, excessive; too, excessively |
| **cura** (n.m.) | priest | | | |
| **curar** (v.) | to cure | | **demostrar** (v.) | to demonstrate, show |
| **cuyo** (adj.rel.) | whose | | **dentista** (n.inv.) | dentist |
| **chalado** (adj.) | mad, crazy | | **dentro** (adv.) | in, inside |
| **chaqueta** (n.f.) | jacket | | **dependiente** (n.inv.) | clerk, salesperson |
| **charco** (n.m.) | pool; puddle | | **deporte** (n.m.) | sport |
| **charlar** (v.) | to chat | | **deportista** (n.inv.) | sportsman/sportswoman |
| **chicano** (adj.) | Chicano, Mexican-American | | **deprimente** (adj.) | depressing |
| | | | **deprimido** (adj.) | depressed |
| **chimenea** (n.f.) | chimney | | **derecho** (adj.) | right; straight |
| | | | **derecho** (n.m) | law (as a subject); right |

**derramar** (v.)    to spill

**derretir** (v.)    to melt, thaw

**desabrocharse** (v.)    to undo/unfasten oneself

**desafortunadamente** (adv.)    unfortunately

**desagradable** (adj.)    unpleasant, disagreeable

**desaparecer** (v.)    to disappear

**desaprobar** (v.)    to disapprove of

**desarrollo** (n.m.)    development

**desayunarse** (v.)    to have breakfast

**desayuno** (n.m.)    breakfast

**desbordarse** (v.)    to flood, overflow

**descalzo** (adj.)    barefoot(ed)

**descansar** (v.)    to rest

**descanso** (n.m.)    rest

**descender** (v.)    to go down

**desconfianza** (n.f.)    distrust, mistrust

**desconfiar** (v.)    to be distrustful

**desconocer** (v.)    to be ignorant of

**desconocido** (adj.)    unknown

**describir** (v.)    to describe

**descruzar** (v.)    to uncross, to unfold (arms)

**descuido** (n.m.)    carelessness

**desde** (prep.)    from; since

**desear** (v.)    to wish; to want

**deseo** (n.m.)    wish, desire

**desequilibrar** (v.)    to unbalance

**desgracia** (n.f.)    misfortune, bad luck

**deshacer** (v.)    to undo

**deslizar** (v.)    to slide

**desmayado** (adj.)    unconscious; faint

**desmayarse** (v.)    to faint (become faint)

**desocupado** (adj.)    empty (seat); unemployed

**desorden** (n.m.)    disorder

**despacio** (adv.)    slowly

**despacho** (n.m.)    office

**despedida** (n.f.)    good-bye, farewell

**despedir** (v.)    to dismiss, fire (someone)

**despedirse** (v.) **de**    to say good-bye to

**despegar** (v.)    to take off (airplane)

**despertador** (n.m.)    alarm clock

**despertar** (v.)    to awaken

**despertarse** (v.)    to wake up

**despierto** (p.p. of **despertar**)    awake

**desprecio** (n.m.)    scorn, contempt

**después** (adv.)    afterward, later

**despuntar** (v.)    to break (day), to dawn

**destino** (n.m.)    destiny, fate

**destruir** (v.)    to destroy

**desvaído** (adj.)    pale, washed-out; flat, dull (personality)

**detalle** (n.m.)    detail

**detener** (v.)    to detain

**detenerse** (v.)    to stop

**detenimiento** (n.m.)    care

**deterioro** (n.m.)    deterioration, damage

**detrás** (adv.)    behind

**devolver** (v.)    to return, give back

**diablo** (n.m.)    devil

**diario** (n.m.)    newspaper; diary

**dibujar** (v.)    to draw

**dictadura** (n.f.)    dictatorship

**dicho** (p.p. of **decir**)    said, told

**diente** (n.m.)    tooth

**dinero** (n.m.)    money

**dirección** (n.f.)    direction; address

**dirigente** (n.m.)    leader

**dirigir** (v.)    to direct

**dirigirse** (v.)    to go, make one's way

**disco** (n.m.)    disk; record

**disco compacto** (n.m.)    compact disc

**discutir** (v.)    to argue; to discuss

**disfrutar** (v.)    to enjoy

**disimular** (v.)    to hide, conceal

**disminuir** (v.)    to reduce, decrease

**dispensario** (n.m.)    community clinic

**disponer** (v.)    to dispose

**disponible** (adj.)    available

**distanciado** (adj.)    remote, far apart

**distinguir** (v.)    to distinguish

**distinto** (adj.)    different, distinct

**distraer** (v.)    to distract

**distraído** (adj.)    absentminded

**distribuir** (v.)    to distribute

**divertido** (adj.)    entertaining, amusing

**divertir** (v.)    to amuse

**divertirse** (v.)    to have a good time, enjoy oneself

**doblar** (v.)    to fold; to turn (corner)

**doler** (v.)    to hurt, ache

**dolor** (n.m.)    pain

**doloroso** (adj.)    painful

**doncella** (n.f.)    maidservant

**donde** (rel. adv.)    where

**dondequiera** (conj.)    wherever

**dormir** (v.)    to sleep

**dormirse** (v.)    to fall asleep

**drama** (n.m.) — drama, play
**ducha** (n.f.) — shower
**ducharse** (v.) — to take a shower
**duda** (n.f.) — doubt
**dudar** (v.) **que** — to doubt that
**duelo** (n.m.) — duel
**dueño/a** (n.m.f.) — owner
**dulce** (adj.) — sweet
**dúo** (n.m.) — duo; duet
**durante** (prep.) — during
**durar** (v.) — to last
**duro** (adj.) — hard

# E

**echar** (v.) — to throw
**edad** (n.f.) — age
**edificio** (n.m.) — building
**editorial** (n.f.) — publishing house
**editorial** (n.m.) — editorial
**educar** (v.) — to educate
**egoísta** (adj.) — egotistical, selfish
**ejecutivo** (adj.) — executive
**ejemplo** (n.m.) — example
**ejercer** (v.) — to practice a profession; to exercise; to exert; to manage, run
**ejercicio** (n.m.) — exercise
**elegir** (v.) — to elect
**embarazo** (n.m.) — pregnancy
**embarcarse** (v.) — to board, get on board
**empacar** (v.) — to pack
**empañar** (v.) — to mist, steam up
**empeñarse** (v.) — to insist on, be determined to
**empezar** (v.) — to begin, start
**empleado/a** (n.m.f.) — employee; clerk
**empleo** (n.m.) — employment, work
**emprender** (v.) — to undertake
**empresa** (n.f.) — enterprise; firm, company
**empujar** (v.) — to push
**en** (prep.) — in; into; on; upon; at
**enamorado** (adj.) — in love
**enamorarse** (v.) **(de)** — to fall in love (with)
**encaminar** (v.) — to set on the right road
**encantar** (v.) — to love (something); to enchant, fascinate, cause to love
**encantador** (adj.) — charming, lovely
**encarcelar** (v.) — to imprison, jail

**encargar** (v.) — to entrust; to put in charge; to order (goods)
**encargarse** (v.) — to take it upon oneself to, take charge of
**enceguecer** (v.) — to blind
**encender** (v.) — to light, ignite
**encerrar** (v.) — to enclose; to lock in
**encima** (adv.) — above
**encoger** (v.) — to shrink
**encomendar** (v.) — to entrust
**encontrar** (v.) — to find
**encontrarse** (v.) — to be situated
**encontrarse** (v.) **con** — to meet, run across/into
**encorvado** (adj.) — curved, bent
**enfadarse** (v.) — to get angry
**enfermarse** (v.) — to fall/be taken ill, get sick
**enfermedad** (n.f.) — illness, sickness
**enfermería** (n.f.) — infirmary
**enfermero/a** (n.m.f.) — nurse
**enfermo** (adj.) — sick
**enfrentamiento** (n.m.) — confrontation
**enfrentar** (v.) — to face
**enfrente** (adv.) — opposite (to), facing
**enfriar** (v.) — to cool, chill
**engañar** (v.) — to deceive
**enloquecido** (adj.) — mad
**enlutado** (adj.) — in mourning; wearing mourning clothes
**enojado** (adj.) — angry
**enojarse** (v.) — to get angry
**enorgullecerse** (v.) **de** — to take pride in
**ensalada** (n.f.) — salad
**ensayo** (n.m.) — essay; rehearsal
**enseñar** (v.) — to teach; to show
**ensuciar** (v.) — to dirty, make dirty
**entender** (v.) — to understand
**enterarse** (v.) — to find out
**entero** (adj.) — entire, complete, whole
**enterrado** (adj.) — buried
**entonces** (adv.) — then
**entorpecer** (v.) — to dull; to obstruct
**entrada** (n.f.) — entrance; doorway
**entrar** (v.) — to enter
**entre** (prep.) — among, between
**entrecortado** (adj.) — hesitant
**entregar** (v.) — to hand over, deliver
**entrenador/a** (n.m.f.) — trainer, coach
**entrenamiento** (n.m.) — training, coaching

| | | |
|---|---|---|
| **entrenar** (v.) | to train, coach |
| **entretener** (v.) | to entertain, amuse |
| **entretenerse** (v.) | to amuse onself |
| **entretenido** (p.p.) | entertaining, amusing |
| **entrevista** (n.f.) | interview |
| **entrevistar** (v.) | to interview |
| **entristecerse** (v.) | to become sad |
| **entusiasmado** (adj.) | excited |
| **entusiasmarse** (v.) | to get excited |
| **envase** (n.m.) | bottle |
| **enviar** (v.) | to send |
| **envidia** (n.f.) | envy, jealousy |
| **envidiar** (v.) | to envy |
| **envigorado** (adj.) | invigorated |
| **envolver** (v.) | to wrap |
| **época** (n.f.) | time period; time of year |
| **equipaje** (n.m.) | luggage; baggage |
| **equipo** (n.m.) | team |
| **equivocarse** (v.) | to make a mistake, be mistaken, be wrong |
| **escala** (n.f.) | stopover |
| **escalera** (n.f.) | stairs |
| **escaparse** (v.) | to escape |
| **escaso** (adj.) | scarce, scanty |
| **escoger** (v.) | to choose |
| **esconder** (v.) | to hide |
| **escondite** (n.m.) | hiding place |
| **escribir** (v.) | to write |
| **escrito** (p.p. of escribir) | written |
| **escritor/a** (n.m.f.) | writer |
| **escritorio** (n.m.) | desk |
| **escrutar** (v.) | to scrutinize, examine |
| **escuchar** (v.) | to listen |
| **escuela** (n.f.) | school |
| **escultor/a** (n.m.f.) | sculptor |
| **esforzarse** (v.) | to exert oneself, make an effort |
| **esfuerzo** (n.m.) | effort |
| **eso** (pron.dem.) | that |
| **espalda** (n.f.) | back |
| **espantar** (v.) | to frighten, scare |
| **especializarse** (v.) en | to specialize (in), major (in) |
| **espejo** (n.m.) | mirror |
| **espejuelos** (n.m.pl.) | eyeglasses |
| **esperanza** (n.f.) | hope |
| **esperar** (v.) | to hope, expect; to wait for |
| **espiar** (v.) | to spy |
| **esposado** (adj.) | handcuffed |
| **esposo/a** (n.m.f.) | husband/wife |
| **esquiar** (v.) | to ski |
| **esquina** (n.f.) | corner |
| **esquivar** (v.) | to avoid, shun |
| **establecer** (v.) | to establish |
| **estación** (n.f.) | station; season |
| **estacionar** (v.) | to park |
| **estante** (n.m.) | bookshelf |
| **estar** (v.) | to be |
| **estimado** (adj.) | esteemed |
| **estómago** (n.m.) | stomach |
| **estrangulado** (adj.) | strangled |
| **estraperlista** (n.m.f.) | black marketeer |
| **estrecho** (adj.) | narrow |
| **estrella** (n.f.) | star |
| **estricto** (adj.) | strict |
| **estudiante** (inv.) | student |
| **estudiar** (v.) | to study |
| **evitar** (v.) | to avoid |
| **exceptuar** (v.) | to except, exclude |
| **exhausto** (adj.) | exhausted, worn-out |
| **exigente** (adj.) | demanding |
| **exigir** (v.) | to demand |
| **éxito** (n.m.) | success; smash hit |
| **exitoso** (adj.) | successful |
| **expectativa** (n.f.) | expectation |
| **explayar** (v.) | to extend |
| **explicar** (v.) | to explain |
| **exponer** (v.) | to expose, explain |
| **extinguir** (v.) | to extinguish |
| **extranjero** (adj.) | foreign |
| **extrañarse** (v.) | to be amazed, be surprised |
| **extraño** (adj.) | strange, odd |

## F

| | |
|---|---|
| **fábrica** (n.f.) | factory |
| **fabricar** (v.) | to make, manufacture |
| **facha** (n.f.) | look, appearance |
| **falda** (n.f.) | skirt |
| **falta** (n.f.) | failure; fault |
| **faltar** (v.) | to lack |
| **fantasma** (n.m.) | ghost |
| **fardo** (n.m.) | bundle |
| **fascinar** (v.) | to fascinate |
| **fastidiar** (v.) | to bother, annoy |
| **fatigoso** (adj.) | tiring, exhausting |
| **fecha** (n.f.) | date |
| **felicidad** (n.f.) | happiness |
| **felicitar** (v.) | to congratulate |
| **feliz** (adj.) | happy |

| | |
|---|---|
| **feria** (n.f.) | fair |
| **feroz** (adj.) | fierce, ferocious, savage |
| **fiable** (adj.) | reliable |
| **fiarse** (v.) | to trust, rely on somebody |
| **fijar** (v.) | to fix, secure |
| **fijarse** (v.) | to pay attention |
| **fijo** (adj.) | fixed, stationary |
| **fila** (n.f.) | row |
| **filete** (n.m.) | fillet, a piece of boneless meat or fish |
| **fin** (n.m.) | end |
| **finalmente** (adv.) | finally |
| **fingir** (v.) | to pretend |
| **firmar** (v.) | to sign |
| **firmeza** (n.f.) | firmness |
| **flor** (n.f.) | flower |
| **fondo** (n.m.) | bottom; background |
| **fortalecer** (v.) | to strengthen |
| **foto** (n.f.) | photograph |
| **francés** (adj.) | Frenchman |
| **francesa** (adj.) | Frenchwoman |
| **fregar** (v.) | to wash (dishes) |
| **freír** (v.) | to fry |
| **frente** (n.f.) | forehead |
| **frente** (n.m.) | front (military) |
| **frente a** (prep.) | opposite, facing |
| **fresco** (adj.) | fresh, impudent |
| **frescura** (n.f.) | freshness |
| **frijol** (n.m.) | bean |
| **frío** (adj.) | cold |
| **frontera** (n.f.) | frontier, border |
| **frotarse** (v.) | to rub |
| **fuego** (n.m.) | fire |
| **fuente** (n.f.) | fountain |
| **fuera** (adv.) | outside |
| **fuerte** (adj.) | strong |
| **fuerza** (n.f.) | strength |
| **fuerza** (n.f.) **laboral** | workforce |
| **fumar** (v.) | to smoke |
| **funcionar** (v.) | to function, work, run |
| **fundamento** (n.m.) | foundations; fundamentals |

## G

| | |
|---|---|
| **gallina** (n.f.) | hen |
| **gallo** (n.m.) | rooster |
| **gana** (n.f.) | desire, wish |
| **ganar** (v.) | to earn; to win |
| **garaje** (n.m.) | garage |
| **garantizar** (v.) | to guarantee |

| | |
|---|---|
| **garganta** (n.f.) | throat |
| **gastar** (v.) | to spend; to waste |
| **gasto** (n.m.) | expense |
| **gato** (n.m.) | cat |
| **gendarme** (n.m.) | policeman |
| **gente** (n.f.) | people |
| **gobernar** (v.) | to govern |
| **gobierno** (n.m.) | government |
| **golpe** (n.m.) | blow, hit |
| **golpear** (v.) | to strike, to punch |
| **gota** (n.f.) | drop |
| **gozar** (v.) | to enjoy |
| **grabar** (v.) | to record |
| **graduarse** (v.) | to graduate |
| **grifo** (n.m.) | faucet |
| **gris** (adj.) | gray |
| **gritar** (v.) | to shout |
| **grosería** (n.f.) | rudeness |
| **grueso** (adj.) | thick, big, heavy |
| **guante** (n.m.) | glove |
| **guapo** (adj.) | handsome |
| **guardar** (v.) | to keep, hold; to put away |
| **guerra** (n.f.) | war |
| **guía** (n.f.) | guide; telephone book |
| **guiar** (v.) | to guide, lead |
| **guión** (n.m.) | script |
| **gusto** (n.m.) | taste; flavor |

## H

| | |
|---|---|
| **haber** (v.) | to have (as an auxiliary verb) |
| **habitación** (n.f.) | room |
| **habitante** (n.m.) | inhabitant |
| **habitar** (v.) | to inhabit |
| **hablar** (v.) | to speak, talk |
| **hacer** (v.) | to do; to make |
| **hacia** (adv.) | toward |
| **hacienda** (n.f.) | country estate |
| **hacha** (n.f.) | ax |
| **hada** (n.f.) | fairy |
| **hallar** (v.) | to find |
| **hambre** (n.f.) | hunger |
| **haragán** (adj.) | lazy |
| **hasta** (prep.) | as far as, up to; until |
| **hay** (v.) | there is, there are |
| **hecho** (p.p. of **hacer**) | done; made |
| **helado** (n.m.) | ice cream |
| **herencia** (n.f.) | inheritance |
| **herir** (v.) | to wound |
| **hermano/a** (n.m.f.) | brother/sister |

| | |
|---|---|
| **hermoso** (adj.) | beautiful |
| **héroe** (n.m.) | hero |
| **heroína** (n.f.) | heroine |
| **hervir** (v.) | to boil |
| **hielo** (n.m.) | ice |
| **hierba** (n.f.) | grass |
| **hierro** (n.m.) | iron |
| **hijo/a** (n.m.f.) | son/daughter |
| **himno** (n.m.) | hymn |
| **hogar** (n.m.) | home |
| **hoja** (n.f.) | leaf; page |
| **hojear** (v.) | to turn the pages |
| **hombre** (n.m.) | man |
| **hombro** (n.m.) | shoulder |
| **horario** (n.m.) | timetable |
| **horroroso** (adj.) | horrifying |
| **hoy** (adv.) | today |
| **huelga** (n.f.) | strike |
| **huella** (n.f.) | footprint; track |
| **hueso** (n.m.) | bone |
| **huir** (v.) | to flee |
| **humo** (n.m.) | smoke |
| **hundir** (v.) | to sink |

## I

| | |
|---|---|
| **idilio** (n.m.) | idyll; romance |
| **idioma** (n.m.) | language |
| **iglesia** (n.f.) | church |
| **igual** (adj.) | equal; alike |
| **igualmente** (adv.) | equally; likewise |
| **imaginarse** (v.) | to imagine |
| **imponer** (v.) | to impose |
| **importar** (v.) | to be important, matter |
| **imprimir** (v.) | to imprint; to print |
| **impuesto** (n.m.) | tax |
| **impulsar** (v.) | to drive, propel |
| **incluir** (v.) | to include |
| **incómodo** (adj.) | uncomfortable |
| **incorporarse** (v.) | to sit up |
| **indeciso** (adj.) | undecided; indecisive |
| **indicar** (v.) | to indicate, point out |
| **indudablemente** (adv.) | undoubtedly |
| **inesperado** (adj.) | unexpected |
| **influir** (v.) | to influence |
| **inicio** (n.m.) | start, beginning |
| **inmóvil** (adj.) | motionless, still |
| **inquietud** (n.f.) | anxiety, restlessness |
| **inquina** (n.f.) | dislike, aversion; ill will |

| | |
|---|---|
| **intercambio** (n.m.) | exchange |
| **intervenir** (v.) | to get involved, intervene |
| **intranquilo** (adj.) | worried, anxious |
| **inventarse** (v.) | to make up, concoct |
| **inversión** (n.f.) | investment |
| **inversionista** (inv.) | investor |
| **invertir** (v.) | to invest |
| **invierno** (n.m.) | winter |
| **invitar** (v.) | to invite |
| **ir** (v.) | to go |
| **irse** (v.) | to leave, go away |
| **izquierdo** (adj.) | left |

## J

| | |
|---|---|
| **jabón** (n.m.) | soap |
| **jamás** (adv.) | never |
| **jamón** (n.m.) | ham |
| **jardín** (n.m.) | garden |
| **jaula** (n.f.) | cage |
| **jazmín** (n.m.) | jasmine |
| **jefe** (n.m.) | boss |
| **joven** (adj.) | young |
| **joya** (n.f.) | jewel, piece of jewelry |
| **judío** (adj.) | Jewish |
| **juego** (n.m.) | game, sport |
| **juez** (n.m.) | judge |
| **jueza** (n.f.) | judge |
| **jugador** (n.m.) | player |
| **jugar** (v.) | to play (a game, sport) |
| **jugo** (n.m.) | juice |
| **juguete** (n.m.) | toy |
| **juguetería** (n.f.) | toy store |
| **junto** (adj.) | joined, united |
| **junto** (adv.) | near, close, next to |
| **juntos** (adj.) | together |
| **jurado** (n.m.) | jury |
| **juventud** (n.f.) | youth |

## L

| | |
|---|---|
| **labor** (n.f.) | labor; work; job, task |
| **laborar** (v.) | to work |
| **lado** (n.m.) | side |
| **ladrar** (v.) | to bark |
| **ladrón** (n.m.) | thief |
| **ladrona** (n.f.) | thief |
| **lago** (n.m.) | lake |
| **lágrima** (n.f.) | tear |
| **lamentar** (v.) | to be sorry vobout, regret |
| **lana** (n.f.) | wool |

**lanzar** (v.)   to throw
**lápiz** (n.m.)   pencil
**largo** (adj.)   long
**lástima** (n.f.)   pity
**latir** (v.)   to beat (heart)
**lavadora** (n.f.)   washing machine
**lavamanos** (n.m.inv.)   sink
**lavar** (v.)   to wash
**lavarse** (v.)   to wash oneself
**lección** (n.f.)   lesson
**lectura** (n.f.)   reading selection
**leche** (n.f.)   milk
**lechería** (n.f.)   dairy, creamery
**leer** (v.)   to read
**legumbre** (n.f.)   vegetable
**lejano** (adj.)   distant, remote, far off
**lejos** (adv.)   far
**lengua** (n.f.)   tongue
**lente** (n.m. or n.f.)   lens
**lentitud** (n.f.)   slowness
**lento** (adj.)   slow
**leña** (n.f.)   firewood
**letra** (n.f.)   letter of the alphabet
**levantar** (v.)   to raise, lift (up)
**levantarse** (v.)   to get up
**ley** (n.f.)   law
**liar** (v.)   to roll (a cigarette)
**libertad** (n.f.)   freedom
**libra** (n.f.)   pound
**libre** (adj.)   free; unoccupied
**libremente** (adv.)   freely
**librería** (n.f.)   bookstore
**líder** (n.m.)   leader
**limpiar** (v.)   to clean
**limpiarse** (v.)   to clean oneself
**limpio** (adj.)   clean
**lindo** (adj.)   pretty
**línea** (n.m.)   line
**liso** (adj.)   smooth; straight (hair)
**listo** (adj.)   clever; ready
**locamente** (adv.)   madly
**loco** (adj.)   mad, crazy
**lodazal** (n.m.)   bog
**lograr** (v.)   to get, obtain; to achieve, attain
**luchar** (v.)   to fight, struggle
**luego** (adv.)   then; afterward
**lugar** (n.m.)   place, spot
**luminosidad** (n.f.)   brightness
**luna** (n.f.)   moon

**lunes** (n.m.)   Monday
**luto** (n.m.)   mourning, grief, sorrow
**luz** (n.f.)   light
**llamar** (v.)   to call; name
**llanto** (n.m.)   weeping, tears
**llave** (n.f.)   key
**llegada** (n.f.)   arrival
**llegar** (v.)   to arrive
**llenar** (v.)   to fill
**lleno** (adj.)   full
**llevar** (v.)   to carry
**llevarse** (v.)   to carry off, take away
**llorar** (v.)   to cry
**llover** (v.)   to rain
**lloviznar** (v.)   to drizzle

# M

**madera** (n.f.)   wood
**madre** (n.f.)   mother
**madrugar** (v.)   to get up early
**mal** (adj., n.)   bad
**mal** (adv.)   badly
**mal** (n.m.)   evil, wrong; illness
**maleta** (n.f.)   suitcase
**maletero** (n.m.)   trunk (car)
**malo** (adj.)   bad (character); sick, in bad health
**mancha** (n.f.)   spot, stain
**mandar** (v.)   to order
**mandón** (adj.)   bossy
**manejar** (v.)   to handle; to drive
**manera** (n.f.)   way, manner
**manga** (n.f.)   sleeve
**manifestación** (n.f.)   demonstration
**mano** (n.f.)   hand
**mantener** (v.)   to maintain, support
**manzana** (n.f.)   apple
**manzano** (n.m.)   apple tree
**mañana** (n.f.)   tomorrow; morning
**mapa** (n.m.)   map
**maquillarse** (v.)   to put makeup on
**máquina** (n.f.)   machine; engine
**mar** (n.m.)   sea
**maratón** (n.m.)   marathon
**maravilloso** (adj.)   wonderful, marvelous
**marcar** (v.)   to mark; to score (a point); to dial (telephone)
**marcharse** (v.)   to go (away), leave
**marchito** (adj.)   withered
**marea** (n.f.)   tide

| | | | | |
|---|---|---|---|---|
| **marinero** (n.m.) | sailor | | **mirarse** (v.) | to look at oneself |
| **mármol** (n.m.) | marble | | **mismo** (adj.) | same; self |
| **marrón** (adj.) | brown | | **mitad** (n.f.) | half |
| **más** (adv.) | more | | **mochila** (n.f.) | backpack |
| **mas** (conj.) | but | | **moda** (n.f.) | fashion |
| **mascar** (v.) | to chew | | **mojado** (adj.) | wet |
| **máscara** (n.f.) | mask | | **mojar** (v.) | to wet |
| **masticar** (v.) | to chew | | **mojarse** (v.) | to get wet |
| **matar** (v.) | to kill, murder | | **molestar** (v.) | to bother |
| **materno** (adj.) | mother's | | **moneda** (n.f.) | coin |
| **mayor** (adj.) | older | | **monja** (n.f.) | nun |
| **mayoría** (n.f.) | majority | | **montaña** (n.f.) | mountain |
| **medalla** (n.f.) | medal | | **montar** (v.) | to mount, get on |
| **media** (n.f.) | stocking | | **morir** (v.) | to die |
| **medianoche** (n.f.) | midnight | | **moro** (adj.) | Moorish |
| **medida** (n.f.) | measurement | | **mostrador** (n.m.) | counter |
| **medio** (adj.) | half; middle | | **mostrar** (v.) | to show |
| **mediodía** (n.m.) | noon | | **mostrarse** (v.) | to display, appear |
| **medios** (n.m.pl.) | the media | | **moto** (n.f.) | motorcycle |
|   **de comunicación** | | | **mover** (v.) | to move |
| **medir** (v.) | to measure | | **muchedumbre** (n.f.) | crowd |
| **mejilla** (n.f.) | cheek | | **mucho** (adj., adv.) | a lot, much |
| **mejor** (adj.) | better | | **mudarse** (v.) | to move (residence) |
| **mejorar** (v.) | to improve, make better | | **mudo** (adj.) | mute |
| **menester** (n.m.) | job, piece of business | | **mueble** (n.m.) | piece of furniture |
| **menor** (adj.) | younger | | **muerte** (n.f.) | death |
| **menos** (adv.) | less | | **muerto** (p.p. of | dead |
| **mensajero** (n.m.) | messenger | |   **morir**) | |
| **mentir** (v.) | to lie | | **mujer** (n.f.) | woman |
| **mentira** (n.f.) | lie | | **multa** (n.f.) | fine |
| **mentiroso** (adj.) | liar | | **mundo** (n.m.) | world |
| **mercado** (n.m.) | market | | **murmullo** (n.m.) | murmur, whisper |
| **merecer** (v.) | to deserve, merit | | **murmurar** (v.) | to murmur, to whisper |
| **mes** (n.m.) | month | | **muro** (n.m.) | wall |
| **mesa** (n.f.) | table | | **muy** (adj.) | very |
| **mesero/a** (n.m.f.) | waiter/waitress | | | |
| **meter** (v.) | to put in | | **N** | |
| **meterse** (v.) | to go/get into; enter | | | |
| **mezclar** (v.) | to mix, blend | | **nacer** (v.) | to be born |
| **mi** (adj.) | my | | **nacimiento** (n.m.) | birth |
| **miedo** (n.m.) | fear | | **nada** (pron.) | nothing |
| **miel** (n.f.) | honey | | **nadar** (v.) | to swim |
| **miembro** (n.m.) | member | | **nadie** (pron.) | no one, nobody |
| **mientras** (conj.) | while, as long as | | **nariz** (n.f.) | nose |
| **miércoles** (n.m.) | Wednesday | | **natación** (n.f.) | swimming |
| **mil** (adj.) | a thousand | | **natal** (adj.) | native |
| **milagro** (n.m.) | miracle | | **naturaleza** (n.f.) | nature |
| **milla** (n.f.) | mile | | **negar** (v.) | to deny |
| **mío** (adj., pron.) | mine, of mine | | **negarse** (v.) **a** | to refuse to |
| **mirada** (n.f.) | look, glance | | **negocio** (n.m.) | affair; business |

| | |
|---|---|
| **negro** (adj.) | black |
| **nevar** (v.) | to snow |
| **ni . . . ni** (conj.) | neither . . . nor |
| **ninguno (ningún)** (adj.) | no one, nobody |
| **niñez** (n.f.) | childhood |
| **nivel** (n.m.) | level |
| **noche** (n.f.) | night |
| **nomás** (adv.) | just, only |
| **nombrar** (v.) | to name; to mention |
| **nombre** (n.m.) | name |
| **normalmente** (adv.) | normally |
| **notar** (v.) | to note, notice |
| **noticia** (n.f.) | news |
| **noveno** (adj.) | ninth |
| **novio/a** (n.m.f.) | boyfriend/girlfriend |
| **nube** (n.f.) | cloud |
| **nublado** (adj.) | cloudy |
| **nublarse** (v.) | to become cloudy |
| **nudillo** (n.m.) | knuckle |
| **nuera** (n.f.) | daughter-in-law |
| **nuestro** (adj.) | our |
| **nuevo** (adj.) | newly made; unused |
| **nunca** (adv.) | never |

## O

| | |
|---|---|
| **o . . . o** (conj.) | either . . . or |
| **obedece**r (v.) | to obey |
| **obligar** (v.) | to force, compel |
| **obra** (n.f.) | work, piece of work |
| **obra** (n.f.) **de teatro** | play |
| **obtener** (v.) | to obtain, get |
| **octavo** (adj.) | eighth |
| **ocultar** (v.) | to hide, conceal |
| **ocuparse** (v.) **de** | to busy oneself with |
| **ocurrir** (v.) | to happen, occur |
| **odiar** (v.) | to hate |
| **odio** (n.m.) | hatred |
| **ofenderse** (v.) | to get offended |
| **oferta** (n.f.) | offer |
| **ofrecer** (v.) | to offer |
| **oír** (v.) | to hear |
| **ojalá** (conj.) **que** | I hope/wish that |
| **ojo** (n.m.) | eye |
| **ola** (n.f.) | wave |
| **oleada** (n.f.) | big wave |
| **oler** (v.) | to smell |
| **olor** (n.m.) | smell |
| **olvidar** (v.) | to forget |
| **oponerse** (v.) | to be against, opposed to |

| | |
|---|---|
| **orden** (n.f.) | order (command or religious order) |
| **orden** (n.m.) | order (sequence) |
| **oreja** (n.f.) | ear |
| **orgullo** (n.m.) | pride |
| **orgulloso** (adj.) | proud; haughty |
| **orilla** (n.f.) | edge, border, bank (river) |
| **oro** (n.m.) | gold |
| **oscurecer** (v.) | to obscure; to darken |
| **oscuridad** (n.f.) | darkness |
| **oscuro** (adj.) | dark |
| **otoño** (n.m.) | fall |
| **otro** (adj.) | another |

## P

| | |
|---|---|
| **padecer** (v.) | to suffer, endure |
| **padre** (n.m.) | father |
| **pagar** (v.) | to pay |
| **página** (n.f.) | page |
| **país** (n.m.) | country |
| **paisaje** (n.m.) | landscape |
| **pájaro** (n.m.) | bird |
| **palabra** (n.f.) | word |
| **palacio** (n.m.) | palace |
| **palma** (n.f.) | palm |
| **pan** (n.m.) | bread |
| **pantalones** (n.m.pl.) | trousers, pants |
| **pañal** (n.m.) | diaper |
| **pañuelo** (n.m.) | handkerchief |
| **papa** (n.f.) | potato |
| **papa** (n.m.) | pope |
| **papel** (n.m.) | paper |
| **paquete** (n.m.) | parcel, package |
| **par** (n.m.) | pair, couple |
| **para** (prep.) | for; in order to |
| **parabrisas** (n.m.inv.) | windshield |
| **paraguas** (n.m.inv.) | umbrella |
| **parar** (v.) | to stop |
| **pararse** (v.) | to stand up |
| **parecer** (v.) | to seem, appear |
| **parecerse** (v.) **a** | to resemble, look like |
| **pared** (n.f.) | wall |
| **pareja** (n.f.) | couple |
| **pariente** (n.m.f.) | relative |
| **parque** (n.m.) | park |
| **participar** (v.) | to participate |
| **partido** (n.m.) | game, match |
| **partir** (v.) | to split up, divide; to depart |

| | | | |
|---|---|---|---|
| **parto** (n.m.) | childbirth | **perseguir** (v.) | to pursue; to persecute |
| **pasajero/a** (n.m.f.) | passsenger | **persona** (inv.) | person |
| **pasatiempo** (n.m.) | hobby, pastime | **personaje** (inv.) | character (in a novel, etc.) |
| **pasear** (v.) | to take a walk | **pertenecer** (v.) | to belong |
| **paseo** (n.m.) | stroll, walk | **pertenencias** (n.f.) | belongings, possessions |
| **pasillo** (n.m.) | corridor, hallway | **pesado** (adj.) | heavy |
| **paso** (n.m.) | step | **pesar** (v.) | to weigh down; to weigh |
| **pastel** (n.m.) | cake; pie | **pescado** (n.m.) | fish (dead) |
| **pastilla** (n.f.) | pill | **pescador** (n.m.) | fisherman |
| **patata** (n.f.) | potato | **pescar** (v.) | to fish |
| **patinar** (v.) | to skate | **peso** (n.m.) | weight |
| **pato/a** (n.m.f.) | duck | **pez** (n.m.) | fish (alive) |
| **patria** (n.f.) | native land, fatherland | **picardía** (n.f.) | crookedness |
| **patrón** (n.m.) | boss | **pie** (n.m.) | foot |
| **paz** (n.f.) | peace | **piedad** (n.f.) | piety; pity |
| **pecho** (n.m.) | chest | **piedra** (n.f.) | stone |
| **pedazo** (n.m.) | piece, bit | **piel** (n.f.) | skin |
| **pedir** (v.) | to ask for, request | **pierna** (n.f.) | leg |
| **pedrada** (n.f.) | a throw of a stone | **pieza** (n.f.) | room |
| **pegar** (v.) | to hit, strike; to glue | **pila** (n.f.) | battery |
| **peinar** (v.) | to comb | **pinar** (n.m.) | pine grove |
| **peinarse** (v.) | to comb one's hair | **pintado** (adj.) | painted |
| **pelea** (n.f.) | fight | **pintar** (v.) | to paint |
| **pelear** (v.) | to fight, struggle | **pintarse** (v.) | to put lipstick on |
| **película** (n.f.) | film, movie | **pintor/a** (n.m.f.) | painter |
| **peligro** (n.m.) | danger | **pisada** (n.f.) | footstep |
| **peligroso** (adj.) | dangerous | **piscina** (n.f.) | swimming pool |
| **pelo** (n.m.) | hair | **piso** (n.m.) | floor |
| **pelota** (n.f.) | ball | **pitillo** (n.m.) | cigarette |
| **peluquero/a** (n.m.f.) | hairdresser | **placentero** (adj.) | pleasant, agreeable |
| **pena** (n.f.) | grief, sorrow | **planear** (v.) | to plan |
| **pendiente** (adj.) | pending | **plantear** (v.) | to bring up, raise (a topic) |
| **pendiente** (n.m.) | earring | **platicar** (v.) | to chat, converse |
| **pensamiento** (n.m.) | thought | **plato** (n.m.) | plate; dish |
| **pensar** (v.) | to think; to plan to | **playa** (n.f.) | beach |
| **pensativo** (adj.) | pensive, thoughtful | **plaza** (n.f.) | square (city) |
| **peor** (adj./adv.) | worse | **pluma** (n.f.) | feather; pen |
| **pequeño** (adj.) | small, little | **población** (n.f.) | population |
| **pera** (n.f.) | pear | **pobre** (adj.) | poor |
| **perder** (v.) | to lose | **pobreza** (n.f.) | poverty |
| **perderse** (v.) | to get lost | **poco** (adv. pron.) | little, small amount |
| **perdido** (adj.) | lost | **poder** (v.) | to be able |
| **perfilarse** (v.) | to show one's profile | **poderoso** (adj.) | powerful |
| **perico** (n.m.) | parakeet | **poema** (n.m.) | poem |
| **periódico** (n.m.) | newspaper | **poeta** (n.m.) | poet |
| **periodista** (inv.) | newspaperman/-woman | **policía** (n.f.) | police force |
| **permanecer** (v.) | to stay | **policía** (n.m.) | policeman |
| **permitir** (v.) | to allow | **polvo** (n.m.) | dust |
| **pero** (conj.) | but | **pollo** (n.m.) | chicken |
| **perro/a** (n.m.f.) | dog | **pompa** (n.f.) | pageantry |

**poner** (v.) — to put, place

**ponerse** (v.) — to put on; (+ adjective) to become

**ponerse** (v.) **a** — to begin to

**por** (prep.) — for; by; through; on account of

**porque** (conj.) — because

**portátil** (adj.) — portable

**posada** (n.f.) — shelter, lodging

**poseer** (v.) — to possess, own

**postre** (n.m.) — dessert

**practicar** (v.) — to practice

**precisar** (v.) — to determine exactly

**preferir** (v.) — to prefer

**preguntar** (v.) — to ask a question

**premio** (n.m.) — prize

**prenda** (n.f.) — garment, article of clothing

**prensa** (n.f.) — press

**preocupado** (adj.) — worried

**preocuparse** (v.) — to worry

**prepararse** (v.) — to prepare oneself, get ready

**presenciar** (v.) — to be present at

**presentar** (v.) — to present; to witness; to introduce a person

**presentir** (v.) — to have a feeling

**preso** (n.m.) — convict, prisoner

**prestar** (v.) — to lend

**presupuesto** (n.m.) — budget

**primavera** (n.f.) — spring

**primer (o)** (adj.) — first

**primo/a** (n.m.f.) — cousin

**primordial** (adj.) — fundamental

**princesa** (n.f.) — princess

**príncipe** (n.m.) — prince

**prisa** (n.f.) — hurry

**probar** (v.) — to try out; to test; to taste; to prove

**probarse** (v.) — to try on

**producir** (v.) — to produce

**profundo** (adj.) — deep

**prohibir** (v.) — to prohibit

**pronto** (adv.) — quickly; at once

**propiedad** (n.f.) — property

**propina** (n.f.) — tip

**propio** (adj.) — own, of one's own

**proponer** (v.) — to propose

**propósito** (n.m.) — purpose

**proseguir** (v.) — to continue, proceed

**proteger** (v.) — to protect

**próximo** (adj.) — next

**prueba** (n.f.) — proof; test

**publicar** (v.) — to publish

**pueblo** (n.m.) — village; small town

**puente** (n.m.) — bridge

**puerta** (n.f.) — door

**pues** (adv.) — then; well then

**puesto** (conj.) — since

**puesto** (n.m.) — post, job; stall

**pulgada** (n.f.) — inch

**punto** (n.m.) — dot; point

**puñal** (n.m.) — dagger

**puro** (adj.) — pure

## Q

**que** (conj.) — that; for; which; who

**quedar** (v.) **en** — to agree to

**quedar** (v.) — to have left over

**quedarse** (v.) — to remain, stay

**quedarse** (v.) **con** — to keep, hold onto

**quehacer** (n.m.) — job, task

**queja** (n.f.) — complaint

**quejarse** (v.) **de** — to complain about

**quemadura** (n.f.) — burn

**quemar** (v.) — to burn

**querer** (v.) — to want, wish (for); to love

**queso** (n.m.) — cheese

**quien** (pron.) — who; he who

**quienquiera, quienesquiera** (pron.) — whoever; whomever

**quieto** (adj.) — still, quiet

**quinto** (adj.) — fifth

**quitar** (v.) — to take away, remove

**quitarse** (v.) — to take off

**quizás** (adv.) — perhaps

## R

**radio** (n.) — radio

**raíz** (n.f.) — root

**rama** (n.f.) — branch

**rápido** (adj.) — fast, quick

**raro** (adj.) — rare, uncommon; odd, strange

**rascacielos** (n.m.inv.) — skyscraper

**rasgo** (n.m.) — feature

**rastro** (n.m.) — trail, track

**rato** (n.m.) — (short) time, while

| | |
|---|---|
| **razón** (n.f.) | reason |
| **razonar** (v.) | to reason |
| **realizar** (v.) | to carry out; attain, achieve |
| **recado** (n.m.) | message |
| **receta** (n.f.) | recipe; prescription |
| **recibir** (v.) | to receive |
| **recibo** (n.m.) | receipt |
| **reciclar** (v.) | to recycle |
| **recobrar** (v.) | to recover |
| **recoger** (v.) | to pick up |
| **recomendar** (v.) | to recommend |
| **reconocer** (v.) | to recognize |
| **recordar** (v.) | to remember |
| **recorrer** (v.) | to go over; to tour |
| **recortar** (v.) | to draw in outline |
| **recuerdo** (n.m.) | memory; souvenir, memento |
| **rechazar** (v.) | to reject |
| **redondo** (adj.) | round |
| **reducir** (v.) | to reduce |
| **referirse** (v.) **a** | to refer to |
| **reflejar** (v.) | to reflect |
| **reforzar** (v.) | to reinforce |
| **refresco** (n.m.) | soft drink |
| **regalar** (v.) | to give (as a present) |
| **regalo** (n.m.) | gift, present |
| **regar** (v.) | to water (plants) |
| **regresar** (v.) | to return, go back |
| **rehusar** (v.) | to refuse |
| **reina** (n.f.) | queen |
| **reír** (v.) | to laugh |
| **reírse** (v.) | to laugh |
| **relajador** (adj.) | relaxing |
| **relajante** (adj.) | relaxing |
| **relajarse** (v.) | to relax; to become relaxed |
| **reloj** (n.m.) | watch; clock |
| **relojero** (n.m.) | watchmaker |
| **reñir** (v.) | to quarrel |
| **repartir** (v.) | to divide up; to distribute |
| **repasar** (v.) | to review |
| **repaso** (n.m.) | review |
| **repetir** (v.) | to repeat |
| **requerir** (v.) | to need, require |
| **rescatar** (v.) | to rescue |
| **resfriado** (n.m.) | cold |
| **resfriarse** (v.) | to catch a cold |
| **resignarse** (v.) **a** | to resign oneself to |
| **resolver** (v.) | to solve; to resolve |
| **resolverse** (v.) **a** | to resolve to |
| **respetuoso** (adj.) | respectful |

| | |
|---|---|
| **respirar** (v.) | to breathe |
| **resplandecer** (v.) | to shine |
| **responder** (v.) | to answer |
| **respuesta** (n.f.) | answer |
| **resto** (n.m.) | rest, remainder |
| **retener** (v.) | to retain |
| **retirarse** (v.) | to move away/back, withdraw |
| **retrasar** (v.) | to delay, put off |
| **retraso** (n.m.) | delay; lateness |
| **reunión** (n.f.) | meeting |
| **reunir** (v.) | to reunite, join together |
| **revelar** (v.) | to reveal, disclose, show |
| **revisar** (v.) | to revise |
| **revista** (n.f.) | magazine |
| **rey** (n.m.) | king |
| **rezar** (v.) | to pray |
| **rico** (adj.) | rich, wealthy |
| **riesgo** (n.m.) | risk, danger |
| **rincón** (n.m.) | corner (inside) |
| **río** (n.m.) | river |
| **robar** (v.) | to rob, steal |
| **rodear** (v.) | to surround |
| **rodilla** (n.f.) | knee |
| **rogar** (v.) | to beg, ask, request |
| **rojo** (adj.) | red |
| **rollo** (n.m.) | roll |
| **romper** (v.) | to break |
| **ropa** (n.f.) | clothes |
| **ropero** (n.m.) | wardrobe |
| **rosal** (n.m.) | rose bush |
| **rostro** (n.m.) | face |
| **rubio** (adj.) | blond |
| **ruido** (n.m.) | noise |
| **ruidoso** (adj.) | noisy |
| **rumbo** (n.m.) | route, direction |

## S

| | |
|---|---|
| **sábana** (n.f.) | sheet |
| **saber** (v.) | to know |
| **sabor** (n.m.) | taste, flavor |
| **saborear** (v.) | to taste, savor |
| **sabroso** (adj.) | tasty |
| **sacapuntas** (n.m.inv.) | pencil sharpener |
| **sacar** (v.) | to take out |
| **sacerdote** (n.m.) | priest |
| **saco** (n.m.) | bag, sack; jacket |
| **sal** (n.f.) | salt |
| **sala** (n.f.) | living room |
| **salario** (n.m.) | salary |

| | | | |
|---|---|---|---|
| **salida** (n.f.) | exit | **silbar** (v.) | to whistle |
| **salir** (v.) | to go out, leave | **silbido** (n.m.) | whistle; hiss |
| **saltar** (v.) | to jump | **silla** (n.f.) | chair |
| **saltarín/ina** (n.m.f.) | dancer | **sillón** (n.m.) | armchair, easy chair |
| **saltarín/ina** (adj.) | restless, full of movement | **simpático** (adj.) | nice, likeable |
| **salto** (n.m.) | jump | **sin** (prep.) | without |
| **salud** (n.f.) | health | **sin embargo** (adv.) | nevertheless |
| **saludable** (adj.) | healthy | **sin fines de lucro** (adj.) | non-profit |
| **saludar** (v.) | to greet | | |
| **saludo** (n.m.) | greeting | **sinnúmero** (n.m.) | countless |
| **salvador** (adj.) | rescuer, savior | **sino** (conj.) | but; but rather |
| **salvaje** (adj.) | wild, savage | **siquiera** (adv.) | at least |
| **salvar** (v.) | to rescue, save | **situar** (v.) | to place, set; to locate |
| **salvavidas** (n.m.inv.) | lifeguard | **sobrar** (v.) | to have in excess |
| **sandalia** (n.f.) | sandal | **sobre** (n.m.) | envelope |
| **sangre** (n.f.) | blood | **sobre** (prep.) | on; about (concerning) |
| **satisfacer** (v.) | to satisfy | **sobresaltar** (v.) | to startle |
| **satisfecho** (p.p. of | satisfied | **sobretodo** (n.m.) | overcoat |
|   **satisfacer**) | | **sobrevivir** (v.) | to survive |
| **secar** (v.) | to dry | **sofocado** (adj.) | out of breath |
| **seco** (adj.) | dry | **sol** (n.m.) | sun |
| **seguir** (v.) | to continue; follow | **soledad** (n.f.) | solitude, loneliness |
| **según** (adv.) | according to | **soler** (v.) | to be in the habit of, to be accustomed to |
| **segundo** (adj.) | second | | |
| **seguro** (adj.) | safe; certain | **solo** (adj.) | alone |
| **seguro** (n.m.) | insurance | **sólo** (adv.) | only |
| **sello** (n.m.) | stamp | **soltero** (adj.) | unmarried, single |
| **semáforo** (n.m.) | traffic light | **sombra** (n.f.) | shadow; shade |
| **semana** (n.f.) | week | **sonar** (v.) | to ring, to sound |
| **sembrar** (v.) | to plant | **sonido** (n.m.) | sound |
| **semejante** (adj.) | similar | **sonograma** (n.m.) | sonogram |
| **sendero** (n.m.) | path | **sorbo** (n.m.) | sip |
| **sentado** (adj.) | seated | **sonreír** (v.) | to smile |
| **sentar** (v.) | to sit | **sonrisa** (n.f.) | smile |
| **sentarse** (v.) | to sit (down) | **soñar** (v.) con | to dream about |
| **sentencioso** (adj.) | pithy; dogmatic | **sopa** (n.f.) | soup |
| **sentimiento** (n.m.) | feeling | **soportar** (v.) | to bear, hold up |
| **sentir** (v.) | to regret/be sorry; to feel (something) | **sordo** (adj.) | deaf |
| | | **sorna** (n.f.) | slyness; sarcastic tone |
| **sentirse** (v.) | to feel | **sorprender** (v.) | to surprise |
| **seña** (n.f.) | mark; sign | **sorprenderse** (v.) | to be surprised |
| **séptimo** (adj.) | seventh | **sosegar** (v.) | to calm |
| **ser** (v.) | to be | **sostener** (v.) | to sustain |
| **serie** (n.f.) | series | **su** (adj.) | his, her, your, its, their |
| **servilleta** (n.f.) | napkin | **suave** (adj.) | smooth; gentle; soft |
| **servir** (v.) | to serve | **subir** (v.) | to go up |
| **sexto** (adj.) | sixth | **suceder** (v.) | to happen |
| **siempre** (adv.) | always | **suceso** (n.m.) | event, happening |
| **siglo** (n.m.) | century | **sucio** (adj.) | dirty |
| **siguiente** (adj.) | following | **sudor** (n.m.) | sweat |

| | | | | |
|---|---|---|---|---|
| **sueldo** (n.m.) | salary | | **terraza** (n.f.) | terrace |
| **suelo** (n.m.) | floor | | **testamento** (n.m.) | will |
| **suelto** (adj.) | loose, free | | **testigo** (inv.) | witness |
| **sueño** (n.m.) | dream | | **tibio** (adj.) | lukewarm |
| **suerte** (n.f.) | luck | | **tiempo** (n.m.) | time; weather |
| **sugerir** (v.) | to suggest | | **tienda** (n.f.) | store |
| **sujetar** (v.) | to hold | | **tierra** (n.f.) | earth; world |
| **sumo(a)** (adj.) | extreme | | **tijeras** (n.f.pl.) | scissors |
| **suma** (n.f.) | sum, amount; addition | | **tío/a** (n.m.f.) | uncle/aunt |
| **suministrar** (v.) | to supply, provide | | **tipo** (n.m.) | type, kind; character, guy |
| **suplicar** (v.) | to beg, plead | | **tirar** (v.) | to throw |
| **suponer** (v.) | to suppose | | **toalla** (n.f.) | towel |
| **suspirar** (v.) | to sigh | | **tocadiscos** | record player |
| **suspiro** (n.m.) | sigh | | (n.m.inv.) | |
| **sustituir** (v.) | to substitute | | **tocar** (v.) | to touch; to play (music) |
| **susurrar** (v.) | to whisper | | **tocarle** (v.) **a** | to be one's turn |
| **suyo** (pron.) | his; hers; yours | | **todavía** (adv.) | still, yet |
| | | | **todo** (adj.) | all |

## T

| | | | | |
|---|---|---|---|---|
| | | | **tomar** (v.) | to take; to eat; to drink |
| **taconeo** (n.m.) | tapping with one's heels | | **torcer** (v.) | to twist |
| **tal** (adj.) | such | | **torcerse** (v.) | to sprain |
| **talla** (n.f.) | size | | **tormenta** (n.f.) | storm |
| **taller** (n.m.) | workshop; repair shop | | **toro** (n.m.) | bull |
| **tamaño** (n.m.) | size | | **torre** (n.f.) | tower |
| **también** (adv.) | also | | **tortilla** (n.f.) | omelette; tortilla |
| **tampoco** (adv.) | neither, not . . . either | | **tortuga** (n.f.) | turtle |
| **tan** (adv.) | so | | **tos** (n.f.) | cough |
| **tanto** (adj.) | so much; as much | | **toser** (v.) | to cough |
| **tardar** (v.) **en** | to delay in | | **tostada** (n.f.) | toast |
| **tarde** (n.f.) | afternoon; late | | **trabajador** (adj.) | hardworking |
| **tarea** (n.f.) | homework; task | | **trabajar** (v.) | to work |
| **tarjeta** (n.f.) | card | | **trabajo** (n.m.) | job |
| **taza** (n.f.) | cup | | **traducir** (v.) | to translate |
| **techo** (n.m.) | roof | | **traer** (v.) | to bring |
| **tela** (n.f.) | cloth | | **tragaluz** (n.m.) | skylight |
| **tema** (n.m.) | theme | | **tragar** (v.) | to swallow |
| **temblar** (v.) | to tremble | | **traje** (n.m.) | suit |
| **temer** (v.) | to fear | | **tranquilizar** (v.) | to calm down |
| **temerosa** (adj.) | frightening; fearful; timid | | **tranquilo** (adj.) | calm, quiet |
| **temor** (n.m.) | fear | | **transcurrir** (v.) | to pass |
| **templo** (n.m.) | temple | | **tranvía** (n.m.) | streetcar |
| **temporada** (n.f.) | season | | **tras** (prep.) | after; behind |
| **temprano** (adv.) | early | | **trasladarse** (v.) | to go; to move |
| **tenedor** (n.m.) | fork | | **tratar** (v.) | to treat |
| **tener** (v.) | to have | | **tratar de** (v.) | to try to |
| **teñir** (v.) | to dye | | **tratarse** (v.) **de** | to be concerned with, |
| **tercero, tercer** (adj.) | third | | | be about (a question of) |
| **terminar** (v.) | to end, finish | | **trazar** (v.) | to draw, sketch |
| **ternura** (n.f.) | tenderness | | **tren** (n.m.) | train |

**trepar** (v.)    to climb
**tricot** (n.m.)    heavy knitted sweater
**trío** (n.m.)    trio
**tripulación** (n.f.)    crew
**triste** (adj.)    sad
**tristeza** (n.f.)    sadness
**triunfar** (v.)    to triumph, win
**tronar** (v.)    to thunder
**tropezar** (v.)    to trip, stumble
**trozo** (n.m.)    piece
**tuyo** (adj. pron.)    yours, of yours

# U

**último** (adj.)    last; latest, most recent
**único** (adj.)    only, sole; unique
**uña** (n.f.)    nail
**usar** (v.)    to use, make use of
**utilizar** (v.)    to use, make use of

# V

**vaca** (n.f.)    cow
**vacilar** (v.)    to hesitate
**vacío** (adj.)    empty
**vagón** (n.m.)    coach, passenger car
**vainilla** (n.f.)    vanilla; vanilla cookie
**valer** (v.)    to be worth
**valor** (n.m.)    value, worth
**valorar** (v.)    to value
**vanidoso** (adj.)    vain, conceited
**varios** (adj.pron.)    several
**varón** (n.m.)    male
**vasco** (adj.)    Basque
**vaso** (n.m.)    glass
**vecindario** (n.m.)    neighborhood
**vecino** (n.m.)    neighbor; near, nearby
**vejete** (n.m.)    old boy (fam.)
**velador** (n.m.)    watchman, caretaker
**vencer** (v.)    to overcome, conquer
**vendedor** (n.m.)    vendor
**vender** (v.)    to sell
**venir** (v.)    to come
**ventaja** (n.f.)    advantage
**ventana** (n.f.)    window
**ventanilla** (n.f.)    small window
**ver** (v.)    to see

**verano** (n.m.)    summer
**verdad** (n.f.)    truth
**verdadero** (adj.)    true, truthful
**verde** (adj.)    green
**vereda** (n.f.)    path, lane
**vegonzosa** (adj.)    shy, bashful; shameful
**vergüenza** (n.f.)    shame
**vericueto** (n.m.)    rough track
**vestido** (n.)    dress
**vestir** (v.)    to dress (someone)
**vestirse** (v.)    to get dressed
**vez** (n.f.)    time, occasion
**viajar** (v.)    to travel, journey
**viaje** (n.m.)    trip; journey
**viajero/a** (n.m.)    traveler
**vidrio** (n.m.)    glass
**viejo** (adj.)    old
**viento** (n.m.)    wind
**vientre** (n.m.)    belly; womb
**vino** (n.m.)    wine
**visitante** (n.m.f.)    visitor
**visitar** (v.)    to visit
**vista** (n.f.)    sight; look, gaze; view
**víveres** (n.m.)    provisions, supplies
**vivienda** (n.f.)    housing
**vivir** (v.)    to live
**vivo** (adj.)    living, alive; sharp, alert
**volar** (v.)    to fly
**volver** (v.)    to return, go back
**voz** (n.f.)    voice
**vuelta** (n.f.)    turn
**vuestro** (adj.)    your

# Y

**y** (conj.)    and
**ya** (adv.)    already
**yegua** (n.f.)    mare
**yerno** (n.m.)    son-in-law

# Z

**zaguán** (n.m.)    entry, hallway
**zapato** (n.m.)    shoe
**zigzaguear** (v.)    to zigzag
**zurdo** (adj.)    left-handed

# Index

## A

*a*, 114, 117
Absolute superlative, 49
Accent
  on demonstrative pronouns, 56
Active voice, 75
Adjectives
  changing of meaning, 73
  comparisons using, 47–49
  definition of, 44
  demonstrative, 45, 51
  descriptive, 45
  gender of, 44
  as nouns, 47
  numerical, 45–46
  plural of, 45
  position of, 45–46
  possessive, 45, 49–51
  shortening of, 46–47
Adverbial phrases, 52
Adverbs
  commonly used, 52
  in comparisons of inequality, 48–49
  definition of, 51
  formation of, 51–52
  indefinite, 106
  negative, 106
*-aer*, 80
Antonyms, 388–390
*-ar*, 59, 65, 92
Articles
  definite, 37–40, 50
  indefinite, 39–40
  *lo*, 39
  neuter, 39

## C

*-car*, 81, 92
Cardinal numbers, 46, 109–111
*-cer*, 64
*-cir*, 64
Clause, 93

## Commands
  formal, 102–103
  indirect, 104
  *nosotros*, 103–104
  object pronouns and reflexive
    pronouns with, 105
  *tú*, 103
  *vosotros*, 104
*¿Cómo?*, 107
*¡Cómo!*, 108
Comparisons
  of equality, 47–48
  of inequality, 48
  using adjectives, 47–48
Compound nouns, 41
Compound prepositions, 115
*con*, 117
Conditional, 89–90
Conditional perfect tense, 90
Conjunctions, 95–96, 119, 395–399
*Conocer*, 60
  uses of, 61–62, 130
Contractions, 37–38
*¿Cuál?*, 107
*¿Cuánta(s)?*, 108
*¡Cuánta(s)!*, 108
*¿Cuánto(s)?*, 108
*¡Cuánto(s)!*, 108
*Cuya(s)*, 58
*Cuyo(s)*, 58

## D

Dates, 112
Days, 111–112
*de*, 118
Definite articles, 37–39, 50
Demonstrative adjectives, 45, 51
Demonstrative pronouns, 56–57
Denial, 94
Descriptive adjectives, 45–46
Diagnostic test, 15–34
Diagnosing your needs, 29
Dialogues, 151–154, 158–162

**421**